辽宁地域文化通览

大连卷

主　编　杨锦峰

副　主　编　谢景芳

执行副主编　邱伟

大连出版社

DALIAN PUBLISHING HOUSE

© 杨锦峰 2017

图书在版编目（CIP）数据

辽宁地域文化通览. 大连卷 / 杨锦峰主编. —大连：
大连出版社，2017.12
　ISBN 978-7-5505-1274-0

　Ⅰ. ①辽… Ⅱ. ①杨… Ⅲ. ①文化史—大连 Ⅳ. ①K293.1

　中国版本图书馆CIP数据核字(2017)第296205号

LIAONING DIYU WENHUA TONGLAN · DALIAN JUAN

辽 宁 地 域 文 化 通 览 · 大 连 卷

出 版 人：刘明辉
策划编辑：张　波
责任编辑：张　波　彭艳萍
封面设计：刘　星
版式设计：张　波
责任校对：金　琦　李玉芝
责任印制：徐丽红

出版发行者：大连出版社
地址：大连市高新园区亿阳路6号三丰大厦A座18层
邮编：116023
电话：0411-83620442　0411-83620941
传真：0411-83610391
网址：http://www.dlmpm.com
邮箱：dlszhangbo@163.com
印 刷 者：大连海大印刷有限公司
经 销 者：各地新华书店

幅面尺寸：170mm×240mm
印　　张：31.5
插　　页：22
字　　数：527千字
出版时间：2017年12月第1版
印刷时间：2017年12月第1次印刷
书　　号：ISBN 978-7-5505-1274-0
定　　价：128.00元

《辽宁地域文化通览·大连卷》第一届
组织工作委员会和编撰工作委员会

组织工作委员会

主　　　任：朱程清

副　主　任：于建军　王星航

委　　　员：王纪成　董福君　蒋耀辉　夏树成　韩增林

编撰工作委员会

主　　　编：杨锦峰

副　主　编：谢景芳

编　　　委：吴青云　张菁华　王万涛　王　若　阴慧莲　申　霞
　　　　　　王珍仁　张本义　李　珠　邱　伟　古雅静　刘晓丹

《辽宁地域文化通览·大连卷》第二届
组织工作委员会和编撰工作委员会

组织工作委员会

主　　　任：温雪琼

副　主　任：刘小平　王家胜

委　　　员：徐晓芳　董福君　蒋耀辉　王　毅　李雪铭

编撰工作委员会

主　　　编：杨锦峰

副　主　编：谢景芳

执行副主编：邱　伟

编　　　委：刘永森　黄泽巍　王万涛　辛　欣　李　珠　房学惠
　　　　　　刘立丽　张翠敏　周爱民　王珍仁　牛　萌　古雅静
　　　　　　刘晓丹

长海广鹿岛小珠山遗址（新石器时代）

长海大长山岛上马石贝丘
遗址（新石器时代）

大连双砣子遗址（青铜时代）

普兰店石硼沟石棚（青铜时代）

庄河大荒地石棚
（青铜时代）

瓦房店台子屯石棚
（青铜时代）

金州小关屯石棚
（青铜时代）

旅顺牧羊城城址
（汉代）

庄河城山山城遗
址（南北朝至隋唐
时期）

瓦房店得利寺
山城遗址（唐代）

普兰店魏霸山城遗址（隋唐时期）

金州古城（辽金时期）

复州城古城门（明代）

复州古城全景模型

旅顺鸿胪井遗址

鸿胪井碑刻文（模型）

旅顺南子弹库

旅顺黄金山炮台

旅顺电岩炮台

旅顺东鸡冠山

旅顺东鸡冠山
北堡垒

康特拉琴柯
战死之地

旅顺口（狮子口）

旅顺白玉山塔

旅顺二〇三高地

旅顺水师营会见所旧址

旅顺龙引泉遗址

旅顺船坞（1894年）

旅顺船坞旧址

北洋海军旅顺口
鱼雷制造所旧影

大连港甘井子
煤码头旧影

大连沙河口机车工厂旧影

大连港旧影

大连东关街旧影

庄河长隆德庄园

旅顺太阳沟

庄河青堆子老街

大连南山

大连浪速町（今天津街）

大连浪速町（今天津街）

大连火车站
（1912 年）

旅顺火车站
（1940 年）

旅顺火车站旧址

大连中山广场

大连大广场（今中山广场）

大连中央公园（今劳动公园）

大连民政署

大清银行大连分行

大连递信局

大连市役所

大连中华工学会旧址

旅顺日俄监狱旧址博物馆"狱中党支部"成立地点

复州城横山书院旧址内景

复州城横山书院旧址

旅顺市立普希金学校

金州俄清学校

旅顺师范学堂

大连南满洲工业专门学校

大连经济专门学校

旅顺博物馆

旅顺日俄监狱旧址博物馆

猪龙形玉玦（新石器时代）　旅顺博物馆藏

玉坠饰（新石器时代）
庄河北吴屯遗址出土

玉璇玑（新石器时代）
长海吴家村遗址出土

青玉佛手（清代）　旅顺博物馆藏

青玉饕餮纹盖瓶（清代）　旅顺博物馆藏

六蛙鼓（东汉）
旅顺博物馆藏

青釉鸡首壶（东晋）
旅顺博物馆藏

双鱼纹镜（金代）　旅顺博物馆藏

剔犀长方盘（清代）　旅顺博物馆藏

马蹄金（西汉） 普兰店南海甸子出土

石雕佛头像（六朝）
旅顺博物馆藏

白釉褐花龙凤纹罐（元代）
庄河桂云花出土

掐丝珐琅玉壶春瓶（清乾隆）
旅顺博物馆藏

三彩舞马（唐代）　旅顺博物馆藏

大明永乐四年建复州石城碑

大清光绪十七年重修复州城碑

旅顺天妃庙记碑（1408 年）

旅顺显忠祠碑（1893 年）

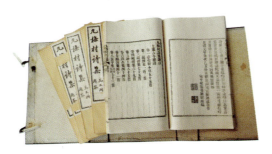

《九梅村诗集》

《辽海志略》

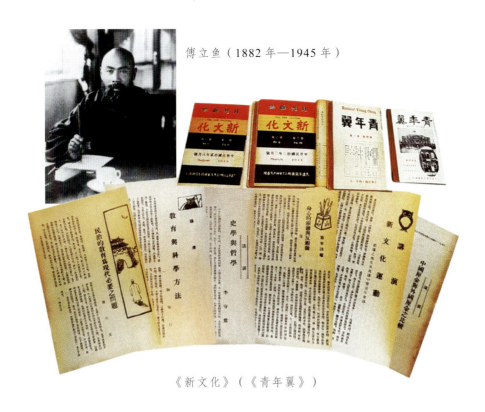

傅立鱼（1882 年—1945 年）

《新文化》（《青年翼》）

《铁龛诗草》

王永江
（1871 年—1927 年）

欧阳予倩
（1889 年—1962 年）

欧阳予倩在大连演出《贵妃醉酒》（1925 年）

欧阳予倩在《晴雯补裘》中
饰晴雯

韩世昌（1897 年—1976 年）

韩世昌在昆剧《思凡》中饰赵色空（1928 年）

永善茶园（宏济大舞台）

宏济大舞台

金州高跷队（大连解放前）

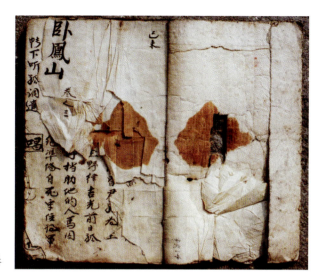

现存清代己未年的影卷

《马上封侯》（2004年）
王顺国剪纸作品

复州皮影班演出后台

复州城永丰塔（辽代）

复州城永丰塔（修葺后）

普兰店三清观
（明清时期）

复州清真寺
（清乾隆年间）

普兰店清泉寺
（清代）

金州天后宫前大殿（清代）

庄河普化寺

前　言

镌刻文化历史，传承文明血脉，弘扬民族精神，光大中华文化，是中华民族伟大复兴进程中重要的文化使命。在实践这一使命的各类文化工程中，对承载着民族文化历史的地域文化的梳理、提炼和展示，具有重要学术价值和战略意义。

《中国地域文化通览》是国家重点文化工程，由国务院参事室、中央文史研究馆主持编撰，并按照国务院提出的"特色鲜明的传世精品"要求，全面部署和精心组织全国的编撰工作。辽宁省政府领导和组织了《辽宁地域文化通览》的编撰工作，并部署了辽宁省各市分卷的编撰工作。大连市政府对此项工作给予高度重视，组成了组织工作委员会、编撰工作委员会，设编撰工作委员会办公室，并邀请本地著名专家、学者和中青年研究人员，以严谨、科学、为历史负责的态度，开展和完成了《辽宁地域文化通览·大连卷》的编撰出版工作。

大连有着悠远的人类活动历史、漫长的地域发展历史，又有着较短的和特殊的城市发展历史。在地域文化衍生、发展的历程中，大连书写了特色鲜明的文化历史，积淀了丰富而又宝贵的文化宝藏。这些成为大连历史足迹和文化气质的有力印证，成为大连社会发展的文化基础，也成为大连未来发展的文化前提。

《辽宁地域文化通览·大连卷》以地域历史演进为基本线索,既清晰描述了大连文化发展的历史脉络,又描述了不同时期的文化成就、贡献和特点,尤其对具有地域历史特征、地域环境特征和地域文化特征的要素进行了提炼、研究和表述。按照"全方位的文化地图"的要求,本书力求全面、准确而又重点突出地再现大连文化历史、文化结晶和文化面貌,使之成为梳理文脉、解读城市、认识大连的文化参照。按照科学、严谨的学术精神,本书以大量的历史资料、研究成果为基础,力求精心筛选、充分论证、严密分析、准确表述,使之成为了解和研究大连文化的具有较高学术价值和重要参考价值的文献。本书将历史描述、学术分析融汇在简洁清晰、易读易懂的表述之中,并配合以图片等资料,使之成为走近大连、观赏大连、品味大连的具有指南作用和推介作用的读物。

按照全国统一要求,此项文化工程所及内容"上启文化源头,下至辛亥革命"。大连地区自甲午战争之后开始进入殖民统治时期,日俄战争之后彻底沦为日本的殖民地,辛亥革命和清朝覆灭之际,大连的城市历史刚刚起步,因此,大连的地域历史尤其是近代历史中的"节点"具有一定的特殊性。为更加准确和全面地反映大连地域文化的历史和面貌,经与《辽宁地域文化通览》编撰组织机构和有关专家沟通商定,《辽宁地域文化通览·大连卷》所及时限确定为"上自文化源头,下至大连解放"。同时,由于现代时期大连的文化历史体现出与近现代工业文明、城市文明相生相伴,与新文化的涌入和崛起相和相随的特征,本书还客观介绍了现代城市文明的文化演进和文化现象,并对其特征、性质、形态有所解析。

按照《中国地域文化通览》体例要求,本书采用了绪论、上编、下编为主干的结构方式。绪论主要是对大连的地域特点和历史发展脉络、古代文化发展和近现代文化发展、地域文化性质和特征进行总括式的描述和解析。上编依照历史脉络,分段介绍大连地域历史和文化历史的演进过程,并提炼和分析不同历史时期的文化成就和文化特征,形成对大连地域文化历史的完整描述。下编依照文化形式,分类介绍大连地域文化的代表性、特色性历史痕迹和现实遗存，并对该类文化的基本面貌和特征进行了描述，对类型中具体的文化项目、成果、活动进行了介绍。为了更为直观、形象、生动、具体地描述大连地域文化，本书还配置了大量图片，并增加了有关附录。

　　地域文化是文化研究的重要方面。《中国地域文化通览》是弘扬中华优秀传统文化的伟大工程，其编撰出版填补了我国全方位、多视角研究地域文化的空白。《辽宁地域文化通览·大连卷》的编辑出版，对于研究大连文化历史和文化特征也具有开创性和填补空白的意义。希望这部书成为大连一项有价值的文化工程，成为进一步了解、研究、发展和繁荣大连文化的有益推动。

编　者

2017 年 10 月 31 日

目　录

第六章　抗御外侮　浴火崛起
——鸦片战争至甲午战争、日俄战争时期的大连文化

下　编

第八章　源远流长　熠熠生辉
——历史文化遗存

第九章　凝固历史　标识时代
——城市建筑与工业遗产

第十二章　彰显特色　接轨时尚
　　　　——传统艺术与现代艺术

绪　论

　　大连地域文化是辽宁地域文化的重要组成部分，也是中华民族文化发展进程中一个有个性色彩的文化形态。

　　地处沿海的大连地区，其原始社会时期的人类活动遗存已经持续表现出与我国内陆地区、东南沿海地区文化的联系性和同一性。青铜时代早期，大连地区已经明确划归当时中央政权的管辖之内，并在社会政治、经济、文化的发展中汇入中华民族发展的历史进程。由于是海陆交通要地，地理位置十分重要，大连地区在历史上成为人员流转、经济往来甚至军事争夺的焦点，形成了较为独特的历史发展轨迹，也为大连地区的文化发展刻印了鲜明的个性特征。尤其是近代以来随着洋务运动的兴起和海防建设的实施而开启的城市化进程，随着中华民族为争取独立、自由而进行的斗争的胜利，大连地区的文化发展呈现出碰撞、竞争、多元、交融的态势，淬炼出以中华民族文化为主流、以现代城市文化为特征、以新文化发展为动力的地域文化特征。

　　结束殖民统治以后，特别是中华人民共和国成立之后，中华民族的传统文化在大连地区得以全面滋长，以新文化为主体、兼容世界优秀文化成果的现代城市文化不断壮大，全面发展。之后，中国改革开放的步伐不断加大，大连成为经济计划单列市、中国北方最富活力的港口城市，也成为世界瞩目的"浪漫之都"，大连文化的现代化进程加速提升，面向世界的文化发展呈现出不断增长的趋势。

第一节　舆地、历史沿革

一、地理概貌

大连市位于东经 120° 58′ ～ 123° 31′、北纬 38° 43′ ～ 40° 10′ 之间，区域总面积 12574 平方公里，地处辽东半岛最南端，也是中国东北地区的最南端。

大连是中国北方著名的海滨城市，东临黄海，西濒渤海。旅顺口区的老铁山山角，是大连市陆地区域的最南端，其与隔海相对的山东半岛蓬莱角的连线构成渤海、黄海的分界线。"渤海黄，黄海蓝"，站在老铁山上，可凭海水颜色肉眼分辨出黄海与渤海的分界。大连与朝鲜、韩国、日本等国相邻，是中国北方连通世界的重要海上通道，也是欧亚大陆桥的重要海陆枢纽。大连还与辽宁、河北、天津、山东等地的滨海城市构成渤海圈城市群，成为京津门户和渤海经济圈的重要区域。全区域海岸线 2211 公里，其中大陆岸线约 1371 公里，岛屿岸线约 840 公里，是全国海岸线最长的城市。领海基线以内可管辖海域面积约 2.9 万平方公里，拥有岛礁坨子 710 多个，其中长山群岛是黄海最大的岛屿群。

大连的陆地属长白山山系千山余脉，地形北高南低、北宽南窄，以丘陵地貌为主，兼有中低山、台地和平原地貌，还有喀斯特地貌、海蚀地貌等。境内主要有注入黄海和注入渤海两大水系，前者包括碧流河、英那河、庄河、赞子河、大沙河、登沙河、清水河、马栏河等，后者包括复州河、李官村河、三十里堡河等。

大连地区处于北温带，兼具季风性大陆性气候和温带海洋性气候特征。全年气候温和，年平均气温 10℃ 左右，夏无酷暑，冬无严寒。年平均日照 2500～2900 小时，无霜期 180～200 天。年平均降水量 550～950 毫米。降水多在夏季，多为夜雨。

由于拥有优越的地理条件，大连的自然生态环境良好，生物资源丰富。陆生植物共 152 科 666 属 1747 种，无脊椎动物约 4850 种，野生脊椎动物约 765 种。沿海海藻类 150 多种，鱼类 280 种，海洋无脊椎动物有 400 多种。除陆海自然资源外，大连还有较多的矿产资源，已探明金属、非金属矿产和地热矿泉水资源等近 30 种 500 余处。石灰石、硅石、金刚石、石棉、菱镁矿、滑石等非金属矿产资源较多，经济价值较大。其中，金刚石探明储量为全国总储量的 54% 左右。此外，大连地区海盐资源丰富，是全国主要的海盐产区。

二、上古历史遗迹

考古发现，辽东半岛是人类活动痕迹出现较早的地区之一。本溪庙后山遗址的人类活动距今约 40 万年，营口金牛山遗址的人类活动距今约 26 万年。大连先民主要来源于南下的庙后山人、金牛山人和北上的山东半岛古人类。

迄今发现大连地区最早的人类活动痕迹是瓦房店市的古龙山遗址，距今约 1.7 万年，是旧石器时期的代表性遗迹。

约 7000 年前，大连地区进入新石器时期。新石器时期留下的人类活动遗迹较多，其中长海县小珠山遗址是这一时期最有代表性的遗址。此外，旅顺郭家村、吴家村遗址，甘井子区营城子四平山积石冢等，也是重要的遗迹遗址。这些遗迹遗址不仅揭示出大连地区人类活动的时间段落，而且记录了生产发展、生活进步的痕迹，尤其是先民们沿海生存的地域性特征。

距今 4000 年前，大连地区进入青铜时代，并一直延续到公元前 2000 年前后，经历了夏、商、周漫长的历史。青铜时代前期的代表性遗址有甘井子区双砣子遗址一期和二期、旅顺老铁山于家村遗址一期、大连湾大嘴子遗址一期和二期等。其特征是以磨制石器为主，初现青铜器痕迹。青铜时代后期的代表性遗址有双砣子遗址三期、大嘴子遗址三期以及进入春秋战国时期的普兰店市双房遗址等。双房遗址出土的曲刃青铜短剑、铸铜石范等文物，证实当时大连地区的青铜铸造业已达到较高的发展水平。青铜时代另一个有标识性的人类遗迹是以积石冢、土圹墓、瓮棺墓和石棚为代表的墓葬形式。

殷商时期，大连所处的辽东地区属"青州"。周代，大连所处的辽东地区属"幽州"。有学者认为,《逸周书·王会篇》所记"青丘"的"夷人"居住地,即今大连地区。双房遗址出土的青铜器,佐证了西周中期大连地区生活着大量使用着曲刃青铜短剑等具有较高铸造水平的青铜器物的居民。而这种生活特征与当时中国北方的辽宁其他地区、吉林、内蒙古东南部地区、河北北部地区以及朝鲜半岛等地的人类遗迹有着共同之处。[1]

三、古代历史脉络

大连地区最早有明确记载的地方行政设置约始于公元前300年的战国时期。春秋时期,燕国北部居住的东胡各部落逐渐强大。东胡,不是"胡人",应为匈奴之东的"夷人"。《逸周书·王会篇》所言的"东胡黄罴,山戎戎菽",是对东胡人的一种描述。

东胡不断袭扰燕国,成为燕国北部的巨大威胁。战国时期,燕国进行改革并蓄积了较强大的经济、军事实力。公元前300年,燕国大将秦开率军北上,打击东胡势力,东胡不敌,"却千余里",史称秦开却胡。燕击东胡之后,燕国采取一系列措施加强北方统治,包括修筑长城、建造城池、设立郡县。其时,燕国"置上谷、渔阳、右北平、辽西、辽东郡以拒胡"[2]。辽东郡郡治为襄平(今辽阳一带),大连地区划属辽东郡。归属辽东郡后,大连地区出现了最早的城池,现存遗址主要有旅顺牧羊城、普兰店杨树房黄家亮子城和普兰店花儿山张店城,这些城池一直沿用至汉代。大连地区出土的战国时期文物较多,其中有代表性的是战国货币和战国兵器。货币主要有刀币、布币、圆币等,大多出自窖藏,有的多达上百公斤。兵器有铜矛、铜剑、铜戈、铜斧等,比较有代表性的是春平侯铍和启封戈。春平侯铍在大连出土,可能是在赵、燕联合抗秦时流入燕地,或是秦国用缴获的赵国兵器装备自己,灭燕时将其带到了辽东。启封戈是印证秦灭燕的重要历史实物。大连地区出土的文物还证明了当时渔业和盐业的发达。"辽东之煮",说明大连地区的煮盐业在燕国经济中的重要地位。

秦统一中国后,继续设置辽东郡。"辽东郡,秦置,属幽州。县十八:襄平、新昌、无虑、望平、房、侯城、辽队、辽阳、险渎、居就、

高显、安市、武次、平郭、西安平、文、番汉、沓氏"[3]。据考，其中的
文县和沓氏县，即为今大连地区。

汉承秦制。西汉时期继续设辽东郡，仍以襄平为郡治。汉代辽东
郡的沓氏县故址为普兰店张店汉城，文县故址为瓦房店陈屯汉城。汉代
时期的大连地区呈现出繁荣发达的局面，大批城邑的出现是汉代大连地
区繁荣的重要标志。西汉初，大连地区人口达到 3 万余人，占辽东郡的
1/5。其后，因避难、垦荒、流放等原因而迁徙大连的流民逐渐增多，大
连地区的人口数量呈不断增长之势。西汉时期，大连地区的农业生产水
平大幅度提高，多种铁制农具大量使用，普遍使用河水灌溉和井水灌溉，
家禽家畜饲养业具有相当规模。大连地区的盐业继续成为汉朝重要的支
柱性产业，冶铁业也得到长足发展，生产生活中所用铁制农具、工具等
的制造，铜器、金银器、陶器等手工业，均获得显著发展。生产、制作
和城邑生活的发展，使处于海陆交通枢纽地位的大连地域呈现出商贸增
长、交通发达的形势。在大连地区，汉代墓葬是较有规模、较有代表性
的考古发现之一。汉墓随葬品，记载着大量汉代大连地区的社会、生产、
生活和文化信息，是考察汉代大连地区发展历史的重要参照。

东汉时期，统治者的残暴统治造成的社会动荡殃及大连地区，百姓
生活陷入贫穷困窘状况。永初年间，山东和辽东沿海地区爆发赤帻军起义，
朝廷派遣官军镇压，最终起义失败。汉朝统治下发生的社会动荡为居住
于东北地区的少数民族的兴起带来了机会，使大连周边地区先后受到乌
桓、鲜卑、高句丽等部族侵扰。至汉灵帝、汉献帝之后，中央王朝的控
制力丧失殆尽，居于辽东地区的豪强势力公孙氏趁机称雄，襄平郡守公
孙度于公元 190 年自封"辽东侯"。公孙政权统治的近半个世纪里，大
连地区处于相对稳定状态。由于三国时期战乱频仍，河北、山东等地的
居民和一些士大夫迁徙至辽东。

整个魏晋南北朝时期，大连地区一直处于政权交替、社会动荡的局
面。司马懿收复辽东后，大连地区归属魏国。西晋王朝建立之后，大连
地区又归属西晋。南北朝时期，大连地区进入北方少数民族政权统治时期，
历时 300 余年。北朝时期，鲜卑慕容氏先后建立了前燕、后燕、北燕，
势力范围远及辽东地区。北燕为北魏所灭后，高句丽趁机扩大在辽东的

势力范围，并于公元 404 年占据辽东，直至公元 668 年被唐朝与新罗联军所灭。高句丽统治期间，在大连地区留下了许多历史遗迹，用于军事防御的山城最有代表性，现存金州的魏霸山城、金州的卑沙城、庄河的城山山城等，都是规模较大的高句丽山城遗址。

隋唐两代都发起过远征高句丽的战争。征高句丽多以水陆并进方式进行，大连地区成为重要战场。自隋炀帝杨广大业八年（公元 612 年）起，隋朝三次发起大规模征讨高句丽的战争，虽取得了较大战果，但未能根本动摇高句丽在辽东的统治，反而导致国力严重消耗，百姓怨声四起，成为导致隋王朝迅速灭亡的原因之一。唐朝建立以后，继续发动东征高句丽的战争。公元 644 年，唐太宗李世民率水陆大军亲征辽东，历经一年，攻城十座，后因高句丽联手靺鞨，未能完成收复辽东的愿望。公元 647 年—648 年，唐太宗李世民先后两次兴兵征讨高句丽。李世民去世后，唐高宗李治采取南北夹攻的策略，先后派大将军苏定芳、大将军薛仁贵率军进行战略迂回包抄，直至攻占平壤。其后，唐于平壤设安东都护府（后迁至辽阳），任命右威卫大将军薛仁贵为检校安东都护镇守。征讨高句丽的最后胜利，为辽东社会重建、安定、发展奠定了基础，也结束了魏晋南北朝辽东地区近 500 年割据、动荡的历史。此后，大连地区进入较长的恢复和发展时期。

辽金时期，大连地区一直处于北方少数民族政权的统治之下。安史之乱以后，中央王朝基本上失去了对北方的控制能力。由于大连位于水陆交通连接之处，唐朝只能通过水路经旅顺登陆，维系着与安东都护府的联络。唐朝的衰败，再次为北方少数民族势力的发展制造了机遇。长期居住于东北地区的契丹族实力不断增长，在击败女真、室韦等少数民族，势力伸向河北、山西、河南之后，耶律阿保机于公元 907 年继可汗位，公元 916 年称帝，建立了契丹国，后改称辽。依据史书记载，至太祖二年（908 年），契丹"筑长城于镇东海口"[4]，说明大连地区当时已在契丹控制范围之内。迄今，镇东关遗迹仍存。辽建东平郡、东丹国、东京道期间，大连地区均归属其内，先后建有复州、苏州（今金州）、镇海府（今庄河一带）、宁州（今瓦房店市北部永宁）、顺化城（今普兰店与金州之间）。今天的复州城和金州城就是始建于这个时期。至 13 世纪初，辽代进入衰落时期。同样长期生活在东北地区的女真族势力逐渐壮大。公元 1115 年，完颜阿骨打称帝建国，国号大金。宋朝欲借金国力量消灭辽国，通过山东半岛与大连地区之间的海路与金国建立"海上之盟"。但直至金灭辽，海上之盟并没有为宋朝带来实质性利益。1125 年，金俘辽天祚帝耶律延禧，辽国灭亡。1127 年，金俘徽、钦二帝，北宋灭亡。金统治期间，在大连地区设曷苏馆路和复州，后加设金州。

自唐灭高句丽至辽、金两代，大连地区虽然地处交通要地，却未成为战争的主要战场，也未因政权更迭带来重大社会动荡，因此，基本上处于平稳发展状态。辽建国以后，契丹、女真、奚、渤海族等均有人口前往大连地区，与汉人共同成为大连地区的居民。金国建立以后，女真、渤海、汉人成为大连地区的主要居民。此时期，大连一直是重要的农业基地，渔业、盐业、畜牧业等传统产业也一直是基础性的经济产业，手工业和海陆贸易不断发展，海陆交通要地的地位不断加强。同时，由于各族人口杂处、贸易和交通不断发展，大连地区的社会、生活和文化形态也呈现出交流、碰撞、融合的趋势。

随着蒙古骑兵的南下，金国统治被动摇，东北地区进入持续 80 年的战争和动荡时期。1216 年，蒙古军队先后攻陷金州、复州、海城、盖州，辽南成为战争频发之地。大连地区的居民锐减，生产凋敝，土地荒芜，于是元朝统治辽南初期撤废金州、复州。其后，元朝调整政策，采取以军屯为主的屯田方式，在金复州设置新附军万户府，逐步恢复了辽南地区的农业生产，也使金州、复州成为元代东北重要的产粮基地。同时，元朝重视马匹饲养，设群牧所，除饲养官马之外还饲养民马。位于金州附近的哈斯罕地，就是当时辽阳路重要的官马牧场。元代，大连地区的官营手工业、铁器制造、海路运输等也得到发展。其中，大连地区还成为军用火器制造的基地之一。此时期，大连地区的教育事业有所发展，除私塾外，出现了官办儒学。

1368 年，明朝建立。元统治期间，反抗斗争时有出现。元朝末年，曾有 20 万红巾军起义队伍活跃在辽阳行省，并曾一度攻陷金州、复州。明建朝之初，元朝在辽南的残余势力仍有相当实力。公元 1371 年，10 万明军从狮子口登陆，开始了统一东北地区的战争。为纪念顺利渡海，明军将领遂改狮子口为"旅顺口","旅顺"之名始于此。明代辽东地区归属山东行省，先后设置辽东卫、金州卫、复州卫等。为防范侵扰，明朝在辽东继续施行"高筑墙"策略，先后修建了金州城、复州城、旅顺南北二城等20余城，还修建了烽火台140余座。为加强海防，明军大规模进行海防建设，配合以旅顺驿、石河驿等诸多驿所。这些设施在其后保卫辽东安全方面产生了重要作用，公元1419年辽东镇总兵刘江于望海埚大败倭寇就得益于望海埚堡的建设。为开发辽东，明朝大规模实施军屯政策，大规模饲养马匹等牲畜。除大量军户外，还设有盐军、铁军。这一时期，大连地区成为产粮、饲养、生产盐铁的重要基地。加之海上运输、贸易的发展，大连地区逐渐发展为东北重要的军事和经济重地。与此同时，大连地区的文化发展获得了大幅度推进，除私塾外，官办教育兴起，有儒学、社学两种教育形式。

明朝末年，后金势力日益壮大，严重动摇了明朝在东北地区的统治。随着镇守辽东沿海的总兵毛文龙被杀，孔有德投降，尚可喜献大小长山、石城、海洋诸岛，皇太极攻陷旅顺等一系列事件的发生，大连地区落入后金统辖范围。公元1687年设金州城守尉，后设立宁海县。公元1734年设复州，管辖区北接盖州，西接渤海，东跨碧流河，南部包括金州、旅顺。清代前期，大连地区社会稳定，农业、渔业、盐业、采煤、铸铁、驿路、海路、商贸等方面发展起来，大批城镇出现，居民数量大幅度增加。同时，清廷重视辽东海防的重要地位，不断加强海防建设。公元1713年，清朝在旅顺设立水师营，至1880年裁撤旅顺水师代之以北洋海军，共历160余年。清代前期和中期大连地区的教育也十分发达，私塾、儒学、书院等教育形式较为普遍。清代大连地区另一个重要的历史现象，是大量山东移民"闯关东"。他们居住于大连，或继续向北迁移，成为改变大连人口结构的重要原因。然而，由于海路畅通，地处东北腹地，至清中期，大连海域成为帝国主义列强争夺的区域。鸦片战争之前，英国海军开始在大连沿海出没，不但进行鸦片走私，还进行情报搜集等活动。鸦片战争爆发后，大量英军舰船袭扰大连海域。帝国主义列强侵占土地，强拆民居，构筑工事，改黑嘴子为"维多利亚湾"，改红土崖为"哈恩德湾"，改旅顺口为"亚瑟港"。自此，大连地区成为帝国主义列强的角逐之地。

四、近现代历史概况

鸦片战争以后，清王朝意识到大连海防的重要战略价值，着手加大大连海防建设。北洋大臣李鸿章在考察、筹建海防事务时，曾奏报朝廷："大连湾距奉天金州三十里，系属海汊，并非海口，实扼北洋形胜，最宜湾泊多船……"[5] 这是有关大连军港最初选址的记载，也是"大连"一名见诸文字的最早遗存。经反复考察，李鸿章将军港选址旅顺。

旅顺军港的建设，不仅将大连变为重要的海防军事重镇，也为大连带来了城市化发展的契机。与旅顺海防相适应，大连地区建立起以旅顺大坞等为代表的军工修造业，以老铁山灯塔等为代表的近现代海运设施，以龙引泉自来水设施等为代表的城市生活设施，以水师学堂等为代表的近代教育，以多种生活建筑和街道建设为代表的城市化建设，这些成为大连地区迈向近代城市生活的起点。随着驻军、移民的增多，大连地区形成不同的生活习俗、多种生活需求、多样化的文化娱乐形式。应该说，旅顺军港及相关海防事务的建设，是大连近代历史发展乃至整个历史发展进程中的重要事件。

1894 年，中日甲午战争爆发。战争以旅顺港的沦陷、北洋海军的覆灭而告结束，李鸿章苦心经营的旅顺防务转瞬间灰飞烟灭。日军占领旅顺后，进行了惨无人道的屠城，旅顺口两万居民几乎全部罹难。而在此时，俄国、德国与法国为了自身利益，以提供"友善劝告"为借口，迫使日本把辽东还给中国，但俄国从中获得包括旅顺、大连租借地在内的巨大利益。1898 年 8 月 11 日沙皇尼古拉二世下敕令，将大连命名为"达里尼市"，开始了将大连建为商贸港口城市的步伐。俄国按照西方现代城市的功能和风格，规划大连。俄国占领大连期间，先后设立作为统治机构的租借地军政部、关东州厅、远东总督府。俄国统治者还建立了司法机构和司法制度，建立了监狱和警察机构。按照西方教育、医疗、文化形式，并办学校、医院、报刊社、图书馆、博物馆，加大文化侵略的力度。其间，俄国不断向大连移民，最多时移民人口占大连、旅顺两地人口总数的 29.7%，达 20722 人。[6] 俄国殖民统治下的城市建设，目的是将大连变为其长期进行资源掠夺、长期占领的殖民地。

1904 年，日本为争夺俄国在中国东北的利益，发动了日俄战争。自 1904 年 2 月 8 日日军突袭旅顺口，到 1905 年 1 月 2 日日俄在水师营签署《旅顺开城规约》，历时近一年，日本最终从俄国手中夺得了旅顺的控制权。1905 年 9 月 5 日《朴次茅斯条约》签订，日本将俄国享有的旅大租借权以及其他特权和公共财产收入囊中，大连开始了长达 40 年的日本殖民统治时期。

日本占领大连期间一直实施具有鲜明帝国主义强权政治性质的殖民统治。日本沿用"关东州"之称，下设四市五区。占领之初，日本实行军事管辖方式，建立金州军政署、关东都督府、旅顺镇守府等。1919 年以后，日本改关东都督府为关东厅，实行军事与行政的分立，组建关东军和关东军司令部，设旅顺、大连、金州三个民政署。1934 年以后，日本在新京（今长春）设关东局，下设关东州厅，管辖关东州事务，关东厅取消。日本统治者还建立了宪兵、警察和特务机构，奴役中国百姓，镇压人民反抗。旅顺监狱就是其实施法西斯统治的一个缩影。

日本进行殖民统治的另一个渠道，是南满洲铁道株式会社（简称"满铁"）。其前身是适应于军事管制的野战铁道提理部，后改为股份公司形式，实行包括铁路经营在内的多种经营。满铁表面为民营，实际是日本政府的重要殖民统治机构。满铁设置调查机构，初为调查部，后改调查课、经济调查会。七七事变后，组建大调查部，人数最多时达到 2172 人，年预算经费 1117 万日元。[6] 满铁调查机构大量搜集中国各类情报，为日本进行政治统治、军事侵略、经济掠夺、文化奴役提供情报和策略。

为满足军事侵略和经济掠夺的需要，日本在大连建立了大量工厂企业，通过东北铁路连接大连港，输送经济资源和战争军需。1906 年，日本将大连港辟为自由港，成为其在华掠夺最重要的港口。

殖民统治时期，大连人民的爱国主义不断觉醒，反抗精神不断高涨。俄国统治时期和日本侵占大连时期，群众自发的反抗斗争时有发生。辛亥革命以后，尤其是五四新文化运动以后，工人阶级不断壮大。最初，工人以组建帮口或行会、秘密结社等形式组织起来。到 1923 年，开始组建现代工人组织，建立了沙河口工场华人工学会，第二年改为中华工学会。这是大连工运史上最重要的工人组织。新文化思想对大连民众的觉醒发挥了启迪作用，其间，中华青年会等进步社会团体在新文化普及方面产生了积极作用。

中国共产党成立以后，立刻对大连的工人运动给予关注和领导。李大钊派遣共产党员前来大连，罗章龙、邓中夏等共产党员亲赴大连给予指导。1926 年 1 月 15 日，中共大连特别支部建立。此后，中国共产党领导下的反帝爱国运动走向新的历程，书写了一幕幕慷慨悲壮、可歌可泣的壮丽诗篇。

1945 年 8 月 15 日，日本通过广播宣读了《终战诏书》，向公众宣布接受无条件投降。1945 年 8 月 22 日，苏联红军空降大连。自此，大连从日本殖民统治中解放出来，建立了人民政府。1949 年，中华人民共和国成立。1955 年，中国收回了旅顺军港的管辖权。

第二节　古代文化发展

一、悠远的文明萌芽

从石器时代到青铜时代，是大连地区从原始社会发展到氏族社会并逐步解体的时期，也是地域文明的萌芽时期。

旧石器时代的古龙山遗址，是迄今发现的大连地区最早的人类活动遗址。古龙山文化证实，在 1.7 万年前，这里的人类穴居山洞，以狩猎为生。由于出土的各类兽骨中以大连马居多，古龙山人也被称为"猎马人"。除古龙山遗址外，大连地区还发现有其他旧石器时代的遗迹遗物。其中，于黄海沿岸打捞出水的、有人工砍砸痕迹的东北马鹿鹿角化石较引人注目。[7]

大连地区新石器时期的人类活动遗迹出现在距今约 7000 年前。长海县小珠山遗址是这一时期最有代表性的遗址。考古发现，小珠山一期人类的生产活动已经较为丰富，渔猎、农耕、畜养、制陶、制玉等均已出现。同时，村落、祭祀活动及审美意识的出现和形成，也都找到大量的佐证。小珠山二期文化遗址的发掘，继续证实了人类活动的进步。磨制石器比例的大幅度增加，生产技术、制作技艺的提高，彩陶、骨雕、陶塑及装饰品的出现，不仅说明了生产技术的发展和生存环境的改善，也说明了精神发展处于较高程度。此外，小珠山的贝丘遗址也是沿海先民生活历史的重要痕迹。除小珠山遗址外，大连地区较有代表性的此时期的人类遗址还有旅顺郭家村遗址、吴家村遗址等。贝丘和贝丘墓，印证了大连地区新石器时期的人类活动具有沿海地理特征。

距今 4000 年—2000 年前后，大连地区处于青铜时代。大连的青铜时代文化，前期以甘井子区双砣子遗址、大嘴子遗址为代表，后期以普兰店市双房遗址为代表。前期遗址中，仅发现少量的小型青铜器。在后期遗址中发现了数量较多的制作精良的曲刃青铜短剑和铸铜石范。铸铜石范的出现，说明当时已有熔炼铸造技术。比较先进的合范铸造和分铸等技术的应用，表明在春秋战国时期大连地区已形成比较发达的青铜文化。而曲刃青铜铸剑已成为大连地区青铜文化的重要标志。另外，这一时期大连地区的先民已经形成规模较大的氏族部落，经济类型仍为农渔并重，农业的比重在逐渐增加，农业生产工具种类不断增多，制作更加精细，人口已由沿海地区深入北部山区。墓葬形式的主要类型有积石冢、石盖墓和石棚。至今大连地区保留下来的多处由巨石搭建的各种石棚，是当时丧葬习俗的重要标志。这一时期的大连古文化属东夷文化的范畴，既保留了源自北方的遗传基因，又由于所处的南北交会的地理位置，多方吸收了山东半岛岳石文化和北方貊系文化的影响，形成了与辽宁其他地区不同的文化特点。

意识形态的形成，是文明萌芽的重要根基，主要表现在审美意识和宗教意识的出现和发展上。各类遗址中出土的陶器，显示出从较简单的压划和刻划纹理到人面图案陶片（包括波浪纹在内的多种纹饰）、陶猪、彩陶和彩绘陶的发展轨迹。暗绿石簪、滑石项链等，印证了美与实用的逐步分离。玉璧、玉指环、玉斧、玉锛、玉鸟、精美的玉牙璧，则证实了审美意识与宗教意识、社会仪式的结合。在原始社会，玉器与原始宗教的联系极为紧密，上述玉器都可以成为大连地区原始宗教意识研究的直接对象。此外，郭家村遗址出土的石祖说明生殖崇拜的意识存在，小珠山遗址出土的玉片上至今尚未破译的图纹也可能代表某种宗教用途。更能说明宗教意识状况的是墓葬形式。从早期的贝丘墓到之后的积石冢、土圹墓、瓮棺墓和石棚，都是文明萌芽时期生死观形成的反映。尤其是大量存在于大连地区的石棚墓葬形式以及与之相伴的火葬习俗，更是关于魂灵存在、两界关系等原始宗教意识的直接表现。

地域特征的形成，是文明萌芽的重要现象。环境造人，人的精神意识与环境特征有不可分割的联系。此时期大连地区的文化已经表现出鲜明的沿海生活特征。这些特征不仅表现在对贝类制品和贝类建筑材料的使用方面，还表现在渔猎生产用的石制工具以及后来的铜制工具中，表现在波浪纹饰、船形陶器等"文化"用品之中。

文化联系的形成，是文明萌芽的重要条件。考古证实，在原始社会，不同地域、不同氏族、不同部落之间很早就形成了交往关系，即便在远隔重山、远隔汪洋的情况下，群落间的联系也已存在。无论是繁衍需求、利益需求还是探索需求，都最终导致文化联系的形成。考古发现的大连地区原始文化与红山文化、新乐文化、大汶口文化的联系，说明了文化联系对文化萌生和发展的推进作用。山东的陶豆等器物在大连地区的发现、大连地区的玉器在山东的发现，更证实了史前海路交通和文化影响的存在。[1]

二、迟来的文化初兴

所谓的文化初兴，是指文化进入文明社会并赢得较为全面的发展局面。大连的文化初兴应该不晚于战国时期，大连地区出土的战国至秦代的文物也反映出青铜制造和陶器制造的发展状况，但除此之外的历史遗存较为少见。当然，仍可推测出这一时期大连地区文化前行的脚步并没有停滞，而且达到一定的水准，否则，当时某些方面的突出发展不可想象，其后文化兴起的突然来到也不可想象。

汉朝建立以后，大连地区进入较为平稳的发展时期，即便在两汉交替、东汉末年朝廷衰微时期，大连地区也相对较少地波及。相对稳定的社会环境，为文化发展创造了条件，大连地区呈现出文化全面兴起的局面，形成第一个地域文化发展的高峰。

随着汉朝将儒家学说确定为国家最高统治思想，正式设置了管辖机构的大连地区也开始接受儒家思想。先后于大连地区任职的官吏多为儒学之士，在任职期间发挥了传播儒家思想的作用，其中不乏有意识以儒学教化一方的官员。另一方面，在两汉交替和汉末动乱时期，一些儒家学者为避难先后来到大连，其中的管宁、邴原、王烈均为饱学之士。儒学思想不仅传播于官吏和其他知识分子之间，而且在平民之中也得到普及，影响到民众的日常行为和日常生活。儒学的传入和普及，为大连地区的文化成长奠定了思想和精神基础。除儒学外，盛行于汉代的谶纬神学也流入大连并产生影响。从汉墓出土情况可以发现，阴阳神怪、羽化升天等意识已较普遍地融入人们的意识之中。在一定的历史阶段，迷信思想的系统化和仪式化，是精神文化发展的阶段性结果。

汉代墓葬是大连地区占有重要地位的考古内容，不仅对考察汉代大连的社会状况、生活情景有着重要的作用，而且对了解汉代大连的文化发展有着重要的参考作用。尤其是墓葬建筑和其中所存的书法、绘画遗存，具有较高的考察价值。其中，营城子东汉壁画墓中《升天图》的绘画技艺令人赞叹，说明了当时人们的生死观、世界观。

文学的出现是文化全面兴起的重要标志，但是，大连地区的考古工作中，发现的文学遗存较少、较晚。汉代以及汉代以后的儒学传播、社会生活需求和审美精神的发展，肯定与文学发生着联系，因此遗存较少不得不说是一种遗憾。在汉代墓葬、瓦当等上发现的书写痕迹——"长乐未央""家常富贵"[1]等，可算是一种文学遗迹吧。

汉代大连地区的手工艺制品，包括铜器、陶器、金器和砖石等，也达到了相当高的制作水平，与之相配合的造型艺术、雕刻艺术等更彰显了当时的美学水准和技艺水准。

三、漫长的文化融合

大连地处边远，本身就处于东北多民族杂处的社会环境之中，又是海陆交通的连接点，一直是各政权争夺的重点区域。公孙政权期间和西晋时期，大连获得了相对稳定的发展环境。东晋、南北朝时期至隋代，大连地区经历了慕容鲜卑、高句丽等少数民族政权的统治。唐征服高句丽后，大连地区获得了200多年平稳发展的环境。唐灭亡后，大连地区又经历了辽、金两代少数民族政权统治。至元代，大连虽然处于中央统一管辖之内，但其历史本质上仍是少数民族统治的历史。自公元310年慕容氏在辽东建立起管理中原流民的地方行政机构至1371年明军占领辽东的1000多年中，大连地区被北方少数民族统治的历史达800多年。同时，这一时期也是大连地域文化在汉文化和少数民族文化碰撞、交流、融合中演进的漫长文化历史。

在这个演进历史中，大连文化呈现出以汉文化为主体，与少数民族文化相互影响、兼收并蓄、融合发展的特征。

统治辽东的少数民族，多为学习、推崇汉文化的民族。慕容鲜卑对中原文化表现出巨大的热情，在伦理道德、思想教育、农耕技术乃至汉族人才引入等方面，做出了积极的努力。高句丽也十分重视汉文化的学习和推广，尤其重视汉文化典籍、生产生活知识。契丹族和女真族更是熟悉、掌握了汉文化精神和汉文化知识，他们广泛使用汉文字，运用汉文学形式进行文艺创作。据王寂在《鸭江行部志》中记载，他在今瓦房店龙门山、复州宝岩寺等处都发现了金代官吏、文人题写的诗歌作品。蒙古族除继续将汉文化置于重要思想文化地位外，还兴办儒学，在大连地区设置官办的金复州儒学。在这种情形下，大连地区的汉文化并没有被弱化或中断，反而不断发展，推进着少数民族文化的发展、演化。

在不同民族文化的融合中，汉文化也不断吸收和融入其他少数民族文化的营养。东北地域文化个性中有很多重要的因素，如剽悍勇猛、粗放豪迈、较少繁文缛节等，都与吸纳北方少数民族文化精神有着密切联系。在思想意识形态方面、生活习俗方面和文学艺术方面，大连地区的汉文化也大量吸收了来自北方少数民族文化的内容。东汉时期，佛教文化传入辽东地区。唐朝时，诸帝崇拜佛教，大连地区的佛教也兴盛起来。至明清时期，佛教在大连地区进入鼎盛时期。

事实上，不同的民族文化在融合的过程中并没有出现如政权交替那样的敌对、冲突、毁损情形。迄今发现的文化发展痕迹中，文化碰撞一般是以相互融合为演变形态，最终达到文化合流。其中，由于汉文化具有完备的思想理论体系、完整的知识分类体系和悠久的发展历史，大连地域文化在漫长的融合发展过程中不断获得前进的动力。

文化融合的结果，是不同文化边际的模糊和消失。大连地区处于渔猎文化、农耕文化、游牧文化等的交汇处，处于萨满文化、儒家文化、道家文化、佛教文化等的汇聚地，不同文化元素的并存并进、交流融合不但丰富了民族文化的内涵，也缩小和溶解着不同民族间的精神界限。这种融合不是发生在一朝一夕，而是演化于千百年的民族关系史中，成为各民族相互认同的精神基础，成为中华民族融为一体的文化根脉。

四、全面的文化振兴

社会长期稳定的时期往往是文化全面振兴的时期。自明朝建立至清朝前、中期，除明灭元残余势力的辽东战事、清入关前的辽东战事外，大连地区基本处于安定发展的状态。其间虽有倭寇侵扰沿海，但自明刘江望海埚抗倭大捷之后，百余年间再无倭人来犯辽东。此时期，大连地区百业并兴，经济发展、海陆交通便利、贸易发达、人口增长、城镇大量出现，这些都为地域文化的全面振兴提供了良好的基础和机遇。

教育发展是此时期文化发展的重要基础。明代，大连地区民间私塾（私学）、官办儒学和社学三种形式并存。金州卫学和复州永宁监卫学，是设立在大连地区的两所官办儒学，主要招收卫所官兵的子弟，学生被称为"生员"。此外，两地还设有社学，凡百姓子弟15岁以上均须进入社学学习。清朝建立以后，大连地区设置了复州儒学和宁海（金州）儒学。此外还出现了书院教育，有建于宁海的南金书院和稍晚建于普兰店的横山书院。此时期私塾教育逐步发展，成为普及教育的重要形式。复州、金州、庄河等地，普遍有私学教育存在。至清晚期，大连地区的私塾达数百处。教育的发展，为大连地区参加科举考试储备了人才，明清两代都有大量学子考中科举，或走向仕途，或成为著名文人。

宗教文化的发展是此时期文化发展的重要现象。明代，大连地区出现了大量的佛教寺院，据统计，今存的此时期的寺院不下50座。道教也在此时期有规模地发展，大连地区现存道教宫观约20处。[1] 此外，海神崇拜也在大连地区开始普及，龙王庙、天妃宫等祭祀场所多有出现。与海神崇拜相联系，大连沿海、海岛地区有放海灯的习俗。清代以后，大连地区的佛教寺院持续发展，而道教宫观在数量和规模上也呈数倍增长，道教影响在民间十分广泛。在佛、道两教发展的同时，伊斯兰教也在明末清初传入大连，现存最早建立的伊斯兰教寺庙是复州城清真寺。

文学创作的兴起是此时期文化发展的重要成就。大连地区有明确记载的严格意义上的诗文创作出现在辽、金时期[8]，但较成规模、较为普遍、有较多种类作品出现的阶段是在明、清两代，流传下来的作品也蔚为大观，其中包括咏志抒怀的诗歌作品、记事言物的散文碑刻及建言献策的奏议文章等。清代以后，大连地区的文学创作更为发达，除陈铨、魏燮均、王志修、涂景涛、袁保龄等外地来连官员、文人所创作的作品外，本土文人的作品更多地涌现出来。其中，隋汝龄编撰的《辽海志略》内容丰富、体例完整，是清代研究东北历史的重要学术著作，也是现在研究东北历史的重要参考文献。此时期涌现出的一大批具有较高文化修养和诗文创作能力的文人有多隆阿、隋汝龄、徐赓臣、许文运。

文艺娱乐的普及是此时期文化发展的重要景观。随着海陆商贸的发展和移民、屯军的频仍，大连地区城镇逐增，市民阶层不断扩大，文艺娱乐需求不断增长。一方面，交往和移民带来不同地区、不同形式的文艺演出和娱乐方式；另一方面，娱乐需求的扩大使文艺演出和民间娱乐成为重要的生活内容。明清以来，大连地区出现了戏曲、皮影、说唱、民间音乐、民间舞蹈等多种文艺演出形式，还存在着大量与生活兴味、民间习俗、节庆祭祀等密切关联的多种民间艺术和民间仪式，包括剪纸、布艺、面塑等民间技艺和太平鼓、龙舞、放海灯等民间仪式。这些文艺形式、娱乐形式和民间技艺，很多保存至今，成为大连地区的非物质文化遗产，有的还进入联合国、国家级和省级非物质文化遗产名录。

第三节 近现代文化发展

一、中外文化的碰撞

1840 年以后，大连进入文化转型时期。

正当大连地区传统文化的成长、发育走向繁荣的时候，西方文化开始涌入，中西文化的碰撞不可避免地开始了。

就在大连地区开始接触西方文化发生在中日甲午战争之前。一方面，英国海军在大连沿海侵犯，让大连人民意识到西方列强的坚船利炮和强盗逻辑，也接触到"维多利亚""亚瑟"之类的文化概念。另一方面，清政府加强大连海防建设，在旅顺修建船坞、城市生活设施、军港，将西方技术带入大连，同时兴办新式学堂，将新式教育方式带入大连。

就在大连开始接触和了解西方文化的时候，战争风云突起，将大连迅速推向直面文化碰撞的境地。甲午战争带来的没有文化，只有仇恨。"三国干涉还辽"之后，俄国强租旅大，从经济上、思想上、文化上全方位实现殖民统治，从而迅速改变了旅大地区的生存环境和社会环境。日俄战争以后，日本殖民统治者一方面承袭了俄国人城市建设的框架，一方面加大殖民统治的文化力度，扩张殖民文化规模。日本殖民统治时期，殖民当局实施了一整套文化侵略政策和措施。首先是建立殖民舆论阵地，先后开办了《辽东新报》《满洲日日新闻》等报纸 42 种，《满蒙》《大同文化》等期刊 253 种 [9]，还建立了用中、日、俄、朝、蒙等多语种播音的东北第一家广播电台大连中央放送局。其次是组建殖民文化机构，包括满铁调查部、满蒙文化协会、满蒙资源馆、旅顺博物馆等。同时还大面积实施殖民文化教育，从对日本人自身进行的教育到对中国人进行的"归顺皇国"教育，从少儿教育到高等教育，从普通学校教育到职业教育和专科教育，全面进行"文化归化"。殖民文化统治充斥着侵略色彩，他们以强力手段打压中国人的文化组织，以法西斯手段逮捕进步文化人士。

西方文化尤其是殖民文化的侵入带来两个文化后果。

一是引发强烈的文化冲突，形成民族文化与外来文化的对峙。冲突和对峙主要发生于殖民文化与民族文化之间。首先的表现是反入侵、反统治的抗争文化兴起。殖民入侵以后和整个殖民统治期间，大连地区表现国破家亡之痛、反帝爱国之情的诗文作品大量涌现。如王永江诗所言的"常山太守舌尖血，金郡书生笔下刀。骂贼甘心拼一死，后先辉映两奇豪。"即便一死也要骂贼，成为文化冲突下反帝爱国之情的生动写照。另一种现象是文化对峙。殖民统治期间，一方面大连地区的传统文化和地域文化顽强坚持着并广泛活跃于民间，另一方面关内民族文化的演出形式和其他文化成果，如包括五四以来的新文化成果不断引入，这种对峙使大连地区并没有因半个多世纪的殖民统治被奴化，反而一直保持了民族文化的主体地位。这一时期，中国人开始兴建自己的文化组织和政治组织，先后出现了中华青年会、中华工学会和一些文学艺术社团，从事新文化教育普及、爱国主义教育和反帝斗争、中华文化宣传和汉语文学创作。中国人还利用日本人的舆论阵地宣传进步文化和反帝爱国思想。《泰东日报》编辑长傅立鱼就因此被日本当局投入大狱。此外，爱国人士还把文化活动作为直接对抗殖民统治的方式，如针对统治当局不许中国人举办正规体育活动而举办大规模的中华体育大会、京剧艺人演出之际跳下舞台击杀日本入侵者等。

二是引发交互的文化影响，民族文化与外来文化的交融形成。影响和交融主要发生于西方优秀文化与民族文化之间。文化具有多复合、多层面、多元化的特征，虽然西方文化随殖民入侵而来，但其中的优秀成分并不会因此而改变其文化性质和文化魅力，因此去其糟粕、取其精华十分必要。在这种情况下，西式近现代城市生活方式，新教育方式，期刊、广播、电影、戏剧等西方文化生活理念和形式，逐渐成为大连文化生活的有机内容。

二、城市文明的形成

现代城市的规划格局、功能格局和建筑格局，是现代城市文明形成的一个重要成因。在规划格局方面，大连地区以欧洲城市建设的样板格局为基础，采用"放射式路网方案……在交通枢纽和重要的中心地点布置圆形或半圆形的广场，广场之间以直线干道相联系，每个中心向外辐射若干干道"[10]。在功能格局方面，港区和生产区、行政区、生活区、商业区、文化休闲区等划分较为清晰，与传统城市功能区相互混搭形成区别。在建筑格局方面，西方建筑技术、工艺被广泛使用，兼有巴洛克、罗马、哥特风格和日式风格，在古典主义风韵中各具特色。建设格局和风格的欧化，为大连铺设了欧式文化的城市环境。

　　现代城市的生产方式和生活方式，是现代城市文明形成的另一个重要成因。自由港及大规模近现代工业的出现，现代交通、商业、教育、文化娱乐等现代城市化生活方式的形成，使城市居民不断适应现代生产程序和规范，不断适应现代城市功能所要求的行为方式和生活方式。工人阶级的扩大、市民阶层的增长、五方杂处的人际关系等，也成为形成现代城市文明的重要人文环境。

　　现代城市的文化设施、文化活动和文化氛围，是现代城市文明形成的又一个重要成因。新式学校、新式传媒、新式图书馆和博物馆、新式影剧院、新式公园等出现，带来现代教育、现代文化知识、现代文化生活方式以及电影、西方音乐和美术、现代体育、现代社交活动等新文化形式，成为现代城市文明形成的精神催化剂。

　　值得注意的是，同一文化形态之中不同性质、不同形态、不同特征的文化要素并存，是文化发展演进的常态。在大连现代城市文明形成的过程中，这种状态更为明显和持续地表现出来。殖民统治者意识到被入侵地本土文化的顽强生命力和同化力，并由于歧视、压迫等殖民统治意识，在城市规划中做出了占领国居民与被占领国居民的区域划分。西公园（今劳动公园）的建设就曾具有分割外国人居住区和中国人居住区的功能。同时，在城市生活和文化生活的诸多方面，譬如学校教育、新闻出版、文化体育活动等，殖民统治者都进行了较为严密的分割和制约。与殖民文化的分割策略相对立，民族文化的存在和生产却在顽强坚持、顽强发展。中国人坚持中国语言文字的使用，坚持民族和地域生活习俗、节庆活动，坚持民族文艺形式的创作演出，进而坚守了民族文化精神、性格、情趣和形式。两种文化的并存和对峙，既成为殖民统治时期大连城市文化的总态势，成为大连现代城市文明形成时期的重要特点，又构成大连城市文化结构的双重现象。殖民文化与反殖民文化并存，西式风尚与中华传统并存，新式影剧院与传统茶楼戏园并存，电影、歌舞伎、交响乐与戏曲、曲艺、民间歌舞并存，是殖民统治时期大连城市文明形成时期的特殊形态。

　　城市文明的形成还带来了另一种文化局面，就是大连成为南北文化往来的"水陆码头"。作为新兴城市，大连的市民文化生活处于起步阶段。

作为殖民文化统治之下的大连民众，对民族文化格外地向往。因此，大连形成了较大的民族文化市场空间。同时，通过大连，南来的可以通往关内区域，北往的可以深入东北腹地，大连成为连接南北文化的良好节点。于是，关内的文化人、艺人频繁涌入大连，尤其是以京剧为代表的戏曲艺术、通俗易懂的曲艺艺术成为大连地区频繁的演出形式。还有一些艺术种类在大连落地生根，获得长足发展。其中有代表性的是唐山落子。唐山落子来到大连，在培养和增设女演员、唱腔改革等方面取得突破，奠定了评剧剧种形成的重要基础。还有一些艺术品种得益于"乡情"而在大连赢得空间，譬如吕剧就因寄托着因"闯关东"而来到大连的居民们对故乡的情感而成为一种热门的演出形式。

三、文化转型与新文化的崛起

中外文化的碰撞和城市文明的形成促使大连文化发生不可避免的嬗变，其结果是由民族文化、传统文化和边陲文化向中西文化交错、传统与现代文化交融的城市文化转型。需要强调的是，这种文化转型不等同于文化转性。新的文化发展环境的形成、新的文化因素的介入、新的文化形式的出现，并未改变大连地域文化的根本性质。殖民主义文化的糟粕始终未能成为占有主导地位的文化力量，并随着时代的变迁而迅速被唾弃。西方和现代文化中积极的、有益的和能够与本土文化相融合的成分，最终汇入地域文化的肌体之中，成为大连地域文化的有机部分。

在文化转型过程中，实现中西文化、传统与现代文化交融的根本性原因，在于新文化的涌入和崛起。

辛亥革命前夕，一些进步文化因素就开始进入大连地区。为拯救民族而学习国外话剧形式的春柳社的主要成员之一刘艺舟，就带领社班在大连一带演出《猛回头》等进步剧目，并在辛亥革命爆发之际率领演艺人员登船赶赴山东，一战而下登州。辛亥革命失败后，同盟会会员傅立鱼于1913年来到大连，一边利用《泰东日报》编辑长的职位宣传新的社会思想，一边建立新文化组织和新文化阵地，组成大连中华青年会，创办《新文化》（后改称《青年翼》）。孙中山为《新文化》写有题词——

"宣传文化"。傅立鱼及中华青年会对新文化的宣传和普及，对大连民众民族意识的觉醒和爱国精神的增长发挥了重要的促进作用。其后，在五四运动爆发和五卅运动爆发之时，大连的工人、学生和市民迅速响应，积极捐助，声势颇大，这就是新文化种下的思想种子成长的结果。傅立鱼本人也不断吸纳新的文化精神，介绍和宣传十月革命的经验和列宁的革命理论。《泰东日报》还发表了李大钊、瞿秋白等人宣传革命思想的文章。1927年，在中共大连市委帮助国民党建立地方组织的时候，傅立鱼成为国民党大连市党部的顾问。

五四新文化运动以后，大连的文化迈入突进式的转型过程。五四之前，新文化宣传的准备为五四新文化大规模进入和普及铺垫了基础。因此，当新文化的潮流滚滚涌来时，大连迅速掀开了走向新文化发展的大幕。新文学在大连迅速普及。除鲁迅、郭沫若、茅盾等作品受到人们广泛喜爱外，大连本地还涌现出一批致力于新文学创作的作家、诗人和社团，出现了石军等关注底层民众命运的作家、李满红等富于爱国激情的诗人，也出现了赵恂九等感物伤情的通俗小说作家，新文学作品成为市民文化生活的日常内容。反映新文化思想的其他艺术形式也受到市民的关注和喜爱。譬如，当《雷雨》名传关内时，大连就有话剧社团进行排演。因为大连人欣赏《雷雨》，1945年东北文工团来到大连上演《黄河大合唱》时，在为大连人民带来震撼之后紧接着就排演了曹禺的另一部名著《日出》，赢得了大连观众的高度认可。新文化的活动方式，也成为大连现代文化形成的重要载体。兴办文化社团、举行报告会和讲座、开展文化纪念活动等，成为宣传民族的、爱国的、进步的和革命的文化之有效方法。

在新文化崛起的进程中，革命文化发挥了中坚作用。十月革命经验和马克思主义思想在新文化思想的觉醒中产生巨大的感召力，工人阶级按照革命理论组织起来，并以罢工等斗争形式与殖民统治者进行斗争。殖民统治期间，大连工人罢工达数百次，大连成为中国共产党建立以后首先关注的工人运动开展地之一。一批工人运动骨干走向革命，如傅景阳就是大连第一个共产党员，还有多人成为中国共产党早期重要干部。革命文化在青年学生和其他阶层也产生了重要影响。关向应就是在毕业后进入《泰东日报》当印刷工期间接触了马克思主义思想而走向革命，成为杰出的无产阶级革命家。革命文化推进大连的精神觉醒，大连也为革命文化注入营养。1926 年，安娥到大连开展妇女运动，后来根据在大连的生活体验创作了著名歌曲《渔光曲》。1936 年，大连大众书店印刷发行了介绍包括共产党创始人李大钊的英烈事迹在内的《烈士传》。

新文化创造了文化转型的精神环境，使大连人民的精神觉醒，奠定了走向现代文化的观念基础、心理基础和知识基础，也建立了鉴别、选择、融汇传统文化因素和西方文化因素的文化坐标。新文化的崛起，是大连实现文化转型并最终向着民族、科学、大众、进步的文化方向转型的决定性力量。

结 语 文化特征

梳理大连地域发展历史脉络，考察以这种历史脉络为背景和土壤的大连地域文化发展历程，可以发现和提炼大连地域文化的基本特征。这些特征建立在 1945 年大连解放之前形成的文化历史基础之上，并在 1945 年以后的文化发展进程中保存下来，成为大连地域文化未来发展不可忽视的文化参照和文化前提。

一、地域性特征

由于大连地区处于半岛尖端，海洋环绕，大连地域文化呈现出一定的地域特点，即陆地文化与海洋文化并存、交织和结合。这种特征可以追溯到远古时代，并一直延续下来。

同时我们应该看到，大连地域文化没有脱离内陆文化的根基，更不是远离陆地的岛屿文化类型。即便是长山列岛这样较大的岛屿群，其与陆地的社会联系、文化联系也十分紧密。大连地域文化在观念形态、心理方式、行为方式等根本性方面与内陆文化没有本质的区别，但是在性格气质、情致意趣、生活习俗等方面存在一定的差异性。因此，如若用"海洋文化"一词来说明大连地域文化的特征，应当限制于外在形态的某些方面，而不是构成与内陆文化性质差异的理由。

即便如此，这种地域性特征也为大连文化色彩的丰富、文化个性的彰显、文化空间的拓展提供了优势，成为研究大连地域文化和考虑文化发展策略时重要的参照项。

二、融合性特征

这种特征也可以追溯到远古时代，并在其后的历史中不断得到强化。原始社会时期大连文化与新乐、大汶口、红山等文化的联系，已经形成文化融合的基因。漫长的古代历史发展过程中，大连一直处于边塞之地，但又与关内多个文化地带不断往来，处于与中华民族同一文化母体之中。同时，在以汉文化为主体的文化延续中，多个少数民族文化的融入成为大连文化历史中漫长而又重要的现象。当然，在不同民族文化融合的历史中，汉文化与那些已经认同汉文化思想、制度、知识乃至习俗的民族的文化的融合度更高。

近代以后，融合性特征经历了更为严峻的考验，也在此过程中得到了锤炼。外来文化、现代文化、新文化、革命文化与本土文化持续而激烈地产生冲击震荡，扭转着观念、社会和生活的基本形态。面对文化碰撞，有的拒绝，有的消亡，有的在立足本体、汲取他种文化的有益营养的基础上接受先进、科学、优秀文化带来的文化变革，大连的文化发展选择了第三种途径。因此，大连地域文化在交融中更生和发展，并走向与时代同行的道路。

交融性也可称为包容性或开放性。交融性带来的文化机遇是文化容量的增加和文化视野的拓展。哲学家维柯曾举过这样一个例子："各民族看到外国（族）事物不能有把握地用本民族语加以说明时，就必然利用外国（族）名词。"[11]他说的就是这种现象。

三、现代性特征

一般说来，现实的文化尤其是现代城市文化都具有现代性特征。但是，相对来说，大连由于较早进入近现代城市文明的进程，在本书所及历史范畴内，较早和鲜明地显示出现代文化的特征，这是事实。我们还应该看到，在脱离殖民统治之后，从大连解放直至今天，这种现代化特征得到了健康的发展和恣肆的成长。

乐于接受新的文化理念和新的生活方式，不但认同自身文化传统，而且热衷时代发展的最新文化成果，进而形成追逐时尚的生活风气，甚至包括时常流露的地域优越感和时尚优越感，就是文化现代性特征所形成的现象。

现代性特征的天然优势，在于较少文化包袱，乐于文化创新，追求时代标准，钟情文化前沿。这种特征锻造出的文化性格，就是大连地域文化历史得以迅速步入现代城市文明的重要根由，也是不断推动大连城市文化赢得新的进步的良好气质。

四、理想性特征

文化上的融合态度和时尚情愫，是生成理想精神的优良土壤。风起云涌的工人运动，表现出了强烈的社会理想精神；狂飙突进的新文化运动，表现出了积极的文化理想精神；持续不断的民族文化活动，表现出了自信的生活理想精神。这种精神演化至今天，使大连城市文化气质中明显存在不甘人后、憧憬优异、追求卓越的心理状态。这种心理不断激发着大连人向往一流、与众不同的工作态度和生活态度，成为赢得骄人成绩的重要动因。理想性特征，最终被大连人唤为"浪漫"，并称自己的城市为"浪漫之都"。

就大连以往的文化经历而言，理想或浪漫源自摆脱苦难的诉求，是经历了血与火的锻打而坚守的性情；就大连现实的文化发展而言，理想或浪漫则是精神升华和生活进步最为可贵的魂灵。

透视精神历史，创造文化未来，是研究地域文化的目的，也是文化研究的理想精神。

【注释】

[1]《大连通史》编纂委员会：《大连通史（古代卷）》，北京，人民出版社，2007。

[2] 参见司马迁的《史记·匈奴列传》。

[3] 参见班固的《汉书·地理志》。

[4] 参见脱脱等的《辽史》。

[5] 参见李鸿章《条议海防》。

[6]《大连通史》编纂委员会：《大连通史（近代卷）》，北京，人民出版社，2010。

[7] 刘俊勇，傅仁义：《渤海海峡发现第四纪哺乳动物化石》，载《辽海文物学刊》，1997（2）。

[8] 参见王寂的《鸭江行部志》。

[9] 大连市史志办公室：《大连市志·文化志》，大连，大连出版社，2003。

[10] 樊文斌：《大连市近代城市规划解析》，载《山西建筑》，2015（5）。

[11] 维柯：《新科学》，398页，北京，人民文学出版社，1987。

上编

第一章

因海而生　文明初现

——远古遗存与文化的萌生

　　大连地区有着悠久的历史，原始文化至迟萌生于距今 1.7 万年前的旧石器时代晚期，后经新石器时代、青铜时代。在漫长的岁月中，这里生存的先民们在辽东半岛南端创造了具有地域特点和浓厚海洋气息的古文化。

　　瓦房店古龙山遗址是大连地区迄今发现最早的古人类遗址，出土的石器和大量哺乳动物化石表明距今 1.7 万年前这里就有居住于山洞、以狩猎为生的古人类繁衍生息。出土的动物化石数量巨大，计 77 个种属，其中大型动物的数量最多，有披毛犀、猛犸象、河套大角鹿、东北马鹿、加拿大马鹿、原始牛、东北狍、普氏羚羊、野猪等，尤以马类为多。马类个体达 220 个，被称为"大连马"，古龙山人由此被称为"猎马人"，说明当时的古人具有很高的捕猎大型动物的技巧。

　　距今 7000 年—4000 年前，大连地区进入新石器时代。以长海广鹿岛小珠山遗址、吴家村遗址，旅顺郭家村文化遗址，甘井子营城子四平山积石冢为代表的新石器时代遗址遍布黄海、渤海沿岸和岛屿，表明这一时期的先民已走出山洞，走近大海，构筑房屋，制造陶器，捕捞海产，并开始农作和饲养家畜，生产方式已由狩猎为主发展到渔猎并重，进而发展到渔农并重，在辽东半岛南端创造了具有明显地域特点和海洋气息的新石器文化。这一时期，居住于辽东半岛、山东半岛的先民学会了制造舟船，掌握了古老的航海技术，两半岛间开始有了经济、文化的双向交流，大连古文化开始接受山东大汶口文化、龙山文化的影响，并成为南北文化交流的重要渠道。

距今 4000 年—2000 多年前，大连地区进入青铜时代。随着夏、商、周王朝的建立，大连的青铜文化逐渐形成。前期以甘井子双砣子遗址、大嘴子遗址为代表，仍以磨制的石器为主要工具，仅发现少量的小型青铜器。后期以普兰店双房遗址为代表，在同期遗址中发现了数量较多的制作精良的曲刃青铜短剑和铸铜石范。铸铜石范的出现，说明当时已有熔炼铸造技术，并采用了比较先进的合范铸造和分铸等技术，表明在春秋战国时期大连地区已形成比较发达的青铜文化。曲刃青铜短剑已成为大连地区青铜文化的重要标志。这一时期大连地区的先民已经形成规模较大的氏族部落，经济类型仍为农渔并重，农业的比重在逐渐增加，农业生产工具种类不断增多，制作更加精细，人口分布已由沿海地区深入北部山区。墓葬形式为积石冢、石盖墓和石棚，至今大连地区仍保留了多处由巨石搭建的各种石棚，这是当时丧葬习俗的重要标志。这一时期的大连古文化属东夷文化的范畴，受到了山东半岛岳石文化的影响。《逸周书·王会篇》称居住于今河北、辽西的夷人为"孤竹""令支""俞人""屠何"，称居住于今辽东一带的夷人为"青丘""周头"。据历代学者考证，"青丘"即今大连所处的辽东半岛南端。

第一节　远古猎马人
——以狩猎为主的旧石器文化

现有的考古发现表明，至迟在距今 1.7 万年以前，就有人类在大连这片土地上生息、繁衍、劳作。

古龙山遗址是大连迄今发现最早的旧石器时代遗址，位于瓦房店古龙山东坡，是一座高约 60 米、略呈马鞍形的丘陵。它插入一个小型山间盆地之中，属瓦房店北侧老孤山的南延突出部分，山麓南侧有小溪流过。该遗址属洞穴类型，发育于古生代寒武纪石灰岩中。洞口海拔标高 74.83 米，高出当地河水水面约 15 米。

1981 年 4 月，复县（今瓦房店市）龙山村工人在开采石灰岩时发现了此洞。同年秋和 1982 年夏，大连自然博物馆专业人员先后进行了两次发掘。从洞穴存留的形态和工人提供的证据可知，这里原为一较大的洞穴，但因以往长久地开采石灰岩，主洞已不复存在。已发掘的是一个上宽下窄的岔洞，其最宽处为 1.2 米，最窄处仅有 0.5 米，总长度 62 米。由于这个洞是一个岔洞，洞内堆积在一起的骨骼达上万件，推测那时的人类可能居住在主洞中，而把这个岔洞当作丢弃骨碴的垃圾场。

古龙山遗址出土的 4 件石器，都是采用硬锤直接向背面加工修理而成，其中，工具都是小型器。凭借古龙山遗址极贫乏的石器资料，仍可以推断其技术接近于旧石器晚期以小石器为主的技术传统，而与长石片——细石器技术传统离得远一些。这些石器的打片技术、毛坯性质、修理方式和类型均常见于海城小孤山的石器当中，两者在文化上存在着密切联系。古龙山遗址出土的骨制品依形态不同可划分为锐尖型、钝尖型、扁尖型、雕刻刃型 、端刃型、单侧斜刃型等。

古龙山遗址出土的 77 个种属动物化石，包括鱼类 2 种、爬行类 1 种、鸟类 17 种、哺乳动物 57 种。这个动物群除鸟类、小哺乳动物、马类外，还有鲤、黄颡鱼等鱼类，爬行类的鳖，哺乳类的猛犸象、披毛犀、野猪、河套大角鹿、东北马鹿、加拿大马鹿、东北斑鹿、东北狍、王氏水牛、水牛、原始牛、家牛、转角羚、普氏羚羊、羚羊等。

古龙山动物群与北京山顶洞动物群十分接近。两个动物群的共同特点是食肉类种类所占比例较大，这与两者都处于山地环境有关。不同的是，山顶洞动物群南方种类较多，古龙山动物群南方种类则较少，但其有更多的喜冷环境的兽类，如猛犸象、猞猁、加拿大马鹿等。另外，两个动物群所处位置的纬度虽然相同，但由于地理上的原因，显示出差别。这种差别就是山顶洞动物群为中国南、北方动物混合的类型，而古龙山动物群为华北、东北动物群混合的类型。古龙山动物群与哈尔滨顾乡屯动物群，属同种的数量达 19 种之多，两者有很大的相似性。

根据对古龙山动物群的综合分析和年代测定，古龙山洞穴沉积物的时代为更新世晚期，具体到主要产化石的层位和含石器的地层年代，应为距今 17610 年 ±240 年。

1.7 万年前的古龙山地区与现今大不相同，年平均气温为 3 ~ 6℃，比现在低 3 ~ 4℃；年降雨量约 400 毫米，比现在少 200 毫米。古龙山四周，山峦起伏，密林成片。丛林中隐藏着虎、狼、熊、豹等猛兽。山脚下河流环绕，鲤鱼、黄颡鱼游来游去。岸边各种水禽时而飞起，时而落下。远处是广阔草原，成群的马、牛、羊、鹿穿梭其间。古龙山人猎取最多的是已被命名的"大连马"，在古龙山遗址中至少发现 200 个大连马个体。这些马绝大部分牙齿冠部较长，属成年个体。这就说明它们的死亡原因不是自然淘汰，而是人类的捕杀，捕杀的手段主要是集体围追，把动物赶下悬崖使其摔死和挖陷阱等。另外，经进一步对马的牙齿进行切片，发现这些马的死亡时间均为夏秋季节。毫无疑问，古龙山人是我国东北旧石器时代晚期的猎马人。

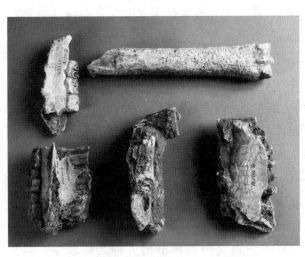

大连马化石

古龙山遗址的发现不仅填补了大连地区旧石器时代文化的空白，而且为进一步探讨中国华北与东北之间动物的迁徙、中国与朝鲜半岛和日本列岛之间旧石器时代晚期古人类文化的交流以及古气候的演变等，提供了十分宝贵的资料。

除古龙山遗址外，旧石器时代的动物化石在大连周围海域和其他地区也有发现。1989 年 6 月，旅顺北海渔民在距黄海沿岸 3.5 万米的海域作业时发现了 4 件断残的鹿角化石。经鉴定，这 4 件鹿角化石均属于东北马鹿，其中 3 件有人工砍砸痕迹。

多年来，北黄海（包括大连海域）、渤海一带海底屡次发现披毛犀、猛犸象和野牛等动物的化石。这些动物化石在海底被发现，证明东北地区晚更新世披毛犀等动物在冰期的高峰期不断向南迁徙，并进入因海面下降而变成陆地的北黄海地区。研究表明，在末次冰期即大理冰期极盛时期，北黄海海平面平均下降 132 米，致使辽东半岛、山东半岛成为和朝鲜半岛及日本列岛相连的胶辽古陆，那一时期大连地区即有古人类生存。

第二节　逐海而生　因海而兴
——新石器时代文化

一、辽东半岛最早的聚落——小珠山遗址

新石器时代的大连，已经出现了有人类长期居住的聚落，其主要标志是在生产中使用磨制石器、烧制陶器、经营农业及饲养家畜等。其代表性的遗址为长海小珠山贝丘遗址，它层次分明地展现了距今 7000 年—4000 年的人类遗迹。2006 年至 2008 年中国社会科学院考古研究所等对长海小珠山遗址的发掘和研究，已将原来划分的小珠山一、二、三期文化细化为五期遗存 [1-2]。这五期遗存大致可归为三个阶段：第一阶段，包括小珠山第一、二期遗存，距今 7000 年—6000 年，代表遗址有长海县广鹿岛小珠山第一、二期遗存，大长山岛上马石遗址下层，庄河北吴屯

长海小珠山遗址

遗址下层等；第二阶段，包括小珠山第三、四期遗存，距今 6000 年—4500 年，代表遗址有小珠山第三、四期遗存，北吴屯遗址上层，长海广鹿岛吴家村遗址，旅顺郭家村遗址下层，长兴岛三堂遗址下层等；第三阶段为小珠山第五期遗存，距今 4500 年—4200 年，代表遗址和墓地有小珠山第五期遗存、郭家村遗址上层、上马石遗址中层和大连四平山积石冢、旅顺老铁山—将军山积石冢等。

大连新石器时代第一阶段出现了最早的聚落，房址为半地穴式建筑，室内有较多的打制石器。庄河北吴屯遗址下层共发现 5 座房址，都是圆形或近圆形半地穴式建筑，直径 4~5 米，大者在 8 米以上，周边有柱洞，门向南，门道较短，室内有石砌方形灶址，有的还附砌了小石灶。在居住区边缘发现两道围栅址，这在辽东半岛是首次发现。

农业在这一时期得到了一定的发展。在小珠山遗址第一、二期遗存和上马石遗址下层以及北吴屯遗址下层，都发现了用于加工粮食籽粒的石磨盘、石磨棒、石杵。在上马石遗址下层、北吴屯遗址下层还发现了石锄、石刀等农业生产工具。特别是北吴屯遗址下层，出土石锄数量较多，均为打制石锄，具有一定的原始性。观察其长度和使用痕迹，石锄入土深度约有 7 厘米，表明北吴屯先民已掌握了锄耕技术。锄耕农业的出现把原始农业生产推进一个新阶段。制石业、制玉业的发展，正是植根于农业发展。不过，在这一时期各遗址中农业的发展并不平衡，如北吴屯遗址下层农业发展水平较高，而小珠山第一、二期遗存和上马石遗址下层农业发展水平就显得较低。

随着农业的发展，家庭饲养业开始出现，上马石遗址下层房址中出土的完整的小狗骨架，就是先民驯养狗的证明。北吴屯遗址下层发现的猪骨，经鉴定属人工饲养的家猪。

这一时期的遗址几乎都发现于黄海岛屿、沿岸，较少数发现于渤海沿岸。在这种生态环境下，渔业毫无疑义地成为人们赖以生存的基础。在新石器文化第一阶段分布地域内，渔业生产要早于农业生产，先民们很早就与大海结下了不解之缘，开始向广大的海域索取衣食资源。采集沿海滩涂的水生物，是新石器文化第一阶段人们的主要食物来源之一，是渔业经济的主要部分，故日积月累后形成了贝丘堆积。小珠山遗址第一、二期遗存和北吴屯遗址下层都出土了石、陶网坠和骨鱼钩等，并发现了长约 8 厘米的高等鱼类的鳍刺和鲟鱼骨，表明这一阶段先民们已具有一定的捕捞技能。

狩猎是这一时期先民们的又一主要生业。小珠山遗址第一、二期遗存和北吴屯遗址下层都出土了鹿、獐的遗骸，北吴屯遗址下层还出土了狍、马、牛、熊、虎等动物的遗骸。可见，鹿、獐、狍、马、牛、熊、虎等动物是人们猎取的对象，尤以鹿、獐的数量最多。距今 7000 年前后，黄海岛屿、沿岸和渤海沿岸一带，自然环境与现今有较大不同，从出土的动物种类分析，当时的气候稍比现在温热湿润，雨量也较充沛，适于这些动物生活。鹿、獐遗骸数量多，可以证明它们是当时人们猎取的主要对象。故有学者推测，今日长山列岛中的广鹿岛、獐子岛之名极有可能就是从上古流传下来的。

这一时期的石器制作方法有打制和磨制两种，制石业主要制作磨制石器。磨制石器除石斧、石刀外，还有用滑石做原料制作的网坠。

这一时期出现了制玉业。小珠山遗址下层发现的玉斧，经鉴定属于透闪石真玉。北吴屯遗址下层也发现了玉斧、玉锛等。由此可见，这一时期先民们在制石业发展的基础上积累了一定的经验，开始了玉器的制作。

这一时期，陶器的原料选择的都是含有滑石粉末的陶土。手制陶器采用泥条盘筑法制

长海小珠山遗址下层出土的压印纹筒形陶罐
（距今 7000 年左右）

成，里外抹光，手触有滑腻感，坯胎较厚且不均匀，质地坚硬，火候虽高但不均匀，往往出现色斑。器形以筒形罐为最多，具有早期陶器的特征。

这一时期的原始艺术主要体现在陶器的装饰等方面。虽然陶器的器形尚不丰富，筒形罐数量最多，但在装饰方面很有特点。作为陶器主要装饰的压印纹约占全部装饰的90%，包括之字纹、席纹、横线纹、网纹、人字纹以及由上述纹饰组成的复合纹，压印纹中又以之字纹为最多。新石器文化第一阶段的陶器，从纹饰接近编织物和器形单一这两方面分析，具有接近原始陶器的特征。这一阶段的筒形罐，无论是器形还是装饰，都与下辽河地区的沈阳新乐文化有着密切的关系，是受新乐文化的影响所致。

此外，小珠山遗址第一期遗存中出土一件石坠，正、背两面均刻有较为复杂的符号。北吴屯遗址下层发现有以陶片刻划成的人面图像、太阳纹图像和用文蛤磨成的蚌环等原始艺术品，特别是一件鸟形玉饰，前端呈圆形，有一个圆孔代表眼睛，后部呈燕尾状，是典型的抽象艺术品，表明古人已萌生审美意识。

二、郭家村与吴家村聚落

旅顺郭家村遗址下层和长海县吴家村遗址代表着大连新石器文化第二阶段。这一时期的房址均为方形圆角半地穴式建筑，农业生产工具增多。其中，郭家村遗址下层出土农业生产工具70件。吴家村遗址和郭家村遗址下层都出土有猪骨和陶猪，其体型浑圆，是养猪业发展的标志。

这一时期，渔猎经济得到了较大发展。从对吴家村遗址、郭家村

旅顺郭家村遗址

遗址下层、北吴屯遗址上层出土的渔猎工具的分析可知，渔猎经济在当时仍占有重要地位。根据出土的渔具，可以归纳出射鱼、网鱼等作业方式。狩猎仍是这一时期先民的主要生业。郭家村遗址下层出土的斑鹿骨骼的数量仅次于家猪。猎物种类有斑鹿、马鹿、麂子、麝、貉、獾、猫等。这些动物靠比较先进的工具来获取，而弓箭是当时狩猎最有效的武器。郭家村遗址下层出土的镞，种类很多，质料有石、骨、牙、蚌

旅顺郭家村遗址下层出土的红陶鬶

等，制作精致。此外，还有投掷器，如厚重的圆形器、盘状器和石球等，说明当时狩猎技术是较高的，活动范围也较广阔。

这一时期，石器制作技术有了很大进步。磨制石器大量出现，打制石器减少。郭家村遗址下层出土的341件石器中，磨制石器达266件，有斧、锛、刀、镞等。石器的种类也显著增加，有农业生产工具斧、刀、杵、磨盘、磨棒，有渔猎工具网坠、镞，有木工工具锛。这些磨制石器在选料、加工方面已臻于成熟。

制玉业进步更为突出，玉器数量增多，有玉牙璧、玉环、玉斧、玉锛、玉鸟等。加工玉牙璧难度较大，需要经过剔挖等多道复杂的工序才能完成，若非掌握精湛的技艺是不可能做到的。

这一时期，制陶业亦有了长足的进步。陶器以夹砂红褐陶为主，夹砂黑褐陶次之，还有少量的泥质红陶和泥质黑灰陶。夹砂红褐陶、夹砂

旅顺郭家村遗址下层出土的红陶罐形鼎

黑褐陶和泥质红陶为手制，泥质黑灰陶则使用了轮制技术，这是东北地区最早使用简单机械制陶的实例。器形以装饰刻划纹的侈口、敞口、直口筒形罐为最多。新出现了釜形鼎、罐形鼎、钵、碗、豆、鬶、盉、觚形器和器盖等。郭家村遗址下层还发现了陶拍，说明这一时期已流行用拍打和挤压的方法来紧固器壁。这一阶段普遍出现了泥质陶。泥质陶的陶土经过淘洗，十分细腻。

这一时期的原始艺术主要体现在陶器的装饰等方面。陶器装饰一改新石器文化第一阶段以压印纹为主的作风，用刻划纹取代了压印纹，种类有平行斜线纹、网格纹、三角纹、刻划纹间饰乳点等。这一阶段出现了彩陶，小珠山遗址第三期遗存出土的彩陶都是红地黑彩，图案为双钩涡纹、斜线三角纹和几何平行斜线纹。郭家村遗址下层出土的彩陶有三种：一是红地黑彩，绝大多数是斜线三角纹，也有双钩涡纹，还有在橙黄地的刻划纹之间施黑彩的；二是红地红彩，大部分为直、斜、弧线三角纹；三是先施白彩为地，然后在白地上绘粉红圆点和赭石斜线纹。大连地区出土的彩陶无论是纹饰还是艺术风格，都与大汶口文化的彩陶相同，专家们一致认为其是大汶口文化的舶来品。除此之外，这一阶段新出现的釜形鼎、罐形鼎、实足鬶、盉、豆、觚形杯等，也是大汶口文化的舶来品。以上出土的器物表明，至迟在大连新石器文化第二阶段，辽东半岛南端的大连已经开始与山东半岛和内地进行文化交往。山东半岛和内地彩陶以及釜形鼎、罐形鼎、实足鬲、盉、豆、觚形杯等传入大连地区，一改此前仅有筒形罐这种单一器形的局面，大大丰富和便利了人们的生活，而且也美化了生活。同样，辽东半岛南端大连的筒形罐以及筒形罐上的各种刻划纹装饰也对山东半岛特别是庙岛群岛的文化产生了影响，大连的红地红彩彩陶的装饰作风也在山东半岛北庄期的彩陶上得以体现。

营城子四平山积石冢出土的玉器

雕刻艺术品在新石器文化第二阶段遗址中也有出土。郭家村遗址下层出土的骨笄柄端雕有扉牙，还有在磨制光滑的平面上雕有细密的圆点者。另外，郭家村遗址下层出土的8件骨片上，阴刻有平行横线加圆点、平行斜线加圆点、网纹、三角纹和平行横线或斜线构成的复合纹。王家村遗址出土的陶人，眼、鼻、口俱全，上端两面外出者则是耳朵。郭家村遗址和吴家村遗址出土的6件陶猪，均是家猪造型。这6件陶猪是先民们模拟家猪的形象结合生活的需要而创作的艺术作品，形神兼具。营城子四平山积石冢出土有红陶猪形鬶，其造型与山东胶县三里河大汶口晚期墓出土的同类器极为相似，属于山东的舶来品。

辽东半岛与山东半岛新石器文化的相互传播和交流，是以庙岛群岛为桥梁来实现的。在辽东半岛和山东半岛之间的庙岛群岛，就像链条一样把两个半岛连接在一起。庙岛群岛中每两岛之间的距离最多不过 10 余千米，从蓬莱经庙岛群岛中的南长山岛、北长山岛、庙岛、大黑山岛、砣矶岛、大钦岛、小钦岛、南隍城岛、北隍城岛，直至辽东半岛，新石器时代的人们完全可以凭着一叶扁舟往来于各岛之间，像接力赛一样一站一站地将文化从一个半岛传到另一个半岛。此外，从浙江余姚河姆渡遗址出土的木桨、陶舟[3-4]，浙江吴兴钱山漾遗址出土的木桨[5]，以及从陕西宝鸡北首岭遗址出土的陶舟[6]等推测，这一时期沿海先民已掌握造船技术，两个半岛之间极有可能开始以船作为交通工具往来交流了。

专家们全面审视和分析了辽东半岛南端大连和山东半岛新石器时代文化之间的交流与渗透过程，得出这样的结论：最初的辽东半岛南端大连的新石器文化第一阶段对山东半岛的影响可以说是"输出式"的，但是产生的影响十分微弱；到了第二阶段，这种文化影响骤然改变了方向，由原来的"输出式"转变成了"输入式"，而且影响的力度不断加大。

三、四平山积石冢与早期文明的出现

大连新石器文化第三阶段已进入了龙山时代，特别是像四平山积石冢这样的墓地，已经出现了早期文明。这一时期，各遗址中房址非常密集，打破、叠压关系很多，反映出氏族聚落人烟稠密。窖穴大为增加，如在郭家村遗址上层发现 4 座房址，而坑穴有 48 个，据发掘者判断，其中绝大多数为窖穴，数量超过了以往任何一个时期。窖穴一般是圆形，直径多在 1~2 米，有的现存深度约为 1 米。个别较大的窖穴发现有立柱之柱坑，说明窖穴之上还设有比较牢固的遮盖物，这从一个侧面反映出农业的发展水平。

这一时期农业生产工具进一步增多。以郭家村遗址上层为例，出土农业生产工具 103 件，其中石斧 33 件、石铲 2 件、石刀 37 件、石杵 3 件、石磨盘 7 件、石磨棒 21 件。石铲是农业专用工具，它的出现表明当时人们已经脱离了刀耕火种的原始状态。石刀、蚌刀、蚌镰的出现，是收割技术上的一大进步，大大加快了农作物的收割速度。郭家村遗址下层那种用陶片打制的、既无双孔又极易损坏的陶刀已经消失，被先进的石刀、

蚌刀、蚌镰所取代。特别是房址中用席篓盛装的炭化黍的发现，说明黍是当时主要的农作物。以上考古发现表明，至迟在这一阶段，大连地区已成为种植包括粟、黍和稻米等多种类型农作物的地区。

这一时期家畜饲养在生活中占有重要地位。郭家村遗址出土的 200 余个个体家猪，有 76.8% 是这一阶段饲养的。从猪的生长年龄来看，以成年个体为多，占 55.4%，老年和幼年个体较少，反映出当时人们在食肉方面有一定的剩余。这一时期狗的饲养量也大大增加，郭家村遗址出土有 20 余个个体狗的骨骼，说明狗在狩猎中有着一定的作用。

这一时期渔业仍占有重要地位，根据出土的渔具，可以归纳出射鱼、叉鱼、钓鱼、网鱼等几种作业方式。作为高效率的捕捞方式，网捕在这一阶段有了长足的进步。形体硕大、重达 2000 克以上的巨型石网坠在各遗址中多有出土，其形制有环梁马镫形、锁形、舟形等几种，显然是用于较深水域捕捞的工具。郭家村遗址、吴家村遗址上层都出土有舟形陶器。到了龙山时期即铜石并用时代，庙岛群岛、荣成等地更有木船出土。船的出现和使用无疑对新石器时代的渔业生产是一个巨大的推动，使渔业生产产量不断增加，生产能力进一步提高，人们已经开始使用舟船向海洋进军，以获取更多的衣食资源。

这一时期打制石器极少见，仅见于网坠等。所有遗址的石器中，磨制石器都占绝大多数。其中，有数量可观的用于收割的石刀、顶部一侧钻孔的石斧和石铲等。磨制石锛的大量出现说明当时的木作较以前有了很大进展。

这一时期是制玉业发展的高峰期，四平山积石冢出土的玉器是最好的见证。对出土的残存有切割痕迹的玉材边角料等遗物分析，可知四平山积石冢中的玉器是本地制作的。玉牙璧应起源于辽东半岛，即相当于大汶口文化中、晚期，而后由辽东半岛传向山东。

这一时期制陶业也达到了高峰期。日用陶器种类繁多，应和人们生活需求的增加有关，比如新出现的陶甑，就是当时流行蒸食的例证。此文化期里，磨光泥质黑陶占相当比重，尤其是出现了一种胎薄不过 1 ~ 2 毫米的"蛋壳陶"。这种磨光泥质黑陶里表全黑，据研究是用渗炭方法烧成的，代表了当时制陶业的最高水平。

这一阶段大连地区出现了最早的墓地，如在大连营城子四平山和旅顺老铁山—将军山等地发现了积石冢。

四平山位于辽东半岛南端大连市营城子黄龙尾半岛上，由南、北两座山峰构成了主脉，积石冢即分布在连接两峰的主脉及向西延伸的支脉上。这是一处排列有序、由60处积石冢组成的大型墓地，大体年代在龙山文化早期到中期，即大连新石器文化第三阶段。

四平山积石冢为探讨辽东半岛南端的文明化进程提供了重要的资料。60处积石冢呈现出从支脉到主脉、从山麓到山顶规模逐渐大型化的格局。位于北峰顶的规模最大，冢内各大墓随葬品最多，也最精美，说明当时已经形成等级制度。四平山积石冢各墓中随葬陶器有泥质磨光黑陶和夹砂红褐陶两类。在大墓中，普遍有精美的黑陶器和各种玉器随葬，其中有代表性的是黑陶鼎、陶鬶、猪形鬶、玉牙璧、玉环、玉戈、玉管形器和玉珠等。

和四平山积石冢同期的还有郭家村遗址上层，当时人们的艺术追求主要表现在陶器花纹和雕塑作品方面。郭家村遗址上层出土的刻划网纹陶壶最为生动。陶壶形制为敞口、圆肩、球腹、平底，经二次火烧呈砖红色，肩部凸起的一周陶纹为网纲，腹部刻划有三角形网格纹带，这小小网格就是网目，整体来看，完全是一个完整的渔网形象。这件陶壶本身就是一件写实的艺术品。刻划装饰艺术还突出地表现在陶纺轮上。郭家村遗址下、上层出土的244件陶纺轮中有46件设有各种装饰。这些装饰包括刻划人字纹、花瓣纹、叶脉纹、多角纹、平行点列斜线纹、点列直线纹、压印点列直线纹、点列环纹、点列涡纹等。这些有纹饰的陶纺轮充分运用了线条和点，特别是点的运用使快速旋转的纺轮产生五彩缤纷的图案，给人们以艺术的享受。

郭家村等遗址出土的海参罐，也属陶塑品的范畴。这些小陶器高6～7厘米，腹部普遍贴有4～6排乳钉，多的8排，甚至更多。乳钉酷似海参的肉刺，当地村民们直呼之曰"海参罐"。海参罐大致分为写实和抽象两类，写实类的海参罐腹部多贴有4或6排乳钉，与刺参的肉刺排数基本相同。海参罐是难得的陶塑艺术品，反映了先民们对刺参的推崇。

郭家村遗址还出土一件陶塑兽形器，似一大型水兽，是一件抽象的陶塑品。而郭家村遗址上层出土的陶舟形器，则是一件写实作品。这件陶舟形器器表粗糙，呈褐色，舟首突出，尾部平齐，首尾微上翘，两舷上下外凸呈弧形，底部经加工呈平底，两侧等高，中间空疏较大，形成通舱。底部加工平整，是为了加强在水中的稳定性。两舷上下外

旅顺郭家村遗址上层出土的陶水兽

凸呈弧形，可以减少阻力。舟首上翘向前突出，利于破浪。两舷等高，可以保持平衡，中间较大的空疏形成通舱。其下底长宽比是 4：14.4，这样大的比例与现代船舶接近，便于提高航速。上部长宽比是 8：17.8，顶部大于底部，可以获得更大的载重量。全舟比例协调。这件陶器显然不是实用的生活器皿，而是一件模拟品，表明郭家村先民们所使用的舟船可抵抗大风浪的冲击，而且已经不是独木舟，而是复合木料制成的木板船。

郭家村遗址上层还出土了雕有发辫的辉绿岩质笄头，出土了陶人。陶人面呈圆角方形，是以工具剔刻出双眼，再捏出口、鼻后烧制完成的，为一男子形象，反映了先民们的艺术造诣。而在艺术方面，这一时期出土的颈饰有各种质地的珠、坠、链等。如长海县广鹿岛蛎碴岗遗址出土的项链，是由 15 件海帽环组成的，腕饰有石环、陶环等。

大连新石器文化第三阶段即山东半岛龙山文化时期，山东半岛对辽东半岛南端大连地区的影响越来越大，但表现在各个遗址上的影响程度差别较大。综观郭家村遗址上层，多数器物有着自身的地方特点，仅有折腹罐、袋足鬶、扁凿足鼎、三环足盘、单把杯、镂孔豆和蛋壳陶呈现出山东半岛龙山文化的风格。而四平山和老铁山—将军山墓地出土的器物却与山东半岛龙山文化有相当的一致性，这应当是因为墓葬中的随葬品都为当时的精品。两处墓地中出土的袋足鬶、豆、三足杯、双耳杯、

单把杯、三环足盘等,都与山东半岛龙山文化的器物毫无二致。具体说来,庙岛群岛对辽东半岛南端的大连地区影响最为直接,山东当地的文化也是通过庙岛群岛传到大连地区的。

在两个半岛文化交流的过程中,辽东半岛南端大连地区的玉器也通过礼品交换和贸易的方式传到了山东半岛。追本溯源,辽东地区制作和使用玉器的历史较长,四平山墓地随葬的玉器就是本地的产品。对在四平山附近的文家屯遗址采集到的圆芯状玉器废料的数量分析可知,有相当多的玉器就是在当地生产的。四平山墓地和高丽城48号冢(Z48)出土的玉牙璧、环、锥状器等,应是在文家屯制作的。四平山37号冢(Z37)出土了带有切割痕的玉废料,表明墓主人生前曾从事过玉器制作。在郭家村遗址上层也出土了带有切磨痕迹的玉料和管钻法穿孔所留下的圆盘状芯废料。从上述两个地点出土和采集的相关玉器标本中可知,文家屯、郭家村都是玉器制作地。更为一致的是,两个地点都有对应的积石冢墓地,都有玉器随葬。文家屯遗址所对应的是四平山积石冢,郭家村遗址所对应的则是老铁山—将军山积石冢。

在山东大汶口—龙山文化本土发现的大墓,如大汶口墓地10号墓(M10)、117号墓(M117)[7]、临朐朱封202号墓(M202)、203号墓(M203)[8]等,也有来自辽东半岛南端的玉器随葬。目前,尚未发现两地之间存在着战争掠夺的迹象,上述现象应当是通过交换和贸易来实现的。两地最早的交换当是互通有无的礼物交换。来自大汶口—龙山文化的彩陶、红陶鬶、泥质灰陶瓠形器、猪形鬶、袋足鬶、泥质黑陶鼎、豆、壶、单把杯等器物,是山东半岛向辽东半岛进行交换的贵重礼物。辽东半岛南端的玉器,则是辽东半岛向山东半岛和关内地区进行交换的贵重礼物。这在四平山墓地体现得最为明显。

辽东半岛南端的大连地区历经新石器文化第一阶段、第二阶段,到第三阶段,社会发生了重大变化,开始由蒙昧走向文明。如棋子般分布于黄海、渤海沿岸和岛屿的多处遗址和大型墓地的出现,表明大连地区已成为人口密集之地,形成了较有规模的氏族部落,并出现了等级制度。这一时期的先民逐海而生,因海而兴,创造了发达的渔业,并开始较大规模的农耕,生产方式已经由原始的狩猎和采集发展到农渔并重。石器、陶器、玉器的制作日臻精美,体现了古人的审美意识和艺术表现力。另外,由于这一时期的古人已掌握航海技术,这里与山东半岛发生了更加密切的交流关系。这里多方面地吸收了山东大汶口文化、龙山文化、岳石文化的营养,多源汇流,走向文明,形成了与东北其他各地不同的具有明显地域特点和海洋气息的新石器文化。

第三节　以曲刃青铜短剑为代表的青铜文化
——夏商周时期的大连文化

一、青铜时代的早期聚落——双砣子遗址

在距今 4000 年前后,随着夏王朝的建立,中原地区进入了青铜时代。夏和随后的商周王朝创造了灿烂的青铜文明。

大连地区大体与中原地区同时进入青铜时代,但与中原和长江流域发达的青铜文化相比,显得特征不够明显,缺乏制作精美的青铜器,发展速度和发达程度与中原和长江流域亦有较大的差距。但青铜时代前期,大连地区已经出现了小件的青铜器,后期出现以曲刃青铜短剑为代表的青铜器和铸铜技术,说明已进入了青铜时代。根据考古发现,目前辽东半岛南端大连地区已确认的夏商周时期的考古学文化为双砣子一期文化、双砣子二期文化、双砣子三期文化和双房文化。

双砣子一期文化以大连市甘井子区双砣子遗址下层、旅顺于家村遗址下层为代表。双砣子遗址下层共发现 3 座房址,都是双室半地穴式建筑。屋内出土遗物有陶杯、陶碗、陶罐、石斧、石凿、石矛、陶纺轮等。出土的生产工

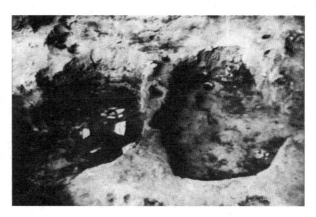

大连双砣子遗址下层房址

具主要是石器，多以辉绿岩和凝灰岩磨制而成，也有少量的页岩和砂岩。以长身的厚石斧比较突出，石刀的形制不规整，还有穿孔石斧、锛、铲、环刃器和纺轮等。生活用具中陶器最多，都是采用手制法，有的口沿经慢轮修整，绝大多数是夹细砂黑褐陶，因表面是打磨得光亮的黑色，陶胎却是褐色，又被称为"黑皮陶"。常见的器形有壶、罐、碗、豆、杯等。浅盘高圈足镂空豆和杯底与把手相连的陶杯最具特征。陶器表面磨光，施以弦纹和乳点、刻划、镂空等装饰。彩绘由红、白、黄三色构成几何形图案。

据对双砣子遗址下层 16 号房址木炭进行碳 14 断代，其年代为公元前 2060±95 年（树轮校正：公元前 2465±145 年）。

属于双砣子一期文化的于家村遗址下层，房址密集。在发现的 6 座房址中，有 5 座相互叠压在一起。保存较好的 5 号房址，是一座不规则圆角方形半地穴式建筑，地面还铺有整齐排列的木棍，粗 3～4 厘米，已烧成炭状，这是当时人们防潮御湿的一种措施。房址南面的地面上埋有大陶壶口部制成的灶圈，是用来取暖兼保存火种的。遗物有陶壶、陶罐、陶碗、陶杯、陶豆、石斧、石锛、石矛等。生产工具主要有石斧、石锛和网坠等，以斧、锛为最多。除个别网坠采用打制法制成外，其余都采用磨制。环刃石器、石矛、石镞等既是武器，又是渔猎生产工具。其他生产工具还有骨铲、骨凿、骨鱼卡、石纺轮、陶纺轮等。作为生活用具的陶器与双砣子遗址下层发掘的器物大致相似，只是更具有典型性。据对于家村遗址下层木炭进行碳 14 断代，其年代为距今 4085±100 年（约公元前 2135 年），与双砣子遗址下层的年代相当。

双砣子二期文化以双砣子遗址中层和旅顺大砣子遗址下层为代表。双砣子遗址中层出土的生产工具石斧与双砣子遗址下层的不同，多为短身扁薄长方形，典型的半月形石刀和扁平三角形石镞比较普遍，其他石器与双砣子遗址下层相似。出土的生产工具还有石锛、石网坠、骨鱼卡、鹿角锄等。作为生活用具的陶器较下层有了明显的变化，主要是黑陶和黑灰陶。泥质陶占多数，也有部分羼细砂。有的表面施一层光亮的黑衣，但陶胎多为红褐色或灰色，也有的呈黑褐色，还有少量的细砂黑褐陶。新出现的炊具陶鬲则含有较粗大的砂粒，便于散热。在制作方法上，陶器主要采用轮制，表面颜色较纯正，说明当时人们在烧制陶器、控制火候方面有了很大的进步。外观上，陶器大多磨光，纹饰常见弦纹，也有少量刻划纹、附加堆纹和乳点。陶胎普遍较双砣子遗址下层薄。陶器多子母口，多凸棱，多有三个矮弧形足，颈部外折起棱、折肩或折腹，器盖数量多，这些构成了双砣子遗址中层陶器的主要特点。这些陶器与山东岳石文化[9]非常类似，具有浓厚的岳石文化因素。

双砣子遗址中层叠压在下层之上，虽缺乏直接的年代证据，不过参照岳石文化 5 个碳 14 年代在公元前 1600—前 1485 年（树轮校正：公元前 1890—前 1750 年）之间，则双砣子遗址中层的绝对年代也应大体与之相当。

大连市旅顺口区北海村东南的大砣子遗址下层属于双砣子二期文化。出土的陶器有泥质陶和夹砂陶两大类，以泥质陶居多。泥质陶包括磨光黑皮陶和灰陶，夹砂陶包括黑皮陶、黑褐陶和灰褐陶。泥质陶绝大多数为轮制，制作精致，表面磨光，器表较纯，多素面，陶胎较厚、致密，个别黑皮陶表面施黑衣。纹饰少且简单，以凹弦纹为主，个别有刻划纹，陶器起棱，器壁下部折棱。主要器物有泥质盉、器盖、粗柄豆及盘内起棱的豆、三弧形矮足樽等。

除双砣子遗址中层、大砣子遗址下层外，属于双砣子二期文化的还有大连市旅顺口区小黑石砣子遗址中层、甘井子大嘴子遗址中层、普兰店区单砣子墓、长海县大长山岛上马石瓮棺墓地等。双砣子二期文化的陶器较前一时期有了明显的变化，具有许多不同于一期文化陶器的显著特征。常见器形除甗外，还有罐、壶、樽、盉、豆、碗等。这些遗存与山东岳石文化极为相似，证明了这一时期岳石人已渡海北上，来到了辽东半岛南端。

二、农渔业发达的大型部落——大嘴子遗址

双砣子三期文化以双砣子遗址上层和大嘴子遗址上层最具代表性。双砣子遗址上层房址分布密集，在 350 平方米范围内就有 14 座房址，都是近方形半地穴式单室建筑，大体上沿着山坡横行排列，有一定的布局。

大连大嘴子遗址

大部分房址是被火烧后废弃，而新的房址往往就地重建，甚至有的还利用旧房子的一部分墙基，因此，叠压和打破关系比较复杂。房址的结构和建筑方法基本相同，都是利用天然石块依半地穴的穴壁砌筑石墙。墙皆为单排垒砌，上部一般都向外倾斜，石块平整的一面朝里。室内居住面多为砂土硬面，一般都比较平坦，少数的中间低凹，部分室内还保存有灶址。14座房址中，大部分室内有陶器、石器，有的陶器还留在当时的位置，从1件到10余件不等。由于房屋是以木为骨架，四周和屋顶围（苫）干草，一遇大风，极易引起连环火灾，很可能房屋被烧毁时，留在室内的日用陶器尚未来得及搬出，就被烈火吞没，故而完整地保存下来。双砣子遗址上层生产工具较为发达。石器中长方形扁平石斧相当普遍，半月形石刀和扁平三角形石镞大量出现，还有特有的长身弧背石锛。其他还有有肩石斧、石矛、石网坠、石纺轮等。骨、角制生产工具有骨凿、骨铲、鹿角凿等。生活用具中的陶器绝大多数为手制，部分口沿经过慢轮修整，仅个别的陶器为轮制。陶质以细砂灰褐陶为最多，大型陶罐、壶的数量显著增加，典型器形有鼓腹小底罐、高领罐、细柄矮足豆、圈足篑、敛口曲腹盆等。另外，还有三足或五足的多足器，有的圈足被削成三个缺口，也是双砣子遗址上层特有的遗物。陶器表面也以磨光为主，刻划纹的数量较双砣子遗址下、中层显著增多，并有许多刺点纹，还出现竖行排列的附加堆纹。据碳14断代，4号房址为公元前1170±90年（树轮校正：公元前1360±155年），于家村遗址上层的两个数据为公元前1280—前1330年（树轮校正：公元前1490—前1555年）。以上的碳14数据具体说明了双砣子遗址上层的绝对年代。

大嘴子遗址位于甘井子区大连湾东南、黄海北岸的一个三面环海的半岛尖端台地上，当地人称"大嘴子"。大嘴子遗址经 1987 年和 1992 年两次发掘，共发现上层房址 48 座，周围建有 3 道石墙，其中一道长达 39 米，是大连市迄今发现规模较大、人口密集、农渔业十分发达的氏族部落。

大嘴子遗址上层的生产工具，石器不仅数量多，而且形制多样。石斧已由厚身弧刃发展到扁平斜刃，石刀数量多且种类繁多，长身弧背石铧特点明显。骨制生产工具有铲、凿等。渔猎工具中陶网坠数量最多，其次是骨鱼卡。石戈、石剑、石矛、石钺、石镞、石棍棒头等兵器大量出现。作为生活用具的陶器以夹细砂灰褐陶为主，还有少量的黑皮陶和泥质灰黑陶。陶器绝大部分是手制，部分口沿经轮修，个别的陶器使用了轮制。大型陶壶数量多，从断碴观察，陶胎系几次相套接而成。器形除壶外，还有罐、碗、豆、簋、盆、瓶、舟形器等。圈足器数量较多，主要是壶、罐、簋等。陶器素面多，纹饰多在壶的颈、肩、腹部和簋的腹部。刻划纹数量显著增加，

大连大嘴子遗址上层出土的石砚（红色颜料）

种类繁多，其次是刺点、凸棱纹和附加堆纹。大嘴子遗址上层仍有彩绘陶器，其颜色、图案与下层的相同，并有在刻划纹上绘彩之例。35 号房址内出土的、至今仍存红和白颜料的两方石砚，证明了这些彩绘陶器的图案是本地居民自己绘制的。据碳 14 断代，3 号房址内出土的谷物距今 2945±75 年（公元前 995±75 年），树轮校正：距今 3090±110 年（此数据因所测对象为炭化谷物，按照惯例要再加上 100 年）；14 号房址木炭距今 3170±75 年（公元前 1220±75 年），树轮校正年代：3365±145 年，与双砣子遗址上层年代相当。

大嘴子遗址有两个重要发现，一是发现了形体硕大的青铜镞，二是

大连大嘴子遗址上层出土的石砚（白色颜料）

发现了炭化稻谷。大嘴子铜镞前锋稍圆，两叶近弧形，叶底弧收，全器近矛形，两叶下边有圆孔，中间起脊，下有圆锥形长铤，近似殷墟的双翼铜镞，但不同的是，两叶斜收而无双翼，也具有地方部族的特点。这件铜镞长8.2厘米，是一件罕见的大铜镞。大嘴子炭化稻谷的发现为研究中国栽培

稻传入朝鲜、日本提供了实物资料。一般认为，朝鲜和日本的栽培稻最初都是由中国传入的。日本学者关于稻作东传的路线主要有北路、中路、南路诸说。就目前的考古发现来说，北路说证据最多。著名考古学家严

大连大嘴子遗址上层出土的炭化稻米

文明教授认为，根据现有证据，最大的可能是长江下游→山东半岛→辽东半岛→朝鲜半岛→日本九州→本州这样一条以陆路为主、兼有短程海路的弧形路线，以接力棒的方式传播过去。

三、以曲刃青铜短剑为标志的双房文化

双房文化是指以 1980 年在大连市新金县（今普兰店区）双房遗址发现的大石盖墓为代表的考古学文化遗存[10-11]，以往又被称作"双房类型"或"双房遗存"[12-14]，主要分布于辽东半岛，"北抵辽宁抚顺清原一带，西达下辽河东岸的辽阳左近，南到辽东半岛南部"。朝鲜平安北道新义州新岩里遗址发现的属于"第三种文化遗存"的陶壶，与双房大石盖墓所出土的 A 形陶壶形制几乎相同，其他陶器亦与辽东半岛双房遗存陶器别无二致，属同一考古学文化。

双房文化可分为早、中、晚三期，早期年代相当于西周时期，中期年代约在春秋时期，晚期年代相当于战国时期。双房文化的标志性器物是曲刃青铜短剑。

四、夏商周时期的社会经济

夏商周时期，大连经济有了较大发展，主要表现在渔业、农业和以冶铜业为代表的手工业几个方面。双房文化的渔业经济相当发达。在众多遗址中，普遍发现了数量较多的石、陶网坠，特别是发现了重达 2000 克的巨型石网坠，显然是用于深海捕捞作业。其实，早在新石器时代，大连地区的先民们在渔业生产中就已采用了射鱼、叉鱼、钓鱼和网捕四种作业方式。这四种渔业生产作业方式在青铜时代得到了进一步发展。除了网捕之外，还使用骨鱼钩、鱼卡钓鱼。另外，在大嘴子遗址上层 37 号房址中发现许多陶壶、陶罐中盛装着鱼骨，整个居住面上也堆满了大型陶壶、陶罐，大部分陶壶内壁上有盐碱状的物质。这种将食用后剩余的鱼贮藏起来的现象，一方面证明当时的人们不仅平时食鱼，而且有了剩余，另一方面证明当时已经使用了海盐，因为只有用盐腌渍后的鱼经

晒干后方可贮存在陶器内。而旅顺尹家村大坞崖遗址还出土了铸铜石范。此范共有两面，一面是铜鱼钩铸范，另一面是铜斧铸范，所铸铜鱼钩长 8.3 厘米，尾端较粗且有系线的凹槽，钩端弯度较大且有倒钩。上述情况表明，渔业是当时人们的主要生业之一。综观大连地区的青铜文化，以渔业为主的经济与当时人们赖以生存的生态环境是密不可分的。

夏商周时期的大连地区，农业亦有了长足进步。双砣子一期文化时期，收割工具石刀还比较少见，形制也不规范。双砣子二期文化时期，石刀的数量逐渐增多，出现了半月形石刀。双砣子三期文化时期，石刀的数量显著增加。大嘴子遗址上层发现的石刀，不但数量多达 172 件，而且形式多样，有直背弧刃、直背直刃、弧背直刃、弧背弧刃、直背斜刃、斜背直刃等几种，近背部有对钻双孔。尤其值得一提的是，大嘴子遗址 3 号房址中出土了用 6 件陶罐和陶壶盛装的炭化谷物。其中一种经沈阳农业大学、浙江农业大学、中国科学院植物研究所、中国农业大学等的专家分别鉴定，均认为属于粳稻，另一种或为高粱，或为黍。

夏商周时期的大连地区已经出现了青铜冶铸业。虽然出土的青铜器是装饰品以及鱼钩、环等小件制品，却是青铜时代到来的标志。这些青铜器包括双砣子一期文化大嘴子遗址下层出土的铜戈，双砣子三期文化大嘴子遗址上层出土的铜镞，旅顺于家村砣头积石墓地出土的铜镞、铜泡饰、铜鱼钩、铜环等。双房文化的冶铜有了新的发展。继双房 6 号墓之后的春秋时期的岗上墓地 16 号墓，也出土了 4 件滑石铸范，两面皆有铸型，一面可以铸斧，另一面可以铸凿、锥、泡饰等，共有 5 种不同的铸型。这 4 件滑石铸范所在的 16 号墓葬有 5 人，应是冶铜业世家。同样的铸范还在卧龙泉墓地的封土中发现，为扇形带銎铜斧的铸范，用片麻岩制成，表面磨光。双房文化中期以前的青铜器，都是单范或合范铸造。到了双房文化后期，已经采用了分铸法，接近于现代的精密铸造，是铸铜技术发展史上的高峰。由于铸铜技术的发展，这一时期的多处遗址中均发现制作精良的曲刃青铜短剑。曲刃青铜短剑的分布地域非常广阔，主要有我国辽宁、吉林、内蒙古东南部、河北北部，以及朝鲜半岛。大连地区发现的青铜短剑数量较多，在普兰店安波双房、铁西快马厂，瓦房店赵屯、曲屯、后元台，庄河城山当铺村，金州董家沟卧龙泉、亮甲店赵王屯，长海县大长山岛上马石、旅顺郭家沟、尹家村、羊头洼、龙王庙、蒋家村、小潘家村，甘井子区牧城驿、营城子双台沟等地，都出土了青铜短剑。曲刃青铜短剑已成为大连地区青铜文化的重要标志。

夏商周时期大连地区的文化艺术得到了发展。双砣子一期文化时期出现了彩绘陶器。所谓的彩绘陶器，是陶器在入窑烧制完成后，在表面绘以彩色图案，属于烧后绘彩，有别于仰韶文化等的烧前绘彩的陶器。这种彩绘都是绘在黑皮陶器表面，主要有红、黄、白三种颜色，或以红、黄、白三种颜色绘成三角形、菱形和条形等几何形图案，或以红色、白色单彩涂绘，或以红、黄两彩兼绘，或以红、白两彩兼绘，个别陶器将彩绘直接画在刺点纹或刻划纹之上。双砣子三期文化的大嘴子遗址上层的一座房址中，人们发现了两方石砚，分别遗有红色和白色颜料，可说明房址的主人是一位画工。貔子窝单砣子出土的彩绘陶器属于双砣子三期文化，其图案皆为几何形，达到了史前彩绘的高峰。

另外，双砣子三期文化、双房文化墓葬中多出土有石、骨、陶珠等穿成的项链和用铜铸造的马形铜牌饰、铜镯、铜簪等。曲刃青铜短剑剑柄所铸的三角勾连纹，既是精密铸造的产物，也是该文化的重要特色。双砣子三期文化发现较多的舟形陶器，既是当时舟船的真实写照，也是难得的雕塑作品。

大连地区的原始文化与山东半岛的原始文化有着密切的联系。早在新石器时代，两个半岛就开始了文化上的往来。到了青铜时代，大连地区的早期青铜文化双砣子一期文化受到了山东半岛原始文化的影响。出土的许多器物，特别是罐、杯等与山东长岛县砣矶岛大口遗址一期文化晚期的同类器物[15]十分相近。双砣子二期文化受到了岳石文化的深刻影响，如陶器以泥质磨光黑陶和灰陶为主，器物多见樽、盂、豆、壶、器盖等，多子母口，多折沿，多折腹，多饰凸弦纹，多子母口器盖等，与山东岳石文化同类器物酷似。

大连地区至迟在新石器时代就与朝鲜半岛有着文化往来，与朝鲜半岛西北部和西部的关系尤为密切。朝鲜平安北道的新岩里一期文化与大连双砣子一期文化有许多共同之处，如均有相当数量的磨光黑皮陶，器形以壶、罐和碗为主，壶和罐多饰有弦纹和乳钉纹，新岩里一期文化也出土过彩绘陶,出土的石器类型也与双砣子一期文化相同,如长方形石斧、长方形或半月形石刀、磨制扁平凹底石镞等,表明在距今 2000 年前后,辽东半岛双砣子一期文化直接影响到了鸭绿江对岸。新岩里二期文化以矮圈足或假圈足壶、钵为主,且有矮足豆出现,总体面貌接近双砣子三期文化。朝鲜半岛西北部继新岩里二期文化之后的是新岩里第三种遗存和美松里上层类型,出土的钵形口弦纹壶和叠唇鼓腹罐与辽东半岛双房类型同类器相同,现一般称为"双房—美松里"式壶。而朝鲜西部的陀螺式陶器文化已有青铜镞、青铜扣出土,表明这一文化已进入青铜时代。有专家将陀螺式陶器文化与辽东半岛的双房类型相比较,发现两者之间存在不少相似之处。如两者的墓葬均为石盖石棺墓或石棚,均有扁平长方形石斧和石铲、环形石器、弧背弧刃石刀。特别是在平壤湖南里南京遗址的几座住址中,出土了双房类型的典型陶器——与钵形口弦纹壶风格相似的钵形口鼓腹壶,显然是接受了双房类型的影响,是当地文化吸收了辽东半岛双砣子三期文化因素的结果,也从侧面说明朝鲜半岛西北部成为两者交流和传播的必经路线[16]。由以上可知,双砣子三期文化和双房文化时期,大连地区先进的农耕技术、青铜器制作技术以及墓葬形制等传到了朝鲜半岛,对朝鲜半岛经济、文化的发展起到了极为重要的作用。

五、辽东半岛的大石棚

夏商周时期的大连地区,墓葬形式主要有积石冢、土圹墓、瓮棺墓和石棚等几种类型。这些墓葬形式或多或少地反映了当时的习俗。遍布大连地区的大小石棚成为当时丧葬祭祀习俗的重要标志。

积石冢出现于新石器时代。到了夏商周时期,随着人口的增多、居住地区的扩大,积石冢的分布范围也在扩大。夏商周时期的积石冢与新石器时代没有什么显著变化,也是用自然石块在地面筑起长方形、方形、圆形或其他形状,并列或互相连接在一起的石冢。冢内有数座,甚至几十座墓。这种积石冢大部分分布在临海的山丘顶部或海滨砣头。

砣头积石墓地是双砣子三期文化于家村遗址上层时期人们的公共墓地,共发掘出 58 座墓。整个墓地是分几次筑成的。砣头积石墓地的随葬品有石器、青铜器、陶器和装饰品几种。石器有斧、锛、刀、环刃器、矛和纺轮等。青铜器都是小件器物，有镞、圆形泡饰、环、鱼钩等。最多的是陶器，都是专门用于随葬的冥器，有各种类型的罐、杯和壶、钵、盆、舟形器等。装

普兰店石硼沟石棚

饰品有石珠、陶珠、绿松石坠、玛瑙坠、玛瑙珠、萤石坠以及仿海贝的骨贝等。陶器纹饰以凸棱纹为多，尤其以凸棱纹与刻划纹组合而成的编织纹最富特征。

　　除积石冢外，大连地区还发现了土圹墓和瓮棺墓。土圹墓具有岳石文化的特点，瓮棺墓埋葬未成年人。

　　经正式发掘的瓮棺墓地有长海县大长山岛上马石一处，共发掘瓮棺墓 17 座。所谓瓮棺墓是用大型陶瓮装殓死者的一种葬法，一般是先挖好圆形竖穴，再把装有未成年人人骨的瓮棺放入竖穴内，上面盖上石板。这说明当时存在着灵魂的观念，一般认为血肉是属于人世间的，灵魂可以离开肉体单独存在，而且永远不死，因此肉体虽然已腐烂干净，但灵魂已进入另一个世界生活了。未成年人都采用二次葬，即迁葬。上马石瓮棺墓的陶瓮，都已被打掉底部，有瓮口向上的，也有瓮口向下的。打掉陶瓮的底部是为了给灵魂留一个出入的地方。另外，把这些早年夭折的小孩埋在住址周围，显示了父母对子女的最大怀念。上述葬俗与中原地区的葬俗完全一致。

　　遍布大连地区的大小石棚是青铜时代后期丧葬祭祀习俗的重要标志。石棚也有称作"石桌坟"和"支石墓"的，又有"姑嫂石""石庙子"之称，主要分布于朝鲜半岛和我国的辽东半岛、山东半岛，尤以辽东半岛为多。大连金州小关屯，普兰店石棚沟、刘屯、邵屯、台前、双房、王营、三台子、安平寨，瓦房店台子屯、榆树房、华铜矿，庄河白店子、大荒地、杨屯、

庄河白店子石棚

瓦房店台子屯石棚

朱屯、大营山、粉房前等地，都发现有石棚。

大连发现的石棚大多数坐落在河流附近的丘陵地带，少数在平地上。石棚附近往往有遗址。石棚往往成群，普兰店石棚沟的石棚群就是一大五小，如今小石棚均已倒塌，唯有大石棚立在那里。庄河白店子石棚下面的耕地，过去亦有数排小石棚，但在 20 世纪 50 年代平整土地时已被破坏，如今仅存一座大石棚。

大连现存的石棚分为大、小两种。大石棚高约 2 米，盖石长、宽 4～5 米，重达数十吨。如台子屯石棚通高 2.62～2.8 米，室内长 2.35 米、宽 1.7 米，盖石长、宽分别为 4.48 米和 4 米，厚 0.23～0.5 米。石棚沟石棚通高约 1.8 米，室内长 2.2 米，宽 1.6 米，盖石长 5.9 米，宽 4.4 米，厚 0.33～0.63 米。白店子石棚高 1.5 米，盖石长、宽分别是 4.4 米和 4.3 米。大石棚的壁石和盖石都经过加工，都铺有底石。壁石之间套合得比较整齐。有的壁石上凿有沟槽以利于套合。盖石伸出石室之外，形成较大的棚檐。小石棚一般高度在 1 米以下，壁石直立无沟槽，盖石稍微伸出壁石之外，呈短棚檐。个别小石棚盖石不伸出壁石，没有棚檐。在这些石棚发现的遗物有用火烧过的人骨碎片和随葬品。随葬品有烧化的铜器和各类陶器。从大连发现的石棚随葬品分析，基本属于双房文化。双房 2 号石棚出土的夹砂红陶壶颈部饰一周刻划网纹带，肩与腹部饰竖行网状带和刺点，腹部两侧各有一个乳钉，圈足，具有典型的双砣子三期文化陶器的特点。而华铜矿石棚出土的陶器也具有双房文化的特点。石棚中出土的多瘤状棍棒头、三棱石镞、带有铜锈的人骨等，都表明石棚的年代已进入青铜时代。

大连地区发现的石棚有火葬习俗留下的遗迹。火葬是一种原始的宗教信仰，辽东半岛南部的火葬习俗是为了"登遐"。焚尸的火焰闪灼翻腾，当时的先民认为人类的灵魂会随着冲空而起的烟火"登遐"。火葬石棚中发现的随葬品较少，但从残存的陶器、人骨和烧化的铜器可以看出，当时已然进入青铜时代，属于双房文化。

六、声名远播的青丘文化

大连地区的青铜文化经夏、商、周三代，至春秋战国时期已逐渐发育成熟。这一时期大连地区的文化属东夷文化的范畴。据《竹书纪年》记载，夏商周时期一直把居住于我国东部沿海一带，南起淮河，北至山东半岛、辽东半岛和朝鲜半岛的居民称为"夷人"，并把夷人分为九种，居住于淮河一带的称"徐夷"，居住于山东半岛的称"莱夷"，居住于辽东、辽西的称"东北夷"。《逸周书·王会篇》中又把辽东、辽西的夷人做了进一步划分，称居住于河北东部的夷人为"孤竹""令支"，居住于辽西一带的称"俞人""屠何"，居住于辽东、辽南一带的称"青丘""周头"。《逸周书·王会篇》称："青丘，狐九尾。"据历代学者考证，这个以"九尾狐"为标志的青丘即今辽东半岛南部的大连地区。《山海经·海外东经》称："青丘国，在其北。"《史记正义》中引用东汉学者服虔人注解："青丘国，在海东三百里。"《集解》引晋人郭璞注："青丘，山名，亦有田，出九尾狐，海外矣。"由于夏商时期大连地区为山东青州、营州领地，这里所说的"在其北""海东三百里""海外"是以山东作为基准方位的，其指向显然是与山东半岛隔海相望的辽东半岛南端，说明当时的青丘已是和令支、孤竹、屠何、俞人齐名的一方古国。

青丘文化作为东夷文化的一个分支，既保留了起源于北方的特点，与东北其他地区的文化有着很大的一致性，同时，由于它处于南北交会的地理位置，与山东半岛、朝鲜半岛有着密切的交往，接受了山东半岛的古文化，因而又形成了与东北其他地区不同的特点。它既有古夷人"狩于海，获大鱼"（《竹书纪年》）的特点，有着发达的渔业、航海业，又和东北其他地区有同样发达的农业，形成了具有浓厚海洋气息的农渔并重的经济类型。这一时期，生产工具逐渐完善，生产力不断提高，人口逐渐密集，已由沿海发展到北部山区。由于受山东半岛陶艺的影响，制陶工艺不断完善，由手制发展到轮制，由实用到美观，表现了古人的艺术追求。特别是大批制作精美的曲刃青铜短剑的出现，标志着冶炼制铜工艺发展到一个新的阶段。多元汇流，多方吸收，使这个气候适宜、草木丰茂、山青海碧的青丘古国，在文化上表现出了一种多元开放的精神，成为具有自身特点、声名远播之地。汉代文人司马相如在《子虚赋》中有这样的文句："秋田乎青丘，彷徨乎海外。"东汉天文学家张衡在《周天大象赋》中也有这样的句子："青丘荫于韩貊，器府总于琴笙。"虽然战国后期燕据辽东时未用"青丘"之名，但汉代以后的典籍中多次提到青丘，《唐书》《新唐书》《资治通鉴》都记载了唐太宗在征战高句丽时曾先后任命牛进达、薛万彻为青丘道行军大总管一事，他们的行军路线和征战的地点都在今大连一带，说明青丘这个地方长久地存在于古人的记忆之中。

【注释】

[1] 辽宁省博物馆：《长海县广鹿岛大长山岛贝丘遗址》，载《考古学报》，1981（1）。

[2] 金英熙，贾笑冰：《辽宁长海县小珠山新石器时代遗址发掘简报》，载《考古》，2009（5）。

[3] 浙江省文物管理委员会：《河姆渡遗址第一期发掘报告》，载《考古学报》，1978（1）。

[4] 河姆渡遗址考古队：《浙江河姆渡遗址第二期发掘的主要收获》，载《文物》，1980（5）。

[5] 浙江省文物管理委员会：《吴兴钱山漾遗址第一、二次发掘》，载《考古学报》，1960（2）。

[6] 中国社会科学院考古研究所：《宝鸡北首岭》，北京，文物出版社，1983。

[7] 山东省文物管理处等：《大汶口——新石器时代墓葬发掘报告》，北京，文物出版社，1974。

[8] 《山东临朐朱封龙山文化墓葬》，载《考古》，1990（7）。

[9] 《山东平度东岳石村新石器时代遗址与战国墓》，载《考古》，1962（10）。

[10] 许明纲、许玉林：《辽宁新金县双房石盖石棺墓》，载《考古》，1983（4）。

[11] 许玉林、许明纲：《新金双房石棚和石盖石棺墓》，《文物资料丛刊（7）》，北京，文物出版社，1983。

[12] 陈光：《羊头洼类型研究》，《考古学文化论集（二）》，北京，文物出版社，1989。

[13] 朱永刚：《东北青铜文化的发展阶段与文化区系》，载《考古学报》，1998（2）。

[14] 王巍：《双房遗存研究》，《庆祝张忠培先生七十岁论文集》，北京，科学出版社，2004。

[15] 《山东省长岛县砣矶岛大口遗址》，载《考古》，1985（12）。

[16] 王巍：《商周时期辽东半岛与朝鲜大同江流域考古学文化的相互关系》，《青果集——吉林大学考古专业成立二十周年考古论文集》，北京，知识出版社，1993。

第二章

接轨中原　奠定根基

——战国至秦汉时期的大连文化

　　自战国后期公元前 300 年燕据辽东始，经秦朝到西汉、东汉的 500 余年间，大连地区政治、经济、文化的发展进入一个新的历史时期。这一时期是大连古代文化的奠基期，中央王朝统一中国后在大连正式设行政建置，使大连文化和中原文化接轨。随着移民的增加和中原文化的大量传入，大连文化发生了由夷转汉的重大转型，中原文化在大连地区扎下了根基。

　　燕据辽东后，于襄平（今辽阳）设辽东郡。大连地区作为辽东郡属县的行政建置正式拉开了大连地区与中原接轨的序幕。秦统一中国后，大连仍为辽东郡属县。虽然由于秦朝统治时间很短，在辽南没有留下较多遗迹，但秦朝在全国推行的"书同文，车同轨，度同制，行同伦，地同域"制度，为全国文化的统一和发展扫清了因长期割据造成的障碍，为辽东地区与中原的交流铺平了道路。西汉初年，辽东地区被拥兵自立的藩王割据，汉武帝为加强中央集权，剪除了藩王，又于公元前 109 年派水路大军以大连为基地征服了不断骚扰辽东沿海的卫氏朝鲜。大连地区自此进入了长期稳定发展的时期，直到东汉末年战乱再起之时，时间长达 300 余年，为大连地区在古代史上稳定时间最长的时期。汉朝为开发辽东，采取了一系列休养生息的政策，许多中原人到辽东垦殖，水陆交通便利的大连便作为汉朝水师的停泊地和中原移民登陆的首选之地，人口迅速增加，成为当时东北地区人口稠密的地区之一。移民的大量迁入，使汉族人逐渐成为居民的主体。同时，随着中原先进生产技术的不断传入和中原文化的普及，大连地区的经济、文化也进入前所未有的发展时期，不仅有比较发达的农业、渔业、商贸业、手工业、建筑业、煎盐业，而且在文化上发生了由夷转汉的深刻变化，汉文化已成为文化的主要成分。东汉末年以及魏、蜀、吴三国鼎立时期，一大批齐鲁名士为避战乱来辽南地区传经讲学，使汉文化在大连地区扎下了较为深厚的根基。现今，大连地区已有一批汉城遗址和数量可观的汉墓群，出土了大量珍贵的汉朝文物，充分表明两汉时期的大连是东北地区受中原文化影响、经济和文化十分发达的地区之一。

第一节　燕据辽东　拉开序幕
——战国后期的大连文化

一、大连地区设治之始

燕国是西周初年北方的一个封国，在西周至东周战国的 700 余年中，燕国与当时的一些重要诸侯国相比，属于一个相对弱小的国家。其南有强齐压境，北有山戎、东胡的不时袭扰，处于腹背受敌的困境。战国后期，在齐、晋等国的影响下，燕国为改变长期积弱的状况，开始进行改革，扭转了"燕小少力"的被动局面。燕昭王"卑身厚币以招贤者"，广为笼络人才，加以重用，于是"乐毅自魏往，邹衍自齐往，剧辛自赵往"，一时间"士争趋燕"[1]。燕昭王任用乐毅进行军事、政治改革，使社会经济得到了较大的发展，军事力量大大加强。

春秋时期东胡是燕国的北邻，战国时期东胡的势力逐渐强大，不时袭扰燕国。由于那时的燕国软弱无力，只能听任东胡横行。燕昭王即位之初，甚至将大将秦开送往东胡作为人质，以期缓和北方的紧张局面。当燕国改革初见成效后，燕昭王开始全力解决北方东胡问题。燕昭王十二年（公元前300年），任秦开为大将，大举北上。秦开因做人质长期生活在东胡，对东胡的风土人情、地理、军事十分熟悉，故而对燕国反击东胡十分有利。这时的燕国实力强大，于是大军长驱直入，东胡溃败，"却千余里"[2]。

燕国为防止东胡卷土重来，"置上谷、渔阳、右北平、辽西、辽东郡以拒胡"，设辽东郡于襄平，大连地区作为辽东郡属县从此正式纳入中原王朝的管辖，是为大连地区有明确记载的设治之始。郡县制始于春秋时期中原地区，战国时期郡县制已成为中央集权国家的重要地方政权组织形式。虽然文献中没有上述五郡辖县的记载，但基于这一时期郡县制早已成为定制进行分析，此时的五郡郡下辖县当无疑问，只不过文献失载而已，燕国统治下的大连属于辽东郡所辖。大连地区与中原地区接轨的序幕自此拉开，促进了经济社会的发展。

大连地区目前发现的战国城址主要有牧羊城、黄家亮子城、张店城等。这些城都始建于战国后期，西汉至东汉仍然沿用。

牧羊城位于旅顺口区铁山街道牧羊城村刘家屯东南丘陵上，建于青铜时代遗址之上，始建于战国后期，西汉时期比较繁荣，东汉以后就废弃了。城平面呈长方形，南北长约130米，东西宽约82米。城壁底部以石砌成，上部以土夯筑。现城壁高出地面2米，北壁有一宽约12米的豁口，与文献记载的"门一"相符。城内出土的战国遗物有铜镦、铸铜斧范、匽刀币、匽化圆币、一化圆币、铁器和瓦当等。

黄家亮子城位于普兰店杨树房战家村黄家亮子屯后山耕地中。城现存部分平面呈长方形，城壁以夯土筑成，东西长约100米，南北残宽约50米。历年来，在城内采集有战国和西汉灰陶罐口沿、粗绳纹灰陶片、绳纹灰瓦片、灰陶豆柄等。城之东北沙条地中曾出土过大量匽刀币。从城内发现的遗物推断，城当始建于战国后期，西汉沿用。

张店城位于普兰店市铁西街道张店村北。城规模较大，南北长约340米，东西宽约240米。城壁以土夯筑，现仅略高出地面，南壁被辽金时期城址破坏。城内、城外曾出土大量的战国遗物，有铜斧、铜铸斧范、残玉虎、安阳布等。城西陈莹出土一方"临秽丞印"封泥。从"临秽丞印"

封泥的十字界格分析，此封泥的年代为战国至秦。封泥是官府之间传递公文信件的缄封印记，说明该城应是县治一级。这座城当始筑于战国后期，为燕国辽东郡的一个县治治所。因汉朝沿袭燕秦建置，故推定张店城为燕辽东郡沓氏县治。又因朝鲜平壤乐浪遗址曾出土"沓丞之印"封泥，故沓氏县又可称为"沓县"。

发现的战国遗址主要有旅顺尹家村遗址上层、普兰店严屯遗址上层、黄家亮子东北沙条地、北岚鸭湾等。这几处遗址中普遍出土有绳纹板瓦、陶罐、陶豆、羼滑石盆以及匽刀币、布币、一化圆币等。

二、"辽东之煮"与三晋货币

大连地区战国城址和遗址中普遍出土有铁制生产工具，反映出战国时期铁器在大连地区已被普遍使用。铁器的普遍使用，无疑大大促进了农业的发展。在此基础上，商业、渔业、煮盐业和其他手工业等也得到了发展。据《史记·货殖列传》记载，是时燕国"南通齐、赵，东北边胡。上谷至辽东，……有鱼、盐、枣、栗之饶"。

文献记载，幽州（今辽宁及河北北部一带）"其利鱼盐"。鱼和盐主要产于辽东郡的沿海地区，是燕国财政收入的重要来源之一。渔业是燕国重要的经济形式，燕国向中原输出的渔产，主要产自包括大连地区在内的辽东沿海。旅顺铁山尹家村出土的滑石铸范，长 9.7 厘米，宽 5.5 厘米，厚 1.1 厘米，可同时铸造 3 个大小不等的鱼钩，大鱼钩长 6.2 厘米，中鱼钩长 5.2 厘米，小鱼钩长 3 厘米。铸铜鱼钩石范的出现，表明这时当地已有铸造铜鱼钩的作坊。

战国时期，"辽东之煮"——煮盐业也给燕国带来巨大的经济利益，燕国被人们认为具有与齐、楚等大国同等的经济实力。管仲曾对齐桓公说："楚有汝、汉之金，齐有渠展之盐，燕有辽东之煮，此三者亦可以当武王之数。"[3] 可知燕国的盐业主要在辽东郡内，辽东盐的生产主要是通过煮海水取盐。考古发现证明，早在距今 3000 多年的大嘴子遗址上层，就已经开始了煮盐。燕国从售盐中得到的经济利益，可与楚国黄金、齐国海盐的收入相比，说明辽东的煮盐业很发达，生产量很大。春秋时代，齐、晋两国的煮盐业最发达，晋国河东的盐业被视为"国之宝"。到了战国时代，燕国辽东盐业的发展超过了晋国，因而在盐业中是齐、燕并称。

大连地区出土了大量战国货币，与盐业、渔业的发达有着密切的关系。战国铜铸币在大连地区屡有出土，而且大多出自窖藏。每一处窖藏少则数千克，多达上百千克。这些窖藏或埋于人迹罕至处，或埋于遗址中，其中的货币大多是燕末秦灭燕时居民为避战乱而埋藏的。大连地区历年来出土战国货币的地点多达50余处，遍及大连地区，说明当时人口已分布很广。按现今行政区划，出土战国货币的地点有：旅顺口区牧羊城、南山里、蒋家村、王家村；甘井子区鞍子山、鞠家沟、后牧城驿村（楼上墓地内出土残匽刀3枚）；西岗区石道街；沙河口区大连交通大学院内；金州新区八里村、鹿圈子、小柳树村、蚕厂屯、大岭屯城、丁屯；普兰店市区、棺财房、东道士屯、栾家村、西孙屯、黄家亮子、杨树底、卢屯、刘西屯、北岚屯、老龙头、张店西海头、于沟、严屯；瓦房店市邢屯、傅家村、许屯、东马屯、二道岭村、凤鸣岛、交流岛大架山、长兴岛土城子、孙屯、炮台村、潘大村、许家村；庄河马庙村、宋屯、桂云花村、石堡村、拉脖屯、四家子屯、石城岛光明村等。大量战国货币出土，表明当时大连地区的经济，如渔盐业、商业已十分发达，与中原地区发生了广泛的贸易关系，民间已积有相当的财富。

大连地区出土的战国刀币中，除偶见赵国"白人"（一释"白匕"）刀币外，其余都是燕国匽刀币。匽刀币可分为圆折背和磬折背两种，正面都铸有"匽"字，背面分别铸有"左""右""内""外""行"等单字，以及由这些单字为首组成的"左一""左二""左廿""左千""右二""右六""右廿""右日""右人""内一""内二""内卅""内五一"等。大连已发现的燕国刀币几乎贯穿整个燕国刀币铸造的各个阶段。出土的布币可分为尖足和方足两种。尖足布币均为赵国币，面文有"晋阳""晋阳半""蔺""商城""武平""武安""兹氏""兹氏半"等。方足布币为燕币和三晋币，面文有"襄平""平阴""阳安""安阳""渔阳""阳城""襄垣""梁邑""平阳""蔺""莘邑""丘贝""梁"等。圆币面文有"匽化"和"一化"两种。有"匽化"的仅在旅顺牧羊城中发现3枚，其余都是有"一化"的。出土的布币中，燕国襄平布币数量最多，占所有战国布币的90%以上，而且形制大小不一，面文字体也繁杂，含铅量高是其重要特点之一。襄平为燕国辽东郡郡治，襄平布币即襄平本地所铸。战国时期是中原文化在大连地区得到普及的时期。与其他文化形态一样，文字的字体也随着社会和生产的发展而不断发展变化。战国时期大连地区流行的主要是燕国文字，从出土的燕国货币可窥见一斑。而背面的文字种类甚多，大多为纪数字。

第二节　大秦一统　接轨中原
——秦朝时期的大连文化

一、见证秦统一的启封戈和春平侯铍

公元前230年，秦王嬴政开始了统一六国的战争。公元前227年，燕太子丹派荆轲行刺秦王未成，秦遂起兵攻燕。次年，攻下燕国都城蓟城。燕王喜、太子丹等尽率其精兵，东保辽东。后燕王喜斩杀太子丹以求和，建立了以襄平为中心的地方政权。公元前222年，秦灭燕。

大连地区历年来出土的战国青铜兵器见证了秦灭燕统一六国的历史进程。在旅顺尹家村、金州新建村、普兰店旗杆底、瓦房店保卫村、长海哈仙岛等地先后出土了铜剑、铜矛等，特别是启封戈、春平侯铍的发现，为研究大连地区战国后期的政治、军事情况，提供了重要资料。

启封戈出土于瓦房店后元台一座西汉初年的墓中，因戈内上有"启封"字样刻铭，故名。戈内正、背两面均刻有细如发丝的蝇头小字，正面12字："廿一年启封令痏工师金冶者"；背面2字："启封"。这说明启封戈是在魏国安釐王二十一年由启封令监造、工师金主持、冶者铸造的兵器。判定这件戈是魏国所铸，取决于"启封"这个地名。"启封"，战国时属魏地，云梦秦简《编年记》中有秦昭王"卅二年攻启封"的记载。西汉时汉景帝名启，为避讳汉景帝刘启名，此地改称"开封"。启封戈的价值至少有三点：一是确证开封原名是启封；二是铭刻格式属魏，为启封归属魏国提供了依据；三是说明魏国启封具有铸造兵器的能力。据《史记·秦始皇本纪》记载："二十五年（公元前222年），大兴兵，使王贲将攻燕辽东，得燕王喜。"秦军入辽东只有这一次，时为秦始皇统一六国前一年，启封戈正是秦统一战争的历史见证。与启封戈同出一墓的其他青铜兵器还有剑和矛，青铜剑属于曲刃短剑，有别于中原式直刃剑，反映了民族融合的过程。至于那短小的、铸有"王"字的青铜矛，似乎不应是单独装柄使用的，可能是与启封戈组装在一起作为戟来使用的。早期的戟都是分铸的，把戈与矛组装起来，就成为一种新的兵器——戟，是集句兵（戈）和刺兵（矛）为一体的复合式兵器，故后元台出土的这一兵器亦可称为"启封戟"。在西汉以前，以上述兵器随葬，必和墓主人生前身份有关，死者生前应做过将军一类的武官，所以才拥有秦时期的兵器，但他的卒年下限在西汉初年。

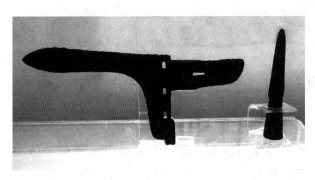

启封戈

春平侯铍出土于庄河桂云花岭西九如一带山上，曾被称为"春平侯剑"。随着地下文物的不断出土，发现同类兵器"自铭"为"铍"，可知"铍"是这类兵器的确切名称。铍是一种大矛，是绑缚在木杆上的"刺兵"，主要流行于三晋，因桂云花九如出土的铍身所刻的文字中有"春平侯"字样，故名。铍身正、背两面均刻有细如发丝的蝇头小字，正面19字："四年相邦春平侯邦左库工师岳身冶陶沥执剂"；背面5字："大攻（工）尹肖（赵）闲"。"春平侯"见于《战国策·赵策》，今见于著录的、刻有"春平侯"字样的兵器不下数十件，可知此人久任相邦（相当于后来的丞相、宰相）一职。正面19字铭文中的"四年"，经考证为战国时期赵幽缪王（即赵王迁）四年（公元前232年）。赵王迁为赵悼襄王之子，赵国最后一代国君。赵幽缪王八年（秦王政十九年，公元前228年），秦军攻克赵国都城邯郸，俘虏赵幽缪王，赵国灭亡。赵幽缪王被俘虏后，秦王嬴政将他流放到房陵（今湖北房县）的深山之中。《战国策·赵策》："秦召春平侯，因留之。世钧为之谓文信侯曰：'春平侯者，赵王之所甚爱也，而郎中甚妒之，故相与谋曰：春平侯入秦，秦必留之。故谋而入之秦。今君留之，是空绝赵而郎中之计中也。故君不如遣春平侯而留平都侯。春平侯者言行于赵王，必厚割赵以事君，而赎平都侯。'文信侯曰'善'。因与接意而遣之。"春平侯铍是赵幽缪王四年（公元前228年）由相邦春平侯监造、左库工师岳身主持、工匠陶沥亲自掌握合金配比铸造的。背面的刻铭"大攻（工）尹肖（赵）闲"则是这个兵器的第二监造者。这是因为战国末年兵器生产数量越来越多，作为当时的百官之长相邦春平侯不可能一一亲自监造、验收这些兵器，而实际上亲自监造、验收这些兵器的人就是直接管理兵器生产的大工尹了。所以在相邦春平侯之后又加刻了第二监造者的名字。

春平侯铍会在大连地区出土有两种可能：一是燕赵联合御秦时被带到燕地；二是秦国用缴获的赵国兵器装备自己，灭燕时带到了辽东。这两种可能以后者更为接近于史实。春平侯铍出土后，其附近的桂云花村又连续出土两批以燕币为主的战国货币窖藏，从一个侧面反映出秦灭燕过程中燕国吏民匆忙逃离时的惊慌情景。

二、大秦一统，铺平道路

经过战国时期数百年的分裂与争战，人民苦不堪言，渴望停止战争，统一已成为不可阻挡的历史潮流。秦国顺应了这一历史潮流，于公元前221年完成了统一大业。

秦王朝在东北南部的统治，不是对燕国统治的简单承袭，而是有所发展。秦在统一全国的过程中，把原在秦国范围内实行的郡县制推行到全国，其中原燕国境内的上谷、渔阳、右北平、辽西、辽东郡皆沿用旧名。燕国统治时期郡下是否置县，史无记载，秦时辽东郡下确已置县。史书记载，辽西、辽东属县共29[4]，大连属秦辽东郡。据《汉书·地理志》记载，西汉时辽东郡辖18县，经考证大连地区属沓氏县、文县所辖。汉承秦制，故沓氏县、文县在秦时已经设置。按照秦制，县之长官为令（长）；县下有乡，乡有三老；乡下有亭，亭有亭长。如此一套较为系统、严密的地方行政管理制度，有利于巩固秦的统治。

秦始皇统一中国后，建立了大一统的封建王朝。为开发辽东，雄心勃勃的秦王曾亲临辽西，拜碣石，设行宫，举全国之力大规模地修建秦长城。但由于苛政如虎，劳民伤财，秦王朝统治的时间较短，在大连地区未留下遗迹。但秦王朝结束了春秋战国以来诸侯纷争的历史，使天下一统，在全国推行"书同文，车同轨，度同制，行同伦，地同域"的制度。文字语言、车辆道路、行为准则和度量衡、法制的统一，扫清了由于多年割据造成的政治、经济、文化交流的障碍，加速了不同地区间的交流，使地处边远的辽东及辽南地区与中原文化全面接轨，为后世的文化发展铺平了道路。

第三节　汉学普及　奠定根基
——两汉时期的大连文化

一、消除割据，开拓海疆

公元前 209 年，陈胜、吴广发动农民起义，揭开了推翻秦王朝的序幕。这场大规模的农民起义在沉重打击了秦王朝统治的同时，也给割据势力以可乘之机，包括大连地区在内的辽东随即落入割据势力的控制之下。起义军攻下陈县（今河南淮阳）后，陈胜自立为王，同时派遣几支起义军分头出击。武臣部将韩广于年底占领燕地，被燕人拥立为燕王 [5]，包括大连地区在内的燕国旧地，成为韩广控制的势力范围。公元前 206 年，项羽击溃秦军主力，进入咸阳，自封为西楚霸王，并割地分封，封原燕将臧荼为燕王，"徙燕王韩广为辽东王" [6]。当臧荼前往燕地就封之际，韩广拒不受命，遂被臧荼所杀，"并王其地"，大连地区遂为臧荼的势力范围。

楚汉相争之际，刘邦为了争取各方面的支持，曾对包括燕王臧荼在内的 7 个异姓王予以承认。公元前 202 年，刘邦称帝，"十月，燕王臧荼反，攻下代地。高祖自将击之，得燕王臧荼。即立太尉卢绾为燕王" [7]。卢绾前后维持了 7 年时间，渐感羽翼已丰，至公元前 195 年，卢绾谋反，阴谋暴露，"二月，使樊哙、周勃将兵击燕王绾"，"立皇子建为燕王" [7]。至汉武帝时期，汉初分封的藩王拥兵割据，使政令难通，汉武帝为加强中央集权，开始剪除藩王。公元前128年燕王刘泽"坐禽兽行，自杀，国除为郡"[8]，包括大连地区在内的辽东郡才直接隶属汉中央政府管辖，结束了长期割据的局面。

秦末汉初，居于朝鲜半岛的卫氏朝鲜趁中原战乱之际不断侵扰辽东沿海，使海上交通中断。汉武帝于公元前109年派水陆两路大军征服朝鲜，水路大军由楼船将军杨仆率舟师五万，从齐地（今山东）经沓渚（今大连沿岸）进击朝鲜，次年卫氏朝鲜亡。从此，大连成为汉朝水师的停泊地和南北交通的重要通道，舟船往来，海路畅通，南可到山东半岛，东可到鸭绿江口和朝鲜半岛。这条海上通道又与当时形成的由沓氏县起经文县、平郭（今盖州）、安市（今大石桥）、新昌（今鞍山）直通辽东郡治襄平的陆路通道相衔接，使大连成为当时水陆交通的枢纽，扩大了与南北各地的交流，促进了大连地区经济文化的发展。

二、人口稠密、经济发达的沓氏县和文县

《汉书·地理志》载："辽东郡，秦置，属幽州，县十八。"《后汉书·郡国志》载，辽东郡有11县。这西汉18县、东汉11县中的沓氏、文县在今大连地区。

自汉武帝剪除藩王、消除割据、征服朝鲜、开拓海疆以来，汉初设立的沓氏县、文县就进入了稳定发展时期，稳定时间长达300余年，直至东汉末年战乱再起。这一时期是大连历史上经济、文化发展的重要时期，关内移民和中原地区的先进生产技术大量传入，农业、渔业、手工业、商贸业、海运业、建筑业发展迅速，中原文化广泛普及，汉民已成为当地居民的主体，汉文化已成为当地文化的主要部分，使当时的大连地区成为东北地区人口稠密、经济和文化发达的地区。这一点从大连现有的汉城、遍及各地的汉墓及大量的出土文物可以得到充分的证明。

大连地区目前已发现的汉代城址有旅顺牧羊城、大潘家城，金州大岭屯城、东马圈子城，长海朱家屯城，普兰店张店城、黄家亮子城，瓦房店陈屯城等。经专家考证，张店城和陈屯城分别为两汉时期的沓氏县治所和文县治所。

以张店城、陈屯城和营城子等为中心的城邑，是汉朝大连的繁荣地区。以上述城邑为中心，逐渐形成了若干处人烟稠密的聚居区。这些聚居区内房屋较多，周围分布着密集的墓葬或窖藏，呈现出兴旺的景象。从张店城、牧羊城内出土的绳纹大板瓦、筒瓦和"千秋万岁"瓦当、"长乐未央"瓦当等分析，上述城址内应有官府的建筑。从城址内大多出土的汉朝的"半两""五铢""货泉""大泉五十"等货币，可以窥见当时的商业情形与流通程度。牧羊城附近出土的"河阳令印"和"武库中丞"封泥表明其与中原地区有着密切的联系。

汉朝铁器的制造和使用已经十分普遍。据《汉书·地理志》记载，汉朝在全国设铁官（管理铁的冶铸事业的机构）49处，辽东郡的平郭设有铁官，这样大连地区有获得更多铁资源的便利条件。现今大连地区出土汉朝铁器的地点主要有旅顺牧羊城、大坞崖遗址、鲁家村窖藏，甘井子营城子遗址，金州大岭屯城，瓦房店陈屯城及窖藏、赵屯遗址等。出土的铁器种类有臿、钁、锄、犁铧、镰、铚、斧等，其中陈屯城及窖藏出土铁器80余件，大岭屯城出土铁器53件，鲁家村窖藏出土铁钁11件。上述表明各种铁器已被应用于当时的社会生产、生活各方面。臿是汉代常见的铲土农具，形似铲，相当于现今的锹，可分梯形和扇形两种；钁是用于挖掘硬土的工具，相当于现今的镐头；锄是耘田农具；镰和耘是专用的收割工具。上述铁器几乎包括了春耕、夏锄、秋收所使用的各种农具。瓦房店市赵屯汉朝遗址中发现了一件较完整的铁犁铧，宽达40厘米，是一件罕见的大型犁铧。如此大的犁铧，需要数头牛或马才能拉动，反映出当时辽东郡沓氏县、文县的农业发展水平。汉代铁器普遍使用，不仅体现在农业生产方面，同时也渗透进人们的生活，铁制的盘、锅等生活用具均有发现。

在农业发展的基础上，家庭饲养业也得到了较快的发展。大连地区汉墓中常有陶制动物模型出土。大连湾刘家屯西汉后期贝墓中出土的陶猪通体略扁，头、耳均小，四肢细短，短尾上翘，鬃毛略高出背部，腹部中空且下垂，有两排共16个乳头，是一副产仔后正在哺乳的母猪形象。出土于营城子东汉前期砖室墓的陶猪，头小，耳短下垂，四肢很短，尾打结上翘，通体浑圆，腹部几乎垂地，完全是一副怀孕的母猪形象。上述陶猪均为母猪造型，是汉朝养猪业发达的标志。据著名农史专家、北京农业大学教授张仲葛研究，营城子、刘家屯和旅顺老铁山等地发现的陶猪塑造的是华北猪小型种的形象，是现存东北荷包猪的祖先，说明现存东北荷包猪应是东北当地的原始猪经过培育产生的后代，亦即大连地区现存的适应性很强、具有耐寒能力的黑猪[9]。陶狗的形象有两种，一是豢养的看门护院的家犬，一是驯养的猎犬。前者体态丰腴，后者体态细长，双耳竖挺，收腹卷尾做奔跑状，为优良猎犬造型。

墓葬中出土的陶质建筑模型可供人们了解汉朝大连地区的建筑情况。我国的建筑历来重视屋顶之美。到了汉朝，悬山、庑殿、歇山、攒尖等屋顶形制均已出现，大连地区出土的房屋模型基本上为悬山顶和囤顶两种。悬山顶主要见于旅顺尹家村、刁家村和甘井子营城子等地的东汉时期砖室墓中，囤顶目前仅见于营城子东汉时期砖室墓中。悬山顶陶房是大连地区东汉墓中较常见的随葬器物，绝大多数呈青灰色，质地较硬。其屋顶均为悬山式人字构架形式，如尹家村出土的陶房，有一门，门两边各有一个小窗，采

大连湾刘家屯西汉贝墓出土的陶猪

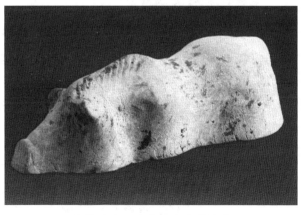

营城子东汉砖室墓出土的陶猪

用透雕的手法装饰窗户。从其装饰的位置和表现手法看，屋檐下四方连续的几何雕镂图案、两边的凸角和屋顶精巧的瓦当融合为一体，可以看出当时人们对房屋的审美需求。从形式上来看，大连地区发现的陶房主要采用的是抬梁架。所谓抬梁架，就是用两根立柱支撑大梁，梁上又立短柱撑次梁，层叠至上一梁上，在中央立脊瓜柱撑脊檩。旅顺对庄沟出土的彩绘陶房便是此种构筑形式。这种建筑形式不仅增加了居室的面积，而且在屋前增加立柱，形成回廊，也有利于提高建筑本身的稳固性，更适合北方地区采暖保温的需要。

大连地区出土的陶屋中，很多有四足。这种建筑形式称为"干栏式建筑"，多出现于我国江南地区，是一种为防潮有意识地将屋地面抬高的建筑形式。大连地区东汉墓出土的陶房和陶仓是深受江南干栏式建筑影响的产物。大连地区出土的陶仓亦多有四足，因为地处沿海地区的大连环境湿度比较大，为了有效地保存物品，必须采取这种建筑形式，从中可以看出自然条件对建筑构造、建筑形式和布局的重要影响。

营城子石板墓出土的陶楼

金州董家沟的一座东汉墓中出土了一件陶质院落模型，其院落四周环以围墙，门楼设在围墙正中，墙内是一组四合院式建筑，院内磨盘、笼舍及猪、狗等一应俱全，展现了汉朝大连地区农家的富足生活场景。

营城子石板墓还出土一件陶楼模型。这是一座多室墓，年代当在汉魏之际，有可能早到东汉后期。陶楼呈塔式，共分三层，通高54厘米。一层正中有门，二、三层底部各有一长方孔，以备各层之间连接。二、三两层四面各设一窗，在第一、第二层的四角各有一斗拱，均涂有红彩。各层顶部均出檐，由板瓦和筒瓦扣合而成，出檐筒瓦前端有几何纹瓦当。最为绝妙的是二层底部阴刻了"高楼"二字，且"楼"字系异体字，由"木"和"由"字组成。这座陶楼已有坚固的基座，三层之间逐层收小，逐层出檐，房顶为庑殿顶。上述手法成为我国木构楼阁此后长期采用的建筑形式。同时也可以看出，此时斗拱已被普遍使用，并且成为整座建筑物的组成部分。

　　大连地区出土汉朝青铜器最多的地点是在营城子一带。营城子第二地点 76 号贝、砖、石合筑墓出土青铜盖鼎、樽、承旋、盘各一件。承旋即圆案，因同类器物"自铭"而知其称"承旋"，直径达 43 厘米，浅盘，折沿，下有三个做蹲坐状的人面兽体雕像，分别以头顶起案面。案面以线刻手法表现，以柿蒂图案为中心，内、外两区分别为仙人和瑞兽，与汉朝仙人瑞兽镜图案相若。因铜樽与铜承旋一起出土，可知铜樽附有铜承旋。其他青铜器有提梁壶、洗、盆、盃、带钩、车马具模型等。大连地区出土了多面汉朝铜镜，其中有三涧堡出土的月光镜，营城子出土的长生富贵镜、四

营城子汉墓出土的铜承旋和铜樽

乳规矩镜，牧城驿出土的四乳禽兽镜、六乳禽兽镜等，雕刻的图案和花纹都是中原地区常见的。

　　漆器青铜附件在大连地区的部分汉墓中也有出土。花儿山 7 号贝墓随葬的漆器，均为木胎，可看出器型的有案、樽、盘、钫等。漆樽附件是一对鎏金铜衔环兽面大铺首和一个铜制大环。钫的附件包括嵌在壶肩上的四个鎏金规矩形铜饰、三个蹄形足和作为盖钮的鎏金铜朱雀。8 号墓出土的漆樽有一对铜衔环兽面铺首和三个蹄形足。这类漆器附件在营城子等地的汉墓中也屡有出土。汉朝的漆器制作精巧，装饰精致，是当时

最为珍贵的日用器物之一，较之青铜器更得到贵族们的青睐。

普兰店驿城堡乔屯 7 号墓出土的 4 只鹿镇，属于复合体文物。它是由铜和贝壳制成的，先以铜铸出鹿身，并经过鎏金处理，然后再嵌上南海所产的虎斑贝壳，贝壳和铜铸鹿身之间填以细砂增加重量。鹿镇出土时，贝壳上的虎斑已大多不见。这 4 只憨态可掬的"小鹿"雄、雌各二，雄者背上嵌以铜制鹿角，并以红彩勾画，雌者仅以红彩勾画。

营城子第二地点 76 号墓是东北地区迄今出土汉代青铜器最多的汉朝墓葬，不但随葬鼎、樽、承旋、盘等青铜器，还随葬有金质龙纹带扣、玉剑璏、兽钮铜印等珍贵文物。金质龙纹带扣平面前圆后方，略呈马蹄形，带扣前端开弧形带孔，孔中间装有活动的扣针，边缘内折，折边穿有 19 个针孔。带扣表面饰有 10 条龙：1 条大龙盘踞中间，9 条小龙环绕其周。扣之周边及群龙之间镶嵌有绿松石，龙的背脊处为一串大小不一的金珠，整体构图有层次上的变化。带扣质料考究，构图生动，工艺精湛，堪称汉朝金器之极品。其上镶嵌的绿松石做水滴状，而古波斯阿契米尼王朝的金器常镶嵌这种形状的绿松石，说明当时可能存在文化交流[10]。

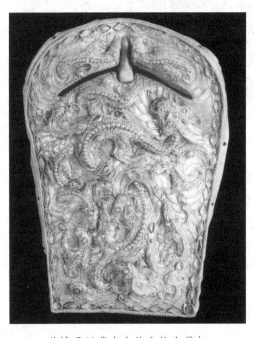

目前发现的汉朝金质龙纹带扣仅有数件，除了大连地区营城子发现的这件带扣外，还在乐浪古墓及新疆博格达沁古城址各出土一件，日本秀美博物馆也收藏一件。与其他几件龙纹带扣相比，营城子金质龙纹带扣是龙的数量最多的。因金质龙纹带扣出土数量少，所以营城子金质龙纹带扣的出土具有十分重要的意义。

营城子汉墓出土的龙纹金带扣

两汉时期的制陶业有了较大的发展，其特点是陶器种类多，数量大，陶器质量较以前有了较大的提高，绝大多数是质地较为坚硬的泥质灰陶。大连地区的汉朝陶器多出土于墓葬中，西汉前期的陶器组合为鼎、盒、壶等仿铜陶器，西汉中期的陶器组合多为鼎、壶、罐、盆等日常用器。随着丧葬习俗的改变，西汉中期特别是东汉以后还盛行制作各种专为随葬用的陶质冥器，如房、仓、灶、井、厕所、猪圈和俑及各种动物等模型。

农业和手工业的发展，为商品贸易活动创造了必要的条件。大连地区汉墓中普遍随葬钱币，其种类有"半两"、"五铢"、"大泉五十"、"货泉"和马蹄金等，是当时经济繁荣的见证。"半两"出土于西汉贝墓和鲁家村汉代窖藏。营城子和花儿山西汉前期贝墓随葬的"半两"为"文帝半两"，鲁家村窖藏出土的49枚"半两"，分别为"吕后八铢半两"和"文帝四铢半两"。大连地区西汉中期贝墓出土的"五铢"均为武帝至宣帝时期的"五铢"，而东汉时期的砖室墓和花纹砖室墓则多是西汉"五铢"和东汉"五铢"共出。"大泉五十"和"货泉"是新莽时期"五物六名二十八品"中较常见的钱币。

汉朝的上币（上等货币）是黄金。马蹄金因其造型酷似马蹄而得名。张店城东南的南海甸子，出土的两件马蹄金均为马蹄造型，底部近圆形，周壁自底向上内收，中空，前高后低，后部一侧有椭圆形孔，底部中心錾刻有"上"字圆印。一件直径为5.6～5.9厘米，底侧錾刻"×××｜｜｜"符号，重259.45克；另一件直径为5.6～6.1厘米，底侧錾刻"××××"符号，重260.45克。马蹄金主要用于宫廷赏赐、馈赠和大额支付等，既是定量货币，也是称量货币。马蹄金在大连地区出现，反映了大连地区与中央王朝的关系，也说明了当时经济贸易的发达程度。

大连地区汉墓中发现的玉器多是剑璏之类的剑具，玻璃器材质均属国产的铅钡玻璃，最常见的是湖蓝色耳珰，为汉朝女子常戴耳饰。这类珍罕的物品，是商品贸易活动的见证。

普兰店南海甸子出土的西汉马蹄金

三、汉墓的类型与文化价值

大连地区发现的两汉时期墓葬，遍及各地，其中有旅顺刁家村、尹家村、王家屯、土城子，甘井子营城子、牧城驿、郭家沟、沙岗子，金州董家沟、大魏家、三十里堡、石河、华家，普兰店赞子河、花儿山、皮口，瓦房店杨家、赵屯、驼山、老虎屯、李官、长兴岛，长海广鹿岛等多处。其中以营城子、花儿山、董家沟、陈屯、老虎屯一带数量最多，有的多达数百座。从汉墓分布之广，可见当时人口已十分稠密。

根据已发现的资料，大连地区的汉墓可分为贝墓、砖室墓、石板墓和瓮棺墓等几个类型。其中贝墓出现得最早，而后是瓮棺墓、砖室墓和石板墓等。

贝墓又称"土圹贝墓"，其构筑方法比较简单：土圹四壁与椁板之间填以贝壳，并经夯实；入葬后盖上椁盖，再铺上一层贝壳，最后封土。筑贝墓所用的贝壳或采自海边，或取自附近的贝丘遗址。以贝壳筑墓，是为了达到防潮御湿、保持尸体不朽之目的。经正式发掘的贝墓有数百座之多，可分为单人单室贝墓、分室合葬贝墓和同室合葬贝墓等。大连地区的贝墓主要发现于甘井子营城子，旅顺刁家村、李家沟，普兰店陈茔、乔屯、西北山等地，流行于西汉前、中、后三期。因受中原地区土圹墓的影响，这些贝墓既有中原地区固有的习俗，也有地方特色。这种以贝壳作为构材的墓葬，目前仅见于辽宁沿海一带和山东半岛。

大连地区的砖室墓出现于西汉后期或新莽时期，花纹砖室墓出现于东汉后期。辽宁的砖室墓主要分布在营口市以南，大连地区是辽宁花纹砖室墓最集中的地区。花纹砖室墓的出现与东南沿海，特别是山东半岛有着密切的关系，受到其深刻的影响。

大连地区发现和发掘的西汉墓地都是数十座墓葬，甚至数百座墓葬。这种墓地即《周礼》上所说的"族坟墓"。作为氏族宗法制度产物的"族坟墓"制度，随着春秋战国之际的社会变革，在中原地区逐渐崩坏，但在大连地区乃至辽宁地区，这种"族坟墓"制度还是很盛行的。1954年为配合基本建设在营城子发掘了52座两汉墓葬，既有西汉贝墓、贝石墓、贝砖墓，也有东汉和魏晋的砖室墓、石板墓。2003年—2004年，在营城子又发掘了180余座两汉墓葬。这些仅仅是在基本建设的动土范围内发现的，如果加上历年来在这一墓地发现、发掘的两汉墓葬，约有数百座之多，其跨越的时间为四五百年。解剖这个墓地可以发现，早、中、晚期墓葬各自集中在一起，越是墓地外围的墓葬，时代越晚。从这种现象可以推断他们是按宗族之内各直系家族的血缘关系及世系辈分依次埋葬的。正如贾谊所说："六亲有次，不可相踰。相踰则宗族扰乱，不能相亲"。提倡"忠孝"，在汉墓中反映得最为明显。生养死葬是当时人们一生的大事，要求在观念上"事死如生，事亡如存"，为表达孝义，要把死人生前的衣食住行全部搬到地下。大连地区发掘的西汉中期及其以后的墓葬中，除了日常生活中的饮食器皿，如鼎、盒、壶、罐、樽、案、耳杯、熏炉、灯以外，还有水缸、灶、釜、甑、魁、勺、俎等厨房设施和用具，甚至连房屋、水井、厕所、猪圈和猪、狗等也制成模型，埋入坟墓。陶俎上多刻有环首刀和鱼等图案。花儿山7号墓出土的彩绘陶洗也刻有鹭鸶、鱼、龟等动物。在刁家村、营城子等地的贝墓中还出土有猪肉、牛肉、羊肉以及鲜鱼和螃蟹等海产品。2003年秋，营城子一座墓中出土的陶鼎、盆、井等口沿上书写有"鸡豚月（肉）""鱼"等暗红色毛笔字。从以上可以看出，生者为死者安排的这一整套家庭生活用器、食物等，是十分周详的。

四、绘画、书法及雕塑艺术

大连地区发现的汉朝绘画作品，以营城子东汉后期壁画墓的壁画最有代表性。

营城子壁画墓位于甘井子区营城子镇沙岗子村。墓侧观呈山字形，由前室、套室、主室、东侧（耳）室和后室组成，各室之间由套室回廊连接，均以花纹青砖砌筑。花纹砖种类有叶脉、球、连球和方菱数种，并涂有红、黄、白彩。砖的花纹面都向内，使整个墓室显得庄重、华贵。各墓室四壁上部逐层内收，交叠成穹隆顶；底以榫卯砖铺就。除主室外，其他各室外壁都砌有多道横箍，以起加固作用。这些充分显示了当时人们高超的设计水平和工匠们的聪明才智。墓内随葬品主要是陶器，有五枝灯、樽、长方套盒、方案、圆案、盆、洗、魁、耳杯、灶、井、房、虎子、俑、猪、狗等。陶器表面有白色彩绘。

最有价值的是绘在主室北壁和东、南门内外的壁画。壁画底面以白灰抹成，除人物口唇和个别处绘彩外，其余均为墨线勾勒。《升天图》绘在主室北壁。图分天上和人间两部分。天上部分中间是一位头戴冠、着长衣、佩长剑的高大男子，面向前方，脚下云气缭绕，表示死后升天。这男子即墓主人。墓主人身后是一位捧物侍立的童子，上方是苍龙。在墓主人前方，有一头戴方巾立于云端的"方士"面向墓主人。"方士"的身后，绘有一位手持仙草的羽人和朱雀。这羽人腾云驾雾做引导墓主人"升天"状。这种"得道成仙"的思想，突出地反映了当时人们对逝者未来生活的虚幻意念。壁画的人间部分绘有各做伏拜、跪拜、立拜状追祭死者的三人。这三位不同姿态的追祭者当分别代表着他们各自与墓主人的世系辈分关系。天上人间交相呼应，表达了生者对死者的祈祝。

营城子壁画墓是辽南仅见的砖室壁画墓。这种以墨线勾勒的画风代表着汉朝绘画的一个重要流派，有别于辽阳壁画墓重彩渲染的画风，在世界美术史上占有重要地位，对于研究汉朝绘画和意识形态具有重要价值。

其他的绘画作品散见于普兰店张店和乔屯、旅顺北海李家沟、甘井子大连湾刘家屯等地汉墓出土的彩绘陶器、刻纹陶器和漆器上。普兰店花儿山汉墓出土的彩绘陶器有两种：一种是西汉前期的以绿彩为底、上绘红彩的陶器，图案分别为云气纹和椒叶纹；另一种是西汉中、后期绘红、白彩的陶器，图案多为云气纹。旅顺北海李家沟西汉中、后期墓出土的彩绘陶器，是以白、红彩绘就的。

书法方面，两汉时期隶书盛行。2003年秋，在营城子第二地点的一座墓冢发现了一批珍贵的汉朝文字资料。墓冢出土的50余件随葬陶器中，有10件陶器书写有文字，书写于鼎、盆、井等口沿上的"羹""鸡豚月""蹄月""脾钚""井"等文字较清晰。"月"即"肉"的古字，可见这些文字为标注陶器所盛食物和陶器名称而书写。字迹呈暗红色，以毛笔书写，两字以上者上下纵书。字之笔画端庄秀丽，结体疏密有致，风格质朴典雅，为典型的汉隶书体。其"鸡豚月"三字兼有楷意，互为呼应；"羹"

字波磔有度，用笔从容。上述文字可与国内迄今发现的汉简帛书文字相媲美。

大连地区发现的汉朝文字资料还有刻、书、模印在砖上的文字，铜镜铭文，印章文字，封泥文字，刻、书在陶器上的文字等。文字砖大体有书写、刻划、模印三种，或在砖上朱书"卅六"二字，或在花纹砖上刻划"寅""戊""戍""甲子"等干支文字。刁家村花纹砖上刻有"吾从四月三日来，七日世辰有疾，至十日，伯辰入挽，一日来，二日启完，为事七日，世辰归"这样记载看望病人日期和死者病逝、下葬情况的墓志砖，为了解墓主人及当时的社会关系提供了珍贵的材料。

汉朝的铜镜在战国镜的基础上得到进一步普及，汉朝也成为中国铜镜发展的第二个高峰期。大连地区出土的西汉铜镜铭文主要有："见日之光，天下大明""见日之光，长毋相忘""见日之光，长乐相思""内清质以昭明，光辉象夫日月，心忽扬而愿忠，然壅塞而不泄""家常富贵"等。大连地区出土的东汉铜镜的铭文主要有"侯氏作竟真大巧，上有仙人不知老""长宜子孙""位至三公"等。大连地区西汉时期的贝墓多出日光镜、清白镜、昭明镜、凤鸟镜、家常富贵镜等带有吉祥铭文的铜镜。其中清白镜一般较大，日光镜多较小，昭明镜铭文中间多加"而"字。东汉时期砖室墓出土的铜镜则多为四乳禽兽镜、博局镜、神兽镜等，乳钉纹成为其主要装饰，其发展变化同中原地区汉朝铜镜变化脉络相同，体现出与中原地区文化的交流。

大连地区出土的汉朝印章均为铜质私印。"公孙訢印"出土于营城子 38 号墓，瓦钮，文为"公孙訢印"。"文胜之印"出土于营城子 42号墓，龟钮，文为"文胜之印"。这方印在文字间加入了十字界格，界格的线条和文字融为一体，龟背部纹饰清晰可辨。因有十字界格，推测其年代可能要早到西汉前期。"宋郯信印"出土于旅顺北海李家沟西汉贝墓男性死者腰部，桥形钮，文为"宋郯信印"。"射襄之印"出土于花儿山 8 号贝墓，龟钮，文为"射襄之印"。"唐长秋印"出土于花儿山西汉贝墓，龟钮，文为"唐长秋印"。"田钊印"出土于花儿山 13 号贝墓，鎏金，龟钮，文为"田钊"。"绵鸿印"出土于营城子第二地点43 号墓，龟钮，边长仅 1 厘米，文为"绵鸿"。营城子第二地点 76 号墓出土的兽钮铜印，印文已不可辨。此外，花儿山4号贝墓还出土一方玉石印章，坛钮，文为"高阳"二字，颇有古韵味，年代或可早到战国。大连地区还出土了"河阳令印""武库中丞""临秽丞印"3方封泥，前两方封泥属于东汉时期，而后者有十字界格，且具古风格，其年代当在秦或战国时期。旅顺北海李家沟西汉贝墓出土的彩绘陶壶上，朱书"孙家"二字，表明此器为孙家所有。营城子前牧城驿东汉前期砖室墓出土的一件白陶壶的肩部刻有一个"甲"字，表明此器是同类器中的上品。出土的瓦当除了卷云纹装饰外，还见有"长乐未央""千秋万岁"等文字。上述书体皆为篆书，而且主要是小篆，体现了两汉时期我国文字书体的统一风格和特点。

以绘画为基础的雕塑艺术在两汉时期的大连地区取得了突出的成就。营城子第二地点76号墓出土的刻纹铜案，平面呈圆形，直径43厘米，下部以三个蹲坐、深目、高鼻、大嘴状人面兽肢的雕像为足，雕像以头部顶起圆案。案面以麦芒状组合纹带和菱形组合纹带划分为内、外两区。内区以柿蒂图案为中心，周围刻有四神禽兽；外区刻有人面兽身和兽面人身的动作、蹄足翼龙、斑斓猛虎、鹿、野猪及朱雀、瑞鸟等珍禽异兽，整个画面充满神异色彩。在艺术手法上，全图以汉朝盛行的寓意祥瑞的

旅顺牧羊城址附近出土的"武库中丞"封泥拓本　　　旅顺牧羊城址附近出土的"河阳令印"封泥拓本

神兽瑞禽为主题，并与仙人等巧妙地组合在一起，以娴熟的单刀阴刻技法雕刻而成，是汉朝青铜雕刻的代表作。

1954 年和 2002 年以来发掘的近 300 座汉墓中出土的刻鱼陶洗有上百件之多，其底部大多刻有鱼的图案，寓意富贵有余，或一尾，或两尾，最多者刻有六尾。普兰店乔屯 7 号贝墓出土的陶洗，高 12.5 厘米，口径 47 厘米，内壁刻有两只鹭鸶各追逐一尾鱼，一只鳖卧伏其间，底部中心也刻有两只鹭鸶各追逐一尾鱼。口沿绘红、白彩几何纹。

能够反映出汉朝大连地区雕刻艺术水平的还有东汉时期出现的花纹砖。就其形状来说，有长方形砖、方形砖、榫卯砖、楔形砖等。当时的人们用花纹砖筑墓时，均将有花纹的一面朝向墓室内，倘若砌筑到墓室的转角处，则通常采用两面均有图案的花纹砖。长方形花纹砖用于墓壁；方形花纹砖和榫卯砖用于铺砌地面，其花纹多在正面模印几何图案；楔形砖用于墓顶和墓门起券。花纹砖或几块共同组成一个图案，或单独构成图案。花纹砖墓墓壁大多以花纹砖上模印的花纹为图案装饰，也有的在花纹砖上涂抹颜色如黄色、白色、红色等构成彩色花纹，在刁家村、营城子、董家沟等地都出土有这种花纹砖。

按其图案，花纹砖大体可以分为以下几种：

钱币纹有"五铢"钱纹、"大泉五十"钱纹、"无面文"钱纹等。有的钱文与网格纹、菱形纹、同心圆、斜十字、斜对角线、半圆、田字等组合成复合纹。

叶脉纹比较多见。如在营城子壁画墓的墙壁上，这种花纹砖就砌在"富贵"花纹砖的旁边。有的又与三角、半圆等图案组合成复合纹。

动物纹由鱼、羊、龟、鸟、螃蟹、鹿、龙等动物图像或几种动物图像组合在一起的复合纹。这种动物图像大多含有吉祥的寓意。如雀纹，往往和其他纹饰同饰于一块砖的不同侧面上，"雀"与"爵"字相通，有官爵之意；此外常见的鹿，取禄食有余之意；羊，寓意吉祥；鱼，则有富裕有余、千秋富贵之意；龟，为长寿的象征。有的动物如龙、虎等则是代表某一方位。

狩猎纹，其画面为一持弓的猎人，前为一卧地的雄鹿，猎人的后面立着一只做悲哀状的雌鹿。除了狩猎纹，还有铺首纹，似为一人面衔环，有的在人面下饰有一羊头，有的在人面、羊头下饰有两条鱼，也有的刻印完整的人形。

圆圈纹有单圆圈与点纹、小圆圈、三角等复合纹，双圆圈与斜十字复合纹、多圆圈纹等。此外还有单同心圆、双同心圆、三同心圆、四同心圆等同心圆纹，其通常与斜线纹、点纹、菱形纹等构成复合纹饰。三重圆圈纹由于其与葫芦形状相似，象征着吉祥、富贵。

几何纹有菱形纹、斜线纹、网格纹等。这种图案较为多见，都印刻在砖的侧面，有直线、斜线、弧线等。这些不同的花纹砖在砌壁时，往往交叉使用，多块砖构成一幅图案，使整个墓室构成一幅绚丽多彩的图画。

普兰店乔屯8号贝墓出土的陶鸱鸮壶

大连地区出土的汉朝陶塑艺术品亦丰富多彩。普兰店乔屯8号贝墓出土的陶鸱鸮壶通高29厘米，由盖和壶身两部分组成。盖呈半球状，塑的是鸱鸮头部，双耳小且竖立，正中是凸起的长喙，两侧各有一个圆形小鼻孔，二目圆睁，炯炯有神。壶身浑圆，短短的颈部恰好与壶盖相扣吻合，双腿直立，与宽大的尾部稳稳地托起陶壶，造型栩栩如生，惟妙惟肖。9号贝墓出土的陶鸱鸮壶，通高25.5厘米，造型与8号贝墓出土的陶鸱鸮壶基本相同，只是未做出圆形小鼻孔，但壶身更加浑圆，双腿直立且雕出清晰的爪子。对比这两件陶鸱鸮壶，可以看出前者质地细腻，造型规整，制作精巧，后者略显粗糙。其实，早在商周时期就有以鸱鸮为造型的青铜器，如殷墟妇好墓的随葬品中就有鸱鸮造型的青铜器，如鸮形樽、鸮形卣等。这些青铜器的仿动物造型让原本棱角分明的青铜器多了些柔美，但仍难免给人以威严、庄重、神秘之感，而动物形陶器却显得浑圆可爱，让人觉得质朴亲切。类似的陶鸱鸮壶（罐）在山东长岛和广东广州、南海等地汉墓中也有发现。由此可知，以鸱鸮作为器物的造型是商周传统的遗风，在汉代也很流行。

1954 年发掘的营城子 45 号贝砖墓出土的鼠形陶插座，是先用手捏成形后，再用刀刻塑加以抹光。其形为一鼠平卧，回首咬向背上的筒状管，是一件意趣盎然的陶塑作品。

出土于营城子和旅顺南山里的朱雀陶灯，由承盘、朱雀和灯碗三部分构成。承盘中间是一只两腿和两爪塑制得十分夸张的展翅飞翔的朱雀，其背上驮一柱状灯碗。此陶灯造型别致，富于夸张的想象力。

西汉中期以后，墓中随葬冥器陶灶之风在大连地区开始流行。西汉中期以后的墓葬中，经常可以看到随葬的冥器陶灶。这种随葬冥器陶灶之风，在大连地区一直延续到魏晋之际。这是因为汉朝人们多受黄老思想影响，幻想着成仙得道，于是便把生前用过的器具烧制成陶模型埋入墓中，象征着在另一个世界继续过着生前的生活。乔屯 7 号贝墓出土的陶灶呈圆形，周身为瓦棱状，后有探出的通地火门，前有斜出的柱状烟囱。灶面有三个火孔，中央置一大釜，釜上置甑，前后各有一小釜。大釜肩部和甑口沿部绘有红彩绘制的几何纹图案。营城子是出土冥器陶灶最多的地点，历年来出土数十件陶灶，可分为圆形、舟形、长方形等几种式样。大连地区出土的陶灶是由圆形向舟形、长方形、梯形、方形发展，时间上大致与西汉中期、西汉后期、东汉前期相对应。

大连地区出土的陶俑分为两类，分别属西汉、东汉两个时期。西汉时期陶俑采用模制法。出土于普兰店花儿山汉代贝墓的两件模制女俑，一立一跪，面目清秀。前者涂有朱色，后者涂有绿色。两件女俑与中原地区的陶俑在制法、风格上完全一致。模制陶马头与模制陶俑出土于同一贝墓中，线条刚劲，动感极强。东汉时期的陶俑采用手制法，即在捏塑成形后，再用刀削法制成，常见男、女立俑，偶见哺乳女俑。

普兰店花儿山西汉贝墓出土的彩绘陶女俑

动物陶塑品最常见的是猪、狗两种。出土于营城子壁画墓的陶猪，其形象为吻部长大、高鬃短尾、体形健硕，一望便知是处于由野猪向家猪驯化阶段的动物形象。出土于大连湾刘家屯的陶猪，采用模制法，短吻，鬃毛略高出背部，腹部中空下垂，有两排 16 个乳头，是一个产崽母猪的造型。出土于营城子的陶猪，也采用模制法制成，中空，做卧伏状。

营城子壁画墓出土的陶狗，体格健硕，神态温顺，是看家狗的形象。大连湾刘家屯出土的两件陶狗：一件体态丰腴，卷尾，口中衔肉，为家犬造型；一件体细长，长颈，收腹，长腿做奔跑状，嘴做狂吠状，颈部戴有项圈，是优良猎犬造型。

嵌贝鎏金铜鹿镇出土于普兰店花儿山驿城堡乔屯 7 号贝墓，共 4 件，雄、雌各二，正是一套。鹿镇是用来压席子四个角的，即席镇。因汉朝人的服装是褒衣博带，为避免站、坐时牵挂住服装，故这种席镇多制作成椭圆状。花儿山出土的这 4 件席镇是先铸出铜质鹿身，而后鎏金，在铜质鹿身上嵌以南海所产的虎斑贝壳，内填细砂。从鹿头可辨出前者为雄鹿，后者为雌鹿。鹿者，禄也，汉代人取其吉祥之意。

普兰店乔屯 7 号西汉贝墓出土的嵌贝鎏金铜鹿镇

五、儒学普及的"管王之地"

两汉时期的大连文化在东北地区处于领先的地位，究其原因，主要是大连地区地近山东，深受齐鲁文化的影响。自汉武帝"罢黜百家，独尊儒术"开始，儒家思想成为统治阶级的正统思想，也逐渐成为两汉时期大连地区以汉族为主体的社会思想的主流。

两汉时期大连地区儒家思想的广泛传播与先后任职辽东的各级官吏有关。这些来自中原各地的官吏，以文人居多，大多精通学问，尤其精通儒学。两汉之际特别是东汉末年的社会动荡时期，自中原各地渡海入辽的儒学之士络绎不绝，他们的到来，对于大连乃至整个辽东地区儒学思想及其他学术文化的传播发展起着重要的推动作用。西汉末年，曾就学于长安的北海都昌人逢萌因王莽之乱"将家属浮海，客于辽东"。逢萌通《春秋》等儒家经典，素明阴阳之术，时为辽东名儒[11]。北海胶东人公沙穆，"习韩诗、公羊春秋，尤锐思河洛推步之术"[12]，为辽东属国都尉，死于任上。东汉安帝时，陈禅任辽东太守，竭力宣传儒家思想，"学行礼，为说道义，以感化之"[13]。

东汉末年，中原地区战乱迭起，辽东太守公孙度趁机自立为辽东侯。为避中原之乱，齐鲁名士乐安盖人国渊，北海朱虚人管宁、邴原，东莱人太史慈，平原人王烈，来到辽东。他们不求名利，拒绝公孙度的高官厚禄和曹操父子的邀请，在辽南地区深入民间，自筑茅庐，传经讲学，言传身教，为传播中原文化、普及礼仪道德、改变世俗民风做出了重要贡献。据《三国志》载，国渊"师事郑玄"，"渊笃学好古，在辽东，常讲学于山岩，士人多推慕之，由此知名"[14]。管宁"往见（公孙）度，语惟经典，不及世事。还乃因山为庐，凿坏［同"阫"（péi），墙壁］为室，越海避难者，皆来就之而居，旬月而成邑。遂讲"诗""书"，陈俎豆，饰威仪，明礼让，非学者无见也。由是度安其贤，民化其德"[15]。邴原在辽南讲学，"一年中往归原居者数百家，游学之士，教授之声，不绝"[16]。王烈"通识达道，秉义不回"，英名著于海内，公孙度曾以高官相许，曹操也致信任其为官，皆不就，终卒辽南。王烈在辽南数十年，以自己的学问和行为，改变了民风，使辽东"强不凌弱，众不暴寡，商贾之人，市不二价"[15]。

齐鲁名士来辽南讲学，是一次中原文化和礼仪道德的大普及，其影响彪炳青史，一直为后人所称颂。金朝著名文人王寂巡按辽东时，进入今大连境内，重睹管宁、邴原、王烈等经历之地，以十分敬仰的心情颂扬了他们的功德："予路出永宁，伫望海门，云烟灭没，缅怀先生之去也。今已千载，海山奇胜，风景不殊，嗟岁月之不可留，伤古今之不复见。"后世之人多称大连所处的辽南地区为"管（宁）王（烈）之地"，说明自汉朝始，汉文化已在大连扎下了根基，并为后世的发展打下了基础。汉朝之后，大连地区多次为北方民族割据，但仍被历代视为汉人之地。汉文化在大连地区历千年战乱仍绵延不绝，其基础始自两汉。

【注释】

[1]《史记·燕世家》。
[2]《史记·匈奴列传》。
[3]《管子·地数》。
[4]《史记·周勃世家》。
[5]《史记·张耳陈余列传》。
[6]《史记·项羽本纪》。
[7]《史记·高祖本纪》。
[8]《史记·汉兴以来诸侯王年表》。

[9]张仲葛：《出土文物所见我国家猪品种的形成和发展》，载《文物》，1979（1）。

[10]孙机：《汉代物质文化资料图说》，北京，文物出版社，1991。

[11]《后汉书·逢萌传》。

[12]《后汉书·公沙穆传》。

[13]《后汉书·陈禅传》。

[14]《三国志·魏书·国渊传》。

[15]《三国志·魏书·管宁传》。

[16]《三国志·魏书·邴原传》。

第三章

动荡碰撞　交流融合

——魏晋南北朝至元代的大连文化

自魏晋南北朝起，经隋、唐、宋（辽、金）至元代，是大连古代文化的发育期。

魏晋南北朝后，东北地区的古老种族逐渐形成民族共同体，并先后崛起。大连所处的辽东地区作为陆续崛起的少数民族扩大领地、入主中原的必争之地，先后被鲜卑、高句丽、契丹、女真、蒙古族等占据，处于长期动荡、割据的局面。由于战乱频起，政权频繁更迭，大连地区经济文化的发展步履维艰，呈现出一种时断时续、时兴时衰的态势，错过了与中原地区同步发展的机遇，拉大了与中原文化的差距。但是，大动荡促进了大交流，北方民族的游牧文化与农业文化在这里发生了较大范围的融合，促使东北地区整个社会和经济、文化发生了十分深刻的变化。各民族先后争雄，打破了地域和民族各自封闭保守的状态，各少数民族之间、各少数民族与汉族之间、游牧文化与农耕文化之间发生了更大范围的交融。首先是发达的中原文化影响了先后崛起的北方民族，促使处于落后状态的北方民族逐渐走向文明，社会形态由奴隶制发展到封建制，生产方式由游牧狩猎向农耕发展，居住方式由居无定所发展到居住于房屋城郭，政治上由以武兴国向以文治国过渡，重教崇儒，学习中原文化，呈现出不断汉化的趋势。当时的大连地区远离北方民族兴起之地和政治中心，一直被视为"汉地"，统治者采取了与少数民族聚居地不同的统治方式，因而大连地区在经济上仍以农耕为主，在文化上汉文化仍为主要成分。但随着北方民族的不断迁入，大连地区成为以汉民为主、多民族杂居之地，在经济、文化上又广泛吸收了北方民族的营养，呈现出多元融合的特点。

第一节　烽火狼烟　群雄割据
——魏晋南北朝时期的大连文化

一、魏吴争霸，战乱突起

东汉末期，中原大乱，呈魏、蜀、吴三国鼎立之势。公元190年，辽东太守公孙度趁中原动乱之机自立为辽东侯割据辽东，实行汉制，使辽东安于一方，社会相对稳定，经济、文化有了较大发展。公元220年，魏国派使者出使辽东，公孙政权附魏。公孙渊掌权后，采取联吴拒魏政策，上书孙权，极力称颂孙权的恩德，对孙权使者送的"敕诫"，"昼则讴吟，宵则发梦，终身诵之"，说他"永瞻云日"，并控告曹魏不能"采录忠善"，听任"诳误之言"，"图害臣郡"，期望孙权"奋六师之势，收河洛之地，为圣代宗，天下幸甚"。于是孙权写出了《封公孙渊为燕王诏》，派使臣张弥、许晏和将军贺达率兵万人，由东吴乘船至沓渚，驻军于今大连湾沿岸。东吴使者北上襄平册封公孙渊为燕王，但公孙渊惧怕称王后招致魏国讨伐，复反吴投魏，将东吴使者斩杀，又派兵赴沓渚诱杀吴兵，并上书魏明帝，表达称臣的决心。但不久公孙渊就闻魏国将征伐辽东，又上书孙权，乞求吴兵北援，孙吴又派使者和将军率兵至沓渚。公孙渊反复无常的两面派作风，打破了辽东的稳定，公元238年，魏派大将司马懿破襄平，公孙渊被斩。公孙渊残军7000余人向南退守沓渚，与东吴水师会合，与魏军激战于今大连地区。吴军败走时，将大连地区男女青壮和财富劫往江南，战乱中大连地区居民逃亡山东。为安置沓氏、汶县（秦置文县，东汉改名为汶县）逃亡居民，魏国在山东临淄、齐郡设新沓县、新汶县。至此，大连地区已成荒芜之地，两汉时期形成的繁盛景象已荡然无存，开始进入了政权频繁更迭、长期动荡不安的时期。

二、慕容鲜卑割据辽东

公元238年司马懿收复辽东后，大连所在的辽东地区归属魏国。公元265年，司马炎建立晋朝（史称"西晋"），大连地区又归属西晋。西晋末年，自"八王之乱"后，中原地区长期动乱。公元316年，匈奴兵攻入长安，西晋至此灭亡。公元317年，司马睿在江南建东晋，建都建康（今南京），后东晋又被南朝宋、齐、梁、陈所取代。中国北方则处于十六国分裂混战之中，史称"北朝"。在南北朝分割政权频繁更迭时期，居住于华北、东北北部的少数民族趁势而起，辽东地区先后被鲜卑、高句丽所占据，历时达300余年。

南北朝时期最先占据辽东的是鲜卑族慕容政权。鲜卑慕容氏是鲜卑三部之一，兴起于今内蒙古、河北东部、辽宁西部老哈河和大凌河一带，以游牧为生。公元294年，首领慕容廆率部将部族迁至大棘城（今辽宁义县）建立地方政权，开始定居，从事农耕。西晋覆灭后，慕容廆占据辽东，并于公元337年建立前燕政权。之后，前燕政权更迭为后燕、北燕，历时近百年。

慕容部积极吸收中原文化，改变落后的生产方式，一度从属于西晋，接收了大量流亡而来的中原人。汉族流民还带来了丰富的农业技术，成为农业发展的生力军。鲜卑族的慕容廆从改变生产方式入手，吸收汉民族先进的农耕技术，通过实施安抚流民、笼络汉人的措施，加强了辽东地区经济、文化的融合步伐，对北方文化的孕育发展起到了一定的促进作用。慕容廆还亲作《家令》，并兴办学堂讲授儒学。

由于"三燕"时期其政治、经济、文化中心在辽西地区，大连地区位于其东南边陲，因而没有留下更多遗迹。

三、高句丽割据辽东

魏晋南北朝时期，东北地区另一个少数民族高句丽逐渐兴起，成为争霸辽东乃至东北地区的一支势力。高句丽为古秽貊人的分支貊人的后裔，其名称始见于《汉书》。汉武帝于元封四年（公元前107年）在玄菟郡设高句丽县（今辽宁省新宾县境内）。汉元帝建昭二年（公元前37年），居住于浑江盆地卒本川（今桓仁县）的卒本扶余部，在其首领朱蒙的率领下，以归服的貊族为主体，融合境内的汉人、貊人、沃沮人、秽人等，建立高句丽地方政权，建都于纥升骨城（今桓仁县五女山城），之后势力不断扩大，先后占据了今吉林东部和辽宁东北部大部地区。至西汉平帝元始三年（公元3年），迁都于国内城（今吉林集安县）。在两汉和魏晋时期，高句丽一方面称臣于中原王朝，一方面不断扩大领地。随着势力的扩大，多次进犯辽东地区，因受汉朝、公孙度政权和鲜卑所阻，屡犯屡败，多以乞降告终。其第十九世王广开土王（又称"好太王"）即位后，趁后燕内讧、北魏灭燕之际，于公元404年占据辽东。高句丽占据辽东后，又征服了今吉林中部的扶余国，其势力逐渐扩大到我国东北辽河以东的大部地区和朝鲜半岛北部，并于公元427年迁都至王俭城（今朝鲜平壤）。至公元668年，占据辽东的高句丽政权被唐朝与新罗联军所灭，其从南北朝至隋唐两代，历时260余年。

高句丽是东北地区较早开化的民族。《三国志·高句丽传》载："其民喜歌舞，国中邑落，暮夜男女群聚，相就歌戏"，"其人洁清自喜"，"善酿酒"，"性凶急，有气力，习战斗，好寇钞"[1]。《旧唐书·东夷传》曾记载高句丽的教育制度"俗爱书籍，至于衡门厮养之家，各于街衢造大屋，谓之扃堂，子弟未婚之前，至夜在此读书"[2]，所读之书，皆为汉籍，有四经、《史记》、《汉书》、《后汉书》、《文选》等，可见高句丽很重视教育和汉文化普及。由于广泛吸收了汉文化和被其吞并的扶余文化的影响，高句丽族已由早期以渔猎为主的文化发展到以农耕为主的文化，社会形态已由奴隶制发展到封建制。高句丽的歌舞有着很高的水平，据记载，当时高句丽的乐器有筝、管篌、琵琶、笛、箫、腰鼓、担鼓等14种，既有弹拨乐器，又有吹奏乐器和打击乐器，几乎与现代乐队相近；其舞蹈既有集体舞，也有表演舞，"舞者立毡上，旋转如风"[3]。隋唐两代均将其歌舞列为国乐、国伎，可见高句丽文化对中原文化的影响，其已成为中华民族文化的组成部分。

在以汉人为主体的大连地区，因避中原战乱来大连的汉人与鲜卑、高句丽等少数民族长期共处，互相影响，高句丽在这一时期成为与汉族生活状况基本一致的民族。在生产方式上，高句丽接受了中原的农耕文化传承，进入了"家家自有小仓"的富裕阶段。在饮食上，《魏书·高句丽传》记："食用俎几。"《旧唐书·高句丽传》记："食用笾豆……颇有箕子之遗风。"在服饰上，"衣裳服饰唯王五采，以白罗为冠，……其冠及带，咸民金饰。官之贵则青罗为冠，次以绯罗，插二鸟"[4]。在建筑方面，受中原建筑样式影响，高句丽人开始使用瓦，有了板瓦、筒瓦、瓦当等。在 4 世纪初，高句丽烧制出一批体现有本民族特色的瓦当，多为泥制红陶，边缘高高突起，高浮雕式，纹饰为莲花、忍冬、兽面三种。

在生产生活方面，高句丽对辽东娴熟的方面进行了继续，如对自战国时代大连地区就有的人工种植稻米技术的继承。他们开始制作使用铁器，制作战船，蓄养"果下马"，发展制陶、制铁、炼铜、金银器制造等经济，至高句丽政权中后期，渔业造船业已发达。农业经济的发展、海上运输业的兴起，使辽东地区形成区域性文化特点。[5]

隋唐征战高句丽，使大连地区成为当时重要的战场。中原诗人崔颢、骆宾王、高适等人在辽东写作的诗作，成为隋唐边塞诗的重要组成部分。同时，高句丽民族特有的喜歌舞等特点，也融入汉人的创作之中。

四、大连境内之高句丽山城

高句丽擅建山城，每占据一地，均在险要之地建筑便于扼守的石筑山城。其兴起之地所建的五女山城和丸都山城已成为其政治文化的象征，被联合国教科文组织列为世界文化遗产。

高句丽占据辽东时期，在辽宁省内建有山城七八十座，形成了星罗棋布的山城集群。这些山城多建于交通要冲的高山之上，设有完备的防御体系，形势险要，建筑坚固，具有重要的军事防御功能。

现大连地区遗有的高句丽山城建于其政权后期，主要有：

金州大黑山卑沙山城遗址

金州大黑山山城，又称卑奢城、卑沙城、毕奢城，建于大连地区南部最高峰大黑山山顶，可俯视金州各出海口和交通要道，为高句丽政权最南端防御中原水师进攻的军事重地。隋唐时成为重要战场。

瓦房店得利寺龙潭山城，建于得利寺镇龙潭山上，地处大连地区南北重要通道，居高临下，易于扼守。

瓦房店得利寺山城遗址

普兰店魏霸山城遗址

庄河城山山城遗址

普兰店魏霸山城，又称"吴姑城"，建于普兰店星台镇东郭屯北部山顶，辟有东、西、南三座城门，城内设点将台，有蓄水池，并另建有一座小城，为屯兵重地。

庄河城山山城，建于夹河东岸山顶，长2898米，城内设瞭望台和生活区，与夹河两岸的城山后城对峙两岸，为扼守黄海沿岸和碧流河流域的重要古城和军事重地。隋唐时期这里曾有激战。

此外，普兰店大城子山城为城山山城的姊妹城，是控制由碧流河口进入今盖州境内的重要隘口。普兰店西山山城，位于普兰店市墨盘乡马屯村西部山顶，与城山山城、城山后城三城呈对峙之势，共同组成阻扼从海路和碧流河口进入辽东腹地的防御要塞体系。

大连境内的高句丽山城还有位于普兰店市元台镇的老白山城、位于瓦房店市得利寺镇崔屯村的南马圈子山城、位于瓦房店市太阳升乡那屯村的城山山城、位于瓦房店市李店乡的岚崮山城、位于庄河市平山乡旋城村的旋城山山城等。[5]

第二节　隋唐兴兵　水师登陆

——隋唐时期的大连文化

一、隋唐水师征伐高句丽的登陆地与重要战场

高句丽占据辽东时期，对大连地区有重要影响的历史事件是隋唐王朝对高句丽的征伐。征讨的路线有两条，一条是陆路大军，由河北涿州和辽西营州出发经辽西进军辽东，另一条是水路大军，由山东渡海经大连地区直击高句丽驻地。大连地区成为水路大军的登陆点和重要战场。

公元 581 年，隋文帝杨坚建立隋朝，统一了中国南北，结束了两晋末年以来长期分裂的局面。隋初，高句丽臣属隋朝，频繁朝贡，隋文帝封其平原王高阳为高句丽王，但未及三年，高句丽就停止朝贡，加紧扩军备战，囤积粮秣，修筑防御工事。公元 598 年，高句丽发万余骑兵进攻辽西，隋文帝集 30 万水陆军征伐高句丽。陆路大军因道路泥泞，突发瘟疫，军中疫病流行，水路大军在海上遇风，战事未果。隋炀帝杨广即位后，高句丽仍拒绝遣使朝贡。隋炀帝先后三次派兵征伐高句丽。第一次陆军攻至辽阳，久攻不克，水师由黄县公来护儿率江淮水师由山东渡海直击平壤，结果先胜后败。第二次由于国内动乱，无功而返。第三次由来护儿率水军由山东渡海到大连攻打卑沙城（今金州大黑山山城），"高句丽举国来战，来护儿大破之，斩首千余级"[6]，迫使高句丽派使者议和。隋炀帝在未获全胜的情况下，就写了歌颂凯旋的诗《纪辽东》："辽东海北翦长鲸，风云万里清。方当销锋散马牛，旋师晏镐京……"[7]此诗中"辽东海北翦长鲸"直接记述的就是隋朝水军在大连地区的激战，也是迄今发现最早的记述大连地区的诗歌。

公元 618 年，唐高祖李渊建立唐朝。唐初，高句丽依附唐王朝，自认藩属地位，主动前往长安朝贡，但仍然不断扩大疆域。唐贞观十六年（公元 642 年），高句丽发生宫廷政变，高句丽大臣盖苏文弑君擅权，对唐朝采取更为强硬的政策，并联合百济进攻新罗，夺其城四十余座。唐太宗李世民决定将收复辽东作为国策，"今天下大定，唯辽东未宾……朕故自取之，不遗后世忧也"[8]，遂率水陆大军亲征。陆路大军分两路：

一路由辽东行军大总管李勣率领，由柳城出发，渡辽河，攻取了玄菟城（今抚顺高尔山城）、盖牟城（今沈阳苏家屯塔山山城），向南抵近辽东城（今辽阳）；另一路由营州都督张俭率领，渡辽河经牛庄攻下建安城（今盖州）。两军会师后攻下辽东城。水路大军由刑部尚书张亮率领水师4万、战船500艘，由山东登莱渡海至今大连旅顺、三山浦（青泥浦）、大连湾一带，随即包围并突击卑沙城。《资治通鉴》卷一九七记载："张亮率舟师自东莱渡海，袭卑沙城，其城四面悬绝，惟西门可上。程名振引兵夜至，副总管王大度先登，五月，己巳拔之，获男女八千口。"攻占卑沙城是具有战略意义的一役，打开了唐军由南部海上进攻的重要缺口，获得海上进军的控制权。唐太宗此次率兵亲征，历经一年，共攻占十城，使高句丽受到重挫，但在进攻安市城（今海城南营城子山城）时，高句丽倾国来战，又有靺鞨10万援兵，唐军受阻，伤亡很大，唐太宗只好下令撤兵。

唐撤兵后，高句丽复起，唐太宗于贞观二十一年至二十二年（公元647年—648年），又两次兴兵讨伐。两次兴兵，水路大军皆以大连地区为主要战场和基地，行军总管以大连地区西周时古代地名"青丘"命名。第一次以左武卫大将军牛进达为青丘道行军大总管，率兵万余，乘船自莱州渡海至大连沿海，先攻下石城（今瓦房店得利寺山城），后攻下积利城（今庄河城山山城），激战百余次，获全胜。第二次由薛万彻为青丘道行军大总管，率兵3万，从莱州渡海再征高句丽，因唐军已控制大连沿海，此次水军直袭鸭绿江口，攻下大行城（今丹东娘娘庙山城）、泊灼城（今宽甸虎山山城）。为再次征伐高句丽，唐太宗又下令"储粮械于三山浦（今大连）、乌湖岛（今庙岛群岛隍城岛）"，大连成为唐军的重要基地。唐太宗逝世后，唐高宗制定了南北夹攻的策略，先是派大将军苏定芳攻占朝鲜半岛的百济，从南部断了高句丽的后路，后又派大将军薛仁贵等从北路攻占了南苏（今开原以东）、木底（今新宾）、苍崖（今通化）等地，最后攻占平壤。公元668年，高句丽政权战败。高句丽政权消亡时，有高句丽人约15万户70万人，为防高句丽再起，唐高宗先是将其首领及3.83万户迁入中原，后又将30万人迁往中原，这部分人逐渐融入汉族。另有10万人投新罗，10万人投渤海、突厥，高句丽解体。200多年后，公元918年，朝鲜半岛出现"王氏高丽"，与之前的中国高句丽的部族政权无继承关系。隋唐王朝征伐高句丽历时七十余年，是东北地区历史上持续时间最长、规模最大的一次战争。多年战乱使作为重要战场的大连地区的经济、文化受到严重戕害。至今，大连地区还保留着许多有关当年战争的故事传说，隋唐诗歌中有许多反映这场战争和这次战争给人民带来的苦难的作品。隋炀帝的"辽东海北翦长鲸"，直接描述了大连的战事。唐太宗驻跸辽阳写下的《辽东山夜临秋》《辽城望月》，表达了"驻跸俯九都，停观妖氛灭"的豪情；他在撤兵回朝时，又写出了《班师诏》《祭征辽战亡将士文》，称颂随军将士是有"心包铁石，志烈风霜，勇气雄图，冲冠裂眦，怀忠立节，重义轻生，奋剑提戈，摧城陷阵，冒锋刃而不顾，赴汤火而如归"的精神；当他撤兵途中看到死亡将士填于沟壑者不可胜数，又以沉痛的心情写出了《伤辽东战亡》一诗，表达了"未展亡奇数，先亏一篑功"[9]的感慨。诗人王建的《渡辽水》《辽东行》反映了连年征战给人民带来的苦难："渡辽水，此去咸阳五千里。来时父母如隔生，重着衣裳如送死。亦有白骨归咸阳，营家各与题本乡。身在应元回度日，驻乌相看辽水旁。""辽东万里辽水曲，古戍无城复无屋。黄云盖地雪作山，不惜黄金买衣服。战回各自收弓箭，正西回首家乡远。处处郡县送征人，将与辽东作邱坂。宁为草木乡中生，有身不向辽东行。"

二、崔忻出使渤海与唐鸿胪井

唐朝恢复对辽东的统治后，在辽东设安东都护府（先设于平壤，后迁至辽阳、抚顺高尔山城），任征东大将军薛仁贵为都护。后为加强对东北地区的管辖，设行政管理机构营州都督府（后为平卢节度使府），治所初设柳城（今朝阳），天宝年间移到辽西牧城（今辽宁义县）。宝应元年（公元962年），平卢节度使府迁往山东青州，改称"淄青平卢节度使府"，大连地区为其管辖。为管辖散落于辽东各地的高句丽等民族，安东都护府曾设14个羁縻州，设在今庄河城山山城的积利州为14个羁縻州之一。

唐王朝恢复对辽东的统治，结束了大连地区自魏晋南北朝以来长期被割据、动荡不安的历史。唐代中叶，大连地区的经济、文化有了较快的恢复，农业、渔盐业、狩猎业、手工业都有了一定的发展。由于海路畅通，大连地区又成为东北地区与中原交流的海上通道，与中原的往来和商贸活动十分频繁，东北地区的马匹、珠宝皮毛、木材、金银铜铁与土特产和中原地区的农产品、丝绸、茶叶、瓷器、铁制农具等都是从海上进行交换的。舟船往来，贸易互市，呈现出繁荣景象。安史之乱后，占据辽西一带的契丹兴起，阻隔了唐王朝与东北地区往来的陆路交通。大连地区则相当稳定，又成为唐王朝及设在山东的淄青平卢节度使管辖东北领地与东北部族政权交往的主要通道，使节往来更加频繁，唐在山东登州设渤海馆，专门管辖北上旅顺与渤海等部族政权交往的各项事务。

唐朝时，原居住于松花江一带的粟末靺鞨兴起，势力逐渐强大。公元 698 年，其首领大祚荣趁唐王朝在西部应对突厥侵扰无暇顾及之机，以粟末靺鞨族为主体，联合部分高句丽贵族建立地方政权，自称震国王，建都于东牟山城（今吉林敦化渤海古城）。其后领域逐渐扩大，西接契丹，东濒日本海，方圆两千里，领有五京、十五府、六十二州，户 10 余万。唐王朝对大祚荣政权采取安抚怀柔政策，唐玄宗册封大祚荣为渤海郡王，加授忽汗州都督。唐太极元年（公元 712 年），唐睿宗派郎将崔忻摄鸿胪卿，任敕持节宣劳靺鞨使，册封大祚荣。崔忻由长安至登州，渡海北上至乌石山（今旅顺老铁山）、东之都里镇（今旅顺），后沿海东行，经青泥浦（今大连青泥洼）、桃花浦（今皮口镇清水河口）、石人注（今庄河石城岛）、橐驼湾（今丹东大洋河口）、乌骨江（今鸭绿江口），然后溯江北上，最后抵达渤海王城（今吉林敦化敖东城），册封大祚荣为左骁卫大将军、渤海郡王、忽汗州都督。大祚荣去震国号，称渤海，渤海政权正式纳入唐朝统一版图，成为唐王朝东北边疆的行政区——忽汗州。次年，崔忻完成使命循原路回归，途径都里镇，于旅顺黄金山麓凿井两口，并立大型刻石，题刻"敕持节宣劳靺鞨使鸿胪卿崔忻井两口永为纪验开元二年五月十八日"。

崔忻出使渤海是唐代经略东北的重要历史事件，旅顺鸿胪井及刻石是唐代与渤海国之间从属关系的证明，具有重要的历史资料价值。鸿胪井刻石，与毋丘俭纪功碑（魏）、好太王碑（东晋）并列为古代东北地区三大著名碑刻。此刻石屹立千余年，庄重大气，古朴遒劲，透显出唐代风骨，因而为历朝历代所重视。刻石周边又有明代嘉靖十二年、万历年间、清乾隆四年、道光二十年、光绪二十一年等留下的六处题刻。光绪二十一年

旅顺鸿胪井遗址

（1895年），清末山东登莱青兵备道刘含芳为保护刻石建碑亭。甲午战争后，日本驻旅顺镇守府长官富冈定恭将刻石及刘含芳所建的碑亭盗运至日本，置放于东京皇宫建安府前院。

中国历史上凿井留念的传统久远。《易经》说"改邑不改井"，《周易正义》说"君子修德养民，有常不变，终始无改，养物不穷，莫过乎井"。刘含芳在石刻的文字旁加刻道："此石在金州旅顺海口黄金山阴，其大如驼。开元二年至今一千一百八十二年，其井已湮，其石尚存。光绪乙未年冬，前任山东登莱青兵备道贵池刘含芳作石亭覆之并记。"鸿胪井刻石位于渤海道之黄金山西北山麓距海边50米处、黄金山东麓，往来之航见证着中央政权拥有东北版图的庄严气势。

三、南北交往的海上通道

崔忻所经之处，明确记载了唐与渤海之间的海上航线："登州东北海行"，"过大谢岛……三百里"，"北渡乌湖海"，"至马石山东之都里镇二百里"，"东傍海堧"，"过青泥浦"，"得渤海之境"[10]。崔忻将鸿胪井刻石立于旅顺黄金山下，作为唐王朝与渤海地方政权关系发展的重要见证，也表明了唐王朝对大连东海岸线黄渤海出口战略要塞的行政管理及构建中原与北方民族关系的决心。都里镇这一交通要道，后来也成为北方人去往中原求学求仕的重要路途。[11]渤海国是唐代中国

的地方民族政权，建立后，开通了对外交流通道——朝贡道、营州道、契丹道、日本道、新罗道、黑水道，形成了东北亚地区陆上和海上的"丝绸之路"。

唐代经济的发展，也极大地影响着大连地区的文化。大连地区除是唐军重要的粮秣储备地外，还是海上运输通道，一方面使中原的灌溉技术、使用工具以及果树栽培、农作物种植业、渔业、狩猎业等文化传到东北，另一方面也促进了唐朝与日本、渤海、新罗间的商贸交易。20世纪五六十年代，大连的庄河、复州还能见到古老的水车灌溉，可见其影响的久远。中原加工业的发展，如麻、木棉、柞蚕丝、木材、铁、铜、金、银、陶瓷等先进技术也相继传到大连地区。随着海上交通和贸易等交往的发展，唐朝经旅顺与渤海交往的诸项事务，如输出农产品、纺织品、工艺品，将渤海国的土特产品输入中原，都是经由大连完成的。中原陶瓷烧造、建筑技术，也都是经大连口岸运输到渤海国的。大黑山出土的唐代瓦当，足可以显示出大连地区的炼制技术，破口见圆的瓦当边沿规整，内心圆中的图案是稻穗衬叶状，个个中心饱满，八颗稻谷粒围绕着中心的太阳，蓬勃茁壮。可见，在当时的大连地区，水稻栽培技术是很发达的，这一是因为古代大连之地水稻技术传来较早，二是因为此地水田遍及。

另外，当时的贸易活动多是以物易物，少有使用货币，少数民族交易设有互市。但由于大连地区人烟稀少，战事不断，故而没能留下实物来佐证唐代文化对大连的影响，只能描述出盛唐文化是经辽东半岛传入渤海、朝鲜半岛和日本的。旅顺口（都里镇）作为重要的商贸口岸，为中国和东北亚历史文化发展与繁荣做出了重要贡献。

公元1世纪，隋唐相继进行了长达数十年的战争，战争的目的主要在于收复辽东，统一东北。数十年的连续征战，使东北人口急剧减少，经济文化的发展受到严重破坏，但它也使东北民族的分布产生了重大变化，带来了一次巨大的民族迁徙和民族交融，促进了东北各民族经济、文化的交流，对东北以至全国都有重大的影响。

第三节　因俗而治　汉契并存
——辽代的大连文化

一、草原帝国兴起与大连之镇东关

唐朝末年，藩镇割据，中原内乱，随后进入五代十国时期。在中原分裂、战乱之机，契丹趁势而起。公元 907 年，其首领耶律阿保机统一各部即可汗位。公元 916 年称帝，建立契丹国，于公元 947 年改称辽。

契丹兴起于魏晋时期，居于今西拉木伦河（黄水）和老哈河（土河）流域，为东胡人后裔鲜卑族的一个分支，属游牧民族。契丹人居于"大漠之间，多寒多风，畜牧畋鱼以食，皮毛以衣，转徙随时，车马为家。……秋冬违寒，春夏避暑，随水草就畋渔，岁以为常"[12]。唐初，契丹渐盛，进入部落联盟阶段，臣属于唐朝，唐设松汉都督府以治之。契丹人强悍骁勇，曾出兵随唐太宗征战高句丽。耶律阿保机建辽后，先后征服了居于今我国山西北部和内蒙古大部以及蒙古国南部的奚族、室韦、突厥、吐浑、党项等部族。公元 926 年又征服了居于今吉林、黑龙江的渤海国，在此基础上于东北地区建立了属国东丹国，任其子耶律倍为东丹国王，辽东地区为其属地，后又从中原后晋石敬瑭政权手中割占了包括"幽州（今北京）、蓟州（蓟县）、檀州（密云）、云州（山西大同）在内的燕云十六州"。赵匡胤统一中原建立宋朝时，曾多次兴兵伐辽，均未成功。宋真宗继位后，不得不与辽议和，于公元 1005 年签订了以辽、宋维持原有疆界为内容的"檀渊之盟"。宋代的辽国，其疆域东到黄海、日本海，西至流沙（戈壁沙漠），南越长城，北临大漠，第一次将中国北方统一起来，其地域之广、势力之盛足可和中原王朝抗衡，因而形成了与北宋对峙近 200 年的局面。

辽初，大连地区即为契丹占据，由于大连作为中原王朝与东北地区交往的重要通道，所处的位置具有重要战略意义，辽在建国第二年便在大连建镇东关（后世又称"苏州关""哈斯罕关""合斯罕关"），"筑长城于镇东海口"。

大连镇东关长城遗址（辽代）

镇东关海口，辽朝初年称"镇东关"，遗址在今天的甘井子区大连湾镇南起盐岛村、北至土城子村烟筒山一线，全长约6000米，西北距金州约9000米。镇东关长城选址在连接黄海水域的大连湾与渤海水域的金州湾之间的峡窄地段，大体呈南北走向，南控黄海，北锁渤海，地理位置十分险要。由于风雨剥蚀和人为破坏，长城南段已被夷为耕地，个别残存地段也被改成农田。在能看到的地段，不难发现，墙基系采用大块石辈白灰浆加固而成，墙体剖面呈梯形，城墙系采用夯筑工艺建成。为了防水、防沉，在筑墙基时还特意采用了土木混筑工艺来实施加固。镇东关长城为扼守黄渤海的重要关隘（至今尚存部分遗迹），兼有军事要塞职能，还负责管理海上往来与贸易，对辽国具有重要的军事意义和经济意义：由于当时华北地区藩镇割据，阻断了东北地区与中原交往的陆上通道，所能选择的通道只有由山东通往大连的海上通道。辽在大连建镇东关，最直接的军事意义是切断当时东北地区的渤海国及其他部族与中原政权的联系，巩固南疆，防御来自海上的进犯。当时，辽又通过镇东关加强了与中原政权的联系，辽与中原南唐政权多次通过镇东关互派使者，并结成军事同盟，共谋出兵南北，夹击中原后汉政权。在辽代兴盛时期，镇东关是管理海上贸易的重要关口，中原地区的大宗货物和东北地区的土特产又通过这一口岸进行交换，加强了东北地区与中原的经济、文化交流。辽太子东丹王耶律倍，在其弟耶律德光继位后，为避免遭受迫害，也是由镇东关携妃子和万卷书籍投奔南唐的，并刻诗于木，这就是作于大连的《海上诗》："小山压大山，大山全无力，羞见故乡人，从此投外国。"[13]

二、辽代始建复州城和金州城

辽代为加强对其境域内多民族的统治，采取了因俗而治、胡汉分制的二元体制，实行"南北面官制"，即"以国制治契丹，汉制待汉人"的政治制度。朝廷设北面官为最高统治军政机关，主管国事、军事和契丹各族，设南面官管汉人；在行政上对契丹及与其相近的游牧民族实行部族制，对汉人实行州县制；在法律上，对契丹人用本族习惯法，对汉人沿用唐律。

辽初，大连地区属辽之东丹国，后归属设在今辽阳的东京道。为加强对当地汉人和大量迁入的契丹人、女真人的管理，辽在大连地区亦实行南北面官制，设曷苏馆女真大王府、南女真汤河司于今盖州以南之大连地区，归北部官管理，并在其辖内实行州县制，先后建有复州、苏州（今金州）、镇海府（今庄河一带）、宁州（今瓦房店市北部永宁）、顺化城（今普兰店与金州之间）。

复州、金州两城始建于辽。辽初，耶律阿保机在吞并渤海后，"虑女真为患，乃诱其强宗大姓数千户，移置辽阳之南，以分其势，使不得相通。迁入辽阳着籍者，名曰合苏款，所谓熟女真者是也"[14]。辽将原渤海扶余城（今昌图八面城）的女真人迁入今瓦房店复州城，居民为纪念祖籍，称当地为"扶州"，后改名为"复州"；又将渤海国南苏城（今新宾县苏子河一带）的女真人迁到今金州一带，当时称"苏州"（金代改称"金州"）。为加强对两地的管理，辽先后在复州、苏州建立城郭。辽代的复州、苏州两城为土城，其范围大于明清时期在此基础上所建的砖城，人口密集，商贸繁盛，有官有民，有城有市，成为当时大连地区的政治、经济、文化中心。城郭的兴起是一个地区经济、文化发达的标志，辽代所建的苏、复两城，不仅改变了此前大连地区的城堡多为军事要塞的状况，还为后世形成南有金州、北有复州的基本格局奠定了基础。

三、华夷同风，多元并存

契丹初兴，以畜牧业和渔猎业为主，兼有少量的农业，其生活方式是"逐寒暑，随水草畜牧"[15]，"射猎，居无常处"[16]。他们通常也以互市和朝贡的形式，用名马、文皮等换取中原的农产品和手工业品。在创建辽朝的过程中，契丹统治者先后取得了具有深厚农业传统的辽南地区和渤海国旧疆，并把大量习知农事的渤海人强迁到大连所在的辽南一带定居，客观上促使大连地区农业生产进一步发展。其中在辽南地区的曷苏馆女真，除了经营传统的渔猎业和牧业外，还经营农业。到遥辇氏时代晚期，农业和手工业的地位不断上升，与传统的畜牧业一起成为社会的基本经济部门。大连地区作为辽南地区重要的农业区，深受辽朝皇上的重视。他们给予特殊政策，通过减免赋税、奖励耕织、赈济灾荒等措施，确保这一地区农业生产的稳定发展。与此同时，金属业、冶铸业、纺织业、制盐业也都相应地发展。当时，大连得益于自然条件，是重要的产盐地区。

辽代农业经济的发展直接带动了水上交通与对外贸易。地处东北南端的大连地区，自古以来就是东北亚地区的天然良港口。大连湾、旅顺口等诸多港湾不淤不冻，水深湾阔，四通八达，十分便利，"居松漠，最为强盛"的辽觉得这里海贡往来频繁，经贸色彩浓厚。辽代的大连海口是辽朝立国200余年间对外交往的唯一开放式海关，是最佳的海上通道，由此也招来中原之地的觊觎，南方各国皆通过这条海路与契丹保持政治、经济方面的往来。比如辽朝与南唐的商贸团队，不仅互通经贸，还互相交流文化。直到辽、宋互存并立，陆地畅通，这条水路仍是大连地区与山东半岛民间往来最主要的路线。而辽设在大连地区的镇东关也成为辽朝与日本、新罗、高丽之间官方互使往来和民间自由经贸的基本通道。尽管辽文献中对此记载少，但在宋代史料中可查到，可见，辽代的大连地区就是中国沟通日本和朝鲜半岛的东南国门和唯一通商口岸。

辽以武兴国，长年征战，攻城略地，在中国北方建立起以游牧文化为特征的草原帝国。其兴国之际，游牧文化给农耕文化带来了猛烈地冲击，但在建国后又大量地接受了中原文化的影响。辽初，曾将俘获的大批汉人迁往东北，为防备其他民族又将渤海女真等族迁往异地，造成了民族迁移的大动荡。但在大动荡中又形成了大交流、大融合，使民族间产生了文化融合的双向交流效应。特别是由于中原汉文化的大量传入，契丹社会发生了深刻变化，其社会形态由部族制向封建制过渡，经济、文化由游牧型向农牧并重转型，生活方式由居无定所发展到定居，并开始兴建京城，在其分封地和各州县兴建了大批城郭。汉文化首先影响了辽代宗室。契丹兴起之时，崇信佛教，当其建国后，开始由佛转儒，形成了儒佛并行的格局。《辽史》记载："神册元年，……太祖问侍臣：'受命之君，当事天敬神，有大功德者，朕欲祀之，何是？'皆以佛对，太祖曰：'佛非中国教。'倍曰：'孔子大圣，万世所尊，宜先。'太祖大悦，即建孔子庙，皇太子春秋释奠。"为使皇室王公子弟熟悉中原文化，辽在其上京设国子监，下设国子学，又在其他四京设五京学，聘请汉儒讲学，因此辽代的帝王与后妃皆通汉文儒典，以博学能文、善诗画、晓音律为荣，并有诗文流传至今。其中有名的有辽义宗耶律倍、辽道宗皇后萧观音等。契丹自称炎黄子孙，认为其祖先为炎帝，在其建国后，虽然仍保持着本族的风习，推行"契丹化"，并仿汉字创建契丹文字，但对汉地汉人采取了比较开明的"因俗而治"的政策，倡导"华夷同风，汉契一家"，尊孔崇儒，办学兴教，延用唐律，科举取士，因而辽代文化逐渐呈现不断汉化的趋势。

辽代的政治、经济、文化中心在其兴起之地——今河北、内蒙古东部和辽西地区。大连地区虽然不是其发展的重点，但作为其后方农耕基地，处于相对稳定发展的状态，总体上呈现出一种多民族杂居、多种经济成分和多元文化并存的状况；人口以汉民和由渤海迁入的熟女真人为体，经济以农业为主。由于当地牧猎渔盐资源丰富，居于大连的契丹人和女真人仍保留游牧习俗，游猎畋鱼，使渔猎经济有了新发展，渤海之盐成为辽国的重要经济来源。辽太宗、圣宗时期曾多次颁布劝农护稼的诏令："敢伤禾稼者，以军法论"，"军中无故不得驰马及纵诸军残南境农桑"。这些措施使农业受到保护。同时由于迁入大连地区的大批渤海女真人是接受农耕文化较早、善于农耕的熟女真人，大连地区的农业在辽代有了很大的发展，成为辽国的粮农基地。《辽史》记载，"辽之谷至是为盛"，而东京道之苏州、复州、辰州（今熊岳）等皆设和籴仓，"所在无虑二三十万硕，虽累兵兴，未尝用乏"[17]。

在宗教信仰方面，契丹早期信仰以祭祀天地为特点的萨满，后在萨满信仰的基础上崇信佛教。辽建国后，佛教盛行，各地建有大量佛塔寺

复州永丰塔遗址（辽代）

庙。现大连境内的辽代佛教遗迹有复州之永丰寺和永丰塔、金州之梦真窟、庄河三架山之千佛洞，萨满祭祀活动也流传至今。永丰寺原名叫"宝岩寺"，后宝岩寺失修，现永丰寺为后世重修。现存的永丰塔是典型的辽代建筑，密檐十三层，有较高的工艺水平，为大连地区最早的大型古塔。

民俗文化中，岁时节令是社会文化生活长期积淀的产物。由于各民族习俗不同，产生的民俗文化自然也不会相同。辽代各民族长期生存在一起，出现了一些各族都普遍接受的风俗习尚和节日文化。在辽代的大连地区，大概有近十种节日至今还沿用，如正旦、人日、上巳、端午、重九、腊辰等。

第四节　南北对峙　文化趋同
——金代的大连文化

一、女真崛起与"海上之盟"

辽末，居住于今黑龙江、松花江中下游的生女真黑水靺鞨兴起，其完颜部在首领完颜阿骨打的率领下统一了女真各部落，于公元1113年起兵反辽，攻占了今黑龙江、吉林大部地区。公元1115年，完颜阿骨打即皇帝位，建立金朝，国号"大金"，建都于会宁（今黑龙江阿城）。完颜阿骨打趁契丹末代皇帝耶律延禧昏聩、辽朝内讧之机，攻占了辽东、辽西、山西、内蒙古地区，于公元 1125 年灭辽。金兵攻辽之际，北宋王朝欲借金灭辽，以收回割据给辽国的燕云十六州，便通过海上通道由山东经大连和金商讨攻辽之计，最后达成盟约：约定双方夹攻契丹，灭辽后宋将原来向辽朝每年所输"岁赐"50 万两匹银绢转输金朝；双方战区边界以古北口至榆关（今山海关）为界。此即宋、金的"海上之盟"。但灭辽后，双方均为边界争论不休，金不仅没有归还燕云十六州，反而很快向中原地区发起进攻，于公元 1127 年攻陷了宋都汴京，俘获了宋朝皇帝宋徽宗、宋钦宗，将他们囚禁于金上京会宁。

　　金代在大连的行政建置沿用辽代旧制。金建国第二年，居于辽南的曷苏馆女真在其首领胡十门的率领下归附金朝，于是金设曷苏馆女真大王府统领今大连至盖州地区的女真各部。大王府初设于熊岳，后移至宁州（今瓦房店永宁），大王府降为节度使。金对大连地区同时实行州县制，设由金东京路（治所在今朝阳）管辖的复州、苏州，中间一度改苏州为"化成县"，由复州管辖，金末又升化成县为"金州"，金州由此得名。

　　金代大连地区的人口主要由女真人、渤海人和汉人构成。由于辽代迁入大连地区的大批渤海人与女真人有着共同的族缘关系，金朝认为"女真、渤海本同一家"[18]，因而在政治、经济等方面给予较为优越的条件。在金朝忙于征战中原之时，大连地区一直是金国较为巩固的后方基地，经济文化有了较大的发展。经济上以农业为主，已普遍使用铁制农具，进入精耕细作时期。金代遗址中出土的铁制农具几乎与近代的相同，在今金州大魏家镇东田村还发现了铸造铁制工具的作坊。同时，渔猎畜牧业也有所发展。由于女真人、渤海人有围猎习惯，金初曾将大连地区的土地作为围猎牧场，严重危害了农业发展。后金朝统治者为保护农田，加强对围猎的管理，控制围猎的范围，使农牧业各得其所。《金史·完颜齐传》记载："复州合厮罕关地方七百余里，因围猎，禁民樵捕。齐言其地肥衍，令贼民开种则公私有益，上然之，为弛禁。即牧民以居，田收其利。"此外，金代辽东沿海仍为其生产海盐的重要基地。金在辽东地区设辽东盐使司，在曷苏馆的辰州设立辽东盐使司的分支机构。在农、牧、渔、盐各业发展的同时，金代大连地区的商贸业亦有了新发展。金进兵中原占据淮河以北地区后，便将苏州改称"化成县"，镇东关已由军事要塞成为南北贸易的重要口岸。近年来大连地区出土了数量可观的金代瓷器和金属制品,其中有产自中原磁州窑系的白釉、梅花瓷罐、梅花瓷瓶和产自建州窑系的兔毫大碗以及产自茂州、湖州的铜镜等。特别是出土的金代窖藏货币数量巨大,现已发现 60 余处,每处窖藏货币少则10 余公斤,多则达上千公斤,充分证明当时商贸业的发达程度。

二、文化趋同,文风兴起

金人尚武,能征惯战,其发动的战争以攻城略地、俘获劫掠为目标,使中原地区战火不已,经济、文化受到猛烈的冲击。当时,局势上形成了金与南宋对峙、分裂百年的历史。但金在占领黄河以北地区并迁都燕京后,又大量接受了汉文化的影响,文化上发生了占领者被被占领者同化的现象,显现出一种比辽代更为明显的汉化趋势。《金史·文艺志》对金代文化的发展有这样的描述:"金初未有文字。世祖以来,渐立条教。太祖既兴,得辽旧人用之,使介往复,其言已文。太宗继位,乃行选举之法,及伐宋,取汴梁籍图,宋士多归之。熙宗谒先圣,北面如弟子礼。世宗、章宗之世,儒风丕变,庠序日盛,士由科第位至宰辅者接踵。当时儒者虽无专门名家之学,然而朝廷典册、邻国命书,粲有可观者矣。金用武得国,无异于辽,而一代制作,能自立于唐宋之间。而非辽世所及,以文而不以武也。"这说明金代由于受中原文化影响,从"渐立条教""引选举之法",到尊孔办学、起用宋士,一直到国家制度、文化礼仪、风俗习惯,都发生了由以武得国到以文兴国的深刻变化。

金兵侵占中原后,曾将俘获的大批汉人迁往东北,仅汴梁(今开封)一地,"华人男女驱南北者,无虑十余万",使东北地区汉民的比例大增,连金朝统治中心——远在黑龙江的上京会宁,汉人也已占一半人口。虽然金朝实行等级森严的民族政策,将不同民族分成等级,国家和政权、兵权、钱谷由女真人控制,次为渤海人(熟女真人),再次为契丹人、汉人(指原居于东北的汉民)、南人(指由中原劫获的汉民),但由于汉人具有较高的文化,金不得不起用汉人,采取了被称为"借才异代"的政策,即起用被俘获的文人学士和降金的宋朝官员,并强制扣留出使女真的宋使,任命他们为翰林学士或给予各种官职，令其教授皇帝与贵族子弟，传授中原文化。其中有出使被扣留的宋朝资政殿大学士、著名文学家宇文虚中，著名文人、书画家吴激，著名学者洪皓，由宋转而仕金的高士谈、蔡松年等。因而，当时的金上京儒风丕变，文字焜兴，人物文章之盛不减于江南。

　　金代还在各府州办学兴教，实行科举制，使辽南地区的文化有了新发展。其重要标志是文风渐盛，出现了一批著名的作家和文人。与大连地区比邻的辽阳、盖州，当时就出现了许多诗文世家：辽阳的张氏家族，有张汝为（曾任金冀州节度副使、河北东路转运使）、张汝能、张汝霖（曾任金礼部侍郎）；辽阳的高氏家族，主要有高宪。此外，著名的文人还有盖州的刘仲尹（进士，曾任潞州节度副使）、庞铸（进士，曾任户部侍郎）。最著名的是与大连地区同属曷苏馆路的熊岳之王氏家族中的王遵古（曾任翰林院学士，被称为"辽东夫子"）及其子孙王庭坚、王庭筠、王万庆（曾任辽东巡抚使）。王庭筠能文、善诗、能书、善画，为东北地区最著名的诗人、书画家。也正是在金代，大连地区出现了最早的一批吟咏本地的诗文作品。金人王寂被任命为提点辽东路刑狱，两次巡按辽东，他在明昌二年（1191年）巡访辽南地区写成的《鸭江行部志》，详细地记录了他在大连地区的见闻。当时，王寂进入今大连地区瓦房店市北部龙门山时，发现了曾任曷苏馆节度使纥石烈明远和辽南文人张仲宝、申君舆等所写的多首题壁诗；当他宿于复州境内的曷苏馆（今瓦房店市李官镇高丽城）时，又发现了多首明远与登州太守符宝、辽阳冯可、孙遵度等人的互赠之诗；宿于复州宝岩寺（今永丰寺）时，又发现了金大定年间官员刘仲丈的题壁诗。这些诗是大连地区迄今发现最早的一批诗歌，首开大连诗文之风。王寂在大连地区由曷苏馆至永康（今复州城）、顺化营，最南至金州之新市，一路走来，访古迹庙宇，观山海奇景，询里巷耆旧，投宿民家，所记甚详，并随感赋诗13首。其诗有《题西山石壁》《复州道中》《自永康至顺化营》等。当他到达苏州关时，"面对海山奇胜风景"，"抚今思古，感慨良多"，"望西南两山，巍然漂于海上，访诸野老云，此苏州关也。……为赋诗一首：'地控天岩险，云连四望低。荒烟连海上，残日下辽西。戍垒闲烽燧，戎亭卧鼓鼙。陋邦修职贡，安用一丸泥。'"，"予尝观管宁传云，管宁与邴原厌山东多故，闻公孙度化行海外，即挈舟涉海，老于辽东，始悟先生之来亦自始矣。……予路出永宁，伫望海门，云烟灭泯，缅怀先生之去也。今已千载，海山奇胜，风景不殊，磋岁月之不可留，伤古今之不复见，固作诗以吊之。"王寂在大连地区发现的诗歌和他所写的诗文，是对900多年前的金代大连地区文化最真实、最详尽的记载。

金建立之前，大连地区各族居民就已经普遍皈依了佛教，这种观念形态早就在大连地区形成了。史界有一论，"辽以释废"，说的就是辽因过度崇佛、佞佛而至国衰亡。大连地区至今仍遗留有辽时崇佛的丰富史迹。辽灭亡，崇佛之风极衰。金建初，承辽，崇佛之风再盛，"曾不百年，瓦砾之场，金碧相望"。究其原因，与金世宗生母守寡后削发为尼、建清安禅寺不无关系。世宗继位后，因其母，便于辽阳地一带大兴佛事，使金代全境佛教之地遍及。大连地区现今保存的最有名的金代佛教遗迹是望海寺摩崖造像，坐落于普兰店市双塔镇和尚帽山南坡的石崖之上。除此之外，留存的金代遗址还有普兰店双塔镇花岗岩结构的双塔。

金代大连地区的社会风习具有女真民族的时代特征。由于大连地区女真人、渤海人、汉人杂居，一方面北方少数民族日益汉化，另一方面汉人不断胡化。在婚姻上，金初大连地区还实行部落内婚习俗，但随着金政权的不断巩固和发展，国家几次颁布法令禁止这种婚俗，不限制各民族之间通婚，于是通婚渐成风俗，促使这一地区不同民族的人在文化上趋同。在饮食文化上，金代大连地区因土地肥沃、农渔猎业资源丰富优势，居民的饮食十分丰富，"饮食则以糜酿酒，以豆为酱，以半生米为饭，渍以生狗血及葱、韭之属，和而食之"。

普兰店望海寺摩崖造像（金代）

第五节　铁骑称霸　河山统一
——元代的大连文化

一、屯田重点——金复州万户府

继契丹、女真之后，中国北方又一个马背民族——蒙古族登上历史舞台。辽、金时期，蒙古族仍处于以游牧为生的部落阶段，后逐渐结成部落联盟。公元 1189 年铁木真被推选为可汗。1206 年铁木真即帝位，称成吉思汗，建立蒙古汗国。公元 1263 年，成吉思汗之孙忽必烈成第五代大汗，并于公元 1271 年改国号为大元，建都于燕京。元朝自 1206 年元太祖成吉思汗建国至 1368 年被明朝灭亡，经历了蒙古汗国、大元两个阶段，计 160 余年。

元代在历史上的最大贡献是结束了自唐末以来中国几百年南北分裂对峙的局面，使江山一统。蒙古铁骑曾两进至欧洲，称霸欧亚大陆，打通了中国与西方文化交流的通道，使中亚、西亚的波斯文化、阿拉伯文化和欧洲文化传入中国，中国的火药、印刷术、瓷器、茶叶等传播到西方。金末元初，蒙古军队征伐金兵，使辽东地区战乱不止，人口锐减。元初，由于人口大减，废金、复两州，大连地区为盖州管辖。后元朝对东北地区实行行省制，大连地区属辽阳行省辽阳路管辖。辽阳路下属三州（盖州、澄州、懿州）、三府（金复州万户府、广宁府、婆娑府），金复州万户府设于金州，万户府下设千户府，如今的大连市区一带称哈斯罕千户府，千户府下设百户府。忽必烈建元后，开始改变元初野蛮征伐的政策，重视农业。为解决东北地区粮食不足的问题和满足战事需要，元代将辽东地区作为屯田的重点。大连地区因气候温和，"地甚肥沃，有耕稼之利"，成为屯田的重点地区。据《元史》记载，元朝曾多次派军队到大连地区屯田：元世祖中统初年派屯军 2000 人于金州；世祖至元年间，调大名、真定的新附军 1000 人，屯田于哈思罕关东旷地；世祖至元二十一年（1284 年），"发新附军一千二百八十一户，于忻都察置立屯田"；世祖至元二十六年（1289 年），"分京师应役新附军一千人屯田哈斯罕关东荒地"；世祖至元三十年（1293 年），"以玉龙贴木耳，塔生海牙新附军一千三百六十户，并入金复州"。此外，还以东北本地和外地迁入的农户为单位实行民屯，至元年间就曾迁入吉利吉斯人（今柯尔克孜族）700户，屯田于哈斯罕关东旷地。除屯田外，元代还以大连地区为养马基地，设有官马牧场哈斯罕牧场。这种大规模的屯田，使当时的大连地区人口迅速增加，经济得到恢复，农牧业、商贸业都有了较大的发展，金州已成为辽南的经济、文化、军政中心。近年来，大连地区出土了许多元代文物，其中有大量的铁制农具、铸铁作坊，产自河北磁州窑系的白釉褐花凤纹罐、白釉褐花清酒肥羊罐，在黄海沿岸海底打捞出来的龙泉窑系的青瓷高足杯等瓷器，用于商贸的度量衡器铜权、铁权等，多方面地说明了当时经济的发展状况。

二、张成碑与金州孔庙碑

元代，大连的居民主要是汉人和逐渐汉化的渤海人、女真人。朝廷派到金复州屯田的大批新附军原为被元军俘获的宋军，除少数官员为蒙古人外，其余基本上是汉人，因此大连地区汉化的程度较高。《元史·世祖纪》记载，元已将辽南一带视为汉地，将居住于辽南的契丹人、女真人视同汉人，"若女真、契丹生西北不通汉语者，同蒙古人，女真生长汉地，同汉人"。但元代统治者实行等级森严的民族政策，蒙古人、色目人在政治、经济上享有特权，汉人则处于最底层，政治地位低下，经济上遭受具有强制性的苛捐杂税的盘剥。由于大连地区远离元代的统治中心，并非其开发的重点，因而在文化上缺乏建树，现仅能从出土的文物中一窥当时的状况。

1924年在金州北门外发现的张成墓碑是元代在东北地区屯田的重要见证。此碑为张成之孙于其逝世54年后所立，详细地记录了张成的一生。张成为湖北蓟州人，随宋军降元后，先是在京师充当侍卫，后被派往水达达地区（今黑龙江下游、乌苏里江流域）戍边，因"勤而有勇"，被授上百户之职，至元三十年（1293年）被派往金复州万户府屯田镇守海隘。碑文中有"携妻孥辎重"、祖孙几代"世居"于此地等记载，说明新附军去屯田实际上是随军移民，不仅带家属，也带财产，更带来了中原的文化传统和风俗习惯，使汉人和汉文化成为本地的主要成分。

元朝以武兴国，文化教育比较落后，元世祖忽必烈即位后，才开始兴办教育。皇庆二年（1313年），始"置辽阳行省儒学提举司"，在金复州万户府设学正教授。现存的金州孔庙碑（刻于1350年）碑文残缺，仅有"崇儒术口君臣之义""建学立师""春秋祭祀"等文字，校名为"金复州儒学"，或称"金州学"。这是大连地区自有原始文字以来可查到的本地区设立官办儒学的最早记载。金州学在内容设置上与国子学大体相同，为四书五经等儒学经典，学习对属、诗章、习作、经解、史评等。同时儒学附设小学及私家蒙塾，主要是教授学生识字，所用启蒙课本多是《三字经》《百家姓》《千字文》等，也习诗联对、习字描红等。因金复州万户府居民多为屯田军户和家眷，居住分散，交通不畅，进学堂人不多。

三、新附军及海运交通带来的文化融合

元代的屯田是军屯：一是操守正军，专责操练防守，分布在辽防要地，借以巩固边防；二是屯田军，是一种隶属兵籍专务耕垦以给军饷的屯田军。元代金州的屯田军就属于后种。为实施屯田而被派遣到大连的新附军主要是被俘的南宋军人连同随军而至的家属，他们将中原汉文化带入了大连地区，因而推进了大连地区与关内文化的进一步融合。

海运业的出现也为辽南地区输入了关内的手工业产品，主要有瓷器、金属制品。从现已出土的瓷器来看，种类和数量均比较多。庄河桂云花乡桂云花村、庄河蓉花山镇楼家村、旅顺水师营寺沟、旅顺三涧后夹山、普兰店市同益乡等地均出土了许多出自河北省南部磁州的瓷器。这些瓷器上的龙凤纹装饰及书法艺术的风格，都显现出元代磁州烧制的产品的风格。与此相似的是金属业的发展。铜铁权均从山东、北京与河北输入，从旅顺、金州、普兰店、瓦房店等出土的多种铜公、铁权来看，在辽南地区使用的有延祐五年权、至大三年权、皇庆元年权、大德三年权、至正四年权、致和元年权。这些度量衡器的使用，说明这一地区商业经济已经有相当适度的发展。

【注释】

[1]《三国志·高句丽传》。

[2]《旧唐书·东夷传》。

[3]《新唐书·礼乐志》。

[4] 孙进已：《东北各民族文化交流史》，143 页，沈阳，春风文艺出版社，1992。

[5]《大连通史》编纂委员会：《大连通史（古代卷）》，北京，人民出版社，2007。

[6]《隋书·来护儿传》，转引自李振远著的《大连文化解读》，58 页，大连，大连出版社，2008。

[7] 李振远：《大连文化解读》，58 页，大连，大连出版社，2008。

[8]《大连通史》编纂委员会：《大连通史（古代卷）》，246 页，北京，人民出版社，2007。

[9] 李振远：《大连文化解读》，60 页，大连，大连出版社，2008。

[10]《新唐书·地理志》，转引自《大连通史》编纂委员会：《大连通史（古代卷）》，255 页，北京，人民出版社，2007。

[11]《大连通史》编纂委员会：《大连通史（古代卷）》，253—254 页，北京，人民出版社，2007。

[12]《辽史》。

[13] 阎凤梧：《全辽金诗》，太原，山西古籍出版社，1999。

[14]《辽史》卷二《太祖纪》。

[15]《隋书·契丹传》。

[16]《新唐书·契丹传》。

[17]《大连通史》编纂委员会：《大连通史（古代卷）》，295 页，北京，人民出版社，2007。

[18]《辽史·本纪》。

第四章

拓土固边 文脉相承

——明代的大连文化

朱元璋于 1368 年建立明朝，定都南京（1421 年朱棣迁都北京），至 1644 年灭亡，历时 270 余年。有明一代，除明初洪武年间和明末崇祯年间社会发生较大动荡外，大连地区稳定发展达 200 余年，是继汉代之后又一个盛世。

明初，明军收复辽东，首先在旅顺登陆，设定辽都司于金州，大连遂成为明军进军东北的重要基地。数千艘载运兵马粮草的战舰往返于山东与大连之间，为明军收复辽东发挥了重要作用。洪武至永乐年间，明军在大连地区击溃元残军并取得了抗倭大捷，使大连地区进入稳定发展时期。

明朝一直把大连所在的辽南地区作为经营开放的重点，采取防御与开发并重的方针，最早在大连建立军政合一的卫所，派大批军队到大连地区屯田戍边，建立饲养军马的基地，建城堡，修驿道，兴海运，建港口，办儒学，兴科举，使大连地区的经济文化有了前所未有的发展。至明代中期，大连地区出现了人烟渐盛、经济复苏、城邑相望、水陆畅通、庠序日兴、文化复兴的繁荣景象，成为当时辽东经济、文化发达之地。这种状况一直延续到明末清初战乱再起之时。

第一节　登陆旅顺　抗倭金州

一、登陆旅顺，进兵辽东

明初叶，大连地区发生了两起对辽东地区形势产生重大影响的历史事件：一是明10万大军登陆旅顺，二是辽东总兵官刘江在金州望海埚全歼入侵倭寇。

元顺帝至正二十七年（1367年）十月，朱元璋命徐达率25万大军北伐灭元。经过10多个月征战，洪武元年（1368年）闰七月攻陷了元朝京师大都（今北京），元顺帝及其太子北逃至蒙古草原，元朝灭亡。当时包括东北在内的北方广大地区的元朝残余势力仍在负隅顽抗，势力最大的为故元太尉纳哈出[1]，其统领的数十万兵马以金山（今吉林省农安）为基地，经常窜入辽东地区进行骚扰。对上述残元势力，明朝采取剿抚并施的策略。洪武四年（1371年）二月，屯聚于得利赢城的故元辽阳行省平章刘益在得到明朝廷确保辽东百姓留居原地而不被迁徙的允诺后，派遣右丞董遵、佥院杨贤，带着辽东州郡地图并户口、钱粮、兵马、册籍，奉表投降明朝。[2]朱元璋当即设置辽东卫指挥使司，任命刘益为指挥同知，责成他"固保辽民，以屏卫疆圉"[2]。辽东卫成为明朝在辽东建立的第一个卫所。

刘益的归附，避免了一场大规模的兵戎杀戮，特别是允辽东百姓留居原地之举，使元朝统治80余年形成的20万人口规模和文化形态得以完整地保存下来，为明代经济的发展、社会的进步和文化的繁荣创造了基本条件。刘益归附明朝后，故元顽固遗老阳奉阴违，暗中勾结，伺机发难。洪保保于洪武四年（1371年）五月伙同平章马彦翚等举兵叛变，刘益猝不及防惨遭杀害。屯据得利赢城的广大将士对洪保保一伙叛杀刘益的暴行十分愤慨，在右丞张良佐等的率领下，奋起反击叛乱并很快将其击溃。洪保保一伙只得逃亡金山，投奔纳哈出。洪保保一伙制造的得利赢城叛乱事件，促使朱元璋决计发大兵自海路进攻东北。于是朱元璋设立定辽都司[3]，任命马云、叶旺[4]同为都指挥使，率大军进兵辽东。洪武四年（1371年）七月，马、叶二将率10万大军自山东登州蓬莱港乘

船，沿登莱海道北上，大军一路顺风，直达狮子口。10 万大军所乘战船
200 余艘，浩浩荡荡，帆樯林立，其声势之大，前所未有。这批明朝官兵
及后续进入辽东的计 25 万大军，后来基本留居辽东，屏卫疆围，是辽东
地区明代的第一批军事移民，为辽东地方文化注入了新的血液。为了纪
念明军旅渡海顺利，马云、叶旺决定将狮子口[5]改称"旅顺口"。自此，
旅顺口得名，成为辽东半岛的一个文化符号，后世文人骚客咏叹旅顺口
的文学作品层出不穷，成为一种独树一帜的文化现象。至今，旅顺口之
名历 640 余年，旅顺口也已成为中外闻名的港城。

　　马云、叶旺率军登陆旅顺后，将定辽都卫设在金州城，派指挥佥事
张良佐督修城垣，使金州成为明军向北进兵东北的战略基地。10 万大军
的粮饷等军需物资通过海路运抵旅顺港和金州西海港，"总舟师数万，
由登州饷之"，使明军辽东前线"兵食无乏"[6]。到达旅顺的漕船队规
模十分宏大：一支由靖海侯吴祯率舟师数万[7]，从登州起运；一支由航
海侯张赫、舳舻侯朱寿率舟师 8 万余从江南苏州府起运[8]。洪武五年至
三十年（1372 年—1397 年），运抵旅顺口的军粮平均每年数十万石，为
此官府在旅顺、金州和复州设立粮仓、官仓，将漕运粮储存后再由陆路
转运至辽东各地守军。作为基地的大连地区，在明军收复进兵辽东腹地
的过程中发挥了重要的历史作用。

　　明朝控制辽东以后，最大的威胁来自盘踞在金山一带的元残军纳哈
出集团。洪武初年（1368 年），纳哈出曾多次率兵袭击辽南地区，均被
马云、叶旺击破。洪武八年（1375 年），纳哈出为攻占明军后方基地金州、
旅顺，达到切断明军给养、长期割据辽东的目的，率主力长途奔袭 2000
余里，越过盖州城直抵金州城下。此举早已被太祖朱元璋所侦知，他根
据纳哈出以往南犯的规律判断出纳哈出必会在冬季利用其骑兵优势率军
南犯，于是给马云、叶旺下令称："纳哈出将内犯，敕（叶）旺等预为备"，
"今天寒冰结，虏必乘时入寇，宜坚壁清野以待之，慎勿与战，使其进
无所得，退有后虑；伏兵阻险，扼其归路，虏可坐致也"[9]。镇守辽阳的
马云、叶旺遵朱元璋之令，故意造成一种明军懦弱无能的假象，放纳哈
出长驱直入金州，暗中调动明军"伏兵阻险，扼其归路"，做全歼之计。
当时在金州卫指挥使韦富、王胜的督率下，金州城中军民悉数奔赴城头，

将日夜不停攻城的元军一次次击退，使元军锐气受挫。纳哈出部围城长达3个月，但金州城内早已备足粮食蔬菜，军民合力守城，使城坚不可摧，给企图速战速决的元军以沉重的打击。元军缺米少食，军心涣散，无计可出。韦富、王胜抓住战机数次出城冲入敌阵袭杀元军，使元军损兵折将斗志全无。纳哈出见金州城固若金汤无法攻破，又怕明军援军到来，只得收兵狼狈撤退，金州之围遂解。纳哈出向北败退时，在盖州一带被马云、叶旺埋伏之兵击溃。纳哈出只身逃回金山后降明。金州保卫战的胜利，巩固了明军的后方基地，具有奠基之功，有力地打击了故元残余势力，是明代统一辽东地区的重大战役。于是，大连地区成为明代在东北地区最早建立军政合一的政权机构之地。明在今大连地区"置金州、复州"，专理民政事务，归山东布政使司管辖。

金州城永安门

洪武八年（1375年），明设金州卫，下领中、左、右、前、中左、后6个千户所，洪武十四年（1381年），又设复州卫，下领前、左、右、中4个千户所，实行州卫并行制。洪武十八年（1395年），废州制，专行卫制。这种卫所体制一直延续到明末。

二、抗倭固疆，保土安民

倭寇之患早在元代即已多发，而到了明代达到登峰造极的程度，几乎贯穿明朝始终。所谓倭寇[10]，是指13世纪初期至16世纪中期300余年间对朝鲜和中国沿海地区进行武装劫掠的日本海盗集团。早在高丽王朝高宗十年（1223年），日本西部对马、壹岐、肥前等地的渔民和农民就因歉收饥馑结成武装团伙，驾船到朝鲜半岛南部沿海地区抢劫粮食财物，是为倭寇之始。到元世祖至元年间，在日本入侵朝鲜计划未果的情况下，集结于北九州的日本武士和浪人，在幕府的纵容下成群结伙地大规模袭扰、劫掠朝鲜南部地区，杀人放火，成为高丽国国患。高丽王因此奏请元世祖派兵御倭，但倭寇之患并未减弱，反而西进到中国沿海。辽东半岛南部的金复州地区首当其冲，成为倭寇的重点抢掠之地。不久，倭寇的骚扰劫掠地域扩大到中国山东、江浙沿海，给沿海人民的生命和财产造成极大危害，这种状况至明代开国时愈演愈烈。

明洪武末年，倭寇对金复州不断袭扰，在民众心里留下深重创伤。至今，大连民间仍有"倭子上岸"的民谚，足见倭寇残害之烈、影响之远。倭寇直接威胁明军基地的安全，成为明朝统一东北的后顾之忧。朱元璋曾多次遣使日本，希望建立正常邦交，强烈要求禁绝倭寇，但明朝的愿望屡屡受挫，日本南朝的怀良亲王拘杀明朝使臣，使倭寇更加猖獗。朱元璋决议断绝与日本的来往，并决定采取三项措施：一是大力加强沿海军事防御设施建设，根据倭寇出没的规律，择险修筑城堡作为抗倭前哨阵地，同时修建观察倭情的烽火墩、台、架，派军兵常年日夜监控，形成严密的监视系统，并严阵以待，随时准备歼灭来犯的倭寇；二是增加沿海卫所的兵力，派遣骁勇战将戍守，加强训练，提高军兵的作战能力，同时在沿海地区征调民兵作为卫所的辅助兵力；三是建造大批大型快船在海面巡逻，制定赏罚条款，有功重赏，渎职治罪，倭寇来则必剿，逃则必追，务求歼灭，不留隐患。同时，明朝又实行严厉的海禁政策，不准国民私自出海，禁止兵器、缎绢及金属出口，禁止任何外国商船来华走私贸易。后来海禁范围扩大到南洋诸国，造成"诸番国使臣，客旅不通"，将日本与中国的中介贸易线也彻底切断。这些措施使猖獗多年的倭寇势力受到有力遏制。

明太祖洪武年间，辽东地方官严格奉行朝廷诏令，在金复州沿海修筑海防城堡，派兵选将加强防御；加固复州城，增修旅顺北城与南城和永宁监城，蓄养战马，训练士卒，随时准备迎击倭寇。

永乐八年（1410 年），刘江被任命为辽东总兵官，他根据辽东半岛防御方面的薄弱环节，进一步强化防御措施。刘江到任后，对金复州两卫的防御十分重视，视之为前哨，亲自来金复州视察地形，了解往昔倭寇侵袭的路线及倭事规律，并乘船沿金复州黄渤海巡视，对金复州海防进行统一筹划；命金州卫指挥使徐刚用砖石重修旅顺北城，将旅顺南城改建成砖城；又于永乐十三年（1415年）命辽东都司都指挥同知胡俊在沿海沿边险地修筑烽火墩台和军事城堡，并要求这些军事设施务求高厚坚固，备足可供5个月之需的粮草和足够的报警用火药柴絮，准备随时迎敌。为及时掌握倭寇来犯的信息，刘江特别重视修筑烽火台，在大连地区修筑的烽火台达140余处，形成了烽燧相连的信息传递网络。至今，大连还完好地保留了一批明代烽火台，成为重要的明代遗迹。

刘江还根据地形和倭寇来犯的规律，在金州东部望海埚建烽火台指挥中心。新筑成的望海埚堡雄踞于金顶山之巅，城堡最高处烽火台高高耸立，成为周边百里之内的备倭中心城堡，东与长山列岛烽燧联络线、西及西北与驿道路台联络线形成完整的防御体系。刘江深远的战略眼光和非凡的军事指挥才能，在3年后的望海埚抗倭大捷中得到了验证。

明永乐十七年（1419年）六月十三日，一大股气焰嚣张的倭寇来犯。倭寇船队共有31条可装载劫掠物资的风帆大船，每船乘50余人。深夜，望海埚烽火台斥候（古代的侦察兵）突然发现东南黄海中的广鹿岛王家山岛烽火台[11]发出三道火光。坐镇金州的刘江闻报后率军飞马驰奔望海埚城。只见东海洋面上火光连成长串，判定必是大股倭寇的船队举着火把向马雄岛（今大李家街道城山头至青云河口之间）驶来。刘江采取将步兵主力埋伏于望海埚山下丛林之中，以小股兵力诱敌深入，并派兵焚烧倭寇船只，断取后路的战术，将倭寇引入重围，出奇兵围而歼之。此役共"斩首七百四十二，生擒八百五十七"[12]，总计歼敌1599人。

望海埚抗倭大捷传

刘江望海埚抗倭大捷遗址——亮甲店金顶山

至京师南京，举朝欢腾，成祖朱棣大悦，下诏宣刘江入朝，"封为广宁伯，禄千二百担，予世券"，并对作战有功的军官和士兵按功行赏，共奖掖294人。第二年，刘江因病去世，明成祖朱棣追赠他为广宁侯，谥号"忠武"。

望海埚大捷是明朝开国50年间取得的第一次抗倭斗争的重大胜利，使日益猖獗的倭寇势力受到沉重打击，成为中国古代反侵略战争史上不多见的著名战例。《明史·日本传》对此战评价说："自是，倭不敢窥辽东。"《明史·刘荣传》亦说："自是倭大创，不敢复入辽东。"此战消灭了倭寇的有生力量，使倭寇自望海埚大捷至嘉靖年的百年中，不敢再犯辽东。嘉靖朝倭患复炽后，倭寇多是避辽东而犯他处，辽东沿海无重大倭事。金复州地区正是在此历史背景下得以安居乐业，社会、经济及文化事业得到快速发展。

刘江镇守辽东10年并取得望海埚大捷的英雄事迹，在金复州地区民众中广泛传播，他卫家保疆、忠烈英武的精神受到了广大民众的崇敬，望海埚金顶山已成为民众膜拜之地。在望海埚大捷第二年，刘江去世的消息传来，民众在山下立小石庙祭祀。80多年后，明武宗正德元年（1506年），金州军民在金顶山望海埚修建了得胜庙，专司祭祀刘江。得胜庙中供奉刘荣（刘江受封后回复本名刘荣）的塑像为真武神人形象，当时的民众已将刘江神化为护国佑民的真武帝君下凡，由是得胜庙又称作"真武庙"。金顶山北10余里处古驿道旁的一个村庄曾修建一座庙宇称"广宁寺"，据说也是明代人为纪念刘江所建（因刘江被皇封为广宁伯）。这充分说明崇拜民族英雄、崇拜忠烈英武的英雄精神，已成为当时世代相传的文化精神。明代辽东英雄崇拜文化的形成，是由当时的社会背景和所处的地理位置决定的。辽东地处边疆，东面有朝鲜，东北有女真，西北有蒙古，南部又有倭寇之患，可谓四面临危。辽东要解除周边之患，唯一的途径便是采取军事手段。这种以武功定天下并建功立业的理念，直接影响人们的精神领域和文化形态。金复州地处海防前沿，对以武功取得的安宁生活更为珍惜，反映出当时人们对安定社会生活的热切祈盼和对国家长治永安的美好憧憬。

第二节　屯田筑城　人文渐盛

一、屯田养马，经济复苏

明朝立国之后，由于之前的长期战争，人民流离失所，国力、财力十分赢弱。朱元璋效法汉武帝和曹操，广兴屯田，认为这是解决军需、减轻国家财政困难最快捷、最有效的办法。他接受了一名叫朱升的知识分子提出的"广积粮"的建议，把强兵足食作为兴国之本，因此下令全国卫所将士屯田，且耕且战，并将此视为重要国策。

金复州地区因是明朝收复辽东最早的地区和设卫最早之地，在击溃元残军和取得抗倭大捷后社会安定，故而成为明代在辽东最早屯田的地区。根据朝廷规定，辽东驻军"三分守城，七分屯种"，当时金州、复州两卫各设军丁 5600 人，其中有以征战戍守为责的操守军、以屯田为主的屯田军、以驿递为业的驿军、以冶铁为业的冶铁军、以煮盐为业的煎盐军。操守军、煎盐军、冶铁军数量较少，大多数为屯田军，数以万计的屯田军及其家属成为屯田垦荒的主力。根据朝廷规定，屯田军一经入

金州库印

永宁库印

伍，一家便为军户，世代相继，违者治罪。为鼓励屯田，每个军户授田50亩，由政府发给种子、耕牛、农具等生产资料，田中产品由自己自由支配。屯田军每年要向国家缴纳一定的税粮，但在初期实行免税。据《明太祖实录》记载："与定辽等卫屯卒，俱俟十年后始收其租。"至洪武三十年（1397 年）十月以后，辽东漕粮停止转运，说明当时辽东已经做到屯粮自给。

金复州地区自然条件较好，农业开发较早。元代的屯田活动在作物品种选择、管理技术、水利设施等方面提供了许多有益的经验。当时除军屯外，还有本地居民的民屯和外地商人开设的商屯，因而使大连地区人口迅速增加，屯田事业取得了巨大的成就。至英宗正统八年（1443 年），金州卫有"额田六千七百四十二顷、额粮四万二千八十七石二斗五升、额草六万五千七百二十束"，复州卫有"额田一千四十四顷七十五亩、额粮一万五千九百七十石六斗、额草一万二千束"[13]。当时，金州卫有耕地 674204 亩，复州卫有耕地 104475 亩，总计达 778679 亩。大连地区总计耕地占整个辽东地区额田 3162000 亩的 1/4。当年金州卫军民总数 51156 人，复州卫军民总数 10307 人，加上盖州卫南部军民人口（今属瓦房店市地域），大连地区人口约 8 万人，几乎占辽东卫人口的 1/5。而至明代中叶，金复州地区人口达 15 万人，鼎盛时期则发展到 50 万人。

除屯田外，大连地区也是辽东地区饲养军马的重要基地。明廷于永乐四年（1406 年）在辽阳设马政管理机构——辽东苑马寺，苑马寺下设 6 个"监"，监下设"苑"。辽东苑马寺的 6 个监中，设于今瓦房店市北部的永宁监最为著名。永宁监下设复州、龙潭、清河、深河 4 个苑，其开辟草场 113507 亩，盛时养马 3 万余匹。至正统八年（1443 年），辽东其他五监二十二苑全部裁撤，只保留永宁监的清河、深河二苑，辽东苑马寺也由辽阳迁复州，后迁金州，金复州成为名副其实的马政中心。辽东苑马寺移至金州后，金州城东部、西部及南部的河谷盆地多被辟为牧马场，留下许多与养马相关的地名，如登沙河的"马蹄子村"，三十里堡的"马圈子"，大连市区的"马栏子""马栏河"等，都是马政文化的历史痕迹。

嘉靖四十二年（1563 年），蓟辽总督杨选上奏朝廷称："辽东苑马寺卿政事甚简，而金、复、盖三卫南濒大海，为丑虏垂涎之地，宜令苑马寺卿兼佥事衔，带理兵备事，官不加设，事可兼济，甚便。"此奏议被朝廷采纳，遂命辽东苑马寺卿"带理"金、复、盖三卫兵备事务，苑马寺卿遂成为名副其实的地区军事长官。至万历二年（1574 年）时，辽东苑马寺卿刘世昌管辖兵备的范围扩大到 4 个卫，即金、复、盖、海四卫，金州已成为辽南四卫的军政中心。

明代在大连地区屯田养马，有力地带动了大连地区经济、文化的发展，使金复州出现了人烟稠密、经济复苏、村屯相望、阡陌相连、人文兴盛、仓廪有余的繁荣景象。当时的金、复、海、盖四卫被称为膏腴之地，"各仓原收米豆可足十余之给"。由中原地区入驻大连的大批屯田军、养马军及家属，将中原文化生活习俗、宗教信仰等带到大连，使大连地区的经济、文化与中原齐步。

二、水路畅通，南北一体

明代，大连地区水陆交通十分发达，南有海路直达山东和中原地区，北有驿道直达辽阳和东北腹地，已成为南北经济、文化、人脉、物流频繁交流的通道和水陆交通的枢纽。明代大连海运的昌盛始于明初，当时进入辽东的 25 万大军，其衣食给养全部依赖漕运。据《明实录》记载，洪武六年至二十九年间的 9 个年份的统计，明朝共向辽东海运粮食 435 万石(每石约 500 斤)，棉花 43.64 万斤，布匹 110.27 万匹，军装衣裤(棉的) 2.5 万套，白银 98608 两，钞 1162452 锭。这些物资绝大部分是由长江下游苏州府及山东登州等港海运至辽东的。[14] 海运的船舶盛时达数千艘，专门负责海运辽饷的士兵达七八万人之众。主持辽东海运的漕粮官张赫、朱寿、吴祯等，因海运有功而分别先后被封航海侯、舳舻侯、靖海侯，足见明朝对辽东海运的重视。

如此大规模的海运活动，催生出独具特色的海洋与海运文化。漕运军经过数十年的航运实践，在海洋水文，海洋气象，东海、黄海及渤海的潮汐、洋流、风向、降雨、台风发生的规律等方面均积累了丰富的经验，形成了指导海运的各项规章和条款，海上航运联络、航线开辟、海滩救援、进港文引、御货签证、启航祭祀等项均成定制，使海运活动具有较高的技术和文化含量，由此形成完整的海运管理体系。明初山东至大连的航运活动，为明代中后期海运事业的发达积累了丰富的经验。大规模的海运活动促进了金复州地区的港口建设和临港服务业等的发展。为扩大海运规模，明代又在大连地区开辟了莱州至三𫠆牛（今金州七顶山乔麦山港）、莱州至北信口（今复州太平湾）及旅顺至天津卫等航线。同时，在黄渤海沿岸开辟了金州港、大孤山港、红嘴堡港、归服堡港、娘娘宫港等。这些临港区域商业活跃，七八万人的海运官兵作为文化的载体，把江浙、山东等地的各种文化形态通过港口带入金复州地区。

海运昌达，使明代山东与金州之间的民间贸易得到空前的发展。明嘉靖年倭寇复炽后，明朝廷曾下令禁海。但有明一代两个半世纪的统治中，海运"通者什七，禁者什三"[15]。在明代的海运活动中，虽然以官方管理并以海运军需为主，但民间的海上商贸活动也十分活跃。在很多时候，官船和官粮难以满足海运的需要，官府便借助民间船只和粮商向辽东运送粮饷。民船商运可"相兼载运"。故商船往往是按官府的分派运一部分军粮，再载运一些商粮或其他布匹、糖茶、瓷器等至辽东贩卖。据《明实录》载，辽东与山东"虽隔绝海道，然金州、登莱南北两岸间渔贩往来，动以千艘"[16]，海商"利海道之便，私载货物，往来辽东"[17]。这种大规模的海运活动加深了大连与中原的经济、文化交流，使大连文化广泛吸收了中原文化的营养。海商中以山东人居多，他们中许多人在旅顺、金州等城邑开有店铺，或短期在金复州居住，或长期居住辽东。他们穿梭于山东与辽东之间，将经商之道及商业文化传播到金复州地区，如开业庆典、财神祀奉、商交礼节、顾客迎送、海神祭祀等文化。当时的旅顺已建有祭祀海神的天妃庙，复州地区建有由闽商集资修建的具有闽地风格的娘娘宫。海商的出现，打破了金复州地区的封闭式经济，坐商、行商及牙行等各类经商形式，给当时的社会经济注入了活力，资本主义萌芽出现。

明代的大连地区在海运畅通的同时，陆路交通也十分发达。为运送大量的军用物资和商品，明朝修建了多条驿道，沿途建立了多处驿站和递运所，形成了驿道相通、驿站相连的交通网络。明代大连地区的主要驿道有两条。一条是由旅顺、金州直通辽阳和东北腹地的驿道，沿途设有牧场驿、石河驿、栾古驿、五十寨驿，驿站内设递运所，驿站之间设供驿使休息的递馆，今大连地区的二十里堡、三十里堡、孛兰堡、长店铺、棘针堡（今革镇堡）皆源于此。此为辽东最主要的四条驿道之一（其他三条为辽山、辽开、广朝驿道）。这条古驿就是今哈大公路南段的雏形。另一条驿道是金州通朝鲜半岛的驿道，由金州城往东先后经过望海埚、杏花浦（今杏树屯镇）、沙河（今普兰店大刘家镇）、红嘴堡、归服堡、黄贵城（位于今庄河）、大孤山、凤凰城、九连城，至朝鲜半岛。此线基本为军线和商线，未设驿站递铺，但设有若干"店"，为驿邮车马及铺兵休息场所，其地名至今仍保留，如刘家店、陈家店、衣家店、亮甲店等。

　　明代金复州驿道邮传是当年一道亮丽的风景线：銮铃响处，可见驿道上驿马飞驰，尘土飘扬；装载物资的车队北往扬鞭急行，即使夜间，也常有手擎金牌、高举火把的铺兵策马穿城而过。驿道既是一条军备线、商旅线、邮政线，也是一条文化线。通过驿道，中原与辽东的文化交流迅捷、频繁且多层面。通过驿递，中原的文化产品（如历书等）源源不断地传入辽东。驿道像是一条大动脉，将金复州乃至辽东的文化肌体激活，进而融为一体，对辽东地区的社会、经济及文化事业发展发挥了不可替代的作用。

　　三、城邑兴起，人文振兴

　　大连地区是明初辽东都司的驻地，金州卫、复州卫是明廷在辽东建立较早的卫所，旅顺口是明朝向辽东运送军粮的唯一港口，由旅顺经金州、复州通辽阳的驿道还是陆运交通干线，是明辽东20余万大军的"生命线"。辽东都司迁至辽阳后，金、复两卫已成为辽阳城赖以支撑的可靠后方和屯田养马的重点地区。所以明初迄至明中叶，朝廷一直把金、复两卫作为边疆重镇加以经营，修筑坚固的城堡，辟建通畅的驿道，设置毗连的烽燧，使大连地区出现了城邑相望、烽燧相通、驿道相连的景象。城堡、烽燧、驿站、港口已成为大连地区明代物质文化的符号，显示出明代大连地区既有边塞文化的特点又是人文渐兴之地。

　　城堡是明代大连地区最鲜明的文化特色。此前，大连地区遗有数十座自战国以来修建的城堡，但大多是军事城堡和缺乏城市功能的土城，城邑配套设施简陋，城内人口较少。明朝立国后，一方面对旧有土城进行改造和重修，另一方面在沿海或战略要冲择地新筑一批城堡，其功能各有侧重。大连地区明城大体可划分为

永安烽火台遗址

卫所治城、军事城堡、综合性城堡、军械粮秣仓储城及驿邮递铺小城。其中较大的城邑已成为当时的军事、政治、经济、文化中心，人口较多，各业兴旺，建有儒学，功能齐备，开始形成真正意义上的城邑文化。

　　明代大连地区的主要城池有金州城、复州城，分别为大连地区南部和北部的政治、经济、军事和文化中心。此外还有旅顺北城、旅顺南城、永宁监城、归服城堡、红嘴堡城、望海埚城、羊官堡城、栾古关城等。

　　明代建成的以金州、复州为中心的城池网络，不仅在军事上发挥了重要作用，而且有力地推动了大连地区经济文化的发展，使大连地区开始形成真正意义的城邑文化，在大连文化史上有着重要的意义。辽、金、元时期的金州、复州仅是围土而成的土城，经济、文化很不发达，居民也大多是在城内和城外耕种的农业人口，半城半乡，缺乏规划，功能不全，具有明显的土著特点。而明代所建的金州、复州两城，完全采用了中原建城的经验，从设计、形制、结构到建筑材料、建筑工艺都有了质的飞跃。城巍峨壮观，规模坚固，结构合理，功能齐全。城内以贯通四面城门的十字大街作为布局的基本框架，再分割成井字形街巷，划分出官府衙门行政区、街巷闹市商贾区、孔庙儒学文化区、城民集中居住区和城防官兵军营区等功能区。这划分功能区的城实际上已经是近代城市的雏形。这种比较先进的城市格局，实际上是将中原城市文明强势注入辽南大地，使这个边陲之地的文化形态与中原地区的文化逐渐融为一体。城市的形

成，使城市人口更加密集，促进了各行各业的发展。首先促进了商贸业的兴盛，城内居民改变了以农耕为主的生产、生活方式，开始务工经商，出现了店馆林立、五业兴旺的景象。金州、复州、永宁等城开始立学兴教，建儒学、社学、义学和私塾。教育的普及提高了大连地区的文明程度，同时又由于水陆交通的发达，使大连成为明代辽东地区广泛吸收中原文化的地区，形成了集南北文化为一体的文化形态。

第三节　兴学立教　文化复兴

一、兴学教化，诵诗司礼

明代对辽东地区的开发，除加强防御、发展经济之外，还十分重视文化教育的发展，采取了"教化为先"的政策。据《明史》记载，明朝建立第二年便开始兴学，"洪武二年，太祖始建国学，谕中书省臣曰：学校之教，至元（朝）其弊极矣。……兵变以来，人习战争，惟知干戈，莫识俎豆。朕惟治国以教化为先，教化以学校为本"。因此，明朝一改元朝武治之陋，教育的普及超过历代，"无地而不设之学，无人而不纳入之教，庠声序音，重规叠矩，无间于下邑荒缴、山陬海涯。此明代学校之盛，唐、宋以来所不及也"[18]。朱元璋对处于边塞、文化尚不发达的辽东地区的办学十分重视，洪武十七年（1384年），朱元璋诏示礼部群臣说："近命辽东建学校，咸言边境不必建学，圣人之教无往不在，况武臣子弟久居边疆，鲜闻礼教，恐渐移其性，今使之诵诗书，司礼义，非但可以造就其才，他日亦可资用。"于是，当年便在辽阳建辽东都司儒学，在金州建儒学（后改卫学），洪武二十八年（1395年）在复州建卫学，嘉靖十八年（1539年）在永宁监建儒学。明代金州儒学是官办的州一级地方学校，为"庙学合一"的格局，即孔庙（文庙）与学校共建一处，校址最初设在金州城西南。复州儒学由备御都指挥李通创建，校址初建在复州城西北隅，后经复州卫指挥使靳通主持重修，正统元年（1436年）校址迁入城中，嘉靖二十二年（1543年）又迁校于城东南隅。永宁监城虽不是州卫治所，但因常为辽东苑马寺卿驻地，军民较多，故于嘉靖十八年（1539年）经苑马寺卿奏请朝廷批准后创建儒学。金复州卫学，各设教授1名，训导1名，永宁监儒学设训导1名。儒学的教学经费主要通过学田解决，由官府将部分耕地分拨给儒学，学校则将学田分租给商民收取租银以维持学校日常开销，并拿出部分银两或粮米对优秀生员进行奖励，并对困难生员进行补助。除儒学外，金复州地区还建有数处社学。社学是比儒学低一级的教育机构，延请儒师以教授百姓子弟。

　　明代对所办的各级学校都有完整的制度和规定，儒学学生通称"生员"，俗称"秀才"。生员通过岁试，分出一、二、三等。一等者称廪生，二等者称增生，三等者称附生。如再考，优者之增生可补为廪生，优者可递升岁试参加两年举行一次的科试。科试取得一、二、三等前三名的生员，即取得了参加第二年乡试（即都司级考试，又称"大比"）的资格。生员中之优秀者可被选送到国家的最高学府国子监学习，称为"贡生"。贡生在国子监毕业后，即使未考中举人或进士，也已取得做官的资格，一般可补授儒学或其他较低一级的官职，如教谕、训导、知县、小京官等。各级学校的教学内容也由官府制定。洪武十四年（1381年），朝廷颁布五经四书作为北方学校教材，洪武二十五年（1392年）又增设礼、射、书、数四项。为规范学

明万历三十六年金州先师庙碑

生的德行，朝廷遂颁布了严格的八条禁例。

明代的官员，每到一处，都要考察当地的学校。正德年间，兵部侍郎范鏓（沈阳人）在视察复州时写有《重迁复州学记》，是一篇描写大连地区兴学的好文章。文章首先赞扬了当地官员苑马寺卿张君鏊等重修学宫的事迹：于"前带秀水，背拱奇山"之风景秀丽之地，"建学立师，修道立教，我昭代稽古右文乐育贤才之大典也"。范鏓在文中勉励复州学子"着从事于学者，顾其名而思其义，端其本原而务其真实，入门必诚敬焉，……仰庙貌必思吾希圣希贤者何如，不徒宫墙外望焉已也。登名堂必思吾之尽伦尽性者何如，不徒朝夕优游焉已也"。他劝诫学生不能"学自学，人自人，庠序其名而市井其心，衣冠其身而盗跖其行，行而不着焉，习而不察焉，终身由之不知其道焉"。这篇文章由兴学劝学而论及为人，强调要诚于学而重于行，论述深刻，行文酣畅，堪称佳作。

万历年间由资政大夫南京吏部尚书、前刑部尚书赵焕和驻防金州的济南府同知王邦才撰写的《辽东金州先师庙碑》，称赞当地官民捐资重修金州庙，"施者乐输"，"役者忘劳"，在"控弦鸣镝"的辽东边地兴学立教，慨叹金州建学以来，庙学兴而复兴的变化，反映了金州办学的情形。

明代在大连地区兴学200余年，极大地改变了大连的文化状态，不仅普及了文化，提高了全民的文化素质，缩短了自魏晋南北朝以来由于割据造成的与中原文化的距离，而且打破了历史上不出人才的纪录。辽、金、元时期，辽东已实行科举，但缺乏大连地区的记录，自明代始，大连地区中举登科的人才逐渐增多。

据《全辽志》《辽东志》[19]等文献资料记载，明代金州考中进士的有：邵奎、马汝骥。复州考中进士的有：刘国缙、刘士琏。金州考中举人的有：邵奎、马汝骥、蒋时镛、经仁育、陈光裕、柏之焕、胡宗颖、李乔、戴复魁。复州考中举人的有：徐润、皮大器、刘国缙、刘士琏、徐钥、李汉。永宁监儒学科考史载不详。成书于嘉靖年间的《全辽志》，其中的《选举志》记载金复州两卫的贡生有117名，其中金州卫60名，复州卫57名。从嘉靖年至明末的80年间，缺乏记录。上述统计尚不包括当时属于盖州卫的今瓦房店市、普兰店北部、普兰店东部及庄河市的绝大部分地区。明代科举考中进士、举人和贡生的数量要比本文载录的数字大许多，虽然数量与中原地区以及当时的辽阳地区有很大差距，但却是一个重要的突破。

二、文风再起，诗章渐兴

明代，随着文化教育的发展，诗文作品逐渐增多，现流传下来的作品基本上可分为三类：一是诗作，二是文章和奏文，三是碑文。这些作品多为当地官员和巡按辽东的高官所作，从不同的侧面反映了当时的社会状况、人文风俗和山光水色。

明代大连地区的诗歌，既有描写山川风物的格调清新的记游诗，也有格调沉郁的边塞诗。嘉靖年间辽东巡按御史温景葵在《金州观海》中所描写的金州已不是昔日刀光血刃的战场，而是万物复苏、鹅黄柳绿的明媚春光：

> 青山碧水傍城隈，
> 驿使登临望眼开。
> 柳拂鹅黄风习习，
> 江流鸭绿气皑皑。
> 浮槎仿佛随云去，
> 飞鹜分明自岛来。
> 极目南天纷瑞霭，
> 乡人指点是蓬莱。

温景葵的另一首诗《永宁监道中》，所写的军马饲养场已不是风沙扑面、战马嘶鸣的塞外，而是夭桃欹笑、嫩柳低垂、晓烟袅袅、充满生气的景象：

> 黄鸟飞飞青犊眠，
> 循行骢马又南还。
> 夭桃欲笑含春露，
> 嫩柳低垂带晓烟。

　　　　海阔山河连百二，

　　　　江村騋牝畜三千。

　　　　却思骠骑时方赖，

　　　　为赋毛诗骗骗篇。

　　明景泰年间的吏部尚书马文升在巡按辽南时所写的《过盖州纪兴》，记述了他由辽阳经过盖州至金复州一路的见闻：

　　　　烟雾初消海峤端，

　　　　荒波寒水与天连。

　　　　山光杳霭飞凫外，

　　　　秋色参差落雁前。

　　　　田野欢呼瞻使节，

　　　　讼庭空寂长苔钱。

　　　　从容事毕还朝日，

　　　　韶舞声中观九天。

　　诗中既描绘了深秋时节金复州驿道两旁烟雾初消、海天相连、野鸭戏水、雁过山林的自然风光，又称赞了太平祥和"讼庭空寂"的盛世景象。这首诗中记述的情形并非虚美之词，与正史的记载相符。《明史》卷一八二《马文升传》载："文升有文武才，长于应变，朝端大议往往待之决。功在边镇，外国均闻其名。尤重气节，历廉隅，直道而行。"又载："文升凡三至辽，军民闻其来皆鼓舞。益禁抑中官，总兵，使不得腠削，众益大喜。"

　　嘉靖年以后，倭患复炽，明朝的国势也开始走下坡路，这一时期的文人诗作多是反映战乱给人民带来的苦难和对安定生活的向往。主持编纂《全辽志》的巡按御史李辅也写有一首七言诗《金州道中》。诗云：

　　　　万山罗列霭熹微，

　　　　海水浮天白日飞。

　　　　满地黄花迷野径，

　　　　数行哀柳掩紫扉。

　　　　客中多病寒偏早，

马上看云意独违。

扰扰宦游南北路,

不堪风动别时衣。

　　这是李辅南行巡按金州卫时根据途中见闻所写的纪事诗。时在秋末,寒气逼人,山岭隐没,海天浮云,柳丛衰枯,诗人偶感风寒,叹息宦途之苦,透露出苍凉的气氛。李辅还有一首《五十寨早行至复州拟古》的五言诗,具有边塞诗的风味,记述了辽南大地饱受战乱之苦的现实,表达了对百姓的深切同情之心:

鼓角秋天曙,

旌旗海日斜。

岩虚留宿雾,

树霭散流霞。

望入沧溟回,

行随道路赊。

马蹄翻露草,

人迹印龙沙。

问俗成荒径,

褰帷玩物华。

蓬蒿阡陌处,

烟火两三家。

丧乱频惊寇,

流离失种麻。

甘棠谁有爱,

中谷汝堪嗟。

督府新传令,

将军建高牙。

楼兰何日斩,

辽水静胡笳。

　　曾任辽东巡按的王珩,也写有一首具有边塞诗风味的《过复州漫成》,表达了不堪战乱、忧民伤时的情怀:

绝塞伤春暮，

长途眺望赊。

烟迷依树鸟，

风起盖天沙。

近海多滩地，

逢村几曩家。

不堪情凄恻，

带雨听悲笳。

　　明代在大连留存诗歌的还有曾任辽东巡按的周斯盛和金州儒学训导宋晨等。

　　大连地区明代的文章多以碑文和祭文的形式流传至今。碑铭多是庙宇纪事铭，也存有少量儒学碑。这些碑铭均由当时的饱学之士撰文，代表了当年文人的基本水准，叙事清晰，用词典雅，具有较高的文学价值和史学价值。现存庙宇的碑刻有：明永乐六年（1408 年）的《旅顺天妃庙记碑》、弘治三年（1490 年）的《重修胜水寺碑记》、正德十五年（1520 年）的《重修武安庙记》、嘉靖六年（1527 年）的《榆林胜水寺重修记》、万历二年（1574 年）的《重修上帝行祠记》、万历十年至十九年间（1582 年—1591 年）的《重修真武行祠以崇得胜庙碑记》、崇祯元年（1628 年）岁次的《新建望海寺碑记序》、崇祯三年（1630 年）的《启建新安寺碑记序文》等。记述儒学的碑文有正德年间兵部侍郎范鏓撰写的《重迁复州学记》、

旅顺天妃庙永乐六年碑

万历年间曾任南京吏部尚书的赵焕和驻防金州的济南府同知王邦才撰写的
《辽东金州先师庙碑》。

三、官员奏议，重疏华章

　　奏议是中国封建社会最重要的文章体裁，由于大连地区为明代经略
东北的重点地区，出现了较多的奏文。这些奏文为驻防本地官员所作，
其中有嘉靖年间辽东苑马寺卿张鳌的《辽东苑马寺兴修记》、弘治年间
辽东苑马寺卿冯时雍的《马政奏》、嘉靖年间辽东巡按王之诰的《填实
辽东军伍奏》，较著名的有苑马寺卿陈天资的《海道奏》。《海道奏》
开篇即提出："辽东之于山东原为一省，辽海自金州抵登州仅二宿程。
国初布花由海运抵旅顺，粮米由海运经登州趋旅顺直抵开原，开原城西
有老米湾，即其卸泊处也。"接着便多方论述禁海之弊和开放之利，指
出"倭自刘江望海埚之捷，至今怀畏未敢萌一念，以窥辽左，且其国距
辽远甚，而辽又居登莱海岛之内，东南山一带险巇，隔海千余里，倭岂
能飞度至辽也。辽不自惧而登人反代辽忧，果何为也……考海商之出自
辽者，引给于察院，挂号于苑马寺，验引有金州之守备，验放有旅顺之
委官，抵登则又有该府通判之验，有备倭都司之验，法亦严密甚矣，逃
军岂能越度。况辽余粟谷而乏丝枲，一切抚夷赏军及民间日用之物，皆
惟内地之赖。今宁前一线官道，敌阻不通，商货罕至，时事可虞，而金
复海岛之民往往有盗驾输者。奚若明开此禁，使辽粟日输于南，而南货
亦日集于辽，货集则税增，税增则用裕足国，安边莫大于此，失今不为之，
所辽之忧未有纪极也。故欲裕全辽之边储，必先开登州之海禁而后已。"
此奏疏叙事清楚简洁，论述深刻有力，呼吁开放海禁，互通有无，发展
商品经济，巩固辽东海疆，是诸多奏疏中比较精彩的一份。

四、寺观兴盛，宗祧承传

　　明代，随着内地居民的大量迁入和海运业、商贸业的发展，出现了
广修庙宇、宗教兴盛的景象。宗教之盛超过以往各代，除在文化兴盛的

金州、复州建有庙学合一的孔庙外，据不完全统计，明代金复州共建佛教寺庙40座、道观58座，总计达98座。[20] 这些庙宇道观遍布城乡，常年香火不绝。尤在祭祀日，香客从四面八方云集而来，烧香拜佛，祈祷祛灾，称之为"庙会"。一些大户人家往往借庙会之日或因商因病为诸神"还愿"，供奉三牲，搭台唱戏，各路民间艺人纷至沓来，划地辟场表演，使庙会形成浓郁的文化色彩。商家借机搭设临时店铺销售商品，又使庙会成为规模宏大的商品交易大市。由于庙宇众多，庙会日又分散在各日中，"赶庙会"便成为集宗教、商务及人际交往为一体的大型群众集会，成为明代金复州民众生活中的重要内容。

《辽东志》选录并记载了金、复、盖三卫内的重要佛寺41座。其中金州卫有：永庆寺（金州城北关）、秀明寺（金州城东十里）、白云寺（金州城东南三十里）、胜水寺（金州城东十五里）、观音堂（旅顺口南城外）、龙凤寺（龙凤山麓）共6座。复州卫有：永丰寺（复州城东南郊）、花山寺（复州城北十里）、青山寺（复州城西十五里）、宝林寺（复州城东二十二里）、龙泉寺（复州城南四十五里）、平林寺（复州城西平山）、道原寺（马兰山）共7座。盖州卫南境和东南境（今分属瓦房店市、普兰店、庄河市）有：玉泉寺（盖州城南八十里）、仰山寺（盖州城南九十里）、常山寺（盖州城南一百里）、香炉山寺（盖州城南一百三十里）、降佛寺（盖州城东南八十里）。《辽东志》成书至明末150余年，又建了若干庙宇道观。据之后的历史文献记载，明代所建寺庙（少部分为前期已有，但荒废重修）有梦真佛窟（金州城西十里北屏山）、望海寺（金州城东卧龙屯东六里）、真泉寺（金州城西太皇山附近）、释迦牟尼殿（金州城西南营城子）、蟠龙山寺（旅顺口蟠龙山巅）、灵应寺（旅顺口三涧堡土城子北门外）、夹河庙（貔子窝夹河屯，清代改双泉寺）、广鹿岛灵济寺（有袁崇焕所立之碑）、广鹿岛新安寺（有毛承禄所立之碑）、广鹿岛望海寺（有毛文龙所立之碑）、清泉寺（复州城东一百二十里魏霸山）、灵应寺（今李官乡东阳台村）、西宝林寺（驼山乡平山村）、背阳寺（今太阳升乡后楼村）、观享阁（今老虎屯镇大四川村）、龙泉寺（今泡崖乡王屯村）、佛爷庙（今祝华街道杨树房村）、罗汉庙（今三台乡王坎村）、环海寺（今横山乡地藏庵村）、永胜寺（今李店镇吴店村）、保国寺（今炮台镇邓屯南贾屯）、永寿寺（今杨家乡前二十里堡村）、瑞云寺（今大谭镇双山村）、兴龙寺（今瓦窝镇瓦窝村）、望海寺（今双塔镇福泉村）、聚仙庵（今元台镇大甸村）、龙凤寺（今三台乡）、报恩寺（今同益乡蒿房村）。此外还有今安波镇报恩寺、庄河城山法华寺、华龙山般若洞（仙人洞）、三架山千佛洞（朝阳观）及大连开发区金石滩街道的寺儿沟潮阳寺等。

　　明代因世宗嘉靖皇帝笃信道教，全国各地道观建设蔚然成风，金复地区在明代中后期建了大批宫观。复州城周边即有玉皇阁、天齐庙、城隍庙、龙泉观、朝阳宫、清源宫、三官庙、清泉宫；金州有响水观、东草庙子、天齐庙、药王庙、火神庙、财神庙、真武庙、城隍庙、厉坛等；今庄河地区有仙人洞万寿观、青云观、玉皇庙、千佛洞（朝阳观）；今普兰店周边有关帝庙、老爷庙、龙王庙、天后宫、火神庙、三清观等。这些宫观数量虽不及寺庙众多，但设计精巧、古朴典雅、建筑风格独特，大黑山西麓响水观便是典型代表。响水观建在山洞右侧的石崖下，由山门、正殿和偏殿组成。殿左后石罅有一穴天然岩洞，深40余米，有泉水涌出，仙女抚琴雕像立于水之源头，泉水清冽甘醇。建观时依地势在观中修建了水池和曲桥。因泉水流出洞口时泠泠作声，如琴瑟之韵，故取名"瑶琴洞"。山门右侧的悬壁上依势塑造了一条巨龙，瑶琴洞水通过观院中的水池从龙口喷涌而出，呈苍龙九天布雨状；而悬壁下方数十米的水塘中雕塑了一只金蟾，抬头张口承接龙头喷下的泉水，浑然天成，栩栩如生；加之青瓦红墙、飞檐斗拱的中国传统建筑格局，整个道观将中国元素中的各种文化符号集于一体，表现得淋漓尽致。

金州亮甲店真武庙刘江神像

由于金复州两面临海，沿海民众以渔为业，民众对海神龙王的信奉十分虔诚与普遍。旅顺天妃庙是祭祀海神娘娘庙，是东北沿海最早的天妃庙。今庙虽不存在，但永乐六年（1408 年）重修天妃庙碑留存至今，说明此庙在此之前已存世。旅顺天妃庙碑是现存不多的明碑之一，具有重要文史价值。此碑为时任辽东镇总兵官荣禄大夫柱国保定侯孟善所立，说明旅顺天妃庙在当时的辽东地位之重。碑文盛赞天妃佑护的无量功德，并强调人神关系是"神依人而灵，人依神而立"，表达了官民对天妃的虔诚和崇敬。今旅顺水师营村西南方的明代的蟠龙山娘娘庙，是金州城南地区规模最大的海神庙。庙分前、后两殿。前殿悬挂天仙圣母匾，供奉天仙圣母和四大天王，后殿悬挂碧霞仙姑匾，供奉碧霞仙姑等 7 位圣仙。右偏殿供奉专管民间虫害的虫王。钟楼建于庙宇中部，悬挂一口大铜钟，另一侧有高 2 米的香炉。前、后殿檐脊上各有木雕狻猊，还建有面积为 45 平方米的戏台（旧称"庙台"）。每年农历四月十八，庙会唱戏三天，可见香火之盛。复州地区还建有来自福建的船户集体修建的具有闽南风格的娘娘宫。娘娘宫也设有戏台，可见明代大连地区已有戏剧活动。

明代大连地区还出现了释、道、儒三教合一的寺庙，以魏霸山清泉寺为典型。此庙大雄宝殿供奉佛祖释迦牟尼及迦叶、阿难、韦驮、天王、观音菩萨、十八罗汉、地藏王菩萨等；伽蓝殿供奉关圣帝君（关羽）、伽蓝菩萨、孚佑帝君及马天君、柳天君、关平、周仓等；药王殿供奉玉皇大帝和文昌大帝、真武大帝、青龙将军、白虎将军；老君殿供奉老君、周公、孔子及杨戬、哪吒等；娘娘殿供奉王母娘娘、王仙姬、董仙姬及眼光娘娘、耳光娘娘、疹痘娘娘、王灵姬、赵公明、提婆等。这些神灵仙人共聚一刹，充分体现了中华传统文化的包容性。

明代所建寺庙在选址和设计方面遵循了天人合一的理念，选取山明灵秀之地，根据自然地貌的形制建筑亭台殿阁，使人文建筑与自然景观协调一致，融为一体，其建筑工艺考究、雕塑逼真，古朴典雅、庄严肃穆，已成为当时精神文化与物质文化的代表。这些明代建筑寺庙至今尚存，如金州大黑山的响水寺、观音阁，普兰店清泉寺等，已成为大连地区的宗教圣地。

【注释】

[1] 纳哈出为元朝勋臣木华黎之后，世代执掌元朝重权。

[2]《明太祖实录》卷六一，时间为洪武四年二月壬午。右丞为元代行省丞相副手，秩正二品。金院即金书院事，秩正三品或从三品。

[3]《明史·叶旺传》。

[4] 叶旺是安徽六安人，马云是安徽合肥人，一起跟从太祖朱元璋征战，"积功并授指挥金事"。见《大连通史（古代卷）》，387 页。

[5] 旅顺口晋代称"马石津"，辽、金、元三代均称"狮子口"，盖因港海连接处水道狭窄似狮子之口，故名。

[6]《明史》卷一三一《吴祯传》。所运至的粮食，按指挥使、同知、金事、千户、百户的官级，分别发给五石、四石、三石、二石、一石半以充月饷。

[7] 指船队军兵人数达 1 万人。

[8] 苏州府起运的粮谷一般先通过运河运抵山东，再经海路运抵辽东。

[9]《明太祖实录》卷一〇二，洪武八年十二月乙卯。

[10] 陈懋恒：《明代倭寇考略》，2 页，哈佛燕京学社。

[11] 旧资料认为王家山岛指今庄河市王家岛，经考证此指有误，因王家岛距望海埚直线距离 150 公里，肉眼不可能望见火光。王家山岛实指广鹿岛，今岛上之烽火台遗址仍在。

[12] 望海埚大捷歼灭倭寇数量，历史文献记载略有出入。《明史·刘荣传》记为"斩首千余级，生擒百三十"。本文数字取自《明史·日本传》及《明实录·太宗实录》——歼敌 1599 人。望海埚之战中，凡放下武器投降的倭寇，则饶之不死，否则生擒者不会如此之多。

[13] 额田指经官府核实的已垦种并需纳税的田地；额粮、额草指粮食、畜草的常年产量额。见《辽东志》卷三《兵食志·财赋》。

[14]《全辽志》卷六《外志》。

[15]《筹辽硕画》卷六，宫应震之奏。

[16]《明世宗实录》卷四六〇，嘉靖三十七年六月己卯。

[17]《明世宗实录》卷五二八，嘉靖四十二年十二月己酉。

[18]《明史·选举志》。

[19] 毕恭等于正统八年（1443 年）始修《辽东志》，后经增补内容续修成。

[20] 据《大连市志·宗教志》记载统计。

第五章

海陆交汇　人文蕃盛

——清前期至鸦片战争前的大连文化

　　清代是大连地区经济走向兴盛、古代文化走向成熟的时期，但在清朝统治的 260 余年中，大连走过了一段坎坷起伏的道路。明末清初，后金与明军在大连地区反复争战，历时 20 余年，本地居民部分被充军或被清兵驱往复州以北，部分逃离家园去山东和沿海岛屿避难，金复州已成"荒城废堡，败瓦残垣，沃野千里，有土无人"，明代 200 余年形成的繁盛景象已荡然无存。清定都北京后，为开发辽东，于顺治年间颁发《辽东招民开垦则例》，招民垦荒，鼓励农耕。经康、雍、乾三代，至清代中叶，大连地区的人口和耕地迅速增加，经济、文化得以恢复并进入了新的发展时期。至晚清时期，大连地区经济、文化的发展已超过以往各个朝代。随着来自山东等地移民和"闯关东"人流大量涌入，出现了"生聚日集，人文兴盛"的景象。元、明时期的以军屯为主体的边塞地区，已成为人烟稠密，各业兴旺，农业、渔业、盐业、商贸业和交通运输业发达，士、农、工、商并存，文化教育普及，文风勃起，经济、文化和社会发育逐渐成熟的兴盛之地，并最终形成了以汉文化为主体的、广泛吸收满族文化的、具有沿海区域特点的文化格局。

第一节　生聚日盛　大势所趋

一、战乱再起，生灵涂炭

明末官场腐败，阉党专政，辽东官员大肆侵占土地，横征暴敛，致使屯田瓦解，马政废弛，为女真的复起提供了机遇。原居住于牡丹江、绥芬河和长白山一带的建州女真，其首领努尔哈赤于明万历十一年（1583年）以他祖父、父亲的十三副遗甲起兵，开始了统一建州女真各部的事业。经五年征战，统一了建州女真各部。此后又开始统一海西女真各部，并最终完成了统一女真各部大业。万历四十四年（1616年），努尔哈赤进行军事、政治、文化诸方面的整顿后，在赫图阿拉（今辽宁新宾）称汗建国，国号"金"，史称"后金"。在统一女真各部过程中，努尔哈赤创建了"八旗制度"。八旗制度一方面打破了女真各部依寨自守的习俗，密切了相互间联系，推动了生产发展；另一方面极大地增强了八旗的作战能力。后来在对明军作战中，后金逐渐取得主动权。明天启五年（1625年），后金迁都沈阳，并改沈阳为盛京。[1]

努尔哈赤统一女真各部过程中，明朝廷已预感到其威胁，加强了金、复、海、盖四卫的防御。万历四十七年（1619年），明朝建金复兵备道，以防建州兵南下。尽管如此，仍未能抵御后金军的袭攻。明天启元年（1621年）五月，后金兵攻占辽南海、盖、复、金四州卫，域内居民部分由海路逃亡山东半岛或长山、广鹿等海岛避乱，部分被后金兵掳走充军，或被驱赶至复州以北，使金复州地区人口锐减。明天启二年（1622年），驻守金、复的后金将领刘兴祚欲降于明，后金军借机屠杀金复百姓数万众。翌

金州古城门——瓮城

年，明将张盘率军在金州卫东部猴儿石沿海一带救出 4000 余难民。张盘
组织其中壮勇者夜袭金州城，后金军无备，弃城而去。不久，后金军挥
师南下，重占金州城。明天启五年（1625 年），努尔哈赤派第五子莽古
尔泰领兵 6000 人，由海上进攻旅顺，明军旅顺守将张盘、朱国昌阵亡。
后金军将旅顺口洗劫一空，并烧毁旅顺南城和北城后撤军。金复州地区
已是"荒城废堡，败瓦颓垣，沃野千里，有土无人"[2]。至此，明代历经
两个半世纪发展起来的金复州经济、文化的繁荣景象终成明日黄花。

二、东江崩溃，黄龙殉职

后金攻掠金州、旅顺后，明军仍据守辽东沿海岛屿。驻守辽东沿海岛
屿的明军在总兵官毛文龙的统率下，以皮岛[3]为指挥中心，从鸭绿江口
的鹿岛至长山诸岛再至渤海辽西诸岛（统称"东江防线"），连绵 3000 里，
与辽西宁锦、河北津门及山东登莱的明军遥相呼应，牵制后金军进兵中原。
毛文龙利用皮岛介于辽东半岛、朝鲜半岛与山东半岛之间的有利位置，
率军披荆斩棘，开发皮岛及长山诸岛，招募流民补充兵源，发展商贸补
给军需，形成了连绵数千里的海上防线。毛文龙又于明天启三年（1623
年）一度攻占金州，占据了黄海鹿岛、石城岛、王家山岛、大小长山岛、
广鹿岛、三山岛及渤海长生岛（长兴岛）、凤凰岛、麻羊岛（蚂蚁岛），
给后金军造成威胁。努尔哈赤去世，皇太极继位后，决定扫清据守沿海
岛屿的流兵，以解后顾之忧。毛文龙用兵甚严，赏罚必信，与士兵同甘
共苦，在部下和当地民众中享有很高威望。明朝廷多次对其赏赐和奖励。
明熹宗朱由校称赞毛文龙，"唯尔是赖"，并晋升其为平辽将军、左都督、
赐尚方宝剑。朝鲜仁祖李倧时名臣金鎏等还曾为毛文龙立碑，表彰其功德。
今广鹿岛灵济寺、新安寺、望海寺碑，都有记录毛文龙东江战事的铭文，
这些碑铭为后世研究明末辽东史留下了宝贵史料。

随着官职的晋升和权力加大，毛文龙渐渐骄横起来，尤其在他结交
了魏忠贤等专权太监后，更加有恃无恐，故明朝重臣多次以虚冒军饷、
专制一方等罪名对毛文龙进行非议。崇祯帝继位后，力排众议，主张对
在海疆孤军作战的毛文龙军采取特殊政策。然而袁崇焕被重新起用任蓟

辽督师（兼理登莱天津事务）后，通过整军，将矛头直指毛文龙，对毛文龙的态度是"可用用之，不可用杀之"，同时切断了毛文龙的海上贸易线，控制毛文龙的粮饷补给，这样一来，袁、毛矛盾不断升级。崇祯二年（1629 年）五月末，袁崇焕从觉华岛（菊花岛）乘船来到旅顺双岛湾姑子庵约见毛文龙，就军饷数量、供饷方式等进行沟通。双方各抒己见，无法达成一致，袁遂有了斩杀毛文龙之心。同年六月五日，袁崇焕以犒劳毛文龙集结在双岛的 3500 名军兵之名，当众宣布毛文龙的十二条当斩罪状，将毛文龙斩于帐

下。袁崇焕抗击后金功勋卓著，可惜枉杀毛文龙，自毁明末的辽东海上防线。不久，东江便发生兵乱，辽东海上防线不战自溃。

旅顺双岛湾袁崇焕杀毛文龙处

　　毛文龙被诛杀后，明廷任命毛文龙旧部黄龙为东江总兵官。崇祯四年（1631 年）十月，都司耿忠裕叛乱，包围总兵衙门并将黄龙绑至演武场毁打致其股断，后得众将相救方得不死。不久，黄龙平息兵乱并捕杀耿忠裕。同年，参将孔有德在山东东部地区叛明，并招降旧部陈有德在东江诸岛发动兵变。危难之际，黄龙命尚可喜、金声桓等抚定各岛。黄龙亲赴广鹿

旅顺黄金山东麓黄龙将军墓

岛、獐子岛、长山岛安抚商民，稳定民心。孔有德等叛将为胁迫黄龙投降，将其在登州的老母和妻小拘捕。黄龙不为所动，慨然说："大丈夫忠孝不能两全，无国焉有家为！"结果黄龙一家老小均遭叛军杀害。黄龙忍悲诛杀叛党，将东江指挥中心由皮岛移驻旅顺。崇祯六年（1633年）四月，孔有德、耿忠明等率部投后金。叛军从山东过海至镇江（鸭绿江口九连城）登陆，其规模浩大，共有官兵13880人、战船100余艘。这支部队成为后金的一支重要武装力量，填补了后金军无水军的空白。皇太极不失时机地派遣兵部贝勒岳托、户部贝勒德格类，在孔有德（被任命为都元帅）、耿忠明（被任命为总兵）的引领下，率军兵万余人"往取旅顺口"[4]。后金军攻城甚急，战斗十分激烈，旅顺明军兵少无援，奋战十天，矢尽粮绝。黄龙部将李惟鸾、项祚临、樊化龙、张大禄、尚可义战死，黄龙亦拔剑自刎殉国，旅顺口被后金军占领。至此，后金控制辽南全境。

崇祯帝闻黄龙战殁，追赠黄龙为左都督，赐祭葬，子孙受世荫。清入主中原后，为巩固和加强对统一的多民族国家的统治，大力提倡忠君爱国。乾隆帝于1776年赐谥在明崇祯六年（1633年）清军攻取旅顺口时战殁于黄金山麓的明朝故将，并为之建显忠祠于黄金山麓。显忠祠碑记载："前明崇祯六年癸酉七月十四日，我朝以兵取旅顺，明故岛帅黄公龙部将李公惟鸾、尚公可喜、项公祚临、张公大禄、樊公化龙均战殁于黄金山麓。乾隆四十一年，

纪念黄龙显忠祠碑记（1893年）

特诏予谥黄公忠烈、李公烈愍，建祠旅顺，尚项张樊诸公咸附祀焉。"

　　明末清初的战乱持续了20余年，大连地区是明清角逐辽东的最后战场，受损尤重。顺治十八年（1661年），奉天府尹张尚贤在给朝廷的《谨陈奉天形势疏》中写道："合河东河西之边海以观之，黄沙满日，一望荒凉，倘有奸贼暴发，海寇突至，猝难捍御，此外患之可虑者。以内而言，河东城堡虽多，皆成荒土，独奉天、辽阳、海城三处稍成府县之规。而辽海仍两处无城池。如盖州、凤凰城不过数百人……合河东河西之腹里观之，荒城废堡，败瓦残垣，沃野千里，有土无人。"

　　三、招民垦殖，生聚渐集

　　公元1644年，清兵入关并迁都北京。清廷为开发辽东，早在顺治六年（1649年）就在全国施行招民垦荒政策，诏命地方官广招流民，给予印信执照开垦耕种，"民人愿出关垦地者，令山海道造册报部，分地居住"[5]。又于顺治十年（1653年）正式颁行《辽东招民开垦则例》，具体规定："辽东招民开垦至百名者，文授知县，武授守备。六十名以上，文授州同、州判，武受千总。五十名以上，文授县丞、主簿，武授百总。所招民，每名口给月粮一斗，每地一垧给种六升，每百名给牛二十只。"[6]此后又于顺治十一年（1654年）、十二年（1655年）、十五年（1658年）颁令，不断升级奖励政策。顺治十六年（1659年）规定："民人开垦荒地二千亩以上者，以卫千总用；武举开垦二千亩以上者，于应授职衔加一等，以署守备用。"[7]为开发辽东，清廷还分拨部分居留京城的八旗兵员带眷属来辽东戍边，垦殖定居，还从长白山八道沟一带移来旗民到金州定居。对旗人采取更加优惠的政策，他们可以在一定时限内"跑马圈地"，所圈之地官府承认为私产，称之为"占山户"。对移来的汉民，全部编入旗籍，计丁授田，享受旗人待遇。

　　大连地区作为山东和中原移民的登陆点和首选之地，经顺治、康熙、雍正、乾隆四代，人口与耕地面积迅速增加，至乾隆四十六年（1781年），宁海县（今金州）已有居民3.7万人，复州有居民8万人，庄河地区（时属岫岩）约3万人，大连地区人口约15万人。移民的增加，使清政府开始担忧汉民会威胁其发祥地的安全，自康熙至道光年间多次发谕对东北各地实行封禁政策，取消了《辽东招民开垦则例》，并责令各关口严拿治罪，但屡禁不止，迁入的移民"愈集愈众"，"呼朋引类"，"日积日多"，仅康熙五十年（1721年）"山东民人往来口外垦荒者，多至五十余万"。这种始于清代的"闯关东"大潮，一直延续到清末民初，使大连地区至清代中叶出现了由衰转盛、"生聚日集，人文兴盛"的繁荣景象。

四、设县置州，城邑兴起

清初，由于连年战乱，人烟稀少，大连地区连设置州县的条件都不具备。顺治十年（1653年），清廷将金、复、盖、海四卫归属海城县辖，隶辽阳府。顺治十八年（1661年），随着复州地区人口的回流，设复州巡检司，仍隶海城县。康熙三年（1664年），复州改隶盖平县。雍正五年（1727年），设复州通判。雍正十二年（1734年），改复州通判为复州，其管辖区北接盖州，西接渤海，东跨碧流河与庄河接壤，南部包括金州、旅顺。

康熙十九年（1680年），金州、旅顺地区人口增加，朝廷批准从招募的人丁中编成金州驻防军，设金州营。康熙二十年（1681年），清廷在金州地区实行编民入旗政策，将原金州营改置金州城守章京。康熙二十六年（1687年），将城守章京升格为金州城守尉，统辖满洲八旗、汉军三旗和蒙古巴尔虎旗，统称"金州十二旗"。雍正五年（1727年），

复州知州衙署旧址

复设金州巡检司。雍正十二年（1734 年）裁金州巡检司，设立宁海县，宁海县的辖区在今碧流河东岸至普兰店湾以南的辽东半岛南部地区及岛屿。

宁海县印

乾隆年间，随着人口的增加和各业的繁盛，重修复州、金州两城，两城雄峙南北，已成为当地的政治、文化中心。重修的两城一改以往各代定位为单纯强调军事防御功能的城堡，而是以人居为主、经济和文化功能齐全的城市。城内街道纵横，商店栉比，五业兴旺，人气熙攘，设有官署衙狱、寺庙、儒学、会馆等设施，以发达的驿道与周围新兴的城镇、港口、渔场、盐场相连接，成为带动地区经济、文化发展的中心。当时，复州周边有长兴岛、娘娘宫、复州湾盐场、五湖咀煤矿等，金州有旅顺、水师营、小平岛、牧城驿、青泥洼、貔子窝、城子坦等。当时庄河地区隶属岫岩的有大庄坞（今庄河镇）、青堆子、大孤山等。这些城镇与港口已形成城镇网络，与周边的村屯相连接，对推动城乡的发展起到了重要作用。

五、海防要冲，再立水师

清初，清廷把军力和国力重点放在关内，只在旅顺口留守百余兵员防守。这种状况持续了 60 余年，直到康熙五十年（1711 年）因海盗蜂起，兵部分派山东海防水师不定期至旅顺巡哨。其海路遥远，多有不便，为了加强辽东黄渤海及其周边的防御，康熙五十二年（1713 年），"经满汉九卿詹事科道复议"[8]，清廷批准了盛京将军唐保柱的奏请，决定在旅顺设立水师营。

　　旅顺水师营选址于龙河中游的旅顺腹地，距海口8里，时称"八里庄"。水师营建成后，地名遂改"水师营"。水师营占地125万平方米，三面环山，可防背后来犯之敌；河水深，港阔，战船向南可直达旅顺海口。水师营从筹建到康熙五十四年（1715年）建成，设有码头区、营房区、官衙区、商贾区等功能区域。整个水师营区大街分布呈十字形，俗称"衙门街"。初建营房1200间，营房西北的大山下建有大教场，占地1.4万平方米；东北部建有小教场，占地7000平方米。水师营初设官兵500名，后增至720名，设协领（从三品）1员、佐领（正四品）2员、防御（正五品）4员、骁骑校（正六品）8员、笔贴式（正九品）4员。另有家眷随军人员1200人。旅顺水师营是清末旅顺军港兴起前东北地区最大的水师基地，主要职责是护卫辽东海疆、缉捕海盗、保卫黄渤海海运及渔业生产安全。其上一级的军事机关为熊岳副都统衙门（副都统兼盛京副将军）。巡海范围分为三条路线：一是由旅顺东行至鸭绿江口一带海域；二是由旅顺西北行，沿渤海水域至觉华岛洋面与直隶交界的天桥场；三是由旅顺南行至与山东交界的隍城岛一带海域。

　　水师营自康熙年间建立至光绪元年（1880年）朝廷裁撤（于旅顺口建立北洋前敌营务处），存续160余年间，在保卫辽东海疆、防海盗、御倭寇、稽查海上鸦片走私等方面发挥了重要作用，在清代海军发展史上占有重要一页。同时，水师营对大连南部地区的经济、文化发展也产生了重要影响。首先是水师营已成为人口稠密、街道纵横、各业兴旺的集镇，出现了粮市、菜市、草市、饭馆、杂货铺、木匠铺、当铺、豆腐坊、黄酒作坊，还有来自山东、河北的商人。经营绸缎庄的河北东亭宝坻人，被称作"老坛儿帮"；经营百货的，被称作"山东福山黄县帮"。除上述坐商外，集市贸易规模也十分宏大，特别是水师营盘一侧的蟠龙山庙会商贾云集，可见，水师营是280年前辽南地区商品经济最发达的城镇。当时流传一句民谣："上有天堂，下有苏杭，除了北京，就属营房。"民谣中的"营房"就指水师营，可见当时商贾之盛。水师营最著名的两种食品是大糖火烧和老干榨（黄酒），当地还流传一句顺口溜："水师营的大糖火烧老干榨，金州的驴肉包了炸麻花。"水师营招募的兵勇绝大多数为旗丁中的佼佼者，他们自幼习武，多谙熟各种兵器，且具有一定文化基础，在他们的影响下，当地的年轻人以能到水师营充军为荣，并为之习武学文，有的家庭成为水师世家。如水师营西南街金氏一族，自顺治年应辽东招民令来旅顺后便被编入旗籍，代代男丁投身军旅，从其十世祖始连续四代都官居正四品，其后代亦都在水师营任防御、骁骑校等。

第二节　五业兴隆　经济复兴

一、农渔兼营，盐业勃兴

清代大连地区的经济以农业、渔业、盐业、海运业、商贸业为主，形成了区别于东北其他地区的具有沿海特点的区域经济。明末清初的战乱导致大连地区土地荒芜，清顺、康、雍、乾四朝实行招民垦荒政策，又派八旗官兵到大连地区圈地垦殖，改变了人烟稀少、土地荒芜的状况。至雍正七年（1729年），金州地区耕地增至10.8万亩，复州地区耕地增至42.5万亩。至道光二十七年（1849年），金州地区耕地已增至42万亩，复州有耕地78.3万亩。农业人口和耕地的大幅增加，奠定了农业的基础地位。清廷对早期移民垦种的土地，承认其私有权，准许永远为业，并按旗民籍别，以"旗红册地"和"民红册地"登记存照。乾隆初年，针对移民禁而不止的情况，清廷又规定，除占山户所占的荒地之外，其他开垦的土地一律划为"余册地"。余册地只有永佃权而无所有权。由于清廷采取民族歧视政策，让旗民跑马圈地，外来移民只得典种旗民土地或到偏僻山区垦荒（被称为"刨山户"），造成大片土地荒芜的状况。这种政策严重地阻碍了农业的发展，因而出现了旗民典卖土地的情况。

为阻止旗产向民产转化，早在康熙九年（1670年）朝廷即规定，"官兵地亩，不许越旗交易，兵丁本身种地，不许全卖"[9]。雍正五年（1727年），清政府曾"动帑价赎，仍归旧业"，即由官府出钱将那些旗人卖给民人的田产赎回来仍交给原主经营。乾隆年间又采取"改典作价"的办法，

"分别年限给还原主"。但这些束缚生产力发展的政策无法扼制旗地向民地转化的发展趋势。至清代中叶，由少数旗人掌握多数土地而多数民人掌握少数土地的状况得到缓解，大连地区农业经济进入快速发展轨道。大批来自山东等地的移民落户农村，以汉人姓氏命名的村屯蜂拥而起，最终形成了大连近代农村村落分布的基本格局。

　　清代大连地区农业发展的标志是耕地面积大幅增加，种植品种不断丰富，玉蜀黍、地瓜、土豆等高产品种和经济作物被引进，特别是来自山东等地的移民将关内的耕作技术带进大连，使大连的农业生产由粗放型向精耕细作发展。随着城镇的兴起，金州、旅顺、复州、貔子窝、城子坦、青堆子等城镇周边出现了菜园、果园，并形成菜市，农业产品已进入商品流动领域。早在明代，金州地区已出现以杏园、樱桃园命名的地名，可见杏、樱桃栽培遍及城乡。清代移民定居后，又从山东、江浙地区引入一些果树品种，主要有海棠（沙果）、花红、梨、山楂、葡萄、枣及桃、李等品种。大连地区成为水果的重要产地。随着农业的发展，

秋收后"打场"

畜牧业也重新兴起，康
熙年间，金州登沙河马
蹄子村、满家滩曲家村
等处的官办马场重新恢
复，民间养马随之增多。
黄牛品种有满洲牛、蒙
古牛、朝鲜牛、山东牛
等，以满洲牛居多。牛、
马、驴、骡已成为拉车
耕田的主要畜力，提高
了农业生产效率。

海盐堆与帆船外运

清代，大连地区的传统产业——渔业和盐业有了新的发展。大连沿
海地区及岛屿居民多以海洋捕捞为生，渔业劳力及人口占地区总人口的
1/3。沿海多处出现以捕捞为业的渔村，海上诸岛基本以渔业为主。有些
村屯渔农兼营。主要渔场有岛屿周边海域，黄海的旅顺、龙王塘、青泥洼、
貔子窝、庄河青堆子、大孤山，渤海的金州、复州等近海渔场。海产品
主要有黄花鱼、带鱼、鲅鱼、青虾、毛虾及鲆鱼、镜鱼、鲈鱼、踏板鱼，
还有海参、牡蛎、蚶、螺、海蜇、飞蟹等。鱼市贸易渐成规模，大连已
成为中国北方的重要渔业产地。

大连地区海盐生产历史悠久。清廷对盐业生产与销售管理均十分严
格，无官府执照不准入业。清康熙十八年（1679年），清廷在辽东招募
盐商领引销盐，官府征课银，严禁私人销盐。康熙三十年（1691年），
全国推行晒盐法；康熙四十八年（1709年），在貔子窝东老滩开辟了辽
东半岛南部最早的盐田，之后天日晒盐全面推行，制盐技术发生重大变革，
盐产量大增。大连地区先后辟建复州盐场、金州盐场、旅顺盐场、貔子
窝盐场、庄河盐场等大型盐场，还出现了完全脱离农田、以盐滩做工为
业的专业盐工。晒盐、销盐、稽查，强势进入民众生活，出现了名目繁
多的盐政管理机构。

经过百余年的发展，大连地区形成了农业、渔业、盐业三足鼎立的
态势，渐而演变成具有沿海地区特色的经济、文化形态。农业以自耕农

和租佃形式为主要特征，渔捕业以合伙养船置网或为船主充当船工获取劳金的方式为特征，盐工则以产定酬或按出工计酬为特征。渐而形成各生产领域各不相同的生产、买卖、分配、祭祀、人际交往、礼仪等风俗，甚至在语言、词汇等方面也形成行业特点。

二、水陆四达，南北交融

清代大连地区经济、文化的发展与水陆交通的发达有着直接的关系。海路直通山东、江浙和福建等地，巨大的人流和物流带动了大连地区商贸业、运输业的发展，使大连成为水陆交通的枢纽和东北地区与中原地区交流的重要通道，促进了南北经济、文化的交融，对东北地区经济、文化的发展起到了重要作用。

顺治至康熙年间，清廷颁令鼓励中原民众出关开垦，推行开禁政策，宣布开放海禁。与山东登莱隔海相望的金州、复州，商船频频往来，渤海金州、复州娘娘宫，黄海貔子窝、青堆子均因海而兴。但从乾隆五年（1740年）四月起，随着大批人口涌入东北，清高层统治者又担忧移民大量涌入影响"龙兴之地"的根本，故又数度采取封禁政策。为了禁止汉人私自从事采参、捕貂，控制关内民人出关垦荒定居，清廷封锁了进入东北的陆海交通线，全面封禁东北。清廷采取了八项封禁措施，其中之一是"禁止内地商船'携带多人'至奉天各港，以绝流民自海上进入奉天地区之路"。乾隆六年（1741年）奉天

清初大型风帆货运船

府尹又制定了清理流民办法，对无业游民一律"递解回籍"，并规定"内地海船"到辽东诸港须查验人数，离去时"毋许遗漏一名"。乾隆十一年（1746年）奏准："宁海、复州、熊岳、盖平等处地方商船不时来往，凡带有无照之人来奉天者，商货仍听起运外，其照上无名之人查出递解回籍，船户治以夹带私人之罪。"清廷不仅严格限制山东民人从海上流入奉天地区，而且要求从奉天地区返回山东、江浙的船只不准装载或贩运粮米，甚至限制船员的口粮，并在港口设卡，责令官兵严查。

海禁政策实际上是一项推行民族歧视，压制阻碍经济发展、贸易往来和文化交流，违背社会历史发展客观规律的禁令。因此，从宣布之日起，未得到全面落实，民人流入盛京地区者越来越多，既封禁不住，又驱逐不了，实际上等于有封无止、有禁无止。据《清高宗实录》卷一三七六（乾隆五十六年四月辛亥）载，奉天沿海牛庄、盖州、金州、岫岩等海口处，有福建流民"在彼搭寮居住，渐成村落，多至万余户"。乾隆五十七年（1792年），河南、直隶等地发生严重旱蝗灾害，"至京就食者众"，清廷不得不明令开放海禁，不必"查验禁止"。"商贩闻开海禁，争买米石待运"，"盛京所属海口，商船云集，于民用有裨"[10]。商船规模动辄数船一队，数十船一组，有时多达八九百艘之多，其货物大宗为粮食，大连地区各港繁荣异常。据嘉庆年海口船只征税"清单"载：金州所属貔子窝、金厂、石槽、红土崖、和尚岛等港，出入沙船、乌船、卫船362只；庄河所属红旗沟、大孤山、青堆子、尖山子、英纳河、鲍家码头、小沙河等港，出入沙船、东船570只；复州所属娘娘宫、五湖嘴两处海口出入沙船、乌船、卫船、东船114只。嘉庆二年（1797年）山海关所属海口进入船只总计3286只，大连地区所属的15个海口来往船只达1046只，占总数的31.8%，征收税银22625两，比乾隆三十五年（1770年）时翻了六番，足见大连地区当年海运之盛。

此间大连地区最繁盛的港口有复州娘娘宫港，"为奉省南偏之紧要海港，往来山东登莱二郡者皆假舟楫焉"[11]。该港地处长兴岛与大陆之间，通航便捷，避风浪，"商贾辐辏，络绎不绝"。因港口靠近复州城通奉天官道，山东、福建等南方省份的商船到辽河口内的牛庄、田庄台等港口交易，或北方船只到南方经商贸易，均在娘娘宫停泊，使之成为大连

旅顺龙江中段码头的繁荣景象

北部地区最大的货物集散地和物资交流中转站。大连南部和东部地区较大的港口为金州港区、貔子窝港区和庄河港、青堆子港。金州西海滩平水阔，海运旺季，港内帆樯林立，船只往来不绝。尤其是大连湾等港当时均属自然港，商船趁涨潮时借水势尽量靠近岸边，潮退之后，船便搁浅在海滩上，牛马车可直接至船旁，然后搭桥板将船上货物装车，再运至岸上仓储地，便捷、省工、省时。每到退潮卸船时，金州港区车水马龙，熙熙攘攘，一派繁荣景象。貔子窝港区宽阔平坦，粮栈货仓就建在近岸处，运粮船趁涨潮时抢滩停泊至粮栈货仓近处，再搭桥板即可将粮米直接装仓或出仓。嘉庆二十年（1815年），盛京将军晋昌在奏折中曾称赞"宁海之貔子窝海口等处……商民交易各听其便，向无争执情事"。当时的貔子窝与营口齐名，有"北有没沟营（营口），南有貔子窝"之誉。自康熙二十四年（1685年）至乾隆二十八年（1763年）的70余年中，每年平均有1000万担豆麦粮食经金州西海港和大连湾等港运往江浙。乾隆四十五年（1780年），金州诸港仅大豆、豆饼运出量即达128万担，另有芝麻、苏饼、山绸、松子、瓜子等物资。除粮食外，山茧也是大连地区诸港输出的重要商品,主要销往山东,"每岁入口以关东茧为一大宗"[12]。南方运往辽东大连地区的物资有:绸缎、丝绒、夏布、红白糖、糖果、瓷器、琉璃、灯油等 70 余种。

随着海运和经济的发展,大连地区的陆路交通也有了新发展,形成了海陆相通的交通网。清初为了适应政治和军事的需要,就着手修建明清之际因战乱废弃的驿道,经过 40 余年的恢复与建设,至康熙中叶,在整个东北地区建成了以盛京为中心的四通八达的驿道交通网络。盛京将军辖区驿道,有通往山海关、开原、凤凰城、法库、兴城等地的七条驿道,其中贯通南北的是盛京至金州、旅顺干线。

这条驿道除承担传递军政信息外,还成为大连地区诸港与东北腹地物资往返运输的主要通道。其间,金州向东沿黄海近岸通九连城的道路也被修成较宽的车马大道,成为由山东过海来大连地区继续东进的移民及客商通往安东及朝鲜半岛的又一干线。庄河至岫岩、凤凰城的道路也基本通畅。与主干道相连接,清廷又修建以金州、复州为中心的通往沿海各港口和关内城镇的官道、商道和民道,不仅使朝廷与地方行政机构之间能够达到政令、军令畅通快捷,同时还极大地方便了腹地与港口间的物资运输与交往,对发展经济、赈灾、供应军需等发挥了重要作用,同时也使这些道路成为南北文化交流的通道。

清代大连地区的水陆交通一改明代主要为军事防御服务的状况,主要用于商运,直接拉动了商贸业、运输业、服务业及其他各业的发展。商品经济为当地自给自足、相对封闭的经济注入了新的活力,不仅促进了经济的发展,而且有力地推动了地区文化的发展。船商、船工和随船而来的大量移民成为文化交流的使者,他们将山东等地的生产方式、生活方式、风俗习惯以及语言、词汇和各种文娱表演形式带到大连地区,使"五工六艺"等更加丰富多彩。大连沿海地区成为齐鲁文化和中原文化的交汇点。乾隆五年(1740 年),山东船商在金州城内建起了山东会馆(又称"天后宫""会馆庙"),这是一组规模宏伟的建筑群,也是当年中国北方最大的海神庙宇。会馆庙占地约 6200 平方米,集海神祭祀、船商住宿休息及仓储和集会议事于一体。会馆共建有两个戏楼,留有由避难金州的山东即墨名儒王丕纯书写的楹联——"优孟衣冠,假笑啼中真面目；骚人游戏，小风流处大文章"。匾额为"省观世迹"。楹联寓意深刻，对仗工整，字如行云流水，苍劲有力，深受当地民众赞扬。

复州的娘娘宫港，明代即建有占地约 2.7 万平方米的娘娘宫，清代海禁政策宽松后，娘娘宫再度兴盛。周边商铺、店家林立，客栈、饭店、酒肆栉比，还出现了经营船运代理业务的机构。娘娘宫除建有祭祀海神娘娘的殿宇外，还建有戏楼，经常有戏班来此演出。就连几千里之外的福建戏班也经常随商船北上娘娘宫演出。娘娘宫戏楼衬壁留有乾隆年间梆子社班在此演出《天门走雪》等剧目的字迹。复州城北门外的天后宫，也是这一时期由海商集资兴建的。其碑文载："复地滨大海，虽通道省之下游，实舟行之孔道，北通牛口，西通析津，西南通利津、莱州，南通烟台、登州"，"苏之沪、浙之宁、慈，神速之同安，台湾，岭南之佛港、厦门，凡商贾之有事于北者，其往来皆必经于此"。足见当年复州港商船海运之兴盛。同时期，复州城永丰寺戏楼演出活动也十分活跃，演出的戏曲形式主要有山陕梆子、直隶梆子、柳子腔、莲花落等。庄河港于道光初年建成天后宫，宫址位于庄河西岸，设有戏台。台口面西，经常有外地戏班演出。镇郊的小寺庙也建有戏楼。驴皮影（即灯影戏）也是在嘉庆年由河北滦州由海路传入的，成为当时最普及的艺术形式，深受民众喜爱。清道光四年（1824 年），庄河所属的孤山、大东沟戏楼也相继建成。据孤山戏楼后台题壁记载，到此演出的戏曲有山陕梆子戏，剧目有《大走雪》《铁佛寺》《三阴阵》等。至嘉庆年间，随着海运事业的发展，中原的音乐、舞蹈越来越多地传入大连。皮彩、单鼓、鼓乐等艺术形式传入后，与本地的民间艺术相互交融，形成了具有地方特色的辽南风格。

第三节　儒学蔚兴　文风熙攘

一、庠序日兴，人才辈出

清代是大连地区古代文化逐渐走向成熟的时期，但在清初，清朝统治者为维护其统治，大兴文字狱，使许多汉族士子遭受迫害，严重地阻碍了文化教育的发展。顺治年间，辽东基本无学，流亡到外地的原辽东儒学生员多寄籍在河北永平府和山东莱州府就学。随着清王朝统治的渐趋稳定和社会经济的恢复与发展，自康熙中叶开始重视教育，"因故明学制之旧，诏谕兴学"。清廷又认为盛京地区为"祖宗发祥之地，而于振兴教育，培养人才尤亟亟焉"，于是"学校蔚兴，彬彬称盛矣"。其办学种类有满汉官学、儒学、社学、义学及书院。

雍正十二年（1734年）复州设置后，于同年六月设复州儒学。乾隆元年（1736年）复州儒学增建文庙。雍正十二年（1734年），在金州卫设宁海县，并设县儒学，两年后县学增建文庙。由于儒学设于州县城内，且生员有限，乡村学生就学困难。康熙、乾隆年间，清廷在较大的乡镇设社学、义学，凡近乡子弟年十二以上、二十以下，有志学文者，可入社学就读。还有一种形式是义学，亦称"义塾"，是由地方乡邑出钱免费收容贫苦子弟读书之所。至清代中叶，又出现了大批私塾，私塾又称"私学"，其主要特征是由私人开办、不受官府控制的教学机构，分为低、高二级。低级私学专教儿童，称为"蒙养"教育或"蒙馆"。高级私学教成人，又称"经馆"。办学形式有三种：第一种是塾师在自家开馆或租借庙宇、其他人家房屋招收附近儿童就读，称"门馆"、"家塾"或"散馆"；第二种是士绅富户独自延请塾师在家设馆，专门教授自家子弟或亲友子弟，称"坐馆"、"教馆"或"专塾"；第三种是一村或一族延师择址建馆教授本村、本族子弟，称"村馆"或"族馆"。清代中晚期，私塾已成为民间启蒙教育的主要办学形式。到清末，各类私塾民馆已普及城乡。据统计，1900年金州地区有私塾206处，在读学生9016人，复州有私塾200余处，庄河地区有200余处。

清代中期，随着儒学的普及，开始出现培养中、高级人才的书院。清初，曾禁办书院，清统治者害怕一些人利用书院"摇撼朝廷"，故于顺治九年（1652年）宣谕"各提学官督率教官，务令诸生将平日所习经书义理着实讲求，躬行实践，不许别创书院，群聚结党，及号召地方游食之徒空谈废业"[13]。此令直至康熙年仍未解禁。然而在关内，各地书院禁而不止，在讲学之风蔚然兴起的影响下，雍正执政后开始解禁并倡导创办书院。雍正十一年（1733年）颁喻旨称："近见各省大吏渐知崇尚实政，不事沽名钓誉之为，而读书应举者，亦颇能摒去浮嚣奔竞之习。则建立书院，择一省文行兼优之士，读书其中，使之朝夕讲诵，整躬力行，有所成就，俾远近士子观感奋发，亦兴贤育才之一道也。"[14] 清代东北地区最早的书院出现在流民会聚较多的铁岭，称为"银冈书院"。其后，规模和影响较大的是建于乾隆元年（1736 年）的沈阳萃升书院。大连地区创建的第一处书院是南金书院。

南金书院创建于乾隆三十八年（1773 年），其创建者为宁海知县雅尔善，初创时是由雅尔善率宁海域内知名绅士捐资兴建的。为保证书院内的正常教学经费与管理经费，宁海县衙署在"余地内拨给学田 1000 亩，岁银七十两"[15] 作为办学之用，不足部分由地方人士捐输。进士出身的金州东部乡人丁日恭，在书院创建时不遗余力地热心指导。《南金乡土志》对他评价说，丁日恭"品学优长，提倡后生，时金郡辟创未久，建置诸多缺陷，文风不振，尤为隐忧，爰乃监修南金书院，筹办南金学田，

金州城孔庙（西院为南金书院）

由是文风渐进"。42 年后的嘉庆二十年（1815 年），书院停办，改为儒学明伦堂。又历经半个多世纪，至同治八年（1869 年），金州厅海防同知谈广庆与训导范云波、副都统安祥堂等，联合地方绅士富户捐款在厅学宫内泮池东侧重建南金书院，使这座饮誉辽南的书院重新出现在金旅地区人民的生活中。直到光绪二十六年（1900 年），俄国侵占了金州城，拆除了南金书院，以其砖石木料在金州城东门外建俄清学校。这座持续了 127 年之久的著名书院对金州地区文化的发展产生了重要作用。

　　道光二十四年（1844 年），复州知州章鞠人倡议联合地方士绅胡绍庭、刘祖尧共同创办了复州横山书院。复州台前村官绅捐献学田，使学校经费得到保证。横山书院延请名师讲学，培养出一批优秀人才，使复州成为文风蔚兴之地。

　　学校蔚兴，书院兴起，学风日盛，士子彬彬，改变了大连地区的文化面貌，使文化发展达到了一个新的水平，其主要标志是开始形成了知识阶层，改变了以往各代社会发育不够健全的状况，打破了明代以前本地不出人才、不出作家作品的状况。据不完全统计，至光绪年间，金、复两州取得进士的有 18 人，举人 85 人，贡生 301 人；庄河地区取得进士的有 8 人，举人 36 人，贡生 61 人。这些人，部分到外地任官，有的官至巡抚，如庄河人李秉衡；有的入选翰林，如复州人徐赓臣、金州人李绪昌；有的成为著名学者和诗人，如庄河人多隆阿、金州人隋汝龄；而大多数留居本地，成为乡儒、塾师，或隐居民间，躬耕田亩。他们大多都留有诗文作品，他们是大连文化的耕耘者。

复州城横山书院影壁

二、诗文繁博，文坛蕃昌

清代，大连地区文化发展的另一个重要标志是文学创作日益兴盛，作家作品的数量和质量超过了以往各代，特别是出现了一批本地文人，打破了历史上没有本地作家作品的纪录。

清代大连地区的文学作品，有的是流寓本地的官员和文人所作，而更多的是本地作家的作品。特别是清代中、晚期，大连本地作家蜂起，出现了文风熙攘、诗文兴盛的局面。

这一时期大连文人的代表人物有多隆阿、隋汝龄、徐赓臣、许文运等。多隆阿是东北地区满族的著名学者和诗人。他学识渊博但无心仕途，除大量的学术著述外，兼有《慧珠阁诗钞》等诗歌创作200余首，诗风自然，文字优美，堪称清代大连地区第一诗人。徐赓臣才华横溢，中进士后被钦点为翰林院庶吉士，授朝议大夫。咸丰帝曾出上联试其才华："口十心思思父思母思妻子。"话音刚落，徐便对出："寸身言谢谢天谢地谢君王。"徐赓臣工诗善文，著有《韵初遗稿》和诗集《斯宜堂诗稿》，现存其诗400首。其中，劝诫鸦片的诗词共53首，是国内诗人写得最多的一个。庄河诗人许文运是一位土生土长的平民诗人，时与多隆阿、李克昌并称"辽东三才子"。许文运专攻经史、诗词，作品丰富。《浒东诗钞》共四卷约4000首之多，今仅存100余首，多吟咏庄河的山水田园，清新飘逸，朴实自然。其兄弟子侄许罡运、许际阁、许际闻、许壮观、许瀚观等受其影响，均为诗人学子。许氏诗风相近，创作数量巨大，被时人称作"浒东诗派"。金州石河人隋汝龄勤奋好学，精通文史，虽长期任职江南，却常怀故土之眷，持续20个春秋寒暑，著成《辽海志略》，是东北地区较早的史学家。隋汝龄品行高洁，政绩卓著，病逝于赣榆职上，当地父老怀念其功德，在给他的挽联中写道："十二年辽海志成大有文章著史笔，三千里家乡路远空教父老哭青天。"

这一时期较有成就的作家还有庄河的恒龄（多隆阿之子侄）、刘鼎元、刘滋桂父子等，复州的张振甲、张振纲兄弟及其子弟张时和、梁殿奎、张俸、胡业顺等，金州的林世兴、江毓秀、刘孔谓、乔有年、李贵昌、王天阶等。

清代，在大连地区为文作诗者，还有在本地任官和流寓大连的外地文人。其中著名的有陈铨、魏燮均、王志修、涂景涛、袁保龄等。其中，在大连地区留诗最多、成就最高的是流寓大连的铁岭诗人魏燮均。他曾在金州幕府任职两年，作为一名小吏，经常深入民间，对百姓疾苦有着很深刻的体会。他创作了《流民行》《荒年叹》《赈灾行》《金州杂感》等一批深刻反映现实、哀民疾苦、为民请命的现实主义作品，因而成为大连地区现实主义诗歌的开拓者。

清代，大连地区还遗留了一些以庙宇修建纪事为主的碑记，主要有乾隆五十一年（1786年）复州知州锡尔塔（蒙古族）撰的《重修孔庙碑》、乾隆四十四年（1779年）奉天府尹李绶撰的《关帝庙碑》、乾隆六十年（1795年）复州知州文都逊撰的《重修先农坛碑》、乾隆六十年（1795年）文都逊撰的《创建节孝祠碑》、嘉庆六年（1801年）复州知州耀昌撰的《重修魁星楼碑》、嘉庆年间奉天府尹徐玉澍撰写的《重建宁海县学宫记》等。上述碑记不仅极具文学价值，还具有史料价值，是宝贵的文学遗产。

三、乡俗民风，多元共存

清代，大连地区逐渐形成了具有本地特点的民间民俗文化。清初，清廷曾强迫东北地区"满化"，强迫汉人剃头、留辫、易服，使用满语，将汉人编入汉八旗。当时的大连地区就有进驻的八旗官兵及其眷属，使满族人口逐渐增多。民间民俗文化较多地吸收了满族文化，如宗教文化（如萨满与跳神）、歌舞文化（如单鼓等）、饮食文化（如酸、凉食，血肠，火锅等）、服饰文化（旗袍、马褂、坎肩、马裤等）。但随着山东等地移民的大量迁入，移民作为民间民俗文化的载体和传播者，又将中原地区的民间民俗文化强势带入大连地区，使整个大连地区的文化形态呈现不断汉化的趋势，逐渐形成了以汉文化为主体、广泛吸收满族文化的多元化格局。

清代大连地区民俗文化的兴起与宗教兴盛有着直接的关系。清入主中原以后，重视发挥宗教在治国中的作用，并屡加提倡，佛教、道教及萨满教等宗教流派与明朝相比，均有很大扩展。首先，朝廷将宗教事务

金州文齐庙神像

纳入国家管理体制，设置僧录司作为宗教主管部门。复州与宁海县衙门亦设置"僧官"，均由较大寺庙宫观的住持或道长担任。佛教、道教按派别定期进行交往，宗教活动十分活跃。大连地区清前、中期共建寺庙57座、宫观181座，合计238座，有僧道1400余人。

寺庙、道观均有固定的祭祀日，并开设庙会。届时四面八方香客云集，人们除来烧香还愿之外，还参与庙会组织的经贸活动和文化活动。庙会实际上是一地最盛大的集市和各种民俗文化展示的舞台。庙会日一般有三天至五天，一处庙会赶会者可多达10万余人次。普兰店夹河庙庙会形成于乾隆年间，为大连北部地区庙会规模之最，年客流量高达20余万人次。至清中、晚期，金州大黑山观音阁庙会、莲山的魏霸山清泉寺庙会、复州娘娘宫庙会规模都很盛大。今大连中心城区周边营城子、革镇堡、辛寨子、栾家、岔沟、柳树屯、唐山街等处有庙会集市20余处。

盛大的庙会都有戏剧演出，即唱野台大戏。唱戏活动一般由民间商会组织并出资。旅顺水师营蟠龙山娘娘庙庙会于每年农历四月十八举行，要连续唱五天大戏。庙会日除唱戏外，还有杂耍、戏法、耍猴、唢呐、评书、武术、气功等各种表演，还有算命、测字、求签、相面、看风水、择日等各类三教九流人等，热闹非凡。

清代，大连宗教文化除佛、道、儒三教盛行外，还有一个突出的地域特点，即海神崇拜盛行。海神庙宇数量很多，其间共建娘娘庙22座、龙王庙27座。这些海神庙宇多分布在黄渤海沿渔区和海岛，香火旺盛。其祭祀活动有定期祭祀、出海祭祀、年节祭祀等形式，内容丰富多彩。其敬神、颂神、拜神等渐形成一种模式，成为渔区文化的重要组成部分。清代中叶，随着海运事业的发展，沿海港口的海神庙宇由于南来北往的船舶增多及周边成为货物集散地，香火十分旺盛，已成为南北文化交流的中心。其中影响较大的有金州天后宫、复州娘娘宫和庄河青堆子普化寺。

金州天后宫，又称"山东会馆庙"，建于乾隆五年（1740年），是当时中国北方沿海最大的海神庙宇，又是一处集祭祀与经济、文化交流

庄河青堆子普化寺

为一体的建筑群。天后宫前后三进，既有大殿、配殿，又有厢廊禅房，前后建有两处戏台。天后宫建成后，成为当地商人、居民和山东船商聚会、理货、贸易、休整、交流、娱乐的重要场所。久之，天后宫作为宗教场所的功能淡化，经济与文化功能日渐突出，其经济方面，会馆的作用成为天后宫的主导，后来便被称作"会馆庙"。其在存续的 200 余年中，是金州古城的主要文化活动场所。还有复州娘娘宫，早在明代就是漕运港口，建有天后宫，后又建成供奉妈祖的娘娘宫。它具有闽地风格，建有戏台，在清代香火很盛，成为江浙、福建船商停泊、聚会、交流的重要场所。清代，庄河东部的青堆子、大孤山因港而兴，成为从山东、大连至今丹东地区的必经之地。青堆子普化寺建于乾隆八年（1743 年）。大孤山亦建成多处庙宇和天后宫，成为儒、释、道和海神崇拜并存的宗教圣地。

大连地区的各种民间文艺形式大多形成于清代，其中主要有秧歌、高跷、单鼓、皮影戏、鼓乐、民歌、舞龙、舞狮等。民间器乐主要有唢呐、锣鼓、笙、笛、管、二胡、三弦等。民间工艺主要有窗花、剪纸、扎纸、泥塑等。这些艺术形式初由移民传入，在流传过程中与本地的风土人情相结合，形成了鲜明的地域特色。

秧歌于乾隆年间传入大连，逐渐成为最普及的文娱形式，最初是由山东移民传至复州长生岛（长兴岛）的。老母会全称"观音菩萨老母会"，属祭祀性秧歌。表演者分别扮演娘娘、四大金刚、丑婆、傻小子等人物，首先由四大金刚手举旗幡开路，接着是"走圆场""剪子股"等，并反复进行队形变换，中间穿插"打棒""打花鼓"等表演，由唢呐、锣鼓、钹等伴奏。老母会表演者均化浓妆，舞姿奔放、粗犷、幅度较大，深受民众喜爱。后来此种舞蹈以复州城为中心向周边地区扩散，成为清中叶直至清末的重要地方歌舞。金州地区流传的秧歌称"跑地会"。表演者多扮演历史人物，如领头的扮刘备，接着是"头花""二花"，后跟各类人物，有"扭""蛇蜕皮""龙摆尾""卷白菜心"等队列形式。闹海秧歌"四大海"则是在沿海渔村由天津船民于咸丰年间传入的，表演者扮鱼、鳖、虾、蚌，是模拟水族习性和嬉戏的舞蹈。

清代大连地区的高跷分辽东、辽南两种。辽东跷流行于庄河地区，这里早在明代即出现脚踏高约尺许的木跷表演舞蹈。表演者扮成八仙形象，随锣鼓和唢呐的节奏载歌载舞，称为"踩高跷"，多是在春节至元宵节期间或其他农闲季节表演。庄河高跷早期表演的人物主要有《唐僧取经》《打渔杀家》《断桥》等折子戏中的人物，后来又增加了傻柱子、丑婆等丑角形象。至清代，随着移民的涌入，人口迅速增加，高跷这种艺术形式进一步发展：木跷由高一尺左右增加到两尺以上；表演更加明快火爆，行进中穿插队形变化，或由丑角表演《扑蝶》《赶驴车》等，且行且舞，风趣诙谐。当时的庄河镇、青堆子镇和大孤山镇的高跷队规模最大，他们不仅在城镇表演，还到农村大型集市表演。

　　大连地区北部的复州城、李官、许屯一带亦是著名的高跷之乡。其中复州城高跷为南派高跷，由河北沧州来复州定居的马姓回民传入。经过不断改进，结合本地跷的表演形式，形成新的风格，称为"复州跷"。其基本表演形式是"走蹚地式"，即拖步。表演者头部与上身摆动较大，入场时呈大鹏展翅队形，节奏较快；转慢板节奏后，大扭大浪，大摆大晃，浪中求稳，轻柔舒缓，激越抒情，舞姿婀娜。其标志性舞姿有舞水袖、整冠、甩髯口、耍大刀花等，还有脚柱、拿顶、劈叉、前后滚翻等绝活。复州北部李官等地的高跷受海城派影响较大，以大场面表演见长，贴近戏曲表演形式，既欢快火爆，又诙谐洒脱。扮演的人物出场顺序一般是：以头跷张三（武丑扮相）打头，二跷是武旦扮相，如杨八姐、《打渔杀家》中的肖恩等老生、丑婆、傻柱子、青蛇、白蛇，二跷以下为众多着一般上装、下装的男女角。高跷以叠罗汉形式出场，由头跷和二跷带领舞者跑大场，之后再接小场表演《扑蝶》等单人舞、二人舞或三人舞。大连南部金州、旅顺地区的高跷由冀东地区引入，称为"天津跷"。其舞姿晃动较大，稳健、活泼、欢快。扮相多为历史传说人物。头跷为姜太公，二跷为黄天霸，三跷为《三国演义》中的刘、关、张及《西游记》中的唐僧、孙悟空、猪八戒、沙僧，再以下为一般装束的男女角。高跷集音乐、舞蹈、杂技、戏曲于一体，不限场地、季节，均可表演，是清代城乡民众最喜闻乐见的一种娱乐形式，也是民众文化生活中的重要内容。

　　单鼓也是清代大连城乡的主要曲艺形式之一。单鼓又称"太平鼓"，原为满族萨满降神舞，由驻防八旗军传入大连。由于八旗兵分驻城乡各地，单鼓流传十分广泛。单鼓传入之初，有浓厚的宗教色彩，主要是遭遇天灾人祸时请萨满打单鼓烧香许愿，通过娱神，祈求太平。单鼓音乐粗犷、朴实，经过长期演变与发展，又与当地民歌、二人转、影调戏音乐相交融，形成了成熟的独具特色的单鼓音乐。舞者表演时左手持单鼓，鼓把处安串铃，右手执短皮鞭击鼓，以轻重疾徐的不同节奏边舞边唱，其舞姿粗犷，唱腔豪放嘹亮。单鼓分文场与武场，风格各异。文场以唱为主；武场除唱外，还辅以杂技和武术，其中不乏扣人心弦的高难动作和惊险场面，具有很强的观赏性。单鼓表演不需要太大的场地，但表演有一定程式且时间很长，一般唱"十二板"，依次是开坛、清土地、过天河、闯天门、点将、接天神、接地神、跑圈子、请灶王、送神等。表演一般从上午九时至午夜凌晨。初时只有二人对唱，后来增加了领唱、伴唱、群唱等多种形式。[16]

艺人

鼓乐传入大连地区的时间约为乾隆末年，乐曲及演奏技法均由山东和河北移民传入。其特点是鼓乐品种多，鼓乐班子参演者众，一个表演少则八九人，多则20余人。其表演或高亢，或委婉，气势恢宏，富有震撼力。使用的乐器有：大、中、小各色喇叭，笙，单管，双管，

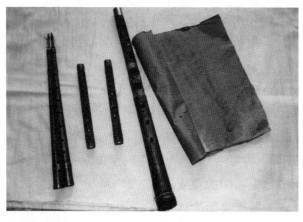

已传承了300余年的古乐器、乐谱

笛，箫，牛角匏等。打击乐器有：堂鼓、皮鼓、大锣、小锣、钹、镲等。旧时多由邻近村的艺人组成鼓乐班（社），由技艺高且有威望者任师傅兼领头，称"喇叭吹头"，即"班主"。鼓乐班子为了生存，主要为民间婚丧嫁娶提供服务。鼓乐班（队）成员均为自由结合，崇尚师承，讲究流派。旧时鼓乐班子遍布各地，几乎每个乡社都有一支或几支"喇叭吹"。为了提高竞争力，吹奏艺人多是一专多能，尤其是"喇叭吹头"多身怀绝技。清代大连地区流行的鼓乐曲较多，有旱吹、水吹、小牌曲子、杂曲等类不下 300 余支。旱吹与水吹多用于丧事，小牌曲子多用于婚庆，杂曲则可多用。

复州双管乐作为鼓乐的一种形式，于乾隆年间由山东传入，主要分布在复州地区，以双管演出为主，配以唢呐、笙、二胡等伴奏乐器。传统曲目有《江河水》《渔舟唱晚》《采茶》等，音色高亢豪放又委婉柔美，可以淋漓尽致地表达出喜、怒、哀、乐各种情感。

皮影戏是在清中叶传入复州和金州，在流传过程中吸收本地音调，经过改造创新，成为独具特色的地方曲艺。大连地区的皮影分南、北两派。北派为复州皮影，以唐山皮影为基础，演出剧目有影卷（剧本），善演长篇，表演舒缓抒情。伴奏乐器最初以小三弦为主弦，外加二胡、笛子，配以锣鼓、板、钹，后增加大四弦、双铜管、小牛角、葫芦头等，以音色柔和的大四弦为主弦，形成了复州皮影独有的伴奏乐器特色。南派称"关里皮影"，主要受山东登州影的影响，盛行于金州西部、北部地区，演出没有剧本，由艺人口传背诵，称"随口影"。艺人可自由发挥，具有火爆、热烈的风格。

皮影造型

【注释】

[1] 辽东有三京：赫图阿拉（新宾老城）为兴京，辽阳为东京，沈阳为盛京。

[2]《清圣祖实录》卷二，26页，北京，中华书局，1985。

[3]《大连通史》编纂委员会：《大连通史（古代卷）》，502页，北京，人民出版社，2007。

[4]《清世祖实录》卷七，3页，北京，中华书局，1986。

[5]《清朝文献通考》卷一，《田赋一》，4858页。

[6]《盛京通志》卷三五，《户口》。

[7]《古今图书集成》卷五一，《食货典上》。

[8]《奉天通志》卷三十，593页。

[9]《八旗通志·初集》卷十八。

[10] 见《奉天通志》。

[11] 见《复县志略》。

[12] 见《宫中档乾隆朝奏折》第25辑。

[13] 刘伯骥：《广东书院制度·序》。

[14]《选举典·学校部汇考》卷十一。

[15] 见《大连市志·教育志》、《奉天通志·金石八》（五卷）。

[16]《大连市志·民俗志》，北京，方志出版社，2004。

第六章

抗御外侮　浴火崛起

——鸦片战争至甲午战争、日俄战争时期的大连文化

　　清代晚期，大连地区经济、文化的发展进入了比较成熟的阶段，中华文化在这里扎下了较为深厚的根基，出现了五业兴旺、人文繁盛的景象，并形成了具有自身特点的地域文化。但是，帝国主义发动的侵略战争改变了大连的命运。

　　1840年鸦片战争爆发，帝国主义列强打开了侵略中国的缺口，中国开始进入半殖民地半封建社会。大连地区由于所处的地理位置十分重要，早已成为帝国主义列强觊觎的焦点。1880年，光绪皇帝责令北洋大臣李鸿章在旅顺、大连湾兴建海防工事，旅顺口的崛起拉开了大连地区走向现代的序幕。1894年的甲午战争和1904年的日俄战争，是第二次世界大战前亚洲近现代史上极具毁灭性的战争，都以大连地区为争夺焦点和主要战场。大连人民深受侵略战争之苦，并由此陷入俄、日帝国主义殖民统治之下达半个世纪，大连地区成为继澳门、香港、台湾之后又一被帝国主义侵占的国土，经历了沉重的历史。

　　鸦片战争以后，传统文化遭遇到西方资本主义文化的强烈冲击和挑

战。由于大连地区是帝国主义列强的角逐之地，大连地方文化开始了民族文化与外来文化、传统文化与现代文化激烈冲击、碰撞的过程。

第一节　晚清时期大连地区的文化状况

顺治十年（1653年）清廷颁布了《辽东招民开垦条例》后，大连地区的人口渐呈增长趋势。康熙二年至三年间，清廷对盛京地区的州县设置进行了规划。雍正十二年（1734年），改金州为"宁海县"，以金州城为中心，东至城山头40公里（海界），西至金州湾1.5公里（海界），南至柳树屯（今大连甘井子区大连湾镇）12公里（海界），西南至旅顺老铁山65公里（海界），北界自西向东，沿普兰店湾东海岔，经普兰店至城子疃、碧流河一线，以及大长山岛、小长山岛、光禄岛（今广鹿岛）、獐子岛、海洋岛及其所属岛屿和渤海水域的近海岛屿——蚂蚁岛等广大区域，陆地面积达3300平方公里。

自宁海设县始，移民数量逐年增加，来自山东、河北、河南、天津一带的流动迁徙人口也将本地的民间文化艺术带入大连地区，并且逐渐与本地的风俗民情融为一体，形成了金复州地区独特的辽南民间艺术风格和艺术格局。至清晚期，这些文化内容和艺术形式在大连地区流传、延续，逐渐融入本土文化。

一、晚清时期大连地区的艺术种类

清前期传入大连的各种民间演出形式，在大连地区流行、演变，至清晚期已经形成了众多丰富多彩并富于本土特色的地方艺术种类。仅金州地区流行的民间艺术，就包括秧歌、高跷、旱船、龙灯、舞狮、单鼓等舞蹈类，大鼓、评书、快板、山东快书、二人转、单出头等曲艺类，唢呐、锣、鼓、笙、笛、管、二胡、三弦等器乐类，窗花、剪纸、扎纸、彩绘、雕塑、皮影等民间工艺类。此外，复州地区具有浓郁地域特点的复州大鼓书、八角鼓及辽南影调戏等，也是当时发展状况较好的艺术种类。

在这些民间艺术不断发展的同时，其他艺术形式也流入大连。晚清时期，梆子腔、柳子腔、皮黄腔等在大连地域内亦有流行推广。民间就传有"梆子腔、柳子腔，粳米白面羊肉汤"的说法。光绪年间，直隶梆子张庆广班来庄河演出《打龙袍》《双官诰》《五台山》《黄金台》等剧目。直隶梆子艺人田际云（想九霄）、京剧艺人路三宝、朱素云、程永龙、范永在、周永杰等来大连演出，产生较大影响。此外，在晚清时，莲花落等艺术形式的演出也比较广泛。

另外，由于大连地区居民多来自山东、河北、河南、天津等地，五方杂处，观众对戏曲艺术的欣赏情趣不同，不同声腔、不同风格的戏曲在大连地区得以同时流传、互相融合、互相影响。1861年，民间集资对金州城隍庙戏楼重新进行了修葺。

晚清时期，绘画艺术在大连境域内也有不同程度的发展。国画艺术在境域内得到流传。而以木版雕刻形式出现的民间年画，因历史的久远、易于普及，成为民众的喜好之品。时逢年节，家家户户都要张贴、悬挂年画，商贩、摊点普遍营销年画作品，满足民俗年节和除凶辟邪活动的需要。此时，油画艺术也传到大连地区。甲午战争期间，日本油画家黑田清辉随军来到金州、旅顺等地进行写生。日俄战争时，俄国画家维列夏庚从

庙会京剧演出

遥远的彼得堡来到旅顺口作画。

晚清时期，大连地区的书法作品大量地体现在碑石、匾额、楹联等内容上。其中有较大影响的是：建于乾隆四十年（1775年）的金州天后宫前戏楼上由王丕纯书写的"省观世迹"的匾额和楹联；建于道光二十一年（1841年）的石刻建筑——瓦房店市许屯乡的"张氏节孝碑坊铭文"；位于庄河市青堆子镇咸丰二年（1852年）的"普化寺重修碑"；李鸿章经营旅顺海防时期在南子弹库留下的隶书"龙盘"、"虎踞"及"海军公所"的匾额等；以及旅顺博物馆收藏的"显忠祠碑记"石碑等。通过留存的各类碑刻、匾额，可以说明这一时期里，大连地区的书法艺术得到了进一步的普及和提高，为以后的发展奠定了坚实的基础。

晚清至日俄战争期间，大连地区出现了一批较有特点的书者。这其中有工书能文，运笔工整的金州人隋汝龄；有善行草，功力深厚，舍弃官途，毕生鬻字的庄河人刘永康；有诗文书法皆工，行草流畅，宛如行云流水的金州人江毓秀；有工诗善书，留有众多墨迹的复州人徐赓臣；有文采武略出众，官至一品"北直廉吏第一"的李秉衡；有通行楷书体，运笔断连有致的金州人乔有年；有能诗善书的金州人王永江等。另有复州人张运沂、张逢奎、张逢瑞、张逢辰、张逢麟、张时宗、张时和一家祖孙三代人，各有书法造诣，对复州一带早期书法艺术影响甚大。

此期间，在外来莅任的官员中，像撰写了《曲氏井题咏》的王志修以及吴镜湖、袁保龄、左宝贵、谈广庆、吴少恩、张治、涂景涛、丁汝昌等均在大连地区留下过墨迹。

二、晚清时期大连地区的市井民风

晚清时期，各民族间的互相融合进入一个新的阶段，市井方面也发生了变化。在大连地域内，以农耕文化为主导的民风既体现出少数民族的特点，又体现出中华传统文化特色。这种特有的市井民风主要表现在婚嫁礼仪和岁时节令等诸多方面。

晚清时节，虽然在社会上流行"满汉不通婚"的说法，但实际上"只分旗民、不分满汉"，即旗人和民人之间很少通婚，而满、蒙、汉八旗人互通婚姻则是司空见惯之事。至于结婚的仪式，各民族间虽然有所不同，但大同小异，就当时满族、汉族的婚俗而言，大都有以下一些程序：议婚（说媒）、定婚、举行婚礼仪式等。

议婚，通常是父母委托媒人为其子女寻找合适的结婚对象。其基本的原则就是年貌相当、门当户对。在寻找到合适的对象后，媒人就要在双方家庭中游走"换八字帖"，即一方将子女的生辰八字写在纸上交由媒人转送另一方家中，再拿到专门从事卜筮的算命先生处，按照阴阳五行理论推测出双方子女的属相、命相是否相克、相妨。如果不存在相克，则可正式议婚。

定婚，则是在双方认可婚事的情况下，男方家庭择吉日派出女眷携带首饰等到女家相赠以示诚意，俗称"放小定"或"下小茶"。在今天，则称为"下聘礼"。如果是满族人家通婚，男方家的代表还可以直接将首饰等饰件给女方戴上。在婚期临近时，男方家还要再将足够数量的绸缎布匹、首饰、现金等送至女方家，供其置办嫁妆之用。这一次，男方家的父亲要亲自前往，俗称"会亲家"。女方家则要设宴款待男家客人及自家迎接聘礼的亲友，正式婚期也要在这一天商定下来。

婚礼前一日，男方家亲友以骑马者作为前导，执彩灯，奏鼓乐，抬娶亲花轿，于大街招摇而过，俗称"晾轿"或"亮轿"；女方家则将嫁妆送至男方家，并安放于新房中，俗称"送妆"；新郎或亲友至女方家叩拜，谓之"谢妆"。当夜或次日凌晨，男方家迎新队伍以彩灯鼓乐作为前导，抬花轿至女家迎娶，并与女方家送亲队伍会合回到男方家，两位新人"拜天地"，新郎为新娘揭去盖头后，新娘入洞房。一般是在炕上向吉方端坐，俗称"坐帐"，众贺喜亲友于院中欢宴。至傍晚，婚礼仪式的一个小高潮——闹洞房开始了。闹洞房表面是为了逗乐，其内在的含义是为了驱邪。据说洞房中常有狐仙、鬼魅作祟，闹洞房能驱逐邪灵的阴气，因此有俗语"人不闹鬼闹"。

此外，婚后的第三天尚有"回门"一俗（两位新人同至女家，当日即返），也有的是在新婚一个月内行"住对月"（新娘回自家住十余天至一个月后返回婆家）的习俗。

在晚清时，大连地域内居民的衣着穿戴，介于东北农村山区服饰风

农村婚礼彩车

格与中原汉族主流服饰风格之间。同治、光绪时期，中年男子的服饰基本上是长袍、马褂、白袜、青鞋。袍又按季节变化可分单、夹、棉、皮各类，面多用黑、灰、蓝等色，质地常用棉布或绸缎，依经济状况而异。式样为大襟、右衽、圆领、窄袖，长至膝下，腰可系带。马褂是套于袍外的对襟上衣，可用绸缎或毛皮，随季节而异，平时居家很少穿着，逢会见宾客或外出拜客、出席礼仪活动等场合时多作为礼服穿用。1880年，李鸿章决策修筑旅顺炮台，一批洋员进驻旅顺。与外国人联系密切的买办、职员等，受其影响，穿起了西服，而一些与洋人接触较多的青楼女子也着起了窄袖革履的西式服装，用起手帕、围巾、手笼等舶来物品。只是这种效穿洋服的圈子尚小，波及面也十分有限。

清朝时满族妇女都不裹脚，俗称"天足"。所穿的"旗鞋"鞋帮绣花，前端以皮条装饰，有"单脊脸""双脊脸"两种形式，有平底、高底之分。平底，为一般旗人家妇女或老年妇女穿用；高底有"花盆底""马蹄底"两种样式，穿者多为贵族官宦人家妇女及年轻女子。

八旗妇女一年四季都外穿长袍，即后来所称的旗袍，单、棉、纱、夹因时而异，衣料精粗则因经济状况而别。除黄色外，各种色彩均有，或绣花，或素面，但领口、衣襟、下摆、袖口各处都有异色镶边。袍外既可穿无袖的坎肩（或称"背心""马甲"），也可穿有袖的马褂，兼有御寒和装饰之用。关于其服装流行的款式，地方志中也曾有一些记载。比如，据记载，在清光绪中叶以前，袍褂崇尚宽身宽袖圆领的样式，光绪、宣统之际，则转而流行瘦狭的样式，见者形容其为"束身贴肤，曲臂维艰，领高可及耳际"。

妇女穿旗装时将发髻梳于头顶或脑后上部，秋、冬季节可戴用平绒或兽皮制作的"坤秋"女帽。如髻顶余发再向两侧分梳，则成为"两把儿头"。至光绪、宣统之际，又流行在发顶加饰青纱装饰的头架，并将脑后余发梳成"燕尾"（称"燕引儿"）的样式，上插花朵或首饰，即通常所称的"大拉翅"。多数富贵人家的年轻女子偏爱这种发式。

汉族妇女与满族妇女最主要的区别是缠足和发式上的不同。其衣服、首饰等方面也出现差异。比如穿的鞋为适合三寸金莲的弓鞋，服装则多为上衣下裙（或裤），发髻则多结于脑后。这一时期，由于满、汉长期共处，加之很多汉族人家本身就是汉军八旗出旗为民或八旗户下所属人丁，很多汉族妇女不再裹脚。

第二节　海防建设与现代文化的滋生

1840 年鸦片战争后，大连地区作为北方的门户和京津锁钥，越来越显示出它的重要性，已成为受中外瞩目的战略要地。道光二十年（1840年）英国在广东发动鸦片战争时，就曾派军舰入侵大连沿海，直接威胁京畿安全。道光二十三年（1843 年），清廷为加强北方海防，决定将宁海县升格为金州厅，于金州设海防同知衙门，并于同年将统辖海城、盖州以南地区的熊岳副都统衙门迁至金州，金州遂成为辽南地区的军政中心。咸丰十年（1860 年）英法联军发动第二次鸦片战争，就是从大连地区打开了缺口。攻打北京的法军屯兵于山东烟台沿海，英军则屯兵于大连。英军将领格兰特率上万名士兵和近千匹战马，英海军司令何顿统率130 余条战舰在大连地区登陆，屯兵于旅顺、大孤山、和尚岛、青泥洼、寺儿沟一带。他们肆意劫掠商船和百姓，并派舰船测绘、勘察大连沿海和辽东半岛地形，绘制海图，将大连湾改称以英国女王名字命名的"维多利亚湾"，将旅顺口港改称以英国女王丈夫的名字命名的"亚瑟港"，改普兰店湾为"亚当湾"。海军司令何顿称旅顺口是"远东的直布罗陀"，并以此为基地进兵北京，火烧了圆明园。

一、旅顺军港崛起

帝国主义列强不断从海上打开侵略中国的缺口，迫使清政府认识到加强海防的重要性。光绪元年（1875年）清廷发布上谕："着李鸿章督办北洋海防事宜，派沈葆桢督办南洋海防事宜。"1880年光绪皇帝谕令"备齐战舰于烟台、大连湾等处。择要扼扎，以固北洋门户"，并决定裁撤康熙年间设置的水师营，于旅顺口设立北洋前敌营务处，由直隶衙门直接管辖。李鸿章于1880年派德国退役军官汉纳根、英国人柯克前往旅顺勘定修建炮台和船坞之所，又于1881年派北洋营务处官员马建忠考察旅顺及北洋各港口。马建忠写出《勘旅顺记》，提出"北惟旅顺，南惟北馆，

1860年6月25日至7月26日入侵大连的英军在岸上设露营帐篷

可以设营,可以建澳,可以造坞,
诚足为水师之重镇"。李鸿章
遂于1881年11月偕随员周馥、
马建忠等亲赴旅顺、大连湾考
察。最后李鸿章排除了在烟台、
威海和大连湾建军港的提议,
认为旅顺口"实居北洋险要",
"洋面至此一束,为奉直两省
海防之关键",后立即将勘察
结果及建港方案奏报朝廷,得
到朝廷批准。至此,北洋水师
基地选址旅顺口、把大连沿海
建成北方海防重地已成为清廷
的正式决策。

1880 年清政府聘请汉纳根设计旅顺口
诸炮台

　　由直隶总督、北洋大臣李
鸿章主持谋划的大连沿海海防
工程,以旅顺军港、旅顺船坞
为重点,还包括在旅顺口、大连湾沿岸的海防炮台及其他军事设施。

　　旅顺海军基地的建设是一项规模浩大的重点工程,李鸿章选用得力
官员袁保龄任旅顺港务工程总办,刘含芳任旅顺前敌营务处兼旅顺船坞
工程局会办,聘用英、法、德等国的工程技术人员,采用当时西方的先
进技术与设备,历时 10 余年将其建成当时国内第一个也是亚洲最大的现
代军港——旅顺军港和可以停泊当时最大舰船、拥有上千名产业工人的现
代修造船厂——旅顺大坞。同时,李鸿章还责成德国退役工兵上校汉纳
根在旅顺、大连湾沿岸险要处建成近 30 座沿岸炮台,要求工事坚固,配
备由德国引进的克房伯大炮等先进武器。其间,李鸿章曾多次偕朝廷大
员张之洞、吴大澂、张佩纶和山东巡抚张曜、协办海防工程的直隶按察
史周馥等视察海防工程并巡阅水陆军队。他又先后调四川提督宋庆所率
的毅军,刘盛休所率的铭军,张光前、黄仕林所率的亲庆军等 30 营陆军
驻防旅顺口、大连湾。1888 年清政府设北洋海军提督署,调天津镇总兵

丁汝昌任北洋海军提督。清政府还于旅顺建鱼雷营、水雷营，开办水雷学堂、鱼雷学堂、管轮学堂三所新式海军学校。旅顺军港建成后，北洋海军20余条舰船齐聚旅顺，大连地区已建成以旅顺军港为中心的防御体系。1886年，李鸿章陪同醇亲王奕譞赴旅顺视察并举行声势浩大的检阅仪式。1888年清廷颁布由醇亲王奕譞和李鸿章等制定的中国近代海军第一部章程《北洋海军章程》，标志着中国海军完成了由古代水师向现代海军的转型，旅顺口已成为与福州马尾齐名的中国近代海军的兴起之地。当年协助李鸿章督办海防的高官周馥曾作诗赞旅顺："北韩西分渡海山，飞轮遥指白云间。朝宗万派瀛寰水，此是神京第一关。"

二、近代城市雏形初现

就在清政府大力兴建旅顺之时，来自天津、河北、山东等地的工人已达万余人，加上从英、德、法等国聘来的雇员及驻扎在当地的万余名军人，旅顺人口激增，极大地促进了地方工商业的繁荣。特别是饮食服务行业的发展，使旅顺迅速地由一个渔村变成一座近代港口城市。旅顺市街也逐步由港口向北面延伸，形成了5条繁华的大街：东新街、中新街、西新街、城子东街、城子西街。另有多条稍窄的街道，同这5条宽敞的主干街道相衔接，构成了整个旅顺市街的全貌。当时的旅顺工程局总办袁保龄在龙河东岸大街上分别建设了电报局、军事学堂、医院、公署官衙和官员私宅。英国船员詹姆斯·艾伦曾记述他于1894年甲午中日战争爆发前在旅顺亲眼见到的景象：城内"有1000多间民房、两家大剧场、两座庙宇、一些银号和旅店，……造船厂占据了城市相当大的一部分"，"市内干净、整齐……，较之天津，旅顺口建设得要好得多，市面上一派繁忙景象"。[1]

关于这些内容，甲午战争期间日本随军记者龟井兹明也有相似的记述："旅顺市街向南有3条新街，在街头挂着'东新街''中新街''西新街'的牌子，中新街的剧场，入口挂着'集仙茶园'的匾额"，"市街北角的高地门上挂着的大匾是出自李鸿章的手笔'北洋医院'。此医院乃清国半官半民而设立，当时的院长是英国人瓦特博士，所以办公室、药局、病房等，划分得很清楚，十分完备，其仓库贮藏的药品也全是精选的新式'好药'"，"……病房经过清扫整理一下，足可收容200名患者，而当时进入旅顺市内的日军师团司令部就以叫做'大德堂'的药铺充当"。[2]

在建设北洋海军旅顺基地的过程中，北洋海军提督丁汝昌为丰富当地军民及洋员们的文化生活，在旅顺的中新街建立一座戏楼，名曰"集仙茶楼"。新楼竣工后，就有河北宝坻县永胜和科班出身的直隶梆子艺人、京剧艺人程永龙、邢永喜、周永杰、范永在、李永利等先后来到旅顺进行演出。此时的演出除在戏楼外，还多到军营之中。在金州、复州、庄河等地还出现了营业性的剧场。

经过10余年的开发建设，旅顺已经成为一座颇具规模并得到国内外公认的近代化城市。自1880年起，旅顺设有前敌营务处，属直隶总督委派管辖，具有军政合一的性质。治所虽在旅顺，却辖制大连湾和金州以西的广大地区，管辖范围早已超出了旅顺的范围。随着中国北方第一大军事重镇港口——旅顺港的开发与建设，旅顺有了近代城市的基础设施，如自来水、电业、电信等，取代了金州的辽南经济中心、信息中心的地位。旅顺地区建有大戏院等多处休闲娱乐场所，医院、旅店、商铺等设施也颇具规模。创办近代海军学校，是洋务新政中的一项重要的内容。当时，学校课程的设置在紧紧

1893年设置的旅顺老铁山灯塔

围绕军事专业的同时，还遍及自然科学的各个领域。"所习者，为英文、算术、几何、代数、解析几何、割锥、平三角、代积微、动静重学、水重学、电磁学、光学、音学、热学、化学、地质学、天文学、航海术等"，远远地超出了海军驾驶、管轮、水雷的专业技术范围。学员们在课堂上所学到的这些西方自然科学知识，从另一个角度也促进了东西方文化的交流。

近代军港、近代海防、近代工厂、近代学校和近代城市设施的出现以及西方近代技术、近代文化的引进，使当时的旅顺成为东北地区接受洋务新政影响最多和国内接受西方近代技术与近代文化最早的地区。

三、西方文化传入，由封闭走向开放

旅顺口崛起是大连近代史也是中国近代史上浓重的一笔，是大连地区由封闭走向开放的始点。旅顺海防工程是晚清洋务运动的继续和中国北方洋务运动的重点，旅顺军港、旅顺大坞及其设施都是采用当时世界上比较先进的理念设计并引进西方先进技术和设备建成的。大量的西方工程技术人员进入旅顺，使西方文化技术传入大连。当时的大连不仅拥有国内先进的军港、修造船厂和大型舰队，还出现了港口、运输、造船、机械制造、铸铁、锻造、电厂等新型工业，诞生了第一代产业工人。随着军港的兴起，旅顺口出现了一批近现代城市设施，铺设了由旅顺口、山海关直通京畿和旅顺经凤凰城直通朝鲜汉城的东北地区最早的电报线路，建成了东北地区最早的自来水供水工程龙引泉，并引进西方先进设备在黄渤海分界处老铁山建成了远东地区著名的至今尚在使用的灯塔。军港建成后，又在旅顺建立了中西医合用的北洋水师医院。旅顺已成为人流熙攘、市井繁华、最具开放色彩的北方重镇。冉冉升起的旅顺口，已成为大连地区走向现代化的起点。可是，正当大连面临崛起之际，帝国主义发动的侵略战争改变了大连的命运。

第三节 战争风云改变城市命运

大连作为京津的咽喉、拱卫京师的锁钥，自 1840 年开始屡屡遭到西方列强的染指，后来又成为中日甲午战争、日俄甲辰战争的主战场。殖民主义入侵，战争之火燃烧着大连这片土地，改变了城市发展的命运，使大连进入漫长的殖民统治时期。

一、中日甲午战争中大连的战事

1868 年，日本实行明治维新，提出了"开拓万里波涛，布国威于四方"的对外扩张政策。1874 年，日本借口"琉球漂民"事件兴兵侵犯我国台湾。至 19 世纪 80 年代，日本大陆政策趋于成熟。1887 年，日本海军部军官提出了六个对清作战的实施方案，都非常明确地提出了要以攻打北洋舰队和侵占旅顺、大连湾为重点。樱井规矩在《征清方案》提出："我前军本队攻破敌北洋舰队以及旅顺军港，以大连湾以西即金州半岛为我军进攻北京之第一根据地。"[3]

据记载，甲午战争爆发前，伊藤博文就已与陆军大臣大山岩、川上操六制定了分两期侵略中国的"作战大方针"：第一期以"扶植朝鲜独立"为名，进兵朝鲜，第二期即从辽东半岛登陆，在直隶地区作战，"打败中国"。1894 年 7 月 25 日，日本舰队于丰岛海面（今丹东东港、庄河以东黄海海面）突然袭击运送兵船的北洋海军济远、广乙舰，并击沉高升轮，悍然发动了中日甲午战争。

中日黄海大海战是甲午战争中具有决定性的战役。由于李鸿章采取保船避战的消极保守战略，北洋舰队受重挫，日本取得了制海权。1894 年 10 月，日军开始进犯辽东半岛，陆军大将、第二军司令大山岩率 2 万余名官兵、2700 余匹战马于 10 月 24 日在今庄河花园口登陆。

11 月 6 日，日军攻克金州。日军攻占金州的第二天，便乘势向大连湾发起了进攻。有资料记载，当时"我海疆炮台，大连湾式最新，炮亦最利，创建于戊子（1888 年），竣工于癸巳（1893 年），以屏蔽南关岭，为旅顺口后路扃钥"[4]。驻守大连湾的清军时有 6 营 6 哨，计 3300 人。但当敌军兵分 3 路于 11 月 7 日黎明向大连湾进犯时，守将赵怀业竟落荒而逃。日军一路上没有遇到任何抵抗，便占领了大连湾各炮台。

日军在夺取金州和大连湾炮台后，稍事休整和补充，便兵分两路向旅顺全面进犯。旅顺当年是中国北洋海军的重要基地，早在李鸿章等推行洋务新政、营建海防工程之时，就在旅顺口的东、西两岸修建炮台多座，其中尤"以黄金山炮台为第一坚固，置三百六十次（度）回转自在大炮，海面攻之甚难"[5]。旅顺口之险要，不仅在于口门严实，也在于有"山列屏障"。其港坞背靠群山，峰峦蜿蜒起伏，呈半月形，犹如天然城郭，拱环旅顺后路。而旅顺后路炮台更可算是绵密无间，"山顶峻嶒，连绵不断，炮门尽皆向敌，实属形胜天然"[6]。当时，清军驻守旅顺的总兵力为 1.47 万人，其数量不能算少，若能各将同心，指挥得力，旅顺是不易被攻破的。进犯旅顺的日军有步兵 15 个大队，骑兵 3 个中队，工兵 4 个中队，炮兵 14 个中队，约有 1.5 万人，拥有各种火炮 78 门。[7]据日方记载，在进攻旅顺之前，日军第一师团长山地元治的副官预先编制了一份 500 人的敢死队名册，山地元治当即认为，大战在即，此人数实为不够，于是副官又增加 500 人，但山地仍认为不足，最终乃增至 1500 人，山地元治"始颔首曰可"[8]。由此可见，日军是准备以付出重大伤亡的代价来攻取旅顺的，但后来的战事发展使日军将领都难以置信，旅顺并不像他们所预想的那样难以攻取。"旅顺之防，经营凡十有六年，糜巨金数千万，船坞、炮台，军储冠北洋，乃不能一日守。……自是畿疆震惊，陪都撼扰，而复（州）、盖（平）以南遂遍罹锋镝已"[9]！

日军登陆后虽然遭遇到爱国将领徐邦道等人组织的金州保卫战、旅顺土城子保卫战，但由于清政府对日军攻打大连地区缺乏最必要的准备，战前已将驻守大连地区的宋庆等部调往中朝边疆（今丹东九连城地区），所余各部处于缺乏统一指挥、各自为战的状态，且大连湾守军赵怀业等腐败将领怯战自保临阵脱逃，主战将领处于寡不敌众、孤军无援状态。金州、旅顺、复州相继失守，李鸿章多年经营的北洋海军和旅顺基地溃然瓦解。晚清著名诗人黄遵宪在其《哀旅顺》一诗中，喟然长叹炮台屹立的天险旅顺"一朝瓦解成劫灰，闻道敌军蹈背来"。

北洋重镇旅顺口的陷落，预示着晚清政府在战争中的失败已成定局。

1895 年 4 月，李鸿章与伊藤博文于日本马关（今山口县下关市）签订不平等条约《马关条约》。《马关条约》的签订，迫使清政府承认日本实际上对朝鲜的控制，从而使日本有了一个侵略中国东北乃至全中国的战略基地。通过《马关条约》，日本割占中国的台湾、澎湖列岛、辽东半岛等大片领土，并获巨额赔款两万万两白银。中日甲午战争的失败是一次深重的民族灾难，中华民族的危机因而急剧加深，大连作为这场战争直接的受害者，开始走向苦难的深渊。

二、旅顺大屠杀

日军攻入旅顺后，日本明治天皇于 11 月 24 日当即发布敕语，表彰第二军的"赫赫战绩"："旅顺乃渤海之门户，敌国赖以为关键，今汝等一举拔之，朕深嘉赏其功劳。天气逐渐转寒，前途尚远，汝等各宜自爱奋励。"敕语下达之时，正是日军在攻城主将第一师团长山地元治中将的指挥下对旅顺居民进行大屠杀之日。攻入旅顺的日军，对旅顺百姓进行了 4 天 3 夜的血腥屠杀，近两万名同胞惨遭杀害。旅顺大屠杀是日本侵略中国制造的第一个大惨案，引起世界舆论的强烈谴责。

曾参与甲午战争的日军间谍向野坚一曾有这样的自白："在旅顺，山地将军说抓住非战斗人员也要杀掉……因此旅顺实在是惨而又惨，造成了旅顺城内恰似血流成河之感。"

日本特派员崛井卯之助在他的《征清从军记》中写道："敌兵往往试图抵抗，以至结局惨不忍睹者众。其尸堆积成山，其血流淌成河。街头巷尾，所到之处无不是敌之死尸。眼下，此地生存之清人已为数极少。"

日本特派员甲秀辅在他所著的《第二军从军杂记》一文中写道："尸陈遍地。有的身首异处；有的则被砍去半个脑袋；有的脑浆溢出；有的则肠肚外露；有的眼球迸出；还有的被砍去胳膊或被炸碎腿骨而倒毙在黏稠的血滩中。见之，令人毛骨悚然。若使翠帐红闺中的贵妇少女见之，则会当场骇死也未可知。"[10]

日军上等兵伊东连之助是在 11 月 22 日傍晚进入旅顺的。翌年 1 月 9 日，经他本人审订后，报纸上刊登了他写给友人的信。其中有这样一段话："我认为，旅顺口战斗中敌兵的实际死亡人数要比报纸上报道的多。田野里、山中、河滩上，死尸累累，腥风刺鼻。旅顺街头的实际情形是，一时之间，街道上堆满了敌兵的尸体，行人须在死人堆中穿行。"[11]

当时直接参加屠城作战的日军第二联队步兵洼田忠藏则供认："看见中国兵就杀，看到旅顺市内的人皆是屠杀。因此道路上满是死人，行走很不方便。在家里住的人也都被杀，一般人家也都有三个到五六个人被杀，流出的血使人作呕。"[12]

当时，在旅顺口还有一批西方的新闻记者和驻外武官。虽然他们的立场不尽相同，其中有些人还明显地倾向日本，但有一点是共同的，就是承认日本军队在旅顺的残杀暴行。美国驻日武官欧伯连在给美国驻日公使谭恩的私人信函中写道："关于旅顺不幸的情况，自然我仅能说所看到的。……我曾亲眼看到一些人被屠杀的情形。这些人本来是可以作俘虏的，他们不但没有抵抗，而且显然是没有武装又是最恭顺地投降了的。我又曾看见一些尸体，双手是绑在背后的。我也看见一些被大加屠割的尸体上有伤，从伤创上可以知道他们是被刺刀杀死的，从尸体的所在地去看，可以准确地知道这些死去的人未曾进行过抵抗。我看到了这些事情，并不是我专为到各处看可怖的情况才发现的，而是我在观察战争的途中所看到的。"[11]

美国《世界报》记者克里尔曼在1894年12月20日发表了长篇通讯《旅顺大屠杀》。作为随军记者的克里尔曼最初是抱着"日本的胜利意味着文明在远东的进步"的心态走到前线的，但随着战争的发展，他对日本所发动这场战争的目的产生了怀疑。当他亲眼看到日军对金州城的进攻，目击日军进攻旅顺和屠杀事件的全过程后，他曾一度相信的日本所主张的日清战争是"文明的义战"的论点彻底崩塌了。[13]他在《旅顺大屠杀》中，全面地揭露了日军的暴行。

三、"三国干涉还辽"，沙俄强租旅大

日本通过甲午战争在中国攫取了割地赔款的巨大利益，打破了帝国主义列强瓜分中国的格局。《马关条约》签订后，最先提出反对的是早已觊觎辽东半岛、妄图称霸远东的沙皇俄国。沙皇俄国联合德、法两国结成联盟，并派军舰在日本神户和山东沿海示威。日本政府迫于三国压力和国际舆论，被迫责令驻欧三国公使分别通知俄、德、法三国政府，表示愿意在中国给予适当"赔偿"的条件下，放弃对辽东半岛其他部分的永久占领。清政府用 3000 万两白银赎回辽东半岛后，责宋庆率清军重回旅顺，并派直隶州道员顾元勋等为接收委员，由天津乘船到旅顺口。顾元勋等来到旅顺口，在恢复地方行政的同时，凭吊了埋在白玉山东麓的战争死难者，接受了各界群众的建议和恳请，在白玉山东麓督建殿宇茅舍三间，取名"万忠墓"，并刻铭立碑以昭示后人。

　　而俄国为了加紧在远东和太平洋地区争夺霸权，不断增加太平洋舰队的舰只数量。这时，俄国的海军部急于寻求一个不冻的良港，供他们的舰队常年使用。1897 年 11 月，德国政府借两名德国传教士在山东曹州府巨野县被杀事件为口实，悍然下令德国舰队进占胶州湾。德国人的行径使俄国人认为，这为他们在中国的辽东半岛取得不冻良港提供了一个好机会。俄国外交大臣穆拉维约夫主张迅速果断地占领辽东半岛的大连湾。12 月 15 日，尼古拉二世亲自下令俄国海军少将乌诺夫指挥俄国太平洋分舰队开入旅顺口。12 月 19 日，5 艘俄国军舰抵达旅顺口。12 月 20 日，另有一艘俄国军舰驶入大连湾。俄国政府对自己的行为致函清政府诡辩道："俄舰开进旅顺口是为了帮助中国人摆脱德国人，……只要德国人撤走，我们就撤走。"[14] 李鸿章等把俄国的这一侵略行径还真就视为帮助，总理衙门甚至指示旅顺口守将宋庆："俄船在旅，所有应用物件随时接济，勿听将弁讹言，致启衅端。"[15] 俄国占领旅顺口和大连湾既成事实以后，便向清政府提出租借旅大的要求，清政府被迫允准。1898 年 3 月 27 日，李鸿章和张荫桓代表中国政府与俄国代表巴甫洛夫在北京签订了《旅大租地条约》。《旅大租地条约》又称《会订条约》，其中规定将旅顺口、大连湾及其附近水面租于俄国。1898 年 5 月 7 日，清政府又被迫与俄国签订了《续订旅大租地条约》，俄国进一步扩大了租借地，从旅顺口、大连湾扩展到东至今城子坦、西至普兰店湾和复州湾外诸岛。

　　《旅大租地条约》和《续订旅大租地条约》是极为不平等的掠夺性

条约，严重地侵犯了中国的领土主权，激起了全国人民反抗侵略的怒火。复州文人胡业顺在《登横山望五岛》一诗中表达了愤怒的心声："长兴南望渺烟波，五岛当年让步多。割土何人成大错，可怜破碎旧山河。"

四、日俄战争爆发，日本重占旅大

甲午战争后，俄国联合德、法干涉还辽并趁机侵占旅顺，被日本认为是"空前的奇耻大辱"。日本从此开始积极扩军备战，准备再次发动以重新夺回辽东半岛为目标的入侵中国的战争。1904年爆发的日俄战争，打破了俄国企图长期霸占旅大的美梦。1904年2月8日，日本联合舰队司令长官东乡平八郎根据天皇御前会议的决定，率领海军舰队采取不宣而战的方式，突然袭击旅顺口和俄国驻扎在朝鲜仁川的舰队，使俄军受重创。在双方反复争夺旅顺口的海战中，俄军旗舰触雷沉没，舰队司令马卡洛夫等高官阵亡。日方采取派敢死队"沉船塞港"的自杀方式，使俄国舰队困于旅顺港内，日本取得了制海权。与此同时，日本陆军第二军、第三军又于辽东半岛登陆，第二军攻占了金州，并向北攻占了得利寺，切断了旅顺要塞与俄国占领东北的满洲集团军的联系。第三军在乃木西典的率领下进兵旅顺，日俄双方以大连地区为战场，在金州南山、得利寺和旅顺周边的鞍子山、松树山、二龙山、东鸡冠山、二〇三高地多次激战。日军多次发动全面进攻，攻破俄军阵地，使旅顺要塞陷入孤立无援的境地，最后迫使俄军投降。1905年1月2日，日俄双方代表在旅顺水师营签署了《旅顺开城规约》。旅顺的俄军投降后，日军发动辽阳、奉天会战，于1905年3月10日占领奉天。1905年5月，日本海军又在对马海峡击溃了俄罗斯波罗的海舰队，历时一年多的日俄战争以俄军失败告终。日俄两国在没有中国政府参加的情况下，于1905年9月5日在美国朴次茅斯签署了以侵占中国领土为内容的《朴次茅斯条约》。根据条约，俄国承认日本为朝鲜的"保护国"，并将旅大的租借权以及享受的一切特权与公共财产转让给日本，将长春至旅顺的铁路和支线及其所属的特权财产转让给日本。两个强盗以争夺中国领土发动的侵略战争，作为主权国，腐败无能的清政府却采取"局外中立"的态度，结果使旅大地区又陷入日本帝国主义殖民统治之下达 40 年。

第四节　建港兴市，西风浸淫大连

俄国殖民统治期间，为了攫取更大的经济利益，在旅大大兴土木，企图把大连建成俄罗斯在远东地区最大的出海口和商业港口城市，从而占领东方市场。1898 年 8 月 11 日，沙皇尼古拉二世下敕令，将大连命名为"达里尼市"。

一、大连港的兴建与现代城市的形成

俄国占领大连后，把筹划商港作为重点工程。沙皇委任亲信财政大臣维特总体筹办，以东省铁路公司的名义负责建设工程。维特任命东省铁路总工程师萨哈罗夫为建筑事务所所长，制订了港口和城市建设的总体规划。规划要求把大连港建成"东方的敖德萨"，把达里尼市建成以巴黎为样板的俄罗斯化的商业城市。

大连港工程于 1899 年 9 月 28 日正式启动，计划建成可同时停泊 100 艘千吨级船舶、年吞吐量为 500 万吨的码头。至 1902 年已完成第一期工程，建成可同时停泊 11 艘 5000 吨级船舶、年吞吐量为百万吨的码头，并修建铁路支线与中东铁路相连接。第二期工程因日俄战争爆发未能实现。

萨哈罗夫制订的达里尼市规划，广泛采用西方建筑理念，建设重点为与中国人隔离开的俄罗斯化的新市区。新市区包括行政区和欧罗巴商业区两个部分：行政区建于今胜利桥北民乐街道，建有达里尼市政厅、东省铁路轮船公司、市长官邸、俄式住宅、旅馆、俱乐部、学校、教堂等（即至今尚存的"俄罗斯风情一条街"）；欧罗巴商业区采取广场放射型样式，以尼古拉耶夫斯卡娅广场（今中山广场）为中心，向外辐射 10 条大街，与四周的 6 个中型广场（今友好广场、民主广场、三八广场、二七广场等）相连接，从而形成了以多个广场为圆心向各方辐射的交通

网络。至日俄战争爆发前，广场、街道及周边建筑已初步建成，初步奠定了大连市区的早期格局和模式。与此同时，俄国还在旅顺口建立了新市区，建有关东总督府、关东州民政部、旅顺要塞司令部、海军军官俱乐部、警察署、各式官邸、军营、旅顺监狱、邮政局、俄华银行、陆军医院、红十字医院、学校等。

同时，帝国主义为了攫取更多的资源，使西风浸淫大连。他们将大连港与中东铁路相衔接，使大连成为东北地区水陆交通的枢纽和国内外货物的集散地。大连港相继开通了至海参崴、日本、朝鲜的国外航线以及至国内其他港口的航线。随着港口和城市的发展，大连开始出现现代工商业和城市设施，如引进外国设备建成了造船厂（今大连造船厂前身）、机车制造所（今大连机车厂前身）、铸造厂、机械厂、啤酒厂、烟厂、面粉厂、矿泉水厂等近代工厂。旅顺、大连还相继建成了提供工业用电和城市照明的发电厂，铺设了由大连至烟台的东北地区第一条海底电缆，建成了城市供水管道工程，兴建了东北地区最早的达里尼电话交换台和旅顺电话局，并先后开设了华俄道胜银行、俄罗斯帝国银行旅顺支行等多家金融机构。中东铁路公司开设了商业公司、商店和旅馆。同时外国商行纷纷登陆大连，其中主要有英国船商旭升洋行、木材商和记洋行、美国茂生洋行、煤炭商史密斯北方商会、德国哈利洋行、万利洋行、法国帆足商店和俄国的秋林公司等。这时还出现俄国扶植的买办资本，如任俄军翻译官的俄籍华人纪凤台开办了德和号，经营建筑业、砖瓦制造业和南北货物贸易，在旅顺、金州、奉天、吉林、哈尔滨、青岛、烟台开设多处分支机构，成为大连地区最大的商人。

俄国侵略者（也包括后来侵占大连的日本侵略者）曾吹嘘他们为大连走向现代"开辟了道路"，而实际上大连的兴起是中国人民以财富和血泪为代价的：建市兴港的经费完全来自帝国主义从中国攫取的巨额赔偿款，建设主体是数以十万计的中国劳工，其后果是使中国人失去了家园，沦为殖民者的奴隶。

至 1902 年旅顺已有工商户 325 家，1903 年大连市内有工商户 559家，其中主要的工商业掌握在俄国中东铁路公司和买办资本家手中，中国人经营的多为规模较小的商铺和手工业作坊，具有明显的殖民地经济的特点。

二、殖民文化输入

俄国殖民统治者在对租借地的统治略为稳定之后，即刻着手开展奴化教育，在租借地内开办了初等教育和中等教育。据俄国关东州总督阿列克谢耶夫给沙皇的奏折，大连地区在 1900 年有私塾 206 所，学生 2021 人；到 1901 年时增至 286 所，在校生 3016 人。1900 年 7 月，俄国殖民当局借口义和团事件强占金州，阿列克谢耶夫提出："在金州设立俄清学校是占领金州后，特别值得注意的事。因为该地本是旧关东州的地方政治中心，所以在该地区设立俄清学校是最重要的，通过学校这种途径，向中国青年传授俄国思想是最好的办法。"1900 年 9 月 28 日，在阿列克谢耶夫批准颁布的《关东州俄清学校规章》的第一条中，就非常清楚地写道，办学"以培养关东州各官署需要的通晓俄语的下级官员以及适合铁路下级职员为目的"，培养出"为各官署以及诸团体，了解俄语且对俄忠实的下级中国人职员"[16]。根据这个办学目的，俄清学校的主要课程是俄语，俄语课时几乎占了一半，其余为公函、翻译、村长、文书等职务所需的知识和训练。俄国殖民当局在大连地区建立的第一所殖民教育学校是 1898 年在今旅顺长江路 77 号建立的旅顺市立普希金初等学校。该校初建时，直属俄国教育部管辖。全称为"康斯坦丁诺维奇亲王庇护下的旅顺市立两级普希金学校"。1899 年，殖民当局在貔子窝设立了租借地内第一所俄清学校——貔子窝市俄清学校。在建校的同时，还颁布了《貔子窝初等学校规则》。1901 年 8 月 19 日，由阿列克谢耶夫提出申请，经俄国中央政府批准，阿穆尔总督府学监马里格托夫来到旅顺，同阿列克谢耶夫等人炮制了一个为实现俄国殖民政策长远目标的《关东州学校建校纲领》。到 1904 年日俄战争爆发前，按上述纲领，俄国在旅顺开设了专门的实业学校和旅顺市初等女校、俄清学校；在大连市内开设了大连小学校，另修建的两所男女中学教学楼也临近竣工。

旅顺市立普希金学校

　　除了教育以外，为了维护自身的统治利益，俄国殖民当局还将西方的文化全面地向大连地区引进。1899 年 8 月，俄国太平洋舰队中校阿尔捷米耶夫在旅顺创办了俄文版报纸《新边疆报》，这是大连地区出现的第一份俄文报纸。该报每年由俄国海军部和陆军部补贴 5000 卢布，发行量达到 1200 份；同时，为了满足驻军和随军家属的需求，在旅顺、大连的统治区域内建立图书馆、艺术协会和教堂、医院。该报除经常登载各官署衙门的告示命令、法规外，还经常"报导远东的时事"，时刻都在为沙俄的侵略行径辩护。1901 年 3 月，阿列克谢耶夫还亲自出面，组织建立了所谓的关东省博物馆筹建委员会，拟在旅顺筹建大型的博物馆。1903 年末，筹建委员会向承包商支付了 1500 卢布，后因日俄战争爆发，工程未能落实。

　　开办印刷所和出版所也是俄国殖民当局实施文化侵略的重要策略。在占领大连期间，先后刊行出版了《西摩尔回忆录》《俄国海军军官在俄国远东的功勋》《关东的占领》等一批宣扬帝国主义列强"赫赫伟业"、攻击和丑化中国人的图书。

　　在俄国统治期间，西方的建筑、音乐、舞蹈、绘画开始进入大连地区。

1903 年俄籍华人纪凤台投资兴建的私人住宅（1906 年改为日本旅顺大和旅馆）

仅就建筑而言，现今在大连地区仍可见到的有：建于 1898 年、现位于旅顺长江路 77 号的市立普希金初等学校旧址，建于 1898 年、现位于旅顺港湾街北巷 31 号的俄太平洋舰队司令官官邸旧址，建于 1899 年、现位于旅顺港湾街 45 号的关东州总督府旧址，建于 1900 年、现位于旅顺友谊路 59 号的关东都督府旧址，建于 1900 年、现位于旅顺东明街 36 号的俄关东州民政厅旧址，建于 1900 年、现位于旅顺白玉街 31 号的关东厅长官官邸旧址，建于 1900 年、现位于旅顺茂林街 89 号的旅顺工科大学旧址，建于 1900 年、现位于旅顺万乐街 10 号的关东军司令部旧址，建于 1900 年、现位于旅顺黄河路 107 号的俄红十字医院旧址，建于 1900 年、现位于西岗区胜利桥北烟台街 1 号的达里尼市政厅旧址，建于 1900 年、现位于金州新区胜利路 727 号的俄清学校旧址，建于 1900 年、现位于旅顺列宁街 24 号的旅顺师范学堂旧址，建于 1902 年、现位于旅顺向阳街 139 号的旅顺监狱旧址，建于 1902 年、现位于西岗区胜利街 35 号的东清轮船会社旧址，建于 1902 年、现位于西岗区胜利街 33 号的东省铁路公司护路事务所旧址，建于 1902 年、现位于旅顺万乐街 33 号的俄清银行旅顺分行旧址，建于 1902 年、现位于旅顺斯大林路西段 2 号的旅顺高公宿舍本馆旧址，建于 1903 年、现位于旅顺文化街 30 号的旅顺大和旅馆旧址。除此以外，还有位于旅顺新华大街 23 号的旅顺实业学校旧址、

俄籍华人纪凤台投资兴建的大连公会堂（1949 年改为大连工人文化官）

位于旅顺斯大林路 58 号的旅顺中学校旧址、位于旅顺新华大街 9 号的肃亲王府旧址、位于旅顺宁波街 47 号的俄国驻旅顺陆防司令康特拉琴柯官邸旧址等带有殖民统治色彩的建筑。

城市建筑是一座城市文化的重要组成部分，在俄国殖民统治时期出现的一些建筑集中地体现出近代欧式及俄罗斯式的建筑风格。这主要表现为在建筑的式样中融入欧洲哥特式、巴洛克式建筑风格。近代俄罗斯式的建筑风格主要是从它自身木结构的建筑里衍生出的一种技巧，在建筑的形式中多采用层次叠砌架构与大斜面帐幕式尖顶的融合，并且还采用外墙浮雕做装饰。

这一时期，大连地区的城市建筑体现出西式建筑风格，如 1899 年买办商人纪凤台在旅顺口修建的戏院霓裳园。1902 年时，纪凤台又独资建造了一座大戏院（今香洲饭店位置），占地面积 3000 平方米，建筑工艺在当时堪称一流。中国的老百姓称它为"纪凤台戏院"，俄国人称它为"露西亚剧场"（大连解放后曾改名为"群众剧场"），专供俄国人和华人富商大贾们享乐。

第五节 伤痛与忧愤，文学作品中的爱国主义呼声

帝国主义对大连的侵略暴行，给中华民族带来了刻骨铭心的伤痛，也激发了全国人民对民族命运的忧愤和反抗殖民主义侵略的怒火。一批控诉侵略者罪行和反抗帝国主义侵略的作品出现，开启了大连地区反帝爱国文化的先河。这些作品已成为大连文化史上也是中国近现代文化史上宝贵的财富，形成了此时期大连文化发展的重要现象。

一、甲午战争后的爱国主义诗文

甲午战后，谭嗣同发出了"四万万人齐下泪，天涯何处是神州"的悲愤。晚晴著名的诗人黄遵宪以悲愤的心情写出《哀旅顺》一诗："海水一泓烟九点，壮哉此地实天险。炮台屹立如虎阚，红衣大将威望俨。下有洼地列巨舰，晴天雷轰夜电闪。最高峰头纵远览，龙旗百丈迎风飐，长城万里此为堑，鲸鹏相摩图一啖。昂头侧腹何眈眈，伸手欲攫终不散。谓海可填山可撼，万鬼聚谋无此胆。一朝瓦解成劫灰，闻道敌军蹑背来。"曾任新疆布政使的王树楠在《十月十七日闻旅顺失守》一诗中写道："忽报雄关圻，羁臣泪满腮。烟轮东海沸，铁钥北门开。数载经营力，中兴将帅才。如何垂手失，烽火彻光莱。"李葆恂在《闻旅顺炮台失守感赋》中写道："贤王海上有高台，屹立苍波亦壮哉！岂谓金蛇衔浪舞，翻令铁鹢驾天来。轮飞苦恨杨幺黠，罾渡终思韩信才。六郡良家同日死，怒涛卷雪使人哀。"芳郭钝叟在《闻金州陷》一诗中愤怒地声讨了日本侵略者"无端饮裨海，佛狸行自毙坚城"的侵略行径。这些诗表达了当时全国人民反抗帝国主义侵略的心声。

日本退还辽东半岛后，回防金州的清军将领宋庆来到金州，看到英灵横遭涂炭、满目疮痍的情景，在金州龙王庙钓鱼台题诗："遥望金州疮痍满，倭贼杀戮勇三千。英灵永垂名千古，龙岛南边埋骨田。"

刚刚履任的金州厅海防同知王志修以《曲氏井题咏》为题写道："曲氏井，清且深，波光湛湛寒潭心。一家十人死一井，千秋身殉名不沉。"

这首诗文写出了在金州失陷后城中曲氏一家妇女为免遭日寇的凌辱而投井自尽的悲惨故事。

1895 年，辽沈著名文人张之汉来到大连，听到金州南关岭塾师阎世开不为日军威逼利诱，誓死不为侵略者做向导，掷笔骂敌壮烈就义的事迹后，愤然而作《阎生笔歌》。诗中写道："头可断，舌可抉，刃可蹈，笔可折，凛凛生气终不灭"，"抽笔愤书忠义词，飞雪刀光迸出鞘。刀边骂敌怒裂眦，掷笔甘就刀头死。心肝攫出泣鬼神，淋漓血染山凹紫"，"胡为乎！刀围大帐笋锋密，挺然独立阎生笔"。其诗文慷慨激昂，正气浩然。

二、日俄战争后的爱国主义诗文

日俄战争结束后，金州地方爱国诗人王天阶登临金州古城楼，他在目睹战争给金州古城留下的残破不堪、百孔千疮的情景时，发出了悲愤的感慨："荆棘丛生雉堞荒，登临满目感沧桑；人烟萧索径兵燹，衙署倾颓作市场。几树晚鸦秋色老，一声孤雁客心伤；苍凉晚景凭谁赏，枫叶飞红菊绽黄。"[17]

后人孙宝田在他编著的《旅大文献征存》一书中，辑录了数首战后文人对战争的惨烈景象给予的哀叹和追忆。金梁的《壬子春游旅顺》："海色苍茫落日黄，潮声呜咽泣残阳。春风犹是带秋气，大好山河作战场。"成多禄的《和铁隍赴旅顺有感之作》："一别金州雪满身，河山破碎岂无因。幽怀未免鹃思蜀，往事空谈鹿逐秦。愁对樱花搔短发，强浮竹叶醉余春。尊前一样沧桑感，独倚东风忆远人。"谢廷麒的《戊辰偕朱子桥游旅顺》："鸡冠山畔石崔嵬，鸠据宁知一念非。陈迹于今遗劫火，飘零故垒对斜晖。"[18]复州诗人胡业顺在《登横山望五岛》的诗篇中，面对山河破碎、国土沦陷的凄惨景象，发出了"割土何人成大错，可怜破碎旧山河"的哀叹。金州海防同知涂景涛在《游胜水寺》一诗中，挥笔写下"酒酣拔剑叹汪洋，长鲸未斩心忧惶"的诗句，抒发了胸中激愤许久的爱国激情。

面对日俄战争给中国人民带来的伤痛，梁启超写下了《舟抵大连望旅顺》一诗："虎牢天险今谁主，马角生时我却来。醉抚危舷望灯火，商风狼藉暮潮哀。"

鉴湖女侠秋瑾在日本留学归国途中愤然写出《黄海舟中日人索句并见日俄战争地图》："万里乘云去复来，只身东海挟春雷。忍看图画移颜色，肯使江山付劫灰。浊酒不销忧国泪，救时应仗出群才。拼将十万头颅血，须把乾坤力挽回。"

1925 年 7 月 4 日，闻一多发表了著名的《七子之歌》："两个强邻将我来回的蹴踏，我们是暴徒脚下的两团烂泥。母亲，归期到了，快领我们回来。"诗歌一方面抒发了对祖国的怀念和赞美，一方面表达了对帝国主义列强侵略的憎恶。

【注释】

[1] 詹姆斯·艾伦：《在龙旗下——甲午战争亲历记》，载《近代史资料》，总第 57 号，71—72 页，北京，中国社会科学出版社，1985。

[2] 龟井兹明：《日清战争从军写真帖——伯爵龟井兹明的日记》，柏书房，1992。

[3] 《大连通史》编纂委员会：《大连通史（古代卷）》，87 页，北京，人民出版社，2007。

[4] 姚锡光：《东方兵事纪略》，载《中日战争·丛刊（1）》，38 页，上海，上海人民出版社，1957。

[5] 桥本海关：《清日战争实记（第 9 卷）》，295 页，山东，山东画报出版社，2017。

[6] 《英兵部蒲雷东方观战纪实》，载《中东战纪本末三编（第 2 卷）》，17 页。

[7] 参见张本义和吴青云主编的《甲午旅大文献（第 2 卷）》、张奎藩的《甲午战争在旅顺》。

[8] 桥本海关：《清日战争实记（第 12 卷）》，1 页。

[9] 姚锡光：《东方兵事纪略》，载《中日战争·丛刊（1）》，41 页，上海，上海人民出版社，1957。

[10] 《东京日日新闻》，1894 年 12 月 7 日。

[11] 戚其章：《中日战争》，462 页，北京，中华书局，1991.

[12] 洼田忠藏：《从军日记》，载《第二届近百年中日关系史国际研讨会论文集》，9 页。

[13] 大谷正：《旅顺屠杀事件与国际舆论》，载《甲午战争与近代中国和世界》，628—629 页，北京，人民出版社，1995。

[14] 维特：《维特伯爵回忆录》，78 页，北京，商务印书馆，1976。

[15]《清季外交史料（一百二十八卷）》，2 页，北京，故宫博物院，1933。

[16] 日本关东厅庶务课调查系：《阿列克谢耶夫呈奏文：1900 — 1901 年关东州统治状况》，43—46 页。

[17] 鸠田道弥：《满洲教育史（下卷）》，660 页，大连大连文教社，1935。

[18] 谭绩斌：《辽海诗家》，183 页，东方出版中心，1998。

第七章

坚守根基　逆境转型

——日本殖民统治时期的大连文化与大连现代文化的形成

　　日俄战争后，1905 年日本重新占领大连。至 1945 年日本战败投降，大连走过了一段与国内其他地区不同的道路，成为中国城市中与被帝国主义侵占的澳门、香港、台湾有着相同遭遇的特殊的类型。正是这种特殊的历史遭遇，造成了大连近现代历史和文化的特殊性、曲折性和复杂性，并形成了区别于其他城市的个性特点和文化格局。

　　日本帝国主义殖民统治时期是大连历史上最为黑暗的时期，大连人民蒙受着被压迫、被奴役的深重的苦难。但这一时期同时又是大连在苦难中崛起、在逆境中走向现代的时期。这一时期，大连在国内较早地完成由传统文化到现代文化、由农业文化到工业文化的转型，成为大连现代文化的形成期。

　　日本帝国主义为实现其得旅大而得东北、得东北而得中国的侵略野心，始终把大连作为其大陆政策的重点。为把大连建成其"永不沉没的基地"，占领伊始，他们便声称大连为其"永久的领土"，实行包括军事、政治、经济、文化在内的全面统治。在军事上实行军事占领，把大连建成其在中国境内的最大的军事基地；在政治上建立了一整套的统治机构，对大连实行严密的殖民统治；在经济上垄断了大连的经济命脉，把大连变成其掠夺资源的经济基地；在文化上实行文化专制以及人身征服（武力征服）与精神征服并重的方针，建立各种负有特殊使命的文化侵略机构，大力推行殖民文化和奴化教育，妄图在文化上同化大连。因而这一时期大连的政治、经济、文化具有明显的殖民地的特点。

但是，这一时期大连人民在全国人民的支持下，反抗帝国主义侵略、捍卫发展民族文化的斗争一直没有停止过。早在帝国主义发动侵略战争时期，大连就出现了一批可以"惊天地、泣鬼神"的反抗帝国主义侵略的爱国作品。辛亥革命时期，大连又成了革命党人在东北的重要据点和关外起义的首发地。随着城市规模的扩大，来自全国各地的几十万移民进入大连，形成了历史上最大的移民高潮。移民作为民族文化的载体和传播者，将其他地区的文化源源不断地传入大连，使大连完成了与其他地区文化的最大融合。民族文化的积淀不仅没有被削弱，反而更加丰厚。特别是 20 世纪 20 年代，由于受五四运动和中国共产党领导的革命运动的影响，沦陷的孤岛大连兴起了声势浩大的、持续时间最长的、以反帝反封建为使命的新文化运动和工人运动。大连成为中国共产党领导下的革命斗争的特殊战场，大连文化也被注入了新的血液，完成了由传统文化到现代文化的转型。

这一时期的大连文化具有明显的双重性，一方面是侵略者凭借强势推行的殖民文化横行一时，另一方面则是爱国反帝文化风起云涌。帝国主义的殖民文化与爱国的民族文化，现代文化与传统文化，东方文化与西方文化，反动文化与进步文化、革命文化，在这里发生了尖锐的斗争和猛烈的撞击，在撞击中又发生了较大范围的融合。帝国主义强力推行的殖民文化虽然可以横行一时，但由于不得民心，并没有在大连扎下根，大连地区流动的仍然是中华民族文化的血液。大连地区民族文化的母体地位和基本属性并没有改变，同时又广泛吸收了现代文化，最终形成了以民族文化为母体、现代文化为优势、中外交融、多元并存的文化格局，并形成了开放兼容、多元交融的品格和具有较强的现代性、多元性、兼容性的优势和特点。

第一节　殖民统治与文化专制

一、日本帝国主义在大连的殖民统治机构

日俄战争结束后，日本侵占了大连。日本对大连的统治名义上是"租借"，实际上是霸占。日本侵华的重要代表人物、时任日俄战争总参谋长的山县有朋就公开宣称："应以辽东半岛为我永久之领土，并为之建立牢不可破的基础。"[1] 大连已成为日本大陆政策中重要的一环，为把大连变成进一步扩大侵略的永久基地，日本在大连实行包括军事占领、政治统治、经济掠夺、文化专制在内的全面统治，实行人身征服与精神征服并重的方针。

日本侵占大连伊始，便在大连建立了军政合一的殖民统治机构——关东总督府（后改称"关东都督府"），任命陆军大将大岛义昌为总督，统管旅大地区和东北地区的军事和政治。这是日本在中国东北设立的最高军政权力机关。1919 年为加强殖民统治，实行军政分治，都督府所属陆军部成立关东军司令部，都督府改称"关东厅"（1934 年改称"关东州厅"），任命日本原驻英国大使林权助为关东厅长官。同时在大连建立了包括警察署、法院、监狱在内的一整套机构，对大连实行严密的政治统治。

关东军是日本精心培养的侵华先头部队，其以大连为基地炮制了侵略东北的九一八事变，策划成立了伪满洲国。1937 年，日本制造卢沟桥事变，关东军又充当了侵略中国的急先锋。

为了把大连变成日本掠夺东北资源的经济中心，1906 年，日本天皇发布敕令，在大连建立了南满洲铁道株式会社。满铁以大连为中心，不仅掌控了大连的经济命脉，对大连的铁路、港口和工业实行统管，还享有长春到大连、安东和奉天铁路沿线的管辖权，攫取了抚顺煤矿和鞍山钢铁的开发和经管权。为了进一步扩大侵略范围，满铁还建立了专门调查东北地区、内蒙古和苏联远东地区的情报机构——满铁调查部，并创办了报纸、刊物和文化机构，为日本侵略东北提供了大量的情报资料。满铁作为日本在东北地区建立的最大的经济侵略机构，被日本称为"确保日本国家生命线的前卫"，"奠定了日本经管满洲的第一块基石"。[2]

关东都督府、关东军和满铁是日本帝国主义对大连实行政治统治、军事占领和经济掠夺的三套马车，使大连始终处于殖民统治的高压之下，并成为日本帝国主义侵略中国的罪恶的渊薮。

二、控制舆论阵地，殖民文化泛滥一时

日本帝国主义在对大连实行军事占领、政治统治和经济掠夺的同时，在文化上采取专制主义的政策，实行精神征服与文化同化的方针。

1905 年日本占领大连伊始，曾任台湾总督府学务部长的日本贵族院议员伊泽修二在协助辽东守备军为大连制定的第一份教育通令中就明确提出：对新领土的人民，应实行"人身征服即以战争征服与精神征服并重的方针"。后藤新平在就任满铁总裁和关东总督府顾问后，在给日本首相伊藤博文的信中，又明确提出"要把这个地方（大连）变成向清国普及文明的策源地"。因而，大力推行殖民文化和奴化教育，实行精神征服与文化同化，并进而把大连变成侵略中国的文化基地，就成为日本统治政策中十分重要的方面。

为了达到这一目的，日本殖民当局占领伊始，便千方百计地限制和扼杀中华民族文化的发展。他们在关东厅和警察署设立审查监管本地文化活动的专门机构，把当地文化置于军警的严密管制之下，制定各种法令限制中国人的言论出版自由，严格取缔具有民族意识的进步文化和革命文化的传播，逮捕驱逐进步的和革命的文化人士，并限制中国人办学，在其管辖的学校中大力推行泯灭民族意识的奴化教育。尤其是在九一八事变之后，日本走上法西斯军国主义道路，白色恐怖笼罩大连，其对中国文化的防范几乎达到草木皆兵的地步，凡提及"中国"两字，都有反满抗日之嫌，动辄以"思想犯""政治犯"论处，使大连的思想文化领域陷于万马齐喑、一片肃杀的极其恐怖黑暗的境地。

日本殖民当局在限制、扼杀中华文化的同时，为大力推行殖民文化，在大连建立了完备的殖民文化体系。他们广设文化侵略机构，控制新闻出版阵地，大造侵略有理、侵略有功、"日满亲善"、"同心同德"的舆论，使以侵略性为特征的殖民文化在大连泛滥一时。

　　日本帝国主义的文化侵略首先是从控制新闻出版等舆论阵地开始的。从 1905 年到 1945 年，日本殖民当局在大连共创办报纸 42 种，其中中文报纸 3 种，仅《泰东日报》由中国人出资创办，到后期也被纳入日本报系。这些报纸基本掌控在殖民当局和满铁手里，掌控这些报纸的骨干大多是退役军官和右翼政客。这些报纸自始至终贯穿着一个中心主题，就是紧密配合日本的侵略步伐，贯彻日本侵略中国、称霸亚洲的国策，成为制造侵略舆论的先锋喉舌。其中以关东厅和满铁的机关报《满洲日日新闻》发行时间最长（1907 年 11 月 23 日—1945 年 8 月 16 日），影响最大，社长为日俄战争时期的陆军中将高柳保太郎。该报被殖民当局称为"满洲言论之雄"，"处于在满各报指导地位"。伪满洲国成立后，高柳保太郎又成为管理伪满洲国报业的满洲弘报协会的理事长。1925 年，殖民当局在大连建立了广播电台大连中央放送局。至 20 世纪 40 年代，大连中央放送局已成为当时亚洲一流的技术先进、功能齐全的广播电台，辐射范围可达我国广大地区、东南亚、苏联远东地区，可用中、日、俄、朝、蒙等多语种广播，是日本帝国在国外最大的舆论宣传中心。

　　这一时期，大连地区书籍、刊物的出版大权基本控制在殖民当局手里。日本殖民统治时期，大连先后出版的杂志有 253 种，其中中文杂志 12 种。这些刊物除工业、技术、农业、林业、卫生、天文、地理等专业刊物外，大多是为日本大陆政策服务的。其中存在时间较长、影响较大的有满铁的机关刊物《协和》、满蒙文化协会的《满蒙》、《大同文化》、《东北文化》、《东北文化月报》。此外还有以调查研究满蒙、鼓吹"满蒙独立"为宗旨的《满蒙研究》《满蒙评论》等。这一时期大连的图书出版也基本控制在满铁和满蒙文化协会手里。满铁调查部为适应日本扩大侵略的需要，对东北地区、蒙古和苏联远东地区进行了范围十分广泛的调查，以资料专辑的形式编辑出版了大量的满铁资料，形成了系统比较完整的地区性、专题性的东北地方文献资料体系。其内容涉及东北地区的政治、经济、物产、资源、文化、习俗等各个方面，数量十分庞大，仅满铁图书馆的满蒙库就藏有 1.5 万余种。日本殖民当局在此基础上编辑出版大量图书，至 1940 年满铁就出版图书 4559 种，满蒙文化协会除编辑出版 10 种刊物外，至 1943 年也出版了各种图书 1036 种。日本在大连出版的这些图书和资料专辑，为日本进一步扩大侵略发挥了重要的作用。

三、建立文化机构，形成殖民文化体系

为进一步控制大连的文化阵地，日本还在大连建立了负有特殊使命的文化机构和文化团体，其中包括满铁调查部、满铁大连图书馆、满蒙资源馆和关东都督府满蒙物产馆等。

这些机构表面上打着研究社会、研究文化的旗号，实际进行着服务殖民侵略、实行奴化教育的活动。满铁调查部就是一个庞大的文化侵略机构，不但掌控着大连的主要报纸、刊物和图书出版，还集中了大批情报人员和各种专业研究人员与文化人，收集整理了包括各地物产、矿藏、历史、政治、经济、风俗习惯等内容详尽的大量的调查资料，是当时日本最有影响力的情报机构。满蒙文化协会则是利用文化活动的方式贯彻殖民统治意志的机构，由关东厅长官、满铁总裁和日本军界、政界的头面人物发起，并"负有代关东厅及满铁会社宣传、开发满蒙文化之重大使命"。满铁大连图书馆、满铁资源馆和关东都督府满蒙物产馆等，也都是在兴办文化机构的名义下充当着情报搜集和文化掠夺的角色。满铁大连图书馆收藏的重点是有关我国东北和华北、苏联、东南亚等地的文献资料，还多次到东北地区和关内收集、采购中国古籍和地方志书等，其中有宋版、元版典籍，还有许多明清以来的善本、稀有本和珍贵的孤本。满铁资源馆收藏有东北地区的矿产、煤炭、钢铁、木材、动物、植物等实物，集中展示了东北地区的资源及其分布，被日本当局称作"大陆发展史的缩图"。关东都督府满蒙物产馆与日本东亚考古学会、日本东京大学先后发掘了旅顺牧羊城、南山里、营城子汉墓、大长山岛上马石、营城子四平山等遗址，其中部分文物被盗往日本，部分文物留藏旅顺博物馆。

四、大力推行奴化教育

日本在大连的教育分对日本人的教育和对华人的教育两个方面。其重点是优先发展对在连日本人的教育，为此建立了包括幼稚园、小学、

中学到大学的比较完备的教育体系。随着日本移民的增加，至 1942 年，大连已有日本幼稚园 26 所，小学 31 所，中等学校 18 所，盲哑学校 1 所，师范学校 2 所，高等专科和大学 5 所，学生共 43126 人。日本在大连建立的高等学校有：1909 年建成的旅顺工科学堂，在此基础上于 1922 年建成旅顺工科大学；1922 年建成的南满洲工业专门学校；1936 年建成的大连高等商业学校；1939 年建成的旅顺医学校；1940 年建的旅顺高等学校。这些大学主要招收在连的日本人和日本国内的学生，也招收少量的中国人，如旅顺工科大学 1943 年的中国学生占 8%。日本在大连建立日本学校的目的非常明确，关东都督大岛义昌明确提出要"培养忠君爱国思想"，使之成为"帝国开发大陆的先驱者"。殖民当局特别强调日本学生要热爱"满蒙"，以"满蒙为家"，"以养成作为发展日本民族先驱者在世界到处开拓我民族新天地的开拓者为目的"。对中国人的教育，其目的也很明确，就是抹杀中国人的民族意识，灌输奴化思想，使之成为日本的顺民。1917 年关东都督大岛义昌在教育会议上就明确提出："开导一般土民，使之浴被我国德泽，依赖我国施政。"在殖民当局发布的《关东州教育令》中，非常明确地提出，"经过全面的教育，以贯彻奉献皇国之诚心"，"以归顺皇国之道"为目的。为达到这一目的，殖民当局采取了与日本人完全不同的教育方针。一方面，千方百计地限制中国人办学，强制封闭中国学校，限制传播中国文化，在学校设置上，限制中国人办中学和高等教育，中国人只能接受初级教育和以培养初级劳动力为目标的初级职业教育。另一方面，则派日本人进入中国学校进行监督改造，把中国学校改造成日本掌权的强制推行奴化教育的公学堂。同时设立了教科书编纂机构，编纂了一整套抹杀中国人民族意识，歪曲中国历史，歌颂日本，歌颂天皇、皇军和"王道乐土"的教科书，使公学堂变成以日语为国语、以日本史为国史、供奉天照大神、每日诵读天皇诏书、训化亡国奴的教堂。至 1945 年，日本殖民当局在大连市设立的公学堂（初小、高小）共 21 所，由初小到高小的升学率为 45.69%（日本学生为 99.88%）。其中，为中国人设立的中学仅有旅顺高等公学校和金州女子高等公学校两所，为培养具有初等专业知识和技能的劳动力开办的中等职业学校有大连商业学堂、金州农业学堂、大连协和实业学校、金州商业学校（后改为金州工业学校）等。

日本帝国主义凭借权势在大连推行的殖民文化像毒雾一样横行一时，使这一时期的大连文化具有明显的殖民文化的成分和殖民地文化的色彩。但是，这种具有侵略性的文化始终处于和大连人民格格不入的状态，是一种无根的文化，虽然可以喧嚣一时，但始终没有在大连扎下根。

第二节　现代城市的形成和现代文化的强势输入

一、逆境中实现由农业文化到工业文化的转型

日本侵占大连后，一方面在大连驻扎重兵，把大连变成进一步扩大侵略的军事基地，另一方面则把大连作为"经营开发满洲"的重点，使大连变成其永久的领土，进而建成具有政治、经济、文化等多方面侵略功能的殖民城市。"到关东州去拓展帝国的事业"，已成为日本国内最有诱惑力的口号。一时间，日本的御前大臣、军政要员、文官武将、间谍浪人、拓殖官员齐聚大连，成千上万的日本人移民大连，日本国内的银行、财团、垄断企业也纷纷登陆大连。于是，大连这座殖民城市在苦难中迅速膨胀，城市人口由1903年的不足3万人激增至1942年的82万人，其中有日本移民20万人。

大连城市的兴起，中国人民付出了巨大的历史代价。帝国主义为自身利益费尽心力，对中国人民作恶多端，使大连这座城市形成了以殖民经济垄断为特征的现代工业体系和经济架构，具有明显的殖民城市的特点。

大连建市，始于港口。大连港建于19世纪末沙俄侵占时期。日本占领后，为加快掠夺东北地区的资源和倾销日本产品，日本殖民当局迅速扩大了大连港的规模。日占初期，迫于国际压力，曾公布大连港为自由港，加大大连港的开放度。日本为方便掠夺资源，将大连港与日本经营的南满铁路相连接，使大连成为当时东北地区的门户和连接国内外的交通枢纽。至20世纪30年代，大连港已开通至台湾、香港等国内各大港口和直通日本长崎、大阪、神户等港口，以及远至南洋、欧洲、北美的33条海上航线。至1938年，吞吐量已达1044万吨，占东北对外贸易总额的

大连港之一

大连港之二

76%，成为北方第一大港。大连港口的兴起和开放，加速了日本对中国东北资源的掠夺，其结果一方面大大增强了日本的国力，另一方面严重削弱了中国的国力。

　　大连的工业化进程起步较早，许多工厂有着百年以上的历史。19 世纪 80 年代建成的旅顺船坞为大连现代工业之始。沙俄侵占大连时期，大连的造船、机械、冶炼、锻造、电力工业开始起步。日本侵占大连后，满铁和日本国内的财团倚仗着占领者的特权，利用东北地区丰富的资源与廉价的劳动力，在大连开办了各种工厂。1907 年满铁兴建的大连沙河口铁道工场（今大连机车厂前身）是当时亚洲最大的工厂之一，至 1917 年已有工人 5481 人。当年制造机车 8 辆，各种车辆 261 辆，改修机车车辆 2366 辆。19 世纪 40 年代，制造出当时亚洲时速最快的机车"亚细亚号"。还有在沙俄修造船厂基础上大规模扩建而成的大连船渠铁工株式会社（今大连造船厂前身），至 40 年代已有厂房 142 栋，车间 50 多个，工人 5000 余人，可以制造 8000 吨级船舶和适应战争需要的 3000 吨级战时标准船。日本在大连还先后开办了大连机械制造所（大连起重机厂前身）、满洲重机株式会社金州工厂等多家机械业工厂。化工企业有满洲化学工业株式会社、满洲曹达株式会社大连支店，均采用当时世界上最先进的技术。至 1943 年，大连已有各类化工厂 129 家，工人 9543 人。为获取更大的利润，日本以低价收购东北大豆，在大连建立了油脂工业。1907 年日清制油株式会社在大连开办支店，其规模远超日本国内其他油脂加工企业、支店。1916 年建立的大连油脂工业株式会社、1918 年建立的大连制油株式会社等油脂厂采取了先进的冷榨技术，迫使中国人开办的油坊纷纷倒闭。此外，日本还在大连建立了制造合金钢、特殊钢的冶金企业，在大连、金州、瓦房店建立了向中国中原地区倾销日本纱布的纺织厂。随着城市建筑的发展，日本在大连还建立了大华窑业（1910年）、关东州小野田水泥制造株式会社（1907年）、耐火材料厂、玻璃厂等建材企业。1934年，日本对满洲石油加工实行垄断，由三井物产、三菱矿业、小仓石油、日本石油等财团与伪满政府联合投资在大连建立了满洲石油株式会社。日本建立的南满洲电气株式会社垄断了大连的电力企业，并在奉天、安东、鞍山等地建立了分店。

大连民政署旧址

至20世纪40年代，大连已建成包括机车、造船、机械、建材、纺织、榨油、化工、石化、钢铁在内的各类工厂1852家，现代工业和交通运输业已成为主体产业，形成了由10多万工人和技术人员组成的产业工人队伍。满铁还获得了抚顺及本溪的煤炭工业、鞍山的钢铁工业、东北铁路的开发权和经营权。

横滨正金银行大连支行旧址

大连的商业和金融业也起步较早。至20世纪20年代，大连已有中资、外资银行36家，保险分支机构 72 家，已成为东北地区国内外资本的交接点和区域性的金融中心。城市交通运输业、工业、商业、金融业的发展，使当时的大连形成了具有现代意义的经济架构，完成了由农业经济到工业经济、由传统经济到现代经济的转型。

　　二、现代城市建筑

　　大连是国内较早以现代理念规划设计的城市。从 19 世纪末建市起，就采用了具有现代理念的城市规划，融入了大量西方现代元素，整体规划具有现代性。沙俄侵占时期，旅顺就建成了具有西方现代建筑风格的新市区的雏形，大连就出现了以今胜利桥北为中心的具有巴洛克、哥特式风格的各种欧式官署和洋楼。日本侵占大连后，日本殖民当局在沙俄规划的基础上兴建市街。20 世纪 20 年代前，日本的建设重点在大连东部日本人居住区，建成以大广场（今中山广场）为中心的辐射性市街。30年代后，开始建设以长者町广场（今人民广场）为标志的西部区，建成关东州厅新厅舍（今大连市政府办公楼）、关东州地方法院（今大连市中级人民法院）、关东州厅警察部大楼（今大连市公安局）等建筑。至40 年代，大连已形成以今中山广场为中心的金融区，以今天津街、青泥洼桥为中心的日式商业区，以今东关街、新开路、西安路为中心的中国商业区，以及今枫林街、智仁街、星海街、凤鸣街等具有欧式或日式特点、设计考究的小洋楼和别墅区，旅顺新市区已经形成拥有众多现代建筑的园林化城区。在城市市街形成的同时，大连较早地出现了作为城市重要景观和重要组成部分的城市广场和现代公园。今中山广场建于 1889 年，星海公园建于 1909 年。1906 年大连开始铺设城市柏油马路，1909 年出现城市有轨电车。随着城市的发展，大连又陆续建成了多处现代文化、体育、卫生设施。1902 年大连出现第一座现代剧场露西亚剧场（原群众剧场）。日本殖民统治时期又陆续建成帝国馆、大连剧场、满铁俱乐部、常盘座等现代剧场。中国人建成的现代剧场有宏济大舞台、福兴大戏院等。这一时期大连共建成现代影院 15 所（其中中国人经营的有 5 所）。1909年大连始建现代图书馆，1916 年建成关东都督府满蒙物产馆（今旅顺博物馆）。大连还出现东北地区最早的科研机构满铁中央实验所（今大连化物所前身），1922 年建成铁道技术研究所。同年建成南满洲工业专门学校（今大连理工大学化工学院的前身）。1909 年，建成旅顺工科学堂，1922 年在此基础上建成的旅顺工科大学设土木建筑、航空、机械、造船、化工等科系。20 世纪 20 年代，大连建成技术先进的广播电台、国内先进的大型综合性体育场、亚洲一流的满铁医院（今大连大学附属中山医院前身）。

三、中国北方外来文化的登陆点

由于大连所处的中外交汇的地理位置和特殊的历史遭遇，大连又成为中国北方外来文化的登陆点，西方和日本文化的各种元素，如工业文化、建筑文化、科技教育、新闻出版、医药卫生和各种文化艺术形式（如电影、话剧、西洋乐器、交响乐、美术、摄影、舞蹈）以及现代体育（如足球、高尔夫球、棒球、田径、游泳）等，都较早地传入大连。外来文化与民族文化在这里发生了猛烈的撞击，进行了较大范围的融合，使大连成为当时国内吸收外来文化最早、最多的地区。

电影于 1906 年传入大连，日本冈山孤儿院募金团在大连东京座放映纪录片，为大连放映电影之始。后来日本人陆续建立了电气馆、日活馆、常盘座等 10 家影院。1929 年有声电影传入大连。中国人开办的第一家影院是旅顺大观园茶楼，1909 年开始放映美国影片，后陆续开办了公议电影院、世界电影院、天光大戏院、大明电影院等 5 家影院。当时影片发行基本上控制在日本人手里，上映的大部分影片为日本摄制的宣传侵略政策的影片。日本占领初期打着租借地的旗号，不得不对外开放电影市场。1917 年大连成立第一家中国翠华电影公司，出租中国影片。1929 年大连中国新生活影片公司成立，代理上海各大影片公司的发行业务。当时美、日、德、意、法、苏和我国上海的电影厂在大连设发行机构达 18 家，使大连成为当时东亚地区影片的集散地和国际市场。1923 年，满铁在大连建立了东北地区第一个摄制机构满铁电影摄制所。该所配合日本侵华步伐摄制了大量的纪录片，九一八事变后摄制了《毅然承认》（日本承认

伪满洲国）、《春风万里》（伪满皇帝访日）、《秘镜热河》等，七七
事变后又摄制了日本侵略中国的《黄河作战》《徐州会战》等。

西洋音乐与西洋乐器也较早地传入大连。随着日本移民的增多，钢
琴、小提琴、铜管乐等西洋乐器于 20 世纪初期传入大连。1915 年，在
国内继上海招商局交响乐队之后，大连出现了第一支管弦乐队——冈村交
响乐队。至 20 世纪 40 年代，大连已建有大连放送乐团和大连交响乐团。
1925 年，大连音乐学校建立。1910 年出现了第一个由日本人组成的摄影
组织——大连写友会。随着摄影的普及，大连的艺术摄影、人像摄影一直
处于领先地位。1916 年，大连成立了西洋画研究所，油画、水彩、漫画
等画种传入。1930 年大连舞蹈研究所成立，西方舞蹈、交谊舞和夜总会
在大连出现。大连是接受现代体育最早的城市。1905 年足球运动由外国
海员传入，至 20 年代已相当盛行。当时由中国人组成的足球队，如中青
队（大连中华青年会组建）、隆华队、工华队、华青队已成为东北地区
闻名的足球劲旅，使大连成为国内足球运动兴起最早的地区。田径、游
泳也兴起较早，曾涌现出国内优秀的短跑健将刘长春和游泳健将史氏兄
妹等优秀运动员。刘长春曾只身代表中国第一次参加洛杉矶奥运会，成
为中国奥运第一人。史兴隆兄妹 3 人，在 30 年代于南京举办的中华民国
运动会上创造了游泳最好成绩。兄妹 3 人赛后还在南京举办了横渡长江
的游泳活动，在国内外引起轰动。

第三节　民族的血脉　不屈的灵魂

一、反帝爱国文化的兴起

甲午战争和日俄战争期间，帝国主义的侵略暴行就激起了大连人民
的反抗怒火，大连人民纷纷组织抗俄、抗日武装，掀起了反抗帝国主义
侵略的浪潮。这一时期围绕着大连的命运，出现一批诸如《哀旅顺》《闻
金州陷》《曲氏井题咏》《阎生笔歌》等反抗侵略、颂扬爱国志士的作品，
发出了"割土何人成大错，可怜破碎旧山河"和"酒酣拔剑叹汪洋，长
鲸未斩心忧惶"的激情呼喊，歌颂了爱国志士"头可断，舌可抉，刃可蹈、

笔可折，凛凛生气终不灭"的"惊天地、泣鬼神"的爱国精神。这些作品慷慨悲歌、壮怀激烈，表达了大连人民反帝爱国的浩然正气，不仅开启了大连地区反帝爱国文化之先河，也是中国近现代文化史上闪烁着光辉亮点的重要篇章。

辛亥革命时期，大连又成为东北地区辛亥革命的重要据点。辛亥革命前，同盟会革命党人宋教仁、陈其美、宁武、蓝天蔚、刘艺舟、连承基、顾人宜等，在大连地区从事政治文化活动，并在尚未被日本侵占的庄河、复州地区组织起义民军。1911年武昌起义后，与南方的革命党相呼应，顾人宜等在庄河、复州地区组织民军起义，打响了关外起义的第一枪，揭开了东北地区辛亥革命的序幕。当时在大连的同盟会员连承基、刘艺舟、徐镜心等积极筹集枪支弹药、招募民军，由大连乘船去山东，攻占了蓬莱、登州，成立了登州军政府。辛亥革命失败后，辽宁的革命党人遭袁世凯镇压，宁武等根据孙中山的指示，利用大连作为租借地的特殊条件，将大连作为继续革命的秘密据点，在大连成立了同盟会辽东支部和革命行动委员会东北支会，东北地区的革命党人刘大同、石磊等相聚大连。1912年来自吉林的同盟会员刘大同在陈其美的支持下组织平民社，酝酿讨袁起义，后因事情泄露被日本当局驱逐。曾任本溪湖地区辛亥革命军司令的石磊来到大连后，得知日本人支持清肃亲王善耆为首的宗社党为策划满蒙独立运动向外地运送武器的消息后，以石磊为首的24人在海上组织拦截。事后石磊等被捕，由袁世凯下令枪杀于复州县衙。辛亥革命党人不仅在大连地区从事革命活动，而且对大连文化的发展做出了贡献。石磊就义前，严词拒绝劝降，写下了悲壮的就义诗："十年仗剑海上游，毅力不达誓不休。国破家亡身何在，誓将热血洒神州。"刘大同赋诗颂其壮烈："烈烈丈夫二十四，天教辽水血染时。风号雨泣复州塔，来吊忠魂知未知。"刘大同因组织起义被逐时，写诗多首以明其志："报国还图尺寸功，纵然被逐亦英雄。只身漂泊如蓬转，任尔东西南北风。"同盟会员刘艺舟辛亥革命前由日本回国，在北京、天津与王钟声组织剧团，以新剧为武器宣传辛亥革命思想，并串联革命党人集会、讲演，被清政府视为"肉中刺，眼中钉"，王钟声因此在天津被杀害。刘艺舟潜走沈阳、大连，隐身于大连天仙茶园，把大连作为其从事革命和戏剧活动的据点，组织戏剧团体励群社,在其亲拟的《组织励群社小启》中公开宣布其宗旨:"当在讴歌俚曲之间而寻觅爱国励群之道","吾心之向,提倡人权。吾志所趋,铲除国贼。人溅之以心血,吾溅之以铁血,同利于国、利于身。吾志未酬,吾心不死。吾国一日不强,吾舌一日不敝。有生之日,即吾奔走鼓吹之年,碎身粉骨,亦吾之所不计"。1911年,刘艺舟在大连演出,适逢辛亥革命爆发,他亲率全体艺友与同盟会员连承基、徐镜心由大连乘船攻打山东登州、黄县,就任山东军政府登黄都督(后改任登黄司令)。1921年他又应大连中华青年会邀请再次来大连演出《安南亡国恨》《郑成功驱荷兰进驻台湾》等剧目,矛头直指日本殖民统治。日本殖民统治当局以"影响大连治安"为名,限其离境。刘艺舟作为革命党人,多次来大连从事革命活动,组织戏剧团体,演出新剧,为早期话剧在大连的传播起到了开创作用,是为大连地区引进新剧的第一人。1913年同盟会会员傅立鱼因在天津办报发表反对袁世凯称帝的文章遭通缉来大连,被聘为《泰东日报》编辑长。在傅立鱼的主持下,《泰东日报》发表了大量维护中国人民权益,反对黑暗统治和军阀混战,宣传新思想、新文化,介绍俄国十月革命和列宁的文章,成为东北地区创办较早并有广泛影响和进步倾向的中文报刊,为20年代在大连兴起的新文化运动起到了舆论先导作用。

这一时期,大连当地的文化人士还成立了弘扬民族文化的文化团体嘤鸣社、宗风社,创作了许多反抗帝国主义侵略、反映人民疾苦的作品。这一时期在大连有影响的文化人士有王天阶、阎宝琛、李义田、刘艺舟、曹正业、王永江、徐遹文等。王天阶,金州爱国文人,甲午战争后即写出了《九日登金州城楼》,愤怒地控诉了侵略者给金州造成的灾难。日俄战争时,曾因参加反俄活动被捕。日本侵占大连后,他又写出高呼觉醒的《读时务书文有感》:"地球处处有纷争,四海狂澜何日平。细阅邦交声泪下,纵观世变梦魂惊。强邻环视威如虎,敌国并吞渴似鲸。火及栋梁悲燕雀,高呼唤醒是先生。"李义田,旅顺双台沟人,清末举人,为大连地区清末民初著名文人,与王永江、张之汉、傅立鱼等多有交往,与胡子晋等发起成立嘤鸣社,著诗多首,慨叹国家兴亡,表现了强烈的民族精神。如《金城杂咏》:"廨舍荒凉十二旗,当年枉改汉官仪。嫁衣依然为人作,瞥眼兴亡一局棋。"王永江,金州人,曾任张作霖时期奉天省长、东北大学首任校长,为官清正,励精图治,后因反对军阀混战与张作霖政见不合而退居故里。1916 年,其诗集《铁龛诗草》问世,其中许多诗篇表达了作者忧国忧民的情怀和"不破骄胡誓不生"的民族气节。其《杂感》一诗表现了日俄战争造成的灾难:"出郭东南四里强,脂膏为屋血涂墙。几千万户同声哭,一片悲风起白杨。"他的《春旱》《食糠谣》《捉马车谣》《哀流民》等诗表达了民众的疾苦:"旦食糠,暮食糠,食糠不足食稻秧。田家三月蚕上桑,桑叶不供马头粮,和煮野菜当春粮。不计来日食,遑问秋后裳。"徐逵文,金州人,曾任民国初年奉天图书馆馆长,1923 年以奉天省议会金州籍议员名义提出《收回旅大租借地》的提案。九一八事变后,愤然辞去图书馆馆长,回乡隐居,著有《南游诗草》《续生诗草》,诗文充满爱国情怀。1935 年,他还写出了歌颂金州义士阎世开的诗篇:"常山太守舌尖血,金郡书生笔下刀。骂贼甘心拼一死,后先辉映两奇豪。""甲午迄今四十秋,渍沙碧血迹仍留。强魂毅魄归何处,读罢'笔歌'泪欲流。"他还写有《题曲氏井》:"节烈贞操萃一门,井花写影永留痕。可怜同死争凤仪,千古谁招井底魂。""妇女齐争日月光,能教一死应纲常。胭脂却被君王辱,此井千秋姓字香。"

日本殖民当局推行殖民教育,妄图奴化、同化大连人民的做法,受到了大连人民的抵制和反抗。为传播民族文化,广大乡村始终坚持传播传统文化的私塾阵地。虽然殖民当局多方限制私塾,并把私塾改称"书房",至 1945 年大连地区仍有"书房"202 所,学生有 10632 人,塾师 247 人。许多爱国知识分子冲破殖民当局的限制,纷纷创办新式学校。早在沙俄侵占大连时,沙俄霸占了有名的南金书院,将其改为俄清学校。金州知名人士曹德麟、曹正业在刘绍良、王永江支持下创办了南金书院金州民生小学校。后来又设立了"曹氏教育基金",奖励优秀学生,资助优秀学生到外地和国外深造,其中不少人日后成为有名的爱国人士和专家。金州著名人士阎宝琛,光绪甲午年举人,曾在北京参加康梁变法公车上书活动。在日本侵占大连后,为使国学不致中断,与其弟阎贵琛在自己家中开办国学义塾,免费为学生讲授国学经典。长期在奉天讲学的名儒乔德秀,1910 年回到家乡营城子,开办金州私立西小磨子公育两等小学校，积极倡导爱国爱乡教育。他主张"爱国始于爱家，爱家始于爱乡"，"中国人所以任人宰割皆失去教育之故也"。他多方面搜集家乡史料，编成金州第一部志书《南金乡土志》作为教材，对学生进行爱国爱乡教育。因该校教育宗旨、教学内容违反殖民当局的"教育法规"，1913年被迫停办。

五四运动后，由于受新文化运动的影响，大连兴起了中国人办学的高潮，许多爱国人士纷纷以"中华"为名开办学校。

大连中华青年会附属小学校创办于1920年，设国民科、初等科，1926年设初中班，所用教材为商务印书馆和中华书局出版的中小学通用课本。共产党人陈云涛曾以该校教员身份进行革命活动。九一八事变后，殖民当局以"中华"二字不合时局为借口，将大连中华青年会改称大连青年会，学校也随之改名。1936年日本人做校长，改变了学校的性质。

大连中华增智学校成立于1922年。校长毛仪亭，后为李仲刚（国民党员），副校长林升亭（1926年国共合作时期任国民党大连市党部书记，1931年参加共产党）。学校设初等科和高等科，招收工人和贫民子弟入学。除办学外，还举办星期日讲坛等活动，宣讲内容有国内外形势、俄国十月革命、五四运动、反对封建礼教等，成为当时宣传新文化新思想和传播马克思主义的阵地之一。1923年，殖民当局以"激进左倾团体"的罪名将其封闭。

大连中华三一学校创办于1922年。创办人为原北京大学马克思学说研究会成员、大连《泰东日报》记者刘恂躬和夫人石三一。他们白天教儿童读书，晚间办夜校教印刷工人学文化，讲革命道理。中共北方党组织负责人、中国劳动会组合书记部罗章龙曾在该校从事革命活动。1924年京汉铁路总工会秘书长李震瀛受中共中央指示来大连，曾以该校教员身份在夜校传播革命思想，并将曾在本校学习的关向应发展为大连第一个中国社会主义青年团员。1924年，该校因宣传新思想引起殖民当局注意，创办人刘恂躬、石三一被迫离开大连，学校由中华青年会接管。

此外，中国人办的学校还有大连中华觉民学校、大连石道街贫民义务学校、旅顺林沟民众学校等。

二、南北文化交汇，积淀不断丰厚

日本殖民统治时期，随着城市规模的不断扩大，来自山东、河北和国内南北各地的移民大量涌入大连，形成了大连历史上最大规模的移民高潮。中国移民已成为城市人口的主体，这些移民既有广大的劳苦大众，也有知识分子、科技人员、工商业者和因各种原因移居大连的高层人士，他们作为民族文化的载体和传播者，将各地文化带入大连。来自四面八方的居民杂处，因有着共同的语言和命运，在文化上很少有偏见和排他性，这就使大连文化形成了广泛吸收、兼容并蓄的特点，成为国内南北文化多元汇流的交融点，完成了大连地区历史上最大规模的与中原文化的融合，使中华民族文化作为母体文化的地位不但没有被削弱，反而积淀更加丰厚。这一时期传入大连的艺术形式有山东的秧歌、民乐、民歌、柳琴、茂腔，河北的皮影、梆子、评剧、评书、西河大鼓，北京的京剧、昆曲，天津的相声等多种形式的曲艺，上海的话剧和海派京剧，东北的二人转、高跷、大鼓以及各地的民间艺术、风俗习惯、宗教信仰等。这些文化艺术形式和民间的风俗习惯扎根大连城乡，与当地文化相结合，形成了群众喜闻乐见的辽南风格，成为城乡人民维系民心、表达民意的主要文化活动形式。

在异族统治下的大连人民对祖国的文化有着强烈的渴望和格外的亲和感，作为传统文化主要代表的戏曲在大连的演出十分活跃。20 世纪初，旅顺、大连、金州就建成多处演出戏曲的茶园和剧场。由于交通便利，二三十年代大连已成为东北地区最活跃的"戏码头"，成为南来北往的戏曲班社必经之地。欧阳予倩、汪笑侬、言菊朋、韩世昌、金少山、周信芳、唐韵笙、白玉霜、袁世海、谭富英、李万春、魏连芳等著名艺术家都曾在大连演出。京剧、评剧在这一时期已落户大连。京剧于 1887 年传入大连，当时河北宝坻永胜和梆子班来大连为清毅军演出，以演出河北梆子为主，兼演皮黄，至 20 世纪 20 年代，河北梆子艺人改演京剧，京剧逐渐成为大连地区影响最大的剧种。当时，在大连的主要京剧班社有：同乐舞台戏班（1920 年—1945 年），主要演员有迟寿平、筱海棠、金秀山、程永龙、海棠红、程凤楼等，应邀演员有李桂春、赵松樵、李万春、毛庆来、蓉丽娟、曹艺斌等；宏济大舞台戏班（1934 年—1940 年），主要演员有赵如泉、金素琴、刘德北、刘淑琴、雪又琴等，应邀演员有李万春、毛庆来、李盛藻、陈丽芳、袁世海、筱九霄、唐韵笙、王又宸、言菊朋、小杨月楼、张云溪、谭富英、侯喜瑞、李少春等；福兴大戏院戏班（1929 年—1945 年），主要演员有闻子芳、盖玉亭、荣桂芬、陈麒麟、李和春、赵鹏声、张二庄等，应邀演员有张文琴、筱九霄、白玉昆、秦友梅、孟二冬等。评剧于 1906 年以"折出"莲花落的形式传入大连，先是在乡镇演出。1920 年河北著名评剧艺人孙凤鸣在大连创办凤鸣班，1922 年建岐山大舞台，后改名岐山戏社（俗称"南孙家班"），招收女徒，培养出李金顺、筱麻红、筱桂花等一批女旦，改变了早期评剧没有女旦的历史，并创造发展了评剧女腔，为评剧改革和奉天落子的形成做出重要的贡献。筱麻红成为奉天落子重要的代表性演员。30 年代至 40 年代初，评剧成为最受大连劳苦大众欢迎的剧种，市内演出场所（包括席棚）不下 20 处。除岐山戏社外，主要的评剧班社还有：丁福堂班（1931 年—1938 年），主要演员有王金凤、李筱舫、花桂兰（郭兰君）等；海世评剧社（1934 年—1939 年），主要演员有杨玉春（月明珠）、吴春明、粉莲花（陈莲花）等；庆乐班（1942 年—1945 年），主要演员有筱金霞、苏小霞、刘芳田等；王金香班，成立于 1938 年，是 40 年代具有代表性的评剧班社，主要演员有王金香、杜小楼、筱王金香等。王金香班除演出传统戏外，还改编演出了现代戏《啼笑因缘》《人道》等，很受欢迎。

作为话剧早期形态的新剧，在辛亥革命期间就由同盟会会员刘艺舟传入大连，使大连成为继上海、北京之后兴起话剧最早的地区之一。此后，话剧便成为大连文化的重要形式。1916 年，东北地区最早的话剧团体之一大连文明剧社成立，社长陈非我特邀上海戏剧家汪漫游来连排演新剧《湘江泪》《猛回头》，大连话剧又吸收了上海的营养。20 年代，话剧开始普及。1921 年大连中华青年会为赈济直鲁灾民，演出了反映黎民疾苦的《哀鸿泪》《不如归》《猛回头》等剧目。1924 年沙河口公学堂演出宣传废除缠足陋习的《乐天足》。1927 年大连中华工学会组织沙河口工场养成所学生演出了自编自演的我国最早反映工人生活的剧目《王忠漂流记》。1926年，马殿元、王叔祥等在大连成立了东北地区最早的比较正规的话剧团体爱美剧社，改变了早期话剧（新戏、文明戏）的商业化、质量低下的倾向，使话剧艺术走上正轨。该剧社1927年应中华青年会之邀，为筹集平民教育基金，排演了《千秋遗恨》等剧目。到40年代，大连已有10余个话剧团体，其中有隶属于关东州艺文联盟的协和剧团、光明剧团、放送剧团，更多的是由爱好文艺的青年自筹资金组织起来的半职业化的民间剧团，如秋月同窗会演剧组、山下汽船剧团、火车头剧团和晓剧团等。这些剧团在殖民当局管制的情况下，仍然演出了《归去来兮》《紫丁香》《夜航》《小桃山》等反映现实和人民疾苦的剧目和《夜半歌声》《屠户》等进步剧作。

这一时期，深受广大劳动群众欢迎的相声、莲花落、大鼓、评书等曲艺形式也传入大连，来自北京、天津、河北、沈阳的艺人，如相声演员马三立、丛寿峰、于春明（小北瓜）、朱相臣，奉天大鼓著名艺人刘宝全、梁福吉、吕俊升，西河大鼓艺人赵庆山、郝庆轩、郝艳芳、王玉岭等纷纷在大连演出。劳苦大众居住的寺儿沟、刘家屯、西岗露天市场成为重要的曲艺演出场所，西岗露天市场与沈阳北市场齐名，被称为"关外小天桥"。

第四节　风起云涌的新文化运动

在日本帝国主义殖民统治时期，随着城市的发展和内地移民的大量增加，民族文化不仅有了新的发展，积淀不断丰厚，始终保持着母体文化的地位，而且由于接受了五四运动和国内先进文化与马克思主义的影响，发生了民族文化由旧到新、由传统向现代的转型。其主要标志是五四运动后，20世纪20年代在大连兴起的以宣传新思想新文化为旗帜的，以反帝反封建为主要特征的新文化运动。大连的新文化运动似平地春雷、狂飙突起，在被日本侵略者称为"无风地带"的关东州，掀起如火如荼、声势浩大的文化风暴，其持续时间之长、规模之大、影响之广都为国内所罕见，使大连成为国内继北京、上海之后新文化运动最为活跃的重要阵地和特殊战场。

一、傅立鱼与《泰东日报》

傅立鱼，安徽省黄山县人，辛亥革命前留学日本时参加同盟会，辛亥革命时在安徽、江苏参加革命起义，曾任南京临时政府外交部参事。1912 年在天津创办《新春秋报》，因为发表反对袁世凯称帝的文章遭通缉，1913 年来大连，被《泰东日报》社长金子雪斋聘为《泰东日报》编辑长。傅立鱼就任时曾与金子雪斋约法三章："1.《泰东日报》系汉文报纸，读者是中国人，只能站在中国人立场上说话；2. 遇有中日两国争端及民间纠纷，是非曲直均服从真理正义、平等对待；3. 一有讨袁机会，便须立即放行。"傅立鱼于 1928 年离开大连，在大连 15 年间，他作为著名的报人、作家和社会活动家，发表了大量的文章，创办了大连中华青年会和《新文化》月刊，有力地推动了大连新文化运动的发展，是大连地区新文化运动的代表人物。

新文化运动兴起前，傅立鱼在《泰东日报》团结了刘恂躬、毕乾一、沈紫懻、朱忧薪、安淮阴等一批爱国知识分子，发表了大量替中国人说话、反对军阀混战、反对封建礼教、反对帝国主义侵略的文章，公开支持金州三十里堡人民反对日本占地的正义斗争，公开抨击日本殖民当局只准

《泰东日报》刊载的《六个月间的李（列）宁》和瞿秋白文章

中国人坐三等火车、不准中国人进公园的霸道行径,公开质问殖民当局"大连美丽的公园、辉煌之市街都是工人建造,本应受到尊敬,反而遭到排斥","汝等手造之街市反而不准汝等通行,汝等手植之花木,反而不准汝等游览"(《泰东日报》1919年3月13日)。傅立鱼公开抨击日本蔑称中国为支那,尖锐批评日本人"狭小、傲慢、顽固、淫乱"(《泰东日报》1919年3月1日)。由于受五四运动的影响,1919年《泰东日报》的旗帜更加鲜明,以显著的篇幅发表了系列宣传新思想新文化,介绍俄国十月革命和列宁的文章。10月6日,傅立鱼在《泰东日报》上发表了《匈国劳农政府经过实况》,第一次将俄国十月革命和匈牙利革命介绍给大连人民。文章热情地赞扬了俄、匈两国人民的革命精神,驳斥了保守党人攻击列宁"残暴""专横"的谬论。11月28日,傅立鱼又在《泰东日报》发表了《六个月间的李(列)宁》一文,颂扬列宁的卓越功绩和他的革命理论和作风。文章首先说列宁是"群众中的活佛、福星、救世主","赞成他的都是我们希望自由幸福的平民,骂他的不过是那些专制主义的军阀、贪得无厌的政客和富而不仁的富户财东罢了"。文章还联系辛亥革命失败的教训:"我们中国第一次革命的时候,革命的领袖是孙文……那年急于议和未把革命事业搞到底,却说是使同胞互相残杀有失本来救国救民的宗旨,就硬加上一个爱好和平的美名,还说是仁慈,哎,简直是软弱罢了。"为此,作者在文章中强调指出:"我们中国的将来,不问是政治革命、社会革命,不可不先有李(列)宁的行事的精神、态度、方法。"10月23日,傅立鱼针对日本殖民当局"严加防止学生罢课、游行",非难学生干预政治的行径,发表了《论学生干预政治之是非》,公开支持学生的爱国行为。这些文章的发表,为新文化运动的兴起做好了充分的舆论准备。

傅立鱼作为国民党左派,拥护孙中山的"联俄、联共、扶助农工"的三大政策,他与共产党早期领导人陈独秀、李大钊、瞿秋白以及在大连活动的共产党人建立了密切的关系。俄国十月革命胜利后,《泰东日报》于1919年3月发表了李大钊的文章《战后之世界潮流》,指出:"这种社会革命的潮流,虽然发轫于德俄,蔓延于中欧,将来必至弥漫于世界。"

在大连工人运动兴起之际，《泰东日报》还发表了瞿秋白的文章《中国的劳动问题，世界的劳动问题》。

二、大连中华青年会的成立，拉开了新文化运动的序幕

1920年7月，以傅立鱼为首的一批爱国知识分子，联络了陈德麟、包时镛、杨凤鸣等大连工商各界知名人士，冲破殖民当局的阻挠和限制，在帝国主义统治下成立了第一个以"中华"命名的爱国进步的文化教育团体——大连中华青年会。青年会以中华为旗帜，以文化启蒙、普及教育、宣传新思想、发展新文化为宗旨，以充满爱国激情的"溯我中华，文明之国，四千有余年""尔国尔家尔社会，匹夫与有责""精钢百炼，炉火清，醒我睡狮梦"为会歌，通过各种方式，开展了有声有色的爱国运动，拉开了大连新文化运动的序幕。

大连中华青年会自1920年7月成立以来至1928年傅立鱼被日本殖民当局逮捕驱逐的8年中，举办了丰富多彩的各项活动，涉及的范围很广，主要有：

1.兴办教育，启迪民智。傅立鱼在《中华青年会开会词》中指出，"大连一埠中华青年……不乏志趣远大、资质聪颖之士"，只是由于"无公共修养机关，遂使多数可敬、可畏、可爱之后生，孤陋寡闻，玩愒日月"。因此，青年会成立后，即"以承办教育为唯一宗旨"，设昼学、夜学两个学部。

大连中华青年会

昼学招收无职青少年，夜学招收在职的工人、店员。对不识字贫民免费开办识字班，先后招收学员达数千人，仅识字班就有 2000 人。青年会的教育贯彻德育、智育、体育"三育"并举的新的教育方针，要求学生"时时有益世之心，为最大多数造最大幸福"。傅立鱼亲自为青年会附属学校撰写了校歌：

中华大地，气象峥嵘，

一天化雨，四季春风。

五育甄陶，犹金在熔，

勤俭诚敬，正以养蒙。

前途要努力，触角恨无穷，

海上波涛涌，大陆夕阳红。

黑烟缭绕，汽笛宏声，

问谁是此地主人翁。

努力努力齐努力，奋发以为雄，

大家高举，五色旗光华照亚东。

青年会为在帝国主义统治下的大连人民争取了受教育的权利，在其影响下，爱国人士毛仪亭、林升亭、李瑞清、刘恂躬、石三一等创办了中华增智学校、中华觉民学校、中华三一学校，打破了日本殖民者对教育的垄断。

2. 举办讲演，催人觉醒。为广泛地向社会大众传播新知识、新文化、新思想，青年会自 1921 年到 1926 年共举办 200 多场讲演活动，每周一次，持续多年。讲演活动以"劝导社会，传达东西洋各国学说，培养青年之品性、智性"为宗旨，邀请本地和国内著名学者和享有声望的各界名流，广泛地传播新思想、新文化。讲座始终贯穿着爱国反帝反封建的基本精神，打破了当时大连的沉闷空气，激发了广大民众的民族精神和爱国热情，成为当时最受广大青年欢迎的爱国讲堂。讲演的题目有《中国青年须知》《青年之觉悟》《大连中华青年之责任》《爱国之方法》《打破旧习惯之势力》《不适宜于现代生活之礼教》《中国民众之新使命》《东俄之见闻》《社会主义与人类》《共产主义与中国》等。1924 年 7 月，著名学者胡适讲《新文化运动》。1925 年 2 月，欧阳予倩讲《中国戏剧改革之途径》。大连地区中共党、团组织成立后，中共大连地区领导人李震瀛、秦茂轩做过《中国与世界》《社会进化》等演讲，宣传共产主义思想；共青团大连特支书记杨志云曾以《社会常识》《平民教育与救国》等为题，做过五次演讲，宣传马克思主义和革命思想。大连工学会领导人傅景阳在参加全国铁路总工会第二次代表大会归来后，于1925年2月以游记的方式介绍了二七大罢工和国内工人运动的情况。

3. 联合社会各界，组织声势浩大的爱国集会。

大连中华青年会自成立以来，利用各种方式组织爱国集会，在被帝国主义统治的大连掀起了反帝反封建的爱国热潮。青年会成立第二年，便联络各学校和工商团体，于1921年10月10日举行了声势浩大的庆祝"双十节"游行大会。参加游行的有学生、工人、店员等8000多人。他们高举国旗，并特制了"爱国如家""急谋统一""注重教育""勿吃大烟""剪除发辫""放开小脚""实业救国"等10面旗帜，游行自上午八时至下午三时，散发传单2万余张。许多观众自动加入游行队伍，道路两旁，爱国商店皆悬挂国旗并放置茶水以示招待。这种团结爱国的场面为前所未见，当时报载："沿途观众拥挤不开，军号洋洋，国旗飘飘，诚挚热烈之爱国心高逾云表。"

日本人侵占大连后，多次举办只有日本人参加、不许中国人参加的运动会。为与日本人抗衡，青年会联络社会各界，于1922年5月在大连举办了第一届中华运动大会，有十几个团体500多名运动员参加，观众达4万多人，被报界称为"大连破天荒之盛举"。青年会自成立以来每年举办一次中华陆上运动大会、中华水上运动大会，共举办10届。每届大会规模不断扩大，高呼"中华民族万岁"等口号，表现了强烈的爱国精神，大长了中国人民的志气，振奋了民族精神。

4. 创办刊物，广泛传播新文化、新思想。1923年2月，青年会冲破殖民当局的阻挠，创办了《新文化》月刊（后改名《青年翼》），为中国人民争得了出版权。《新文化》以"发挥中国固有文化之精神，吸收西洋文化之精髓""开发文化""改革文化""谋东北三省文化之发展""不致为外来文化所风靡"为宗旨，开辟了时事评论、哲学、经济学、史学、青年修养等栏目，发表了大量时评、政论、杂文、小说和宣传马克思主义、

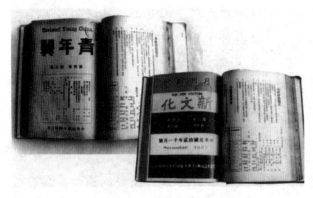

《新文化》（《青年翼》）

孙中山为《新文化》创刊题词

介绍苏联的文章。孙中山先生亲笔为《新文化》创刊题写了"宣传文化"的题词。1925年1月，孙中山又在《青年翼》发表了《大亚洲主义》一文，呼吁"反叛霸道的文化"，提倡"一切民众和平解放的文化"。共产党人李大钊、恽代英、萧楚女和国内著名学者胡适、梁启超、马寅初、陶行知等都在《新文化》上发表文章，著名作家叶圣陶、王统照、李健吾等也在《新文化》上发表文艺作品。《新文化》还发表了朱枕薪、吴云、光亮等翻译、介绍苏联和马克思主义的文章，如《一九一七年十一月社会革命之回忆》《介绍克鲁普斯卡娅》《苏俄之新印象》等。1924年列宁逝世后，傅立鱼发表了《列宁氏逝世》的悼念文章，称列宁逝世"为全人类之损失"，"吾人对此惊天动地一代风云之凋谢，能不寄以深挚之痛悼哉"。《新文化》是五四运动后东北地区最早创办的宣传新思想、新文化，具有鲜明的反帝反封建倾向的进步刊物，除在大连和东北地区发行外，还发行到北京、上海、青岛、武汉、广州等地，已成为国内新文化运动的重要阵地。

　　三、大连中华工学会等革命组织成立，新文化运动走上与工人运动相结合的道路

　　在新文化运动的影响下，1923年12月2日，大连建立了工人阶级的进步团体——大连中华工学会。工学会是适应工人运动的需要而产生的。日本侵占大连后，大连工人为反抗帝国主义压迫和剥削，不断举行罢工，仅1918年就罢工22次，但由于当时的罢工处于自发的、零散的状态且为仅限于经济方面的斗争，多以失败告终。当年沙河口工场技工养成所毕业的青年工人傅景阳、于景龙、王立功、于金福和唐韵超等，经常参加大连中华青年会的各项活动。当听到京汉铁路工人大罢工的消息后，他们受到激励，决心像京汉铁路工人那样组织起来，成立工会组织。因日本殖民当局不允许公开打出工会的旗帜，便以沙河口工场华人工学会的名义成立（后改名"大连中华工学会"），选举傅景阳为会长，于景龙为副会长，聘傅立鱼为顾问。工学会自成立起，以组织中国工人学习文化、技术的名义，一方面举办夜校传播文化知识，另一方面则对工人进行爱国主义和革命启蒙教育。1923年后，共产党人罗章龙、李震瀛、秦茂轩、邓中夏等先后受中国共产党派遣来连指导工人运动，在大连建立了中共党、团组织，工人运动中涌现的优秀青年杨志云、关向应和工学会的领导成员先后加入共产党和社会主义青年团，使工学会成为中国共产党领导的革命组织，并成为全国铁路总工会的重要成员。工学会先后在大连各大工厂发展会员，至1925年已有会员5000余人。在共产党的领导下，大连又先后建立了爱国进步的大连中华印刷职工联合会、大连店员协会，创办了革命刊物《工学会期刊》《店员之声》《曙光》等。中华工学会等革命组织以文化启蒙、文化宣传为先导，举办各种学习班，聘请爱国进步人士和共产党人李震瀛、秦茂轩等讲课，广泛传播新思想、

新文化，进而以马克思主义武装工人群众，使马克思主义与工人运动相结合，文化运动与革命斗争相结合，很快便在大连掀起了以文化运动为先导的以工人运动为主体的轰轰烈烈的革命斗争新高潮。自 1923 年至 1925 年，大连便发生了上百次工人罢工斗争。1926 年在中共党、团组织的领导下，大连爆发了震惊中外的福纺工人"四二七"大罢工。后殖民当局逮捕了傅景阳等工学会干部和工人骨干，罢工斗争处于最艰苦的时刻，中共北方局负责人李大钊先后派张炽、邓鹤皋、尹才一、张式沅（安娥）来连加强领导。工学会和罢工工人高唱由李立三作词、安娥谱曲的《中华工学会会歌》："我们工人创造世界人类食住衣，不做工的资产阶级反把我们欺。起来起来齐心协力巩固我团体，努力奋斗最后胜利定是我们的。""四二七"大罢工在全国引起强烈反响，得到了中华全国总工会负责人苏兆征、邓中夏、刘少奇和中华铁路总工会、上海工人、天津工人、香港工人的大力支持，经过 100 天的艰苦斗争，终于迫使殖民当局屈服，答应了罢工工人的要求，释放了被捕者，大罢工取得胜利。

大连的新文化运动是五四运动的继承和发展，自五四运动后兴起，持续至 1928 年，参加的人员不仅限于少数知识分子，而且包括广大工人、学生和工商各界。新文化运动不仅在政治上起到了唤醒民众爱国热情的作用，成为革命斗争的序幕和先导，并走上了与工人运动相结合的道路，还在斗争中发挥了促进与配合工人运动的作用，成为革命斗争中有力的一翼。新文化运动还在被帝国主义侵占封锁的大连掀起革命风暴，使大连地区成为中国共产党领导的反帝反封建斗争的重要部分和特殊战场。它不仅是大连近现代史光辉的一页，也是中国近现代史上光辉的一页。

四、具有深远意义的文化革新运动

大连的新文化运动不仅是一次伟大的思想解放运动，在政治上起到了唤醒民众的作用，而且在文化上也起到了催生大连新文化的作用，是一次具有深远意义的文化革新运动。新文化运动打破了帝国主义和封建旧文化一统天下的格局，将先进的现代文化的新鲜血液注入大连，使大连文化从内容到形式发生了由传统文化向现代文化转化的深刻变化。

新文化运动首先使大连文化的内容获得了新的变化，使爱国反帝反封建的文化成为当时文化的主流。以傅立鱼为首的一大批爱国进步的知识分子，在这一时期创作、发表了大量反映大连人民苦难、鼓励人们奋进、尖锐揭露帝国主义侵略、揭露军阀统治、公开宣传新思想、宣传马克思主义的文章。这些作品观点鲜明、笔调犀利，具有强烈的反帝反封建的倾向。同时，这些作品在形式上也打破了文言文一统天下的单调陈旧的格局，使大连地区出现了现代小说、新诗歌、散文、杂文、政论等新的文学样式，在大连地区兴起了具有"文学革命"意义的第一次文学创作的高潮，奠定了大连新文学创作的基础。

当时作为新文化运动重要阵地的《新文化》月刊和《泰东日报》发表了大量的新文学作品。《新文化》自创刊以来发表小说120余篇，其中有叶圣陶的《春光不是她的了》、王统照的《星光》和李健吾描写革命志士被枪杀的《红被》。时任《新文化》主编的汪楚翘是大连地区现代小说散文的开拓者，在发表呼唤青年人觉醒的小说《忏悔》后，又发表了中篇小说《恶果》。《恶果》描写了在新思潮影响下追求婚姻自由的女性最终仍被封建恶势力吞噬的悲剧，笔调细腻，情节曲折，具有强烈的反封建的社会意义。奉雪的小说《革命与爱情》，则直接描写了为追求光明不惜抛弃爱情和生命的青年革命者的形象。李健吾的《红被》，以现代的象征手法描写了被追杀的革命者被枪杀时的情景，寓意深刻，细腻感人。这一时期大连地区白话自由体的现代诗歌创作开始兴盛，《泰东日报》的编辑朱枕薪和诗人宗爱光发表了许多新诗。宗爱光的新诗《怎么死的？》直接歌颂了五卅惨案中不幸殉难的烈士。东山发表于《泰东日报》上的《可怜的工人》，用最通俗的语言，描写了工人悲惨的遭遇："可怜的工人——你今天从二丈高的梯子上摔下来，筋断骨折，鲜血横流，直挺挺卧在地上，谁来可怜你！……"傅立鱼、汪楚翘、沈紫慊、安淮阴、陶然、侠夫等人所写的时评、杂文、政论，针砭时弊，充满激情，矛头直指帝国主义和军阀统治。汪楚翘在《文化运动之根本方法》一文中，热情地赞扬俄国十月革命之"坚毅不挠的精神魄力"，进而提出文化运动"亦必具有此种美德"，"一次不足，继以数次，一时失败，继以他日，不达目的，誓不肯休，则文化前途，未有不臻光明之域也"。《泰东日报》编辑安淮阴在《不平则鸣》一文中直接支持当时兴起的工人运动，尖锐批驳殖民统治者污蔑工人罢工的言论，指出罢工的原因是社会不公："欲己安闲，人作牛马，己为刀俎，人受鱼肉，己居永久之天堂，人沦永久之地狱，而复人之安生乐命，不我或抗者，有是理乎？"并进一步指出，罢工之事"咎不在穷人，而在资本家，又不在资本家，而在此护符资本家之万恶法律、万恶政府"。陈雨天在《青年翼》发表的政论《青年与社会》，尖锐地指出："我们要知道，现在的社会，是黑暗的、冷酷的，已充满了恶的势力、恶的影响，以及一切不合情理的旧制度、旧礼教、旧风俗、旧习惯、旧思想、旧态度……所以我们应当及时尽力地打破，积极地改造，用我们青年纯洁的魄力、精敏的眼光、高超的理论，去破除一切旧的组织，改造未来新的事业，一反从前的旧观念，而改造出来新的势力、新的影响，以及一切合乎情理的新制度、新伦理、新习惯、新思想、新态度，然后斯可谓之新社会。"1927年，当殖民当局污蔑新文化运动为"赤化之祸水"，加紧镇压革命运动之际，陶然在《青年翼》上发表《敬告青年》，激情地呼吁："热血沸腾的青年们！看清些吧，我们的前途被黑暗笼罩住了！如果我们不甘黑暗的侵袭，希望光明之路摆在前面，我们必须将奋斗的精神振作起来，如夏夜的惊雷，逐电火而奔，把改造的意志坚决抱定，像龙门湍涛，冲岩险而流……青年们！热血沸腾的青年们！我们生下来的责任，就是改造旧社会，创造新社会，我们应当毫不退缩地毫不迟疑地负起我们这种伟大的责任来吧！"

在帝国主义残酷统治下，能够发出这么具有战斗力的强有力的声音，要冒着被取缔、被逮捕、被驱逐甚至被杀头的危险。正如傅立鱼在《大连中华青年会四周年感言》和离开大连时所写的《感谢素日援助本会之诸大君子》中所说，"已往之六年，余与同仁无一日不在恶战苦斗之中"，"有临渊履薄之思，而又步步勇猛向前"，"利用环境而不为环境所束缚，时时战兢惕励"，"倾身赴之，始终以之"，"誓达最终目的而后已乎"。

以傅立鱼为首的一批爱国进步的知识分子，在黑暗统治下，勇敢地点亮了新文化运动的火种，不畏险阻，倾身以赴，撰写了大量观点鲜明具有强烈爱国激情和战斗力的文章，打破了殖民统治下的沉寂，在大连掀起了轰轰烈烈的新文化运动和革命斗争的高潮，为大连新文化的建立和革命斗争的发展做出了历史性的贡献。

在沦陷的孤岛上发生的轰轰烈烈的新文化运动和工人运动，严重地动摇了日本帝国主义的殖民统治，被殖民当局诬为"反日罪魁""赤化祸根""中日亲善之敌""毒害中日亲善的猖狂者"，殖民当局加紧了镇压和破坏。1927年7月，中共大连地下党、团组织被破坏，大连中华工学会、大连中华印刷职工联合会、大连店员协会被封。1928年，殖民当局以"扰乱东三省为目的，组织政治秘密结社，策划种种阴谋"的罪名，将傅立鱼逮捕，并强行驱逐出大连，大连中华青年会被改组，《青年翼》被迫停刊，大连的新文化运动遭到严重挫折。

新文化运动被取缔之后，日本帝国主义对大连的统治采取了更加严密的方式，特别是1931年日本发动九一八事变之后，日本走向了法西斯军国主义道路，对大连的统治进入法西斯专制统治阶段。1932年，殖民当局明令指出，因"时事关系'中华'二字已属不合"，在其统治后期提及"中国"二字，都有"反满抗日"之嫌，使大连处于万马齐暗的白色恐怖之中。但是，大连人民反抗帝国主义统治的斗争仍没有停止，共产党领导的抗日斗争转入地下，许多革命志士出生入死，前仆后继，运用各种方式反抗侵略者。新文化运动的影响还在继续，许多具有民族意识、爱国进步的知识分子仍然以文艺为武器，采取一切可能的方式曲折地表达他们的意愿，创作出一批反映现实苦难人生的作品，表达现实中人们的苦闷、彷徨及追求光明、渴望自由的心声。这一时期大连的文学青年组织了白光社、曦虹社、野狗社、响涛社等文学团体，其中以1934年成立的响涛社的影响最大。响涛社的主要作家有田兵（金纯斌）、石军（王世浚）、野藜（刘云清）等。田兵在《泰东日报》上发表了大量诗歌，具有鲜明的倾向性，像匕首一样刺向黑暗统治，其诗集《沙滩潮痕》《悔筑集》被殖民当局禁止出版。石军出版的小说有《边城集》

《新部落》《麦收》等，后来，他出走大连，在黑龙江创作的长篇小说《沃土》是东北沦陷时期的代表作品之一，他也成为东北作家群的重要成员。野藜写有短篇小说集《花冢》、中篇小说《草莽》、长篇小说《绿洲》和散文集《黄花集》。他在小说《奔流》中，借主人公之口喊出了"不自由，毋宁死"的呼声。这一时期，大连虽然处于最黑暗时期，但仍然保持着与祖国文化的联系，《泰东日报》还以"介绍普罗"为名刊载了介绍鲁迅、郭沫若、茅盾、巴金、丁玲、何其芳、萧乾、阿英、林庚、马彦祥、罗烽等进步作家的作品。出于对祖国文化的渴望，30年代在大连出现了观看中国进步影片的热潮，中国影片《渔光曲》《桃李劫》《大路》《十字街头》在大连放映，成为当时的一件盛事。报纸和街头出现了大幅广告，广告以具有号召力的"血汗凝成的新国家，劳苦群众的进行曲""声势浩大风云为之色变，气冲牛斗天地为之动摇"为口号，影院出现市民排队买票的情景，充分表达了大连人民的爱国心声。

第五节　大连现代文化格局的形成与殖民统治时期的文化遗存

一、以民族文化为母体、以现代文化为优势的文化格局的形成

帝国主义殖民统治时期，大连在极其复杂激烈的斗争中，走过了一段在战争中沉沦、在沉沦中崛起、在苦难中转型、在逆境中走向现代的艰难曲折的道路。这一时期是大连文化发展史上重要的转型期和现代文化的形成期。大连文化随之发生了十分重要而又深刻的变化：

1.由于大连人民捍卫发展民族文化的斗争，民族文化的发展没有出现空白和断层。同时，随着南北各地移民的增加，大连文化广泛地吸收了关内文化的营养，完成了大连历史上与关内文化最大范围和最大规模的融合，中华文化的母体地位和基本属性没有改变。

2.特别是在20年代，由于受五四运动和中国共产党领导的革命斗争的影响，在大连兴起的以反帝反封建为旗帜的意义深远的新文化运动，

为大连文化注入了新的血液，使大连的民族文化发生了由传统到现代的转型，并成为中国共产党领导的反帝反封建斗争的组成部分和特殊战场。

3. 大连文化完成了由封闭到开放、由单一到多样、由农业文化到工业文化的转型，取得了现代文化的优势，成为中国北方最具现代色彩的城市。

由于上述种种变化，大连文化形成了以民族文化为母体、以现代文化为优势、中外交融、多元并存的文化格局，并形成了开放兼容、敏于吸收、多元交融的品格和具有较强开放性、现代性、兼容性、多元性、杂交性的优势和特点。

虽然，在帝国主义殖民统治时期大连形成了现代文化的格局，但这是一种夹杂着殖民地色彩的现代文化。同时，由于大连城市兴起的历史较短，较之历史文化积淀丰厚的中原地区还有许多的不足，因此，这一时期形成的现代文化是需要改造和新生的现代文化。所以，大连自 1945 年解放以来，在中国共产党的领导下，清除了殖民文化和封建文化的污泥浊水，改造了旧文化，使大连文化获得新生，走进了健康的繁荣发展的新时代。

二、具有特殊历史价值的近现代文化遗存

由于大连近现代所经历的特殊历史遭遇，这里曾经发生了一系列对亚洲形势和中国命运有重要影响的历史事件，因而成为国内保存具有特殊历史价值的近现代文化遗产最多的城市之一。至今，大连比较完整地保存了自晚清兴办北洋水师到甲午战争、日俄战争和俄日帝国主义殖民统治时期的大量文化遗存，保存了丰富的近现代工业遗产和一大批具有历史文化价值的优秀的近现代建筑。这些遗产在中国近现代史上占有相当地位并具有重要的历史价值，可以分为几种类型，而每种类型都可以构成一个系列：

北洋水师与洋务运动系列。其中主要有当时亚洲最大的旅顺军港和修造船厂——旅顺大坞、海防工事以及当时引进的现代城市设施，如国内最早的自来水设施龙引泉等。

甲午战争与日俄战争系列。如日军侵占大连的登陆地花园口，分布于金州、旅顺的多处战场工事、堡垒以及清末建成的纪念旅顺大屠杀死难同胞的万忠墓等。

殖民统治机构系列。如沙俄在旅顺设立的统治远东地区的远东总督府、日本关东军司令部，日本在大连设立的市政厅、法院、警察署、旅顺监狱以及达官官邸和王公贵族的公馆等。

近现代优秀建筑和具有和式西洋式风格的市街、洋楼、别墅系列。如旅顺新市区，中山广场金融区，天津街、青泥洼桥日式市街，大连南山、黑石礁日式别墅区，胜利桥俄罗斯风情街，国内最早出现的现代宾馆，现代城市广场，现代公园等。

工业遗产系列。如 19 世纪末兴建的大连港及其设施，1902 年建成的铁路及其设施，具有百年历史的大连机车厂、大连造船厂、20 年代曾爆发震惊中外的罢工运动的大连纺织厂，以及国内最早的化工基地——大连化工厂，技术先进的石油工厂、轴承厂等。

文化设施系列。如具有近百年历史的现代图书馆、博物馆、自然馆、现代影院、现代剧场以及广播电台、大学、现代医院和国内最早建成的大型综合性现代体育场等。

【注释】

[1] 山县有朋：《第二次对清政策》。
[2] 东亚同文会：《对华回忆录》，北京，商务印书馆，1959。

下编

第八章

源远流长　熠熠生辉

——历史文化遗存

　　1.7万年前的旧石器时代晚期，大连地区就出现了人类文明的曙光。1981年，在今瓦房店市古龙山东坡发现的一处旧石器时代晚期的洞穴遗址古龙山洞穴遗址，出土了大量的动物化石，包括鱼类、爬行类、鸟类、哺乳动物等，还出土少量石器、打制骨器，其中有一些被认定为有人类加工的痕迹。古龙山遗址的发现表明了在1.7万年前大连地区已经有人类在此繁衍生息，并且这一时期的人类已经具有了一定的加工工具的意识和能力，大连古文化由此萌生。

　　随着古人类社会的不断发展与繁衍，他们在生活、经济、政治等方面不断进步和演变，而在这一过程当中遗留下来的与人类活动相关的遗迹和遗物，成为今天人们了解古代文化的一个窗口。古人类遗址、贝丘遗址、积石冢、大石棚、古代城址，这些与古代人类生活息息相关的文化形式以其独有的方式揭开了大连古代文化的面纱。

　　大连东濒黄海，西临渤海，天然的地理位置使得大连与海洋产生了千丝万缕的联系。贝丘遗址正是一种典型的海洋型遗址。它位于海、湖泊和河流的沿岸，并以文化层中包含人们食余弃置的大量贝壳和蚌类为显著特征。辽东半岛是中国贝丘遗址最大的聚集区之一，大连天然的自然条件使这里拥有丰富的贝丘文化。大连地区的贝丘遗址以长海县广鹿岛小珠山遗址为代表，年代以新石器时代为主，有的延续到青铜时代或稍晚些。主要分布在旅顺口区、长海县、瓦房店市等地。这类遗址中所含贝类丰富多样，主要以近海岩石及海滩上生长的海洋生物为主。鱼骨和兽骨经常会被发现于此类遗址中，另外还有很多文化遗物也会出现在其堆积层中。贝丘遗址的存在证明了，在遥远的古代先民们就开始了与海洋的交流，也反映出大连先民在那时已经懂得食用和渔猎海洋贝类，渔捞活动在当时的经济生活中已占有相当的比重。

中国古代墓葬是一种复杂的文化现象。"春秋时代，孔子大力提倡'孝道'，厚葬之风大盛，历代不衰，并逐渐形成一套隆重复杂的祭祀礼仪制度和墓葬制度。"[1]史前文化有一种用石块有规则堆砌起来的墓葬形式，称作"积石墓"（又称"积石冢"）。

在辽东半岛的史前文化中，积石冢和石棚是两种较为特殊的文化现象。大连作为辽东半岛最南端的一颗明珠，也拥有丰富的积石冢与石棚文化。这两种文化多以墓葬形式出现，其中积石冢表现出更早的年代特征。

积石冢是一种早期的墓葬形式。这种与石头联系紧密的墓葬观念在东北古代墓葬中一直存在着。据专家推测，这类型的墓葬由"灵石崇拜"之说发展而来，其中蕴藏着"灵魂不死""石匣藏魂"的观念。大连地区的积石冢出土的文物主要有陶器、石器、骨器等，对大量出土文物的年代测定说明了积石冢的年代约在新石器时代晚期并一直沿用到青铜时代。

将军山、大孤山、小孤山是大连地区积石冢的主要聚集地，另外在大岭山、水师营、大台山、石线山、双岛牛群山、甘井子等区域也发现了不同数量的此类墓地。大连地区代表性积石冢主要有老铁山—将军山积石墓地、四平山积石墓地、于家村砣头积石墓地、岗上积石墓地。这些积石冢在分布上一般有规律可循，形似蜂窝状的墓地经常是数十座成行排列在海岸的山丘之上。而其墓室的形状大都以圆形和椭圆形为主，上面用天然的砾石砌成。墓室内部则被表述为"墓室的底部铺有卵石，少数墓室铺有石板，墓室中从上到下摆放着多层尸骨，墓顶则覆盖着卵石和砾石"[2]。

石棚是稍晚于积石冢的一种文化现象,属于巨石文化的范畴。据记载,在欧、亚、非及南美洲等许多国家沿海地带都发现了石棚的踪迹。从外观上看,石棚的构造并不复杂,由三块石板围成立面,立面顶部再覆盖一块类似长方形的大石板,形成棚状,即为石棚。目前,对于石棚的用途和性质问题有三种主流观点。一种观点认为它是带有神秘象征意义的祭坛,是原始社会居民进行宗教祭祀的场所。另一种观点认为,石棚是一种墓葬形式,是古代先民利用天然的石头打造的墓穴。还有一种观点认为石棚是氏族的公共活动场所。目前,很多考古资料显示,大部分石棚中都掩埋有人骨和随葬品,因此,认为石棚是一种墓葬形式这种说法得到广泛认可。

大连地区的石棚主要集中于普兰店市北部和庄河市西部,大多坐落在河流附近的丘陵地带。据专业考古人员分析研究,石棚的分布有大小之分。大石棚一般地势较高,往往出现于山丘顶部和高地之上。小一点儿的石棚则相对大石棚处于较低的位置,一般出现于平底或是低缓的区域。大连地区的主要石棚有白店子石棚、大荒地石棚、双房石棚、小关屯石棚、石硼沟石棚、台子屯石棚等。

汉代是大连地区文化发展史上的一个黄金时期,政治、经济、文化都有了前所未有的发展。大连地区汉代考古内涵丰富,汉代墓葬数量众多,分布广泛,出土了大量的文物,也因此成为东北地区汉墓最为集中的区域。到目前为止,大连地区发现了上千座汉代墓葬,跨越汉代各个时期。营城子、旅顺、瓦房店、普兰店等地都发现了汉墓的踪影。营城子汉墓、花儿山贝墓、营城子壁画墓等汉代墓葬出土的众多文物,为大连地区汉代文化研究提供了重要的佐证。

大连建市历史较短,但以城邑为基础所形成的传统城市生活方式却很早就出现了。大连地区最早建城的时间是战国末期,到了汉代,随着社会生活繁盛时期的到来,出现了更多的城池,牧羊城、张店城、陈屯城等城址反映了汉代文化在大连地区的传播和发展。晋、唐时的高句丽山城是另一种风格的城址。统治辽东260余年的少数民族政权高句丽在大连地区留下了许多山城遗址。这些山城多建于险峻的山上,易守难攻。

金州的卑沙山城、普兰店的魏霸山城、瓦房店的得利寺山城、庄河的城山山城等高句丽山城，是大连古代城址的重要代表。辽金时期金州城与复州城建城，并在明代得到迅速的发展，到清代仍然占据重要的位置。金州城和复州城是大连历史中重要的行政建制所在地，是大连地区享有盛誉的城址。这两座城建于辽金时期，在明代得到了迅速的发展，到清代仍然占据重要的位置。此外，普兰店的黄家亮子城址，瓦房店的北瓦房店山城、羊官堡城址、永宁监城址，庄河市的菜园子土城，金州的小黑山山城、望海埚城等，也是大连地区具有代表性的城址。这些古代城池的兴盛是大连城市文化发展的根脉，成为城市历史发展的见证。

1840 年以后，由于重要的地理位置，大连变成了中国近代史的一个重要焦点。甲午战争、日俄战争接踵而来。战火与硝烟过后，大量的战争遗址被保存了下来。甲午战争期间的遗址有花园口日军登陆地点、石门子阻击战遗址、土城子阻击战遗址、旅顺大屠杀遗址等。日俄战争期间的遗址包括黄金山炮台、电岩炮台、二龙山堡垒、二〇三高地、东鸡冠山北堡垒、望台炮台、水师营会见所旧址等。这些遗址诉说着大连地区侵略与反侵略、压迫与反压迫的抗争史。

悠久的历史为大连留下了丰富的历史文物，其中包括建筑、碑刻、工具、武器、生活器皿和各种艺术品等。

青铜曲刃短剑（战国）

大连市各级文博单位及部分县区文化馆都收藏有文物。其中，旅顺博物馆、大连文物店、金州博物馆、瓦房店市博物馆、普兰店博物馆收藏文物数量众多。除旅顺博物馆的部分藏品外，其他单位的藏品都是新中国建立后通过不断征集和考古发掘而获得的。旅顺博物馆是大连最重要的历史文化博物馆,不仅藏品数量大,而且种类多,青铜短剑(战国)、贝鹿铜镇(西汉)、马蹄金(西汉)等200余件文物被列为国家一级藏品,具有综合反映我国古代文化艺术发展史的基本藏品体系。其中,新疆出土的文物是旅顺博物馆的特色藏品。在数量可观的藏品中,除泥塑、陶器、木器、织锦、货币以及吐鲁番出土的干尸——木乃伊以外,设色浓郁、线条流畅的唐代佛教绢画、壁画和各种文字的经卷堪称稀世珍宝,一直受到国内外学者的关注。旅顺博物馆是国内除新疆以外收藏新疆文物最多的博物馆,同时,还是国内唯一收藏古代印度犍陀罗石刻最多的博物馆。

第一节　贝丘文化与积石冢

一、贝丘文化

大连的贝丘遗址主要为新石器时代遗址,有的延续到青铜时代或稍晚些。遗址中存有人们食余弃置的近海岩石及海滩生长的海洋生物,除各类贝壳外,还有鱼骨和兽骨等。有的遗址还有房基、窖穴和墓葬等遗迹。对贝丘位置、贝类种属及当时人们生活习性的研究,既可帮助考察自然环境的变迁,又可以反映出当时渔捞活动在生活中占有相当的比重。

大连地区的贝丘遗址一般分布在临海较近的10余米高的岸基岩石或山头上,也有的位于距离海岸较远的山冈上。大连地区的贝丘遗址多出自旅顺口区和长海县地区,旅顺口区的贝丘遗址包括郭家村、于家村、南山、大台山、烈士山、小磨盘山遗址。长海县的贝丘遗址主要包括广鹿岛的小珠山、蛎碴岗、南窑、朱家村、吴家村、柳条沟东山、洪子东岛、大长山岛上马石、大长山岛清化宫、大长山岛高句丽山城、小长山岛大庆山、三官庙、英杰村、唐家沟、旗杆山、姚家沟、獐子岛沙泡子村、李墙村、海洋岛南玉村等遗址。此外,瓦房店市长兴岛三堂村、交流岛蛤皮地和金州王官寨等,也有此类遗址。位于长海县广鹿岛中部的吴家村西小珠山东坡,是新石器时代的贝丘遗址代表,距今7000年—4000年。一、二期文化属于新石器时代文化,三期文化属于铜石并用时代文化。

长海小珠山新石器时代遗址文化层

长海小珠山新石器时代遗址出土的图腾

位于大长山岛镇三官庙村上马石屯北山东面坡地上的上马石贝丘是集中多种文化类型的贝丘遗址。上马石贝丘共分为三层：下层年代距今约6000年，属小珠山文化类型，出土的生产工具和生活用品有石刀、磨盘、磨棒、壶、直口筒形罐等；中层年代距今约4000年，属小珠山上层文化类型，出土文物包括石斧、锛、镞、黑陶器、三环足器等；上层年代距今约3000年，分布范围比较广，包括尹家村南河下层、普兰店高丽寨、旅顺牧羊城下层、华岩寺、小于屯、石硼沟、庄河大荒地、长海小长山岛英杰村上层、梨树底等。出土文物包括石斧、石刀、骨凿、骨鱼钩、夹砂红褐陶器等。另外，出土的瓮棺墓距今约3300年，出土的青铜短剑墓年代属战国时期。

位于今旅顺口区铁山镇郭家北岭的郭家村遗址是大连地区渔猎技术发展的见证。该遗址分上、下两个文化层，下层距今约5000年，上层距今约4000年。出土的大量箭镞（用来捕鱼猎兽）、网梭（编织渔网的工具）都表明当时渔猎技术达到了较高的水平。另外，还出土了海参罐等模仿海洋生物的陶器，说明那时的人们在手工业和对艺术的追求上

都已融入了来自大海的
灵感。

位于长海县广鹿岛
中部的吴家村北的吴家
村遗址,为典型的贝丘
遗址,距今年代约 5000
年。文化层由贝壳堆积
而成,厚度为 50～130
厘米,贝壳种类繁多,

旅顺郭家村遗址

有牡蛎、红螺、毛蚶、青蛤等。吴家村遗址出土的猪头形玉牙璧、梯形
玉锛距今 5500 年—5000 年。

二、积石冢

在大连现存的古代墓葬中,积石冢是重要的墓葬文化形式之一,体
现了先民"石匣藏魂"的灵魂崇拜观。古人称坟墓为冢,积石冢就是用
石头堆积起来的石棺墓。这种墓葬建在山梁或土丘的顶部,通常把山顶
进行修整,之后垒砌石块,中心部位经常是砌一座大型的石棺墓,边缘
部位砌数座小型的石棺墓,之后在石棺墓的上边再堆放石块。

大连地区的积石冢出土的文物主要有陶器、石器、骨器等,对大量
出土文物的年代测定说
明了积石冢的年代约在
新石器时代晚期并一直
延续到青铜时代。大连
地区的积石冢主要集中
在将军山、大孤山、小
孤山、石线山、大岭山、
大台山、双岛牛群山、
水师营、甘井子等地。

位于旅顺老铁山与

旅顺老铁山积石冢

将军山山脊之上的老铁山—将军山积石墓地，是辽南地区重要的新石器时代至青铜时代的公共墓地，与山东龙山文化关系密切，对研究大连地区新石器时代和青铜时代文化，以及与山东半岛在上述时期的文化交流等方面都具有重要意义。1964 年，中国科学院考古研究所东北工作队发掘了 9 个墓室，分为南、中、北 3 排，分别有 4、3、2 座墓。1973 年，旅顺博物馆发掘的 1 号墓地是单排一次筑成的，共 6 个墓室，呈东西排列。1975 年，旅顺博物馆发掘的 4 号墓地是双排两次筑成的，现存的 9 个墓室东西排列，从中间隔墙观察，当时是先筑北面墓室，后筑南面墓室。出土的随葬品有陶器和石器两大类。陶器大部分为手制，轮制仅限于黑陶和蛋壳黑陶，大多为小冥器，主要有杯、罐、三足器、环足器、盆、器盖等，其中，杯的形制多样，有无把杯、有把杯、螺旋纹杯等。石器有矛、锛，并发现了玉璧。其出土的玉璧距今年代为 4500 年—4200 年，是新石器时代的文物。

菅城子四平山积石冢

位于菅城子镇黄龙尾半岛上的四平山积石墓地，是大连地区发现的最早的墓葬，为大连地区新石器至青铜时代的考古研究提供了重要参考，对辽东半岛与山东半岛之间的文化交流研究有着重要的意义。积石墓主要分布在连接南北峰的主脉和西延支脉的山脊之上，属于石筑多室墓，是家族墓葬。出土的随葬品主要有泥质的黑陶器和夹砂红陶器、玉牙璧 9 件，还有玉戈、玉环、指环、玉斧、锛等。

位于旅顺口区铁山镇于家村西南的于家村砣头积石墓为青铜时代墓葬，年代相当于商末周初。所存 58 座墓，东西向排列。整个墓地系多次筑成，墓葬形制分长方形、椭圆形和方形三种。墓葬采取丛葬形式，墓内多具人骨颠倒交错叠压，最多达 21 人，死者之间铺一层小海卵石以示隔开。随葬品多置于墓室两端，装饰品一般放在墓室中间或头部附近，其种类可分为石器、铜器、陶器和装饰品 4 种。于家村砣头积石墓地出土文物较多，且以陶质冥器为主。陶器有形状多样的壶、罐、杯、盆、镂空尊形器等。石器有斧、锛、刀、矛、环刃器、纺轮等。青铜器有镞、环、鱼钩等。装饰品有石珠、陶珠、绿松石坠、玛瑙坠、白玉坠等。

　　位于甘井子区营城子镇后牧城驿村北的岗上积石墓地是西周晚期到春秋早期以青铜短剑为特征的氏族公共墓地。岗上为一椭圆形土丘，墓地建于土丘之上。墓地下有属于双砣子三期文化的遗址。墓区东西长 28 米、南北宽 20 米，可分为 3 个区域，各区域又以碎石划为呈放射线状的若干小区，区域与墓的配置有一定的规律。整个墓地由中心大墓和其他 22 座墓组成，根据构材，分为石板底墓、石棺墓、烧土块墓、砾石墓和土坑墓 5 种。大多数墓曾经被火烧。每墓所葬人数不等，19 号墓共葬 18 人，整个墓地的 23 座墓中共葬有成人和儿童 144 人。墓地出土随葬品 20 余种 874 件，包括饰网格纹的壶、罐、钵、豆等陶器，曲刃剑、矛、镞等青铜器，青铜短剑加重器、棍棒头、铸铜范等石器。装饰品种类较多，有青铜饰件，红、绿、灰、白、黑等色玛瑙，石、贝、陶珠饰等。出土物品中最重要的发现是斧、剑柄、凿和泡饰的铸铜滑石范，具有强烈的地方土著特征。

第二节　石棚文化

　　大连地区的石棚分布主要集中于普兰店北部和庄河西部。普兰店地区的石棚主要有石硼沟石棚、石硼沟小石棚、刘屯石棚、邵屯石棚、邵屯山顶石棚、台前 1 号石棚、台前 2 号石棚、双房石棚（1 号石棚、2 号石棚、3 号石棚、4 号石棚、5 号石棚、6 号石棚、7 号石棚、8 号石棚、9 号石棚）、王营石棚、三台子石棚、安平寨 1 号石棚、安平寨 2 号石棚。庄河市地区的石棚主要包括白店子石棚、大荒地石棚、杨屯石棚、大营山石棚、粉坊前石棚、粉坊东石棚、粉坊西石棚。此外瓦房店等地也存有石棚遗址。

一、白店子石棚

白店子石棚位于庄河市吴炉乡小房身村白店子屯姑嫂山上。经测定，该遗址年代为青铜时代，距今年代约 3000 年。花岗岩构筑，由四壁、盖石和铺底石组成。盖石东西长 4.45 米、南北长 4.5 米、厚 0.5 米，东西两壁长 2.5 ~ 2.6 米、高 1.2 ~ 1.3 米、厚 0.16 米。其建筑程序是先将铺底石平铺于地上，然后在石的四周挖深约 15 米的沟作为壁石的基础，将南、北、东三壁石置于沟中并填土埋至沟口。为使壁石与底石套合牢固，壁石下面各凿有一道横沟槽，其宽度与铺底石边相等。壁石与底石套合时，形成子母口式的卯槽。三面壁石之上覆盖盖石，最后将西壁合上成为封门石。发现的遗物有人骨碎片和半个石纺轮，还发现夹砂黑陶片和残石器。白店子石棚是大连地区保存较完好的一座大石棚，除东壁有一豁口外，其余部分基本完好。

关于白店子石棚被称为姑嫂石还传说着这样一个故事，大连《文物史话》上记载："古时有姑嫂二人学道，各修了一座石棚，小姑一夜之间修成了石棚，无牵无挂的她便登石羽化成仙。嫂子修好石棚，却因舍不得孩子，跑回家再看孩子一眼，结果，回来时石棚已塌，嫂子便气死在石棚下。嫂子死后化作一只布谷鸟，整天'姑姑，等等'地叫着。后来，人们便将同在一个地点的两座石棚称之为姑嫂石。"

二、大荒地石棚

大荒地石棚位于庄河市塔岭镇冬瓜川村大荒地屯姑嫂石岗上，据测定，年代为青铜时代。石棚呈长方形，由顶石、底石和四壁（东、西、南、北壁）组成。东壁长 2.4 米、高 2.05 米、厚 0.34

庄河大荒地石棚

米；西壁长 2.45 米、高 2.05 米、厚 0.34 米；北壁长 3.04 米、高 2.05 米、厚 0.34 米。顶石两块，长 5.95 米、宽 4.85 米、厚 0.5 米。在遗址中采集到夹砂褐陶残片，叠唇筒形罐、壶等。石器有打制盘状器、磨制直背弧刃双孔刀等。

三、双房石棚

双房石棚墓地位于普兰店安波镇德胜村双房屯西约 1 公里的西南坡，与双房石盖石棺墓同处一个墓地。该墓地 1980 年发现并发掘，是春秋时期墓地。双房墓地一共有 9 座墓，其中 1、2、5、7、8、9 号为石棚，3、4、6 号墓为石盖石棺墓。石棚墓结构基本相似。以 1 号石棚和 2 号石棚为例，1 号石棚位于山顶中部，遭到破坏，整个石棚已残缺不全，石棚底部的铺底石已不复存在，北壁石残高 0.4 米、长 1.35 米、厚 0.15 米，还有两块壁石已经错位。2 号石棚位于 1 号石棚东南方向 10 米处，残存四壁石和铺底石，东、南、西、北四壁石下端均埋入地下。2 号石棚内发现烧过的人骨碎片、夹砂红陶鼓腹圈足壶、石纺轮等。其余 4 个石棚在距离 1、2 号石棚不远处，5 号石棚在 2 号石棚北面约 11 米处，7 号石棚位于该石棚群最南端，距离 5 号石棚 34 米处，8 号石棚位于 2 号石棚北面约 5 米处，9 号石棚位于 1 号石棚西北 100 余米处。这些石棚大多残缺不全，遭到不同程度的破坏。

双房墓地除了石棚墓外，还有石盖石棺墓。以 6 号墓为例，该墓原盖石已失，石棺南北二壁各用两块石板接筑，东西二壁各以一块石板封堵。人骨已朽无存，随葬品有曲刃青铜短剑、滑石铸铜斧范、陶罐、陶壶等，所出短剑形制较原始。所出陶壶，辽东、辽北地区亦有发现。依据出土器物分析，此墓约与双房石棚年代相当或略晚，即相当于春秋前期。

四、小关屯石棚

小关屯石棚也叫"亮甲屯石棚"，位于金州东北向应乡所在的小关屯的东山上。两座石棚一南一北，相距 250 米。南面石棚较大，早年已

金州小关屯石棚

破坏，是青铜时代的遗存。北面石棚较小，建筑在 10 平方米的长方形土台上，东西向，为花岗岩石材加工而成，现已残破。室内长 2.8 米、宽 1.85 米、高 1.45 米。壁石套合不整齐，微微向内倾斜。东壁石中上偏北有些残破，长 2.4 米、高 1.35 米、厚 0.15 ~ 0.2 米。北壁残石长 2.76 米、残高 1.1 米、厚 0.25 米，西和南壁石仅存底部，长 2.15 米、残高 0.2 米、厚 0.17 米。南壁石的一侧地面平放着长 1.4 米、宽 0.7 ~ 0.9 米的石板，疑为南壁石倒塌部分。盖石伸出壁石之外，有棚檐，残长 4.3 米、宽 2.5 米、厚 0.15 ~ 0.45 米。

五、石硼沟石棚

石硼沟石棚位于普兰店安波镇俭汤社区戴家村石硼沟山坡上，是青铜时期的墓葬，2003 年被公布为辽宁省文物保护单位。此地原有 6 座石棚，有 5 座在历史的长河中遭到破坏，现仅存残迹。其中一较大的保存相对完好，占地面积约 30 平方米，石棚顶部由一块巨石盖住，巨石下由四块石板支撑，石盖超出四壁，西部较厚，东部较薄，南北长 6.03 米、东西宽 5.3 米。石盖下有东南西北四块石板，东壁高 1.2 米、长 2.25 米、厚 0.25 米，南壁残长 0.4 米，西壁高 1.2 米、长 2.2 米、厚 0.1 ~ 0.2 米，北壁高 1.4 米、长 2.6 米、厚 0.3 米。该石棚内曾出土人骨和陶罐等。

六、台子屯石棚

台子屯石棚位于瓦房店市松树镇台子村境内，是大连地区现存最大、最完整的巨石建筑。它是新石器晚期到青铜器时期的石棚，2003 年被列为辽宁省文物保护单位。台子屯石棚顶部盖有大石板，石板呈梯形，北窄南宽，长 4.48 米、宽 4 米、厚 0.25~0.45 米。石板下有东西北三面立壁支撑，上面盖一大石板超出四壁形成棚檐。该石棚残存三壁，东壁长 2.18 米、高 2.25 米、厚 0.19 米，西壁长 2.26 米、高 2.25 米、厚 0.16 米，北壁长 1.6 米、高 2.25 米、厚 0.27 米。石棚中出土物有火烧人骨和随葬陶器、石器等。2005 年，瓦房店市博物馆在石棚外建亭子，以保护石棚，称之为碧霞钰亭，还在石棚里面和后面建造了佛龛。

七、碧流河大石盖墓

1976 年，旅顺博物馆会同碧流河水库工程部门对碧流河大石盖墓进行了清理发掘。此墓年代为西周至春秋，共 11 座，有 5 座在安波刘屯西山和东山上，6 座在双塔镇乔屯地中，三处相距 1 公里许。大石盖墓结构为自地表向下挖一土坑或不挖土坑，在地面上垫上几块石头，然后盖上一块大石板作为上盖。大石盖重者达数吨，多数经过加工，周边整齐。多数墓内骨骼不存，仅个别有零星碎骨且经火烧。大都有随葬遗物，但保存下来很少，陶壶复原 2 件，陶罐 1 件，石斧 1 件，玉斧 1 件，滑石斧范仅一残扇。

第三节 汉代墓葬

大连地区汉代考古内涵丰富，汉代墓葬数量众多，分布广泛，出土了大量的文物，也因此成为东北地区汉墓最为集中的区域。到目前为止，大连地区发现了上千座汉代墓葬，跨越汉代各个时期。汉墓数量众多，类型齐全。

一、汉墓类型与分布

汉墓的形制主要分为贝墓、石板墓、砖室墓、瓮（瓦）棺墓、花纹砖墓、壁画墓等。汉墓在大连地区主要集中在营城子一带，旅顺南山里、北海李家沟、大潘家、三涧堡土城子、韩家村一带，金州大魏家、东马圈子一带，大连开发区董家沟子、冷屯一带，瓦房店陈屯、吕屯、李官等地，普兰店花儿山、乔屯、马山一带。发掘汉代墓葬的出土文物众多，为大连地区汉代文化研究提供了重要的佐证。

其中，贝墓是一种极具沿海地域特征的墓葬，主要见于辽东半岛。大连、营口、盖州、盘锦等地均发现了贝墓，在这些地区中，大连贝墓的数量最多。贝墓是以牡蛎、海螺、蛤蜊、砂海螂、锈凹螺、鲍鱼、海帽等海洋生物的贝壳为主要构成材料的墓葬形式。古代先民以贝壳为主要构材所筑的墓，其目的主要是为了御湿，希望尸体能够长久不朽。大连地区发现的贝墓中，以西汉后期居多。李家沟第20号贝墓、赞子河马山贝墓和大连湾刘家屯贝墓等都是这一时期的代表。

壁画墓是汉代墓葬的又一特色。中国汉代墓室中的装饰壁画兴起于西汉早期，流行于东汉。特别是东汉时期实行察举孝廉制度，"崇饰丧祀以言孝，盛饷宾客以求名"的风气四处弥漫，厚葬之风愈演愈烈。汉代墓葬的壁画主题多为升仙、神异、天祥、避邪，或是描写墓主生前的地位和威仪、祥瑞吉利的图像等内容。

营城子汉墓是大连地区发现的一处集中的汉墓群，位于甘井子区营城子街道沙岗子村，该墓时代为西汉末期至东汉初年。该墓葬为单式墓葬，形状近似方形，南北长6.5米，东西宽6.1米。共发现随葬品60余件。陶器有罐、洗、盆、壶、灯、鼎、博山炉、灶等。铜器有铜镜、鎏金车马具、铜泡钉、盆等。漆器有耳杯等。另外还有骨器、铁剑、石砚等。2003年，因当地工业园区工程建设，墓葬暴露，为避免墓葬遭受损毁，大连市考古工作者对营城子汉墓进行了抢救性发掘。此次发掘的墓葬类型丰富，有贝墓、贝石合筑墓、贝瓦石合筑墓、石墓、贝砖合筑墓、砖室墓、花纹砖墓、石板墓等多种类型，发现的东西汉墓葬总计181座。就其形制来看，贝墓以及贝石合筑墓、贝瓦石合筑墓、贝砖合筑墓多为单室。砖室墓除单室外，另有双室、三室和四室。花纹砖墓和石板墓以双室和三室居多。此次发掘出土文物2300余件，以陶器居多，铜器次之。其中具有代表性的有十龙带扣、承旋、尊、泥筒、铜印、铜镜、陶盆、陶鼎等。

二、花儿山贝墓——大连地区最早的贝墓

花儿山贝墓是西汉时期的墓葬，位于普兰店花儿山张店村、乔家屯、西北山等村屯耕地中。1975 年以来，先后清理发掘了 30 余座。经发掘的贝墓分为西汉前、中二期。前期墓以花儿山张店西山陈莹 1 号墓为代表，随葬陶器组合为鼎、盒、壶、盆，有的陶器施有彩绘。彩绘陶器以绿彩为底，上施红、白等彩，多为云气纹、几何纹图案。中期墓以花儿山驿城堡乔家屯的 7 号墓为代表。它是迄今为止辽南地区发现的最大的一座贝墓，墓室长 4.8 米、宽 4.4 米、深 1.8 米，为夫妻合葬，均有木棺。女性死者棺上原存缀有鎏金柿蒂铜泡钉的皮质尸罩，男性死者身上盖有五层皮质物。墓内随葬器物有彩绘盖壶、洗、魁、灶、耳杯、鎏金铜贝鹿镇、车马饰、带钩、漆樽、案、钵、盒、石砚等。

三、营城子壁画墓——辽南地区现存的唯一壁画墓

营城子壁画墓是东汉时期的砖室墓，位于甘井子区营城子镇沙岗子村南。营城子壁画墓是我国东北地区发现的较早的壁画墓，保存较为完整，对研究东汉时期社会生活、习俗等文化具有重要的价值。墓结构奇特，呈山字形，由前室、套室、主室、东侧室和后室组成，南北全长 17.5 米，东西宽 7.18 米。《升天图》等壁画已先后被《中国美术史》《中国绘画史》《世界美术全集》收入，其艺术价值得到了充分肯定。

营城子壁画墓

第四节　古代城邑

大连地区最早建城的时间在战国末期。旅顺的牧羊城、普兰店的花儿山张店城等是大连早期城市的见证。这里出土了战国时期的遗物，可以确定大连地区城郭最早始建于战国晚期，具体建城时间应在公元前300年到公元前280年之间。如此算来，大连地区的建城历史应该有2300余年之久了。

一、汉代城邑

汉代城邑大多出现在汉墓集中的区域。牧羊城址、张店城址、陈屯城址是现存重要的汉代城址。

旅顺牧羊城址

牧羊城址位于旅顺口区铁山镇刁家村西南丘陵。牧羊城址亦称"木羊城"，是大连早期城邑的代表之一。从城南汉代遗址中出土文物以及地理位置考察，是建于战国至东汉时期的城址。1928年，日本学者对牧羊城进行了发掘。城址平面呈长方形，南北长约132米，东西宽82米。城为土城，石砌墙基，其上以土夯筑。现存墙最高约5米，厚3米左右。北壁有宽约12米的缺口一处。据清代《奉天通志》记载，此处当为门址所在。出土器物有青铜时代的石斧、石刀、石纺轮、骨针、骨锥、骨镞等；有战国至汉代的匽刀币、匽化圆币、一化圆币、半两钱、五铢钱、大泉五十、铜镞、铜镦、铜带钩、铁刀、铁镞、板瓦、筒瓦、"长乐"半瓦当、"乐央"半瓦当、双马纹半瓦当、泥质灰陶器、"河阳令印"和"武库中丞"封泥等。牧羊城附近分布着众多战国至汉代的石敦墓、土圹墓、瓮棺墓、贝墓和砖室墓。牧羊城建于丘陵之上，在军事上处于居高临下、易守难攻的有利地势，同时也不致遭受水患。鉴于牧羊城所处的重要地理位置及其规模，众多学者认为它是一座重要的沿海防守城堡。

普兰店张店城址

　　张店城址位于普兰店铁西街道张店村，城的规模和大量的出土文物对研究大连汉代历史具有十分重要的学术和历史价值。张店城址为燕国辽东郡的一个县治所在，共有大、小两座城，始筑于战国后期。因汉代沿袭燕、秦的建置，因此推定张店城不但是汉辽东郡沓氏县治所，而且是燕、秦辽东郡沓氏县治所。该城址位于普兰店花儿山张店以北。张店城城址平面为长方形，是夯筑土城。大城居北，南北长约340米，东西宽约240米，门址不清，现仅存部分西墙和北墙；小城居南，东西长约140米，南北宽113米，从城墙坍塌后遗留下来的起伏不平的土岗上发现一门，设在南墙中间。大城内出土较多战国至汉代遗物，其中有"临秽丞印"封泥、"千秋万岁"瓦当、绳纹大瓦、铜印、铜镞、安阳布、半两钱、货泉等。小城除出土上述时期遗物外，还分布一定数量的辽金时期的遗物。两城外围分布有大量汉墓，其种类有贝墓、土圹墓、石板墓、砖室墓和瓮棺墓等，1975年以来，先后清理30余座，出土文物数百件，其中出土的鎏金铜贝鹿镇、"射襄之印"铜印、"高阳"石印、铜车马饰和各种彩绘陶器都是重要文物。此外，还在城南发现两件西汉马蹄金。在陈茔西山采集到"临秽丞印"封泥。

　　陈屯城址，据史籍记载和考证，在汉代是文县治所，位于瓦房店市太阳乡王家村陈屯东风水库下游。该城址规模较大，出土文物丰富，对研究大连汉代政治、经济和社会生活等方面具有重要的历史价值。该城

罗斯一条街建筑群。另一个俄式风格的欧式建筑聚集区是旅顺太阳沟及其周边。这里可以说是一座天然的俄式建筑博物馆，财政部、军政部、俄军司令部、邮政电信局、地方法院、俄清银行、将校军官会馆、火车站、医院、学校、旅馆等公共建筑均带有俄式风格的色彩，希腊、罗马、巴洛克、拜占庭等建筑式样互相融合，在这些建筑上都有不同程度的体现和运用。旅顺火车站旧址、关东军司令部旧址、关东州总督府旧址等都是在这股风潮的影响下建成的典型建筑。

　　日俄战争结束后，日本占领大连地区。俄国人对这座新城市的很多建筑规划还没来得及完成就以兵败告终，日本人基本上按照原来的方案继续进行建设，公共建筑仍以欧式风格为主调，并加入了一些日式元素，而民宅则是以和式风格为主（主要集中在南山一带，即现在的南山日式风情一条街）。

　　中山广场建筑群、人民广场建筑群是这一时期主要的代表。中山广场建筑群已有百年历史，其中的建筑风格属于古典式、哥特式或欧洲文艺复兴式。代表建筑有 1908 年落成的大连民政署办公楼（今辽阳银行）、1909 年建成的横滨正金银行大连支店（今中国银行大连分行）、1914 年建成的大和旅馆（今大连宾馆）、1909 年建成的大清银行大连分行（今中信银行大连中山支行）、1914 年建成的英国领事馆（已拆除，原址建今大连金融大厦）、1920 年建成的大连市役所（今工商银行大连分行）和 1925 年建成的关东都督府邮便电信局（今大连市邮政局）等。人民广场，旧时称"长者町广场"，广场周围建筑的建筑时间晚于中山广场的建筑，基本是 20 世纪 30 年代以后建造的。人民广场建筑群是以简约实用主义为主的建筑群落，代表建筑有日本关东州厅旧址（今大连市人民政府办公楼）、关东厅地方法院旧址（今大连市中级人民法院）、关东州厅警察部特高课办公楼旧址（今大连市公安局办公楼）等。

　　大连的广场与公园建设早在建市之初就已经开始了。

　　广场的功能主要体现在交通、商业、休闲、纪念、绿化等方面，同时也成为大连城市的标志性空间载体。中山广场、友好广场和港湾广场是大连广场的早期代表。大连市建市之初，把城市规划为行政市街区、欧罗巴市街区和中国人市街区三个部分，中山广场是三个市街区的中心，也是大连最早的广场，当时被称作"大广场"。友好广场毗邻中山广场，由于面积比中山广场小，所以在当时也有"小广场"之称。港湾广场靠近海港，位于城市东边。日本侵占大连以后，一方面对已有的中山广场进行更深入的修建，另一方面向西拓展，建造了长者町广场，作为市政中心。

大连的公园建设与大连建市同步，已有百余年的历史。西公园（今劳动公园）和北公园（今北海公园）始建于19世纪90年代[1]，是大连建市以来最早的一批公园。1945年之前，大连的城市公园可以分为两类。一类是综合公园，集多种功能为一体，内容丰富，有相应设施，有适合公众开展各类户外活动的规模较大的绿地。著名的综合性公园有西公园、星个浦游园（今星海公园）等。另一类是专类公园，是专注于某一领域、针对性较强的公园，包括动物园、植物园、儿童公园、文化公园、体育公园、交通公园、陵园等。大连地区主要的专类公园有弥生个池公园（植物园）、电气游园（动物园）、镜个池儿童游园（今儿童公园）等。

大连还是近代工业较早发展起来的城市之一，出现了以大工业生产为特征的、以厂房厂址为主的工业建筑，这些是大连市重要的工业遗产。

根据2008年的首次普查，大连工业遗产规模大、数量多，主要包括大连港集团、甘井子煤码头、大连造船厂、旅顺海军四八一〇工厂、大连市自来水集团、大连机车车辆工厂、国营五二三厂、满铁旧址、瓦房店轴承集团、大连第一水泥厂、苏家屯机务段大连运用车间、大连橡胶塑料机械股份有限公司、大连第一发电厂、大连煤气厂、大化集团有限责任公司、金州重型机器厂、金州纺织厂、大连纺织厂、瓦房店纺织厂、大连盛道玻璃制品厂、老铁山灯塔、大连钢厂等。其中，许多工业遗产建筑和设施至今保护较好，有的仍旧在生产中继续使用。

作为一座港口城市，与海洋息息相关的工业遗产是大连工业遗产的重要特色。大连近代工业中，大连港兴建、发展与壮大，是这类工业遗产的典型代表。甘井子煤码头是当时东亚最大的机械化煤炭专用码头。大连港东港区1号码头的15号库是当时亚洲最大的仓库。大连的船舶工业历史悠久，有很多相关的工业遗存被保留下来。旅顺海军四八一〇工厂是洋务运动的产物，也是大连地区最早的、最有影响力的民族工业遗产。

旅顺龙引泉工程是中国最早的城市给水工程，具有较高的工业遗产价值和历史文化价值。在城市建设发展过程中，大连的城市供水系统逐渐发展起来，寺儿沟水库、沙河口净水厂、孙家沟净水厂、配水池、泵站等供水设施建成，大幅度提高了大连地区的供水能力。这些供水单位如今很多已成为大连地区工业遗产的代表，它们的存在见证了大连供水系统从基础到完善的发展历程。

此外，机械、化工、电力、纺织等行业也都存留了很多珍贵的工业遗产，主要有大连第一发电厂生产厂房、大连纺织厂原变电所、大连盛道玻璃制品厂的厂房和仓库及部分机器设备、大连水泥厂的办公楼和水泥磨及石灰石矿、大连化学集团有限责任公司的众多车间等。

第一节　近代城市建筑，凝固时代的记忆

一、俄罗斯街区建筑群

俄罗斯街区位于大连市胜利桥北团结街，由沙俄在华修建。街区长约 500 米，已有 100 多年的历史，两旁保留了 38 栋欧式风格建筑，其中以达里尼市政厅旧址和东清轮船会社旧址为代表性建筑。2000 年后经重新翻修、改扩建，整条街区被打造成俄罗斯风情一条街。

达里尼市政厅旧址位于今大连市西岗区胜利桥北烟台街 1 号，由俄国人设计和建造而成。整个建筑造型平稳，色彩鲜明，墙身黄白相间，以大量的隔石装饰。屋顶呈绿色，上有圆形老虎窗。建筑整体横向划分为三段，入口位于中央位置，门上半圆形断裂小山花为巴洛克风格。此建筑为钢筋砖混结构，建筑面积 4889 平方米，共三层，地上两层，地下一层为半地下室。建筑内部装修精致考究，楼梯、地脚线等装饰美观大方。达里尼市政厅是大连近代建筑开始西化的一个代表，从建筑外观来看，它已经具有欧洲文艺复兴式的建筑特点，甚至有些装饰材料是当时从欧洲直接进口过来的。1904 年日俄战争爆发，俄国战败，撤离之前，他们将该建筑烧毁。日本人接管后，又将其按照原来的样子修复，并将其作为日军青泥洼军政署，而后又几经更名，最终将此建筑改作满蒙资源馆。[2]

达里尼市政厅旧址

1945年后，该建筑由中国政府接管，改名为东北地方志博物馆。1959年，改作大连自然博物馆。

东清轮船会社旧址建于1902年，位于大连市西岗区胜利街35号。当时，俄国人出资聘请德国设计人员为该建筑设计图纸和建造方案。建

东清轮船会社旧址

筑为半木屋架式结构，建筑面积1400平方米，地上两层，地下一层，外立面呈几何形状，尖顶、红砖、白色条状装饰，配以镂空的阳台、高耸的烟囱和拱形的门楣，构成了别具一格的建筑样式。沙俄统治时期，这里是中国东清轮船会社办公楼。日本统治时期，它先后成为大

连民政署和日本桥图书馆。大连解放后，它是东北资源馆的组成部分，后来成为大连铁路局工人家属宿舍。1996 年，为保存优秀历史建筑，大连市人民政府拨专款按原样将其进行修缮。1997 年修缮完成，定名为大连艺术展览馆。

二、旅顺太阳沟建筑群

旅顺太阳沟建筑群的占地面积大约有 5 平方公里，大致范围主要是北起大连市第五十六中学，南至军港海岸，西至太阳桥，东起解放桥。

19 世纪中叶后，沙俄侵占旅顺，将旅顺作为其在远东的政治和军事中心，并在龙河西岸太阳沟建设新市街。几年间，一座欧洲风格的小镇便拔地而起，初具规模。而后，日本侵占旅顺，他们在沙俄的基础上，继续对旅顺一带进行了改建、扩建和新建。古典主义和文艺复兴等欧式建筑风格逐渐渗透到这一地区的建筑文化当中，许多类似的建筑在这一时期应运而生。关东军司令部旧址、关东都督府旧址、关东厅博物馆旧址、俄清银行旅顺分行旧址、肃亲王府旧址、旅顺师范学堂旧址、康特拉琴柯官邸、旅顺师范学堂旧址等建筑都是在这股风潮的影响下建成的。

关东厅博物馆原名"关东都督府满蒙物产馆"，既有近代欧式风格，

旅顺太阳沟

关东厅博物馆旧址

又有东方艺术装饰特色，是近代折中主义建筑的力作。该建筑位于旅顺口区列宁街42号，1916年建成，是在沙俄未建成的军官俱乐部基础上改造建成的，总建筑面积为5868平方米。正立面运用了立柱、拱券、三角楣、拱花窗等西方建筑常用手法，造型与内部结构上做了简化处理。整个建筑为砖石木框架结构，主体为两层，局部三层。关东厅博物馆1945年被苏联红军接管，1951年移交中国政府，经过多次改名，至1954年定名为旅顺博物馆。现有馆藏文物3万余件，其中珍贵的代表文物有西周青铜器吕鼎（铸有铭文44字）、西汉马蹄金、南北朝至唐木乃伊（9具）等。

关东军司令部旧址在旅顺口区万乐街10号。这座绿树掩映的欧式建筑始建于1900年前后，是俄罗斯古典建筑，共二层，中部为二层半，采用对称结构。整个建筑布局呈方形，主楼坐北向南，系砖石结构的欧式

旅顺关东军司令部旧址

二层楼房，中间凸出部位为平顶，左右房盖起脊，铺瓦垄铁，后院东、西、北三侧均为平房。该建筑占地面积为5739平方米，其中建筑面积为4544平方米。[3]这里曾是日本驻扎在中国东北的殖民部队的指挥机关驻地，也是日本驻"满洲国大使馆"所在

地，1955 年后由我陆军接管使用。2005 年 4 月，关东军司令部旧址陈列馆成立并正式对外开放。

关东都督府旧址位于旅顺口区友谊路 59 号，原为俄国建造的"市营旅馆"，后为日本在旅大地区设置的最高殖民统治机构。该建筑是一座砖石结构的二层欧式楼房，占地东西长 170 米，南北宽 150 米，面积约 25500 平方米，其中建筑面积约 2500 平方米[4]，围墙周围套有铁栅栏，院内有龙柏和其他花草树木。1906 年 9 月 1 日，日本在大连地区的殖民统治最高权力机构关东都督府正式成立。关东都督府下设民政部和陆军部，不仅管辖大连地区的民政事务和陆军部队，还负责满铁沿线的民政事务和驻军。

三、中山广场建筑群

19 世纪 60 年代至 90 年代，日本经历了社会改革运动——明治维新，此后西洋文明在日本掀起一股强烈的思潮。在建筑文化方面，崇尚欧美风格的现象蔚然成风。后来，接受西方建筑理论的日本建筑师来到大连，将这种风格带入大连。这一时期的大连建筑多效仿欧洲古典式建筑风格，中山广场建筑群是这一时期的典型代表，如大连民政署旧址、横滨正金银行大连支店旧址、大和旅馆旧址、大清银行大连分行旧址、英国领事馆旧址、大连市役所旧址、关东都督府邮便电信局旧址、朝鲜银行大连支店旧址等。

大和旅馆旧址坐落于中山广场南侧，始建于 1909 年，1914 年竣工，建筑面积为 11376 平方米，由日本满铁建筑课吉田宗太郎设计，山叶洋行施工建成。整座建筑是巴洛克式的建筑风格，钢筋混凝土结构，共五层，地上四层，地下一层。从正面看，建筑外观呈横竖分段样式，中间部位运用 8 根爱奥尼式扶壁柱增加墙体的稳固性，入口位于中间位置，探出建筑体，呈拱式雨篷状。内部结构高大，装饰庄重华丽。1945 年 8 月，大和旅馆改作苏军驻大连警备司令部。1945 年 10 月，大连各界代表会议在此召开，此次会议决定成立大连市政府。1953 年后，它作为中国国际旅行社大连分社的办公地点。1956 年，改为大连宾馆，后来周恩来总理来连视察工作时曾下榻于此。

大连民政署旧址位于今中山广场西南角，中山广场2号，建成于1908年，日本殖民统治时期为大连民政署衙署。该建筑具有哥特式文艺复兴风格。该楼为砖石结构，建筑面积3350平方米，两层。1945年日本投降后由苏军接管，1955年交由中国海军某部管理，现为辽阳银行办公楼。

朝鲜银行大连支店旧址位于中山广场1号，始建于1918年。该建筑为砖石结构，建筑面积4925平方米。整个建筑为欧式风格，

大和旅馆旧址

朝鲜银行大连支店旧址

正面由6根圆柱形科林斯柱支撑，侧面有扶壁柱与墙面相连增加稳定性。该建筑为地下一层，地上三层。1945年12月8日大连市政府接管该楼，将其改为中国工业银行办公楼。1947年4月该楼被改为关东银行旅大分行。现为工商银行大连市中山广场支行。

四、南山建筑群

南山七七街、济南街、望海街及山林街一带的洋楼建筑群是大连近现代建筑群之一。19 世纪末沙俄侵占大连时，便设想将此地变为供贵族们生活的高档住宅区。工程还没有开始进行，日俄战争爆发，日本人将这里占为己用。日本人将原本居住于此的中国人赶走，在这里大兴土木，建筑高档别墅区。

20 世纪初，日本建筑界受西方建筑风格影响，建筑风格整体西化，因此南山建筑群的建筑风格大多是欧式与日式风格结合的建筑模式。这些建筑多为砖木结构，很多至今基本保持原貌。欧式立柱、精美雕花、弧形门廊等欧式建筑元素随处可见。

南山街 10 号有一座欧式花园洋房，建于 1925 年前后，建筑面积约 1280 平方米。其门廊具有典型的欧式风格，爱奥尼式柱支撑起弧形的门廊顶，楼梯、栏杆以及门窗均为木质。军阀孙传芳曾在此居住过，现为共青团大连市委办公楼。

大连南山宾馆内有一座日式老宅，建于 1938 年左右，建筑面积约 600 平方米，曾是策划过震惊中外的"皇姑屯事件"之一的日本关东军高级参谋河本大作的住宅。

20 世纪 90 年代，大连市对南山进行了改造，将南山建筑群规划为历史街区，实施一系列的保护计划。经过几次大规模的改造，形成了日本风情一条街。街区街长 700 米，120 余栋别墅分布在街道的两旁，总共占地约 11 万平方米。

五、人民广场建筑群

20 世纪 30 年代以后至 1945 年日本投降前，这一时期的日本人厌倦了过去的模仿之风，改为推崇功能、理性、简洁的建筑理念。这一时期，大连建筑的特点主要以造型简单为主，屋顶多为平顶，楼层不高，整体外观多为几何图形，例如大连长者町广场建筑群就是这一时期建筑形式的代表。

关东州厅旧址位于人民广场 1 号，1936 年动工，1937 年建成，建筑面积为 12228 平方米，为现代建筑风格。整座大楼为钢筋混凝土结构，地上三层，西侧有一层地下室，东侧有两层地下室。整个建筑呈一字排开，中间突出。现为大连市政府办公楼。

关东厅地方法院旧址位于大连市人民广场 2 号，1933 年竣工，由日本人设计，为现代建筑风格。其建筑面积为 5892 平方米，坐西朝东，地下一层，地上三层。整体为砖混框架结构，采取两侧对称、中间突出的形式，简洁大方。该建筑曾为旅大市人民法院办公楼，2008 年进行了改扩建，保持院楼外边基本不变。现为大连市中级人民法院办公楼。

关东州厅警察部特高课旧址位于人民广场 3 号，始建于 1936 年。该楼建筑面积 5806 平方米，为现代建筑风格，地上三层，中间突出。日本侵占时期，该楼为关东州厅警察部特高课所在地。1945 年为大连市公安总局办公楼。1945 年中共大连市委曾在此办公。现为大连市公安局办公楼。

六、东关街建筑群

东关街建筑群的历史可追溯到 20 世纪初。它位于今市场街以西、繁荣街以东、英山街以北、大龙街以南。街上的建筑属于集合式 [5] 院落建筑，每栋建筑都形成一个围合区域，分上、下两层。建筑的外部融合了欧洲建筑风格，各式各样的雕花、拱形窗户、花岗岩门楣随处可见。东西方建筑风格的融合成为东关街建筑群的独特风格，这是大连地区保存较好的民国时期的建筑群。

20 世纪初至中期，东关街是一个完整的商业和生活小区，也是殖民统治下中国人聚居的繁华街道。1906 年，日本殖民当局把今西岗地区规划为中国人营业和居住的处所，当时给小岗子中国居民区拨地 10 坪（传统计量面积单位，1 坪约合 3.3 平方米），开放街基，准许中国商民在此建筑正式房屋。原住南山一带的中国居民和以后迁入市内的华裔居民一律迁入西岗规划区。街基确定后，各街道新屋拨地而起。1908 年 10 月，西岗地区大小商户已有 1200 余家，其中有房 22 户，居民有数万人之多，成为大连市内有名的商业区，日本人称之为"中国街"。

1918 年前后，逃离京城的清政府遗老、肃亲王善耆全家的日常开销已成燃眉之急。于是，川岛浪速为肃亲王想出了一个开办市场的主意，并由川岛浪速去跟日本当局商请。1921 年，日本殖民政府将西岗桥立町（今西岗区大同街与北京街之间）的 8 号、10 号、12 号、14 号批给肃亲王，总面积为 1.2 万余坪，于是大连露天市场就由此诞生了。露天市场因市场四周用木板当墙、上无场棚、中间空出而得名，又因其形式类似于老北京的天桥，所以又被冠以"关外小天桥"的称号。这里是一个综合性的经营场所，共分 4 个区，涵盖了前后临近的几条街道，是平民百姓吃喝游玩、购物娱乐的好去处。进入市场，两旁尽是各式各样的商店、饭馆、书馆、戏园子，还有各种各样的小摊贩，如卖小吃的、拉洋片的、占卦的、抽签的，还有各种中小型茶园。另外，许多民间艺人也在这里撂地表演，说评词的、唱鼓书的、演驴皮影的、耍杂耍的。还有一些来自外地的艺人或团体也来凑个热闹，像北京、天津、沈阳等地的曲艺艺人多在此演出，主要演出的种类有西河大鼓、东北大鼓、相声、评书、山东琴书、河南坠子等。总之，说的、唱的、练的、演的样样齐全。于是这里也成了老大连市民文化活动的集中地。这些通俗易懂、符合观众欣赏习惯的民间艺术深受广大群众喜爱，人们常常在闲暇之时来到这里找个地方坐下来，边喝茶边赏戏，打发空闲时间。1945 年 8 月 15 日大连解放，露天市场更名为"博爱市场"，1949 年宣布歇业。

七、其他代表性建筑

除了以上介绍到的，大连具有特色的代表性建筑还有很多，例如大连海关长官官邸旧址（今南山路大连市政协）、旅顺火车站旧址、旅顺黄金山溥仪行宫旧址、旅顺罗振玉大云书库旧址、东本愿寺关东别院旧址（现大连京剧院）、满铁大连病院旧址（今大连大学附属中山医院）、大连火车站、旅顺日俄监狱旧址、南满洲工业专门学校旧址（今大连理工大学化工学院市内校区）、大连商业学校（今大连市第三十六中学）、春日国民学校（今大连市第二十四中学）、圣德国民学校（今东北路小学）等。

今大连市旅顺口区井岗街8号有一座造型别致的俄罗斯风格木质建筑，这便是旅顺火车站。它于1903年7月14日投入运营，是日本人在俄国人未建完的基础上继续建造而成的，建筑图纸仍沿用俄国人的设计，并由俄国工程师建造完成。日本投降后，苏军接管了车站，实行中苏联营，直到1952年12月中国政府才正式接管该车站。远远望去，这座尖顶俄式建筑饱含异国风情。这座建筑整体呈一字形，中间部位建有穹顶塔楼，如同戴了一顶草帽。绿色的屋顶和米黄色的墙面相得益彰。屋顶的瓦片是由铁皮制成的，坚固、美观。立面墙体上装饰着交叉的条状纹饰，造型别致。火车站内有国内保存最完整的欧式站台。旅顺火车站是东北铁路沿线保存得最完整的欧式建筑，是沙皇俄国侵占旅顺时期修筑的南满铁路支线的终点站，现仅保留售票业务。

旅顺火车站

东本愿寺关东别院旧址位于中山区麒麟西巷1号，是由日本人设计建造的。这座建筑被老大连人称为"大庙"。它虽然是由日本人建造的，建筑风格却符合中国古代建筑风格，檐下有中国古代建筑独有的斗拱结构。东本愿寺关东别院占地面积约12318平方米，建筑面积为1282平方米。整个建筑共两层，砖木结构（后经改造变为钢混构架），上层为佛堂，

东本愿寺旧址

佛堂上悬挂着章太炎书写的匾额，佛堂的横梁上还雕刻着飞天、孔雀、牡丹等精美的图案。1952年，这里曾作为大连图书馆的藏书库。1993年，大连京剧团迁到这里，而后又在这里搭建了麒麟舞台，开锣唱戏。2006年，这里又一次进行了翻修。2011年，大连京剧院搬至宏济大舞台，这里成为京剧院的后方大本营，偶有演出。

旅顺日俄监狱旧址始建于1902年，位于旅顺口区向阳街139号。该建筑最初由沙俄修建，日俄战争爆发后，工程被迫停止，当时只建成一栋砖木结构的二层前楼和一栋呈大字形的灰砖建筑，牢房仅85间。日俄战争结束后，日本侵略者在原沙俄监狱的基础上，经过逐步的改建、扩建，将牢房增加至253间，还有暗牢4间、病牢18间，可同时关押2000余人。除了牢房，监狱内还设有检身室、刑讯室、工厂和绞刑室。15座生产军需品和日用品的厂房，成为犯人服苦役的地方。绞刑室位于监狱的东北角，是一座二层的楼房。监狱外东面坡上还有掩埋尸体的墓地，那里曾掩埋过无数抗日志士和爱国同胞，堪称真正的人间地狱。日本侵占大连时，这里最初被称作"关东都督府监狱署"，1920年改称"关东厅监狱"，1926年又改为"关东厅刑务所"，1939年最后定名为"旅顺刑务所"。据统计，从1906年到1936年的30年间，这里累计关押近万人。日本投降前，关押在这里的抗日志士和爱国同胞有1000余名。这里还曾关押过

旅顺日俄监狱旧址

和处决过刺杀日本首相伊藤博文的朝鲜著名爱国人士安重根。1945 年 8
月，苏联红军进驻旅顺，监狱解体。1971 年 7 月，监狱旧址经过修复后，
作为陈列馆向社会开放。

满铁大连病院旧址位于中山区解放街 6 号，竣工于 1925 年。它是今
大连大学附属中山医院（即沈阳铁路局大连医院）的前身。该建筑由日
本人建造，设计和施工都采用当时先进的技术和材料，被称"东洋第一"。
建筑面积约为 3.3 万平方米，建筑风格为罗马式。建筑构造大部分为地上
四层，地下一层；中间部分略高，共六层。建筑外部造型简洁，采用褐
红色面砖；内部高大宽阔，布局合理，可多角度采光。当时院内设置医
生呼叫装置 54 处，安装德国西门子公司制造的电气钟表 80 处，每层楼
都设有消火栓。另外，院内还设有大礼堂和图书馆，图书馆收藏了很多
各国的医学资料。主体建筑周围还有很多附属建筑，如护士楼、炊事室、
机械室、锅炉房等。日本投降后，该医院由中苏双方共管，更名为"中
国长春铁路大连中央医院"。1952 年，医院移交我国，改称"哈尔滨铁
路局大连医院"，后又改称"沈阳铁路局大连医院"（简称"大连铁路
医院"）。2005 年 11 月，医院改称为"大连大学附属中山医院"。经过
几十年的发展，医院如今已经进行了多次改扩建，原有的旧楼仍然保留，
并仍在使用。

大连火车站位于中山区长江路 259 号，始建于 1935 年，由日本人太
田宗太郎主持设计，满铁主持建造，时称"大连驿"。该建筑为钢筋混
凝土结构，主楼建筑面积为 9880 平方米，候车大厅为 2693 平方米，站
前南广场建筑面积为 14818 平方米。这里是 20 世纪中叶亚洲最大的火车
站。该建筑在二层外部建造了与主体连接的车道，两边延伸至一层，与
站前广场连接，形似张开的双臂，环抱广场。这一设计合理利用了地形，
将简洁美观与实用价值相结合。日本战败后，该车站恢复为大连站，由
中苏共管，1952 年移交中国。后经多次改造，在保留原有风格的基础上，
火车站重新进行了装修，并加入很多现代设施，提高了火车站的实用性、
舒适性和安全性。

第二节　广场与公园，独具特色的文化符号

一、广场文化

大连是亚洲拥有广场最多的城市，它已成为大连的一种重要的文化符号。大连的广场以建筑、道路、山水、地形等多种软、硬质景观围合而成，从功能上又可被划分为公共活动广场、交通广场、集散广场、纪念广场、商业广场等多种类型。

19世纪末，沙俄带着炮舰余威而来，清政府迫于压力，将旅顺口、大连湾及附近水面租给俄国，租期25年。沙俄将旅顺这个天然的不冻港建设成海军要塞，另外还要开辟一座新港。几经周折之后，各种自然条件显示青泥洼北海海岸港区宽阔，海底松软，潮流缓慢，水深适宜，海岸场地宽阔，陆上可与铁路连接，为建港的理想之地。在决定建立新港的同时，沙皇尼古拉二世决定在附近建设一座港口城市，并将其命名为"达里尼"，意为"远方"的城市。达里尼市建市之初，被规划成三个部分——行政市街区、欧罗巴市街区和中国人市街区，而三个市街区的中心便是大连最早的广场——中山广场了。中山广场在当时被称作"尼古拉耶夫斯卡娅广场"，以这个广场为中心，10条道路呈放射状分布。达里尼市街的路型是以广场为中心、以放射道路相连接的多核放射状图案。

中山广场始建于1899年，位于市区中心，是大连市最早、最大的综合性圆形广场。现存广场总面积2.2万平方米，直径213米，中心花园直径132米，是中山路、人民路、上海路、延安路、鲁迅路等10条主次干道的辐射中心。日本统治时期改称"大广场"。1914年7月，日本殖民统治者在广场上建立了一座关东都督府第一任都督大岛义昌的铜像，因此，该广场一度被百姓称为"大铜人广场"。该铜像在大连解放后被拆除。1946年6月1日，大连解放的第二年，为纪念孙中山先生，大连市政府将大广场改名"中山广场"。有人形容道："10座楼房10个样，10条道路10个向。"1909年，广场开通了有轨电车，1974年有轨电车道被拆除。至1995年，整个广场布局又被进行了改造，广场中央设有圆形舞台，由花岗岩砌成，四周由4个大草坪和8个小草坪环绕而成。广场上还装

达里尼大广场（今中山广场）

有 135 组欧式庭院灯，外环人行步道采用红色劈离砖。

　　友好广场也是大连广场早期的代表，它位于市中心商业娱乐区，现存广场总面积 9600 平方米，中山路、友好路、向前街、普照街、一德街交会于此。该广场始建于沙俄统治时期，日占时期称"西广场"。1946年 6 月 1 日，大连市政府改西广场为"解放广场"。1948 年为了纪念中苏友好，又改为"友好广场"。该广场是一个圆形封闭性的交通分导广场，日本殖民统治时期，广场分为两半，中间有有轨电车穿过。后来轨道拆除，建成圆形封闭草坪广场。日占时期，该广场周边已是建筑林立，中央馆、邮便局、中国人杂货屋、职业介绍所、幼稚园、基督教堂等建筑分布在四周。如今，友好广场仍是大连重要的广场之一，广场周围环绕着进步电影院、友好电影院、大连远洋洲际酒店等建筑。

　　长者町广场始建于 1914 年，现称"人民广场"。现存广场位置靠近市区中心，东始新开路，西止沈阳路，南接五四路，北临民政街，中山路穿过广场横贯东西，总面积 12.45 万平方米，与许多广场不同的是，人民广场整体呈方形。人民广场也是大连的政治中心，市人大常委会和市政府、市中级人民法院、市人民检察院、市公安局均位于广场之上。大连解放后，广场相继改名为"市政府广场"和"斯大林广场"，1994年更名为"人民广场"并沿用至今。20世纪50年代，为纪念苏联红军解放旅大，广场的正南方竖立起一座苏军烈士纪念塔。纪念塔由基座和塔身组成，塔高30.8米。塔身前有一座苏军烈士铜像，高6米。1994年，苏军烈士纪念塔迁址旅顺口区苏军烈士陵园。

港湾广场位于大连港客运码头前，人民路、长江路、五五路、沿海街、港湾街的交会处，旧时称"东广场"。大连解放后，1946年东广场改名为"港湾广场"。该广场是一个交通景观广场，广场内建有花坛。

民主广场位于长江路中段，建于日本统治大连时期，原名"敷岛广场"。大连市政府于1946年6月1日将其改名"民主广场"。该广场是一个椭圆形交通广场，面积1.7万平方米。大连火车站至寺儿沟的有轨电车穿越广场。广场内建有花坛7处，栽植树木200余株。

二七广场位于鲁迅路、港湾街、大众街交会处。日本殖民统治初期称"英吉利广场"，后称"千代田广场"。大连解放后，大连市政府于1946年6月1日将其改名"民主广场"，不久又改称"二七广场"。该广场是一个圆形的交通广场，面积6400平方米。1952年扩建重修，广场内建有花坛4个，铺草坪200平方米。广场地近的寺儿沟，是中山区东部的商业集中区，有轨电车穿越广场。

三八广场为圆形交通广场，位于朝阳街、五五路、鲁迅路交会处，建于日本殖民统治时期。原名"老忠碑广场"，1926年改称"朝日广场"。大连解放后，市政府于1946年6月1日改朝日广场为"朱德广场"，不久改为"三八广场"。广场面积7200平方米，广场内建有花坛，铺草坪1200平方米，有轨电车穿越广场。三八广场周边是中山区东部繁华商业区。

解放广场位于沙河口区西安路与五一路交会处，始建于日本殖民统治时期，原名"大正广场"，以日本大正天皇在位期间使用的年号命名。该广场是一个圆形的交通广场，面积6400平方米，兴工街至黑石礁的有轨电车穿越广场。大连解放后，于1946年6月1日改大正广场为"西安广场"，后改为"解放广场"。

五一广场位于东北路与长江路之交会处，日本殖民统治时期称"三春广场"。该广场是一个交通分导广场，面积 530 平方米，沙河口站至大连站的有轨电车穿越广场，香炉礁立交桥纵穿南北。

二、公园文化

大连的公园建设是从开埠之初开始的。除了街道、住房、商业、广场等的建设，作为自然观赏区和休闲游玩区的公园，其建设也被视为重点。西公园和北公园是大连进行城市建设和绿化工程最早的两个公园。西公园与北公园的建设成为大连公园文化的起点，之后，旅顺植物园、电气游园、南山公园、中山公园、星个浦游园等公园的落成使大连的公园文化初具雏形。其中，星个浦游园、中山公园和植物园是值得一提的综合性公园。

西公园，即劳动公园，位于大连市中山区解放路 5 号。据史料记载，300 多年前这里是青泥洼的一个村落，19 世纪末此地被辟为公园。由于公园位于当时城市的西边，因此被称为"西公园"；又因公园里曾饲养过老虎，所以也被称作"虎公园"。20 世纪初，随着城市规划的变动，市区向西扩展，这里变成城市的中心位置，故改称"中央公园"。这一期间，公园得到了一定的扩建。1949 年，公园正式改名为"劳动公园"[6]，在荷花池畔建成一座 3 余米高的大理石纪念碑，上面刻有"劳动创造世界"的字样。

北公园，即北海公园，于 1904 年开始规划，1907 年建成，时称"北公园"。北海公园是大连较早的公园之一，它位于今西岗区胜利桥北的居民区内，面积为 2.2 万平方米，当时，园内设有小动物笼舍、网球场和假山等，成为当时一处重要的城市公园。

星个浦游园，即星海公园。修建于 1909 年，由满铁修建，位于星海湾景区中部，占地面积约 19 万平方米。星个浦游园由沿岸公园和海水浴场两部分组成。公园面对的海湾因有星石，而被称为"星海湾"，1945 年公园改名为"星海公园"。

圣德公园，即中山公园。1898 年沙俄统治当局将一个叫刘家屯的小山规划为绿地，日本占领大连后，为纪念日本圣德皇太子，在西侧山丘建立了圣德太子堂，在东侧建立了圣德神社，并计划修建圣德公园。1945 年，日本战败，大连人民政府在此地重建公园，命名"中山公园"。

南山麓公园，即今植物园，始建于 1920 年，位于大连市东南部的南山麓北坡。1930 年更名为"弥生个池公园"。大连解放后，于 1950 年 5 月 14 日对公园重新进行了修缮，改名为"南山公园"。1966 年 9 月 5 日，鲁迅先生的纪念碑由原大连动物园迁至此地，公园再次更名为"鲁迅公园"。1980 年 7 月 21 日，为适应园林事业的发展，公园定名为"植物园"并沿用至今。现公园占地 1 万平方米。

镜个池儿童游园，即儿童公园。1936 年，公园兴建于在排洪贮水缓冲池周边，取名"镜个池儿童游园"。1945 年大连解放后，该园曾遭严重破坏。1951 年，大连港务局对其进行维修，并更名为"海港公园"。1953 年，大连港务局将该园移交于大连市政府管理，更名为"明泽公园"。1972 年，该园开始重新规划建设，总面积 6 万余平方米，并于 1974 年更名为"儿童公园"，沿用至今。

电气游园始建于 1909 年，位于大连市中山区大公街 23 号（现为"大连中心·裕景"商住小区），当时的常盘桥连锁街西侧。它是日本侵占大连时期修建的专供日本人游玩的公园，因其位于电气车道附近，故被称为"电气游园"。该园由满铁投资建设，占地约 7 万平方米。建园初期至解放前，这里设有一个小型动物园，还有旋转木马等游乐设施。公园规模不大，动物品种也只有少数几种。1945 年后，更名为"大连文化公园"。1947 年为纪念鲁迅先生，该园改名为"鲁迅公园"，园内还建造了全国第一座鲁迅先生的铜像。1966 年，该园正式定名为"大连动物园"，成为大连最早的动物园。解放后，大连动物园的建设与之前相比有了较大的进展，动物品种也逐渐增加，至 1966 年，大连动物园的动物种类已达 150 余种，成为大连市民游玩的重要场所。后来，由于地域狭小，大连动物园于 1995 年迁至白云山风景区，并更名为"大连森林动物园"。

第三节　工业遗产，城市化进程的历史见证

一、大连港与海洋工业

大连是一座港口城市，港口的发展与城市相互依存，相互促进。

大连港的雏形在19世纪末便已形成，当时大连只是一个拥有东青泥洼和西青泥洼两个村庄的小渔村，但因为水域宽广、终年不冻，水深适宜，便于水下施工，因此成为建港的最佳地址。19世纪末，沙俄强占大连后便开始大力着手在大连湾沿岸开辟商港，进而建立一座新兴的港口城市。1899年8月11日，沙皇尼古拉二世颁布了建设自由港达里尼的敕令。同年9月28日，大连商港一期工程正式开工建设。至1903年前后，一期工程基本完工，大连商港初具规模。该工期主要建有码头、防波堤、仓库、船坞、护岸等，并铺设港区铁路及道路。1903年，大连商港二期工程开工，但因翌年爆发了日俄战争，工程被迫停滞。1906年4月，日本陆军运输部大连出张所接管大连港。在1908年以后的30余年时间里，日本以沙俄的建港工程方案为基础，陆续大规模地扩建、新建了大连港及其相关配套设施。至1939年，大连港已拥有包括第一、第二、第三、第四这四座突堤码头，长门町码头，甲、乙、丙三座顺岸码头在内的码头区，岸壁总长5900余米。环绕码头的东、西、西北、北方向，辅以4座防波堤。另外，港内铁路道路、仓库、办公楼、客运站等相关配套设施也一应俱全。1945年8月23日，苏军进驻大连并接管大连港直至1950年。1950年2月14日，中苏两国政府在莫斯科签署了《中苏关于中国长春铁路、旅顺口及大连的协定》，该协定从原则上规定大连港由中国自行管理。1951年1月1日，中国政府正式接管大连港。经过近几十年的发展与壮大，如今的大连港已成为正在兴起的东北亚经济圈的中心，成为该区域进入太平洋、面向世界的海上门户。大连港现今遗存有第15号库和办公大楼。

甘井子煤码头，旧址位于今大连市甘井子区工兴路21号。1919年，日本在制订《大连港十年规划方案》时就计划在甘井子修建煤码头，以便掠夺中国煤炭资源并输送回日本本土。1926年9月1日，甘井子煤码头建设整体工程的第一步——防波堤建设正式开工，于小椒房一带开始填

海并修筑护岸。当时为了配合码头建造的整体规划与进程，还征收了东起甘井子、西至周水子一带约188万平方米的邻近土地，用于甘井子煤码头和南甘铁路的建设。1930年10月1日，甘井子煤码头竣工并投产。码头主要组成部分包括防波堤、栈桥、贮煤场等，水陆面积共计约2平方公里。码头栈桥长329米，两侧可同时停靠万吨级左右船舶4艘，是当时东亚地区最大的煤炭专用码头，并以其极高的机械化程度而驰名。1945年后，甘井子煤码头由苏军接管，1951年移交中国政府。

旅顺军港始建于1881年，也有人说始建于1880年。在真正的军港建成之前，水师营一直扮演着旅顺周边海域的保卫者。李鸿章视察了旅顺以后，发现旅顺口居北洋要隘，京畿门户，为奉、直两省海防之关键，盖咽喉要地，势在必争。于是，他马上上报朝廷选址旅顺作为北洋海军的根据地。他的请求迅速得到了朝廷的回应，获准后，他立刻组建了旅顺工程局，委派直隶修补道员袁保龄担任工程局总办，在旅顺征民大扩航道、疏浚港湾，填海，筑炮台，建港池。旅顺港沿岸3米高的防浪堤是用紫色的花岗岩石条修建而成的，这些石条都是从山东的长岛专门运输过来的，防浪堤上有铸铁和花岗岩缆栓。现海岸防浪堤即是当时所修的雏形。旅顺口是当时世界五大军港之一。

清光绪八年（1883年），清政府开始修建旅顺船坞。至1890年9月，旅顺船坞全部竣工，耗白银139.35万两。旅顺船坞位于旅顺口区黄金山北麓，是清末北洋海军的修船基地，也是当时全国最大的船坞。1875年，李鸿章受清政府委派筹办北洋海军，他从英、德等国大量订购军舰，为北洋海军的创建奠定了基础。至1881年，北洋海军已成为拥有包括巡洋舰、运输船、鱼雷艇等多舰种共计25艘舰船的庞大舰队。为满足北洋海军修船之需要，李鸿章于1881年选派马建忠前往旅顺就建造船坞进行勘察选址，后者将船坞建造地选在黄金山下。工程前期为中国自主筹备与施工阶段，雇佣德国人汉纳根为顾问，其间因中法战争曾一度停工。后期，因订购的舰船大量完工归国，为加快工程进度，自1887年至1890年，工程全部承包给法国人德威尼。其中的主要工程项目包括：修船石坞1座，坞外停泊军舰的石澳，四周条石砌岸，修船辅助工厂9座，大库5座，铁路轨线2700米，起重机架5座等。1890年11月9日，旅顺船坞竣工验收。沙俄强占大连期间，曾对旅顺船坞在长度上进行过扩建。日本殖民统治时期，曾于1910年至1914年间对旅顺船坞在宽度上进行过扩建，并先后由旅顺镇守府、要港部等经营旅顺船坞。1945年日本投降后，苏军接管旅顺船坞。1955年4月1日，中国人民解放军海军旅顺基地从苏军手中接管。现今，历经百余年沧桑的旅顺船坞仍在使用。

大连造船厂始建于1898年6月，位于西岗区沿海街1号。它是由沙俄出资筹建的中东铁路公司修造船厂的前身。日俄战争后，该厂几经易名，曾被冠以"川崎造船所大连出张所""大连船渠铁工株式会社"等名称。1907年4月1日，满铁开始营业，接管了大连造船厂。至1945年，该厂曾先后三次进行了扩建。起初，大连造船厂主要经营修船业。1941年12月太平洋战争爆发后，因战事吃紧且日军船舶大量被损，根据日本政府临时修改后的《战时计划造船方案》的要求，大连造船厂由修船为主转为造船为主。1945年8月日本投降后，当时被称为"大连船渠铁工株式会社"的大连造船厂由苏军接管，并更名为"大连船渠修船造船机械工厂"，作为苏军在远东地区的船舶修造基地。1951年1月1日，中国政府正式收回该厂，并易名为"大连船渠工厂"，隶属中央重工业部。1957年6月1日，该厂更名为"大连造船厂"。此后，历经多次扩建、改造，大连造船厂逐步实现了建造万吨级船舶的生产能力，并开发建造了4500吨级沿海油轮、5000吨级沿海货轮及567型万吨级远洋货轮等。如今的大连造船厂已发展成为全国领先、世界一流的现代化大型船舶总装厂。大连造船厂现今遗存有南坞、北坞以及建造于1901年并沿用至今的中心发电所。

老铁山灯塔是世界级大型灯塔，被国际航标协会列为世界百座著名灯塔之一。该塔位于大连市旅顺口老铁山西南岬角的坡地上，三面环海、一面靠山，灯塔面向的海域还可以观测到黄、渤海分界线。老铁山灯塔系1893年清朝海务科设置，英国修建，灯塔主体部件由法国制造。塔身呈尖顶圆柱形，塔高约14.2米，外径6米，灯高100米，灯光射程25海里。灯塔采用水银浮槽式旋转镜机，由水晶玻璃制成的八面牛眼式透镜折射光源。1977年灯塔增设了全球卫星高精度定位系统，成为国际一流灯塔。

老铁山灯塔是渤海及旅顺口的重要助航灯塔，至今已有百余年历史，现今仍在使用，并作为省级重点文物保护单位向公众开放。

二、龙引泉与城市供水系统

为解决北洋海军的饮水问题，1879年清廷开始修建一条总长6180米的地下管道，将东鸡冠山脚下的龙眼泉泉水引入旅顺，这就是大连供水系统的起点——龙引泉水源地。当时，李鸿章受命于旅顺创设北洋水师基地，使旅顺人口激增，导致城内军民吃水困难。虽采取打井数十眼之法以应对，但无奈大多水源欠旺，加之旅顺近海，海水倒灌，致使井水味咸，实难常饮。后从当地人口中得知旅顺水师营小南

老铁山灯塔旧址

村有一眼泉水名曰"龙眼泉"，其泉眼终年水旺且甘甜清冽，李鸿章遂下令于1879年耗巨资引龙眼泉水入旅顺市内，以主军用。

龙引泉工程耗时近9年，工程包括水池1座、水井18眼、隧道728米，并铺设内径150毫米铸铁管道6810米，最终于1882年将泉水引入旅顺港。随即，清廷于港内修建水库两座，铺设分水管8352米，安装取水机器18台。整个工程于光绪十四年（1888年）竣工，基本形成了一套相对完备的供水系统，每日1500立方米的供水量可供近2万人饮用。龙引泉泉水主要供给军队，同时也供应给居民。龙引泉碑记载道："另分一管添做池塘，专供该处旗民食用灌溉，前月据该处旗民联名禀称：所分出水日久无凭，恐全为军中所用，该处所有居民无水食用，恳请立碑存记。"龙引泉是我国早期的城市供水系统之一。

19世纪末至20世纪中叶，即沙俄、日本侵占旅顺期间，龙引泉供水

龙引泉遗址

系统几经修缮、改建、扩建，先后共计延长各类集水隧道近1400米，增铺250毫米口径输水管道3600余米，大大提升了其供水能力。直至20世纪70年代末，龙引泉仍为旅顺供水。但由于40年代以来的乱砍滥伐，地表植被遭到严重破坏，加之人们于泉眼周边打井取水过度，导致水位急降。至1979年，龙引泉水源彻底枯竭并最终停用。龙引泉自1879年开工至1979年停用，存在了整整一个世纪。现遗存龙引泉碑、井房。

龙引泉的建设使旅顺成为中国较早拥有相对完备的自来水供水系统的地方之一。自此以后，大连的供水系统逐渐发展起来，寺儿沟水库以及沙河口净水厂、孙家沟净水厂的配水池、泵站等供水设施相继建成，大幅度提高了大连地区的供水能力。

孙家沟净水厂是大连第一家净水厂，19世纪末在旅顺建成。当时，沙俄侵占旅顺，为了满足军需供水，俄军便着手修建净水厂。该净水厂位于现旅顺五一路42号，占地面积4.67万平方米。日占时期，净水厂部分于1910年进行扩建。孙家沟净水厂的主要工艺流程为：由下流井、寺沟井和龙引泉的直径为150毫米和200毫米的输水管输送至进水池，再经慢滤池过滤，加氯消毒后进入清水池，并用加压泵站送至高程为82.8米的牛角山配水池，向旅顺口城区供水。现在的遗存有2台净水泵，均由日本生产制造。[7]

沙河口净水厂现为市内最大的净水厂，始建于1917年，位于大连市沙河口区五一路 95 号。它最初的规模只有几栋日式楼房。沙河口净水厂虽然晚于孙家沟净水厂，却是目前国内数一数二的现代化净水厂。该净水厂占地面积为 12.9 万平方米，于 1932 年扩建，解放后又经历过多次增建。目前厂内的遗存有急速滤过室和泵站。沙河口净水厂急速滤过室共有三层，地上两层，地下一层。一层主要为过滤室，二层为放映室等。地下一层有管廊和水泵 2 台。过滤室内的净化水管道、阀门及整套过滤水设施都保持原状。供水泵房内的一台当年的 5 吨吊车仍然可以正常运行。

台山净水厂位于大连市沙河口区五一路，建于 1920 年，占地面积 9.77 万平方米，现有遗存包括过滤室、混药室、沉淀池、原水井等。

三道沟净水厂位于大连甘井子区中沟街，始建于 1939 年，占地面积 29.9 万平方米。大连解放后几经改建，对原厂进行拆除，新建净水厂，现遗存有过滤室、沉淀池、反应池、受水池、泵站等。

南山净水厂位于金州南山岗北坡，建于 1943 年，占地面积 7.5 万平方米。因设备陈旧老化，现已停用，现遗存有原泵站、沉淀池等。

广和配水池是大连市第一座城市供水配水池，始建于 1899 年，1902年建成，位于一二九街大连第三十六中学后身。这座配水池当时被命名为"达里尼配水池"，后来曾一度改名为"伏见台水源地"，直到大连解放以后才更名为"广和配水池"。日本占据大连后，对供水能力的需求大大增加，于是他们重修和扩建配水池并修建了新的泵房。广和配水池现有工业遗存主要是沙俄侵占时期的泵房、日本统治时期的泵房、配水池等。

水库作为重要的水利工程建筑物，也是非常重要的工业遗产类型。

王家店水库是大连市内兴建的最早的水库。这座水库位于甘井子区红旗镇棠梨村，1914 年 4 月动工兴建，1917 年 11 月竣工，1919 年正式送水，是一座以城市供水为主、兼顾防洪的小型水库。大坝为混凝土重力坝，坝长 169.6 米。现有遗存为块石混凝土重力坝、值班室等。

龙王塘水库位于旅顺龙王塘官房子村，于 1920 年 8 月开工建设，1924 年 3 月竣工。日本统治时期，殖民当局在此筑坝修建水库，历经 4年的时间才将水库完成，工程费用达 190 余万日元。该水库占地面积 254万平方米，坝长 326.7 米，最大库容量 1578 万立方米，集水面积 37 平

龙王塘水库旧址

方公里，日供水能力 1.2 万立方米。水库现仍在使用。现有水库遗存为块石混凝土重力坝、泵站（内有 3 个送水泵）等。整个库区现在已被建成龙王塘水库公园樱花园，每到樱花盛开的季节，这里便会聚集大量游客。

大西山水库是大连城市供水的重要水源地之一，1927 年 8 月兴建，1934 年 3 月竣工，位于甘井子区红旗镇湾家村。坝长 583.3 米，坝高 37.3 米，集水面积 28.8 平方公里，总库容 1680 万立方米，日供水能力 2 万立方米。水库主要由挡水坝段、溢流坝段、取水塔建筑物组成。该水库现有遗存为块石混凝土重力坝、取水塔、值班室等。1951 年和 1954 年，周总理曾两次来此视察。

此外，位于旅顺口区龙头镇王家村的小孤山水库遗有混凝土心墙土坝、泵站、水塔，位于金州二十里堡乡钟家村的北大河水库遗有水泥坝、取水塔等，它们也是大连工业遗产中的重要代表。

三、近现代工业厂区

大连地区的工业遗产除上述外，还有很多具有深远意义的，甚至在全国工业发展史中占有一席之地的典型代表。

近代以来，大连逐渐发展成为近现代工业的聚集地，至今保留了极具保护价值的工业遗产。

东清铁路机车制造所是东北地区最早的机车制造工厂，始建于 1899 年。当时的厂区位于胜利桥一带，今团结街和民主街附近。日本占领大连之后，日军野战铁道提理部正式接管东清铁道机车制造所，改名为"大连工场"。1908 年 7 月，满铁决定把大连机车工场从原址迁往郊外的沙河口，厂名改为"满铁沙河口铁道工场"。日本投降后，苏军进驻沙河口铁道工场，工厂易名为"中长铁路大连铁路工厂"。1953 年交由我国独立经营。1958 年，工厂定名为"铁道部大连机车车辆工厂"。此后，该厂不断发展，由修理蒸汽机车到制造蒸汽机车，由制造中等功率内燃机车到制造大功率内燃机车，成为技术力量雄厚、机器设备精良、生产水平先进、文教福利设施齐全的国家重要内燃机生产基地，被誉为"机车摇篮"。目前，厂区有大量老工业遗存，其中的机车车间至今仍在使用，其建筑面积为 2373 平方米，建于 1908 年，原为红砖建筑，后对建筑外立面进行改造。机械五车间建于 1911 年 9 月 8 日，当年兴建车间时安装的吊车至今仍在使用，并可进行 360 度旋转。

满洲轴承制造株式会社，即瓦房店轴承厂前身，是中国出现最早的轴承制造企业，始建于 1938 年 10 月，位于瓦房店市北济街。刚投产时，工厂只有 5 个职场（即车间），只能生产单列滚珠轴承。后来，随着需求的增加，厂房不断得到扩建。大连解放后，由中国人民解放军接管，主要修理和制造军工产品，在全国解放战争中发挥了重要作用。1949 年 9 月，新中国第一套工业轴承在这里诞生。伴随着共和国前进的步伐，工厂创造了中国轴承工业的无数个第一：第一个将 ZWZ 轴承应用于汽车工业、中国第一套工业轴承、中国第一套铁路机车轮对轴承、中国第一套大型跟踪望远镜轴承、中国第一套铁路货车无轴箱轴承……瓦房店轴承厂被誉为"中国轴承工业故乡"。该厂现有遗存包括：建于 1938 年的办公楼，现为三层，初建厂时为二层，20 世纪 50 年代又加建了一层；建于 20 世纪 70 年代末的装备车间，现作为模具的车间。除此之外还有建于 20 世纪 60 年代的瓦轴体育中心、建于 20 世纪 60 年代的瓦轴职工宿舍和建于 20 世纪 60 年代的瓦轴营销办公楼。这些工业遗产如今有的已经弃用，有的还在工厂内继续扮演着重要的角色。

满铁大连机务段扇形车库是一座造型独特的老工业建筑，约建于 20 世纪 20 年代，位于西岗区海洋街 1 号（现苏家屯机务段大连运用车间内），是别具特色的工业遗产建筑物。车库整体呈扇形，扇形的圆心处是一个

满铁大连机务段扇形车库和机车转盘

圆形的转车台，从圆心呈放射状铺筑有 35 条铁轨，每条铁轨的尽头都与一个库房连接，35 段铁轨形成一个巨大的弧形，使得机车开上转车台后不仅可以完成 180 度转身，还可以顺利进入扇形库房检修、保养。现有遗存包括：机车转盘、扇形库、一辆"亚细亚号"蒸汽机车。"亚细亚号"蒸汽机车是 1934 年由日本川崎车辆公司与满铁沙河口工场（现大连机车厂）制造，被称为"东亚的珍品"，直至 20 世纪 70 年代后期才停止使用。

满洲化学工业株式会社与满洲曹达株式会社大连支店分别建于 1933 年 5 月 30 日和 1936 年 5 月 22 日。大连解放后，以满洲化学工业株式会社和满洲曹达株式会社为前身的大连化工厂，成为我国最大、最早的基本化工原料、化学肥料生产基地，在化工行业创造了 15 个全国第一，被誉为"中国化学工业的摇篮"，现位于甘井子区工兴路 10 号，名为"大化集团有限责任公司"。大连解放后，大连化工厂为我国国民经济的发展做出过巨大的贡献，现有遗存为合成车间、炼焦车间、造气车间、硝铵车间、硫铵车间、重碱车间、电厂等，其中一些机器是日本统治时期留下的，具有珍贵的保存价值。

大连铁工所与大连安治川组铁工厂（今大连橡胶塑料机械股份有限公司）于 1907 年由日本人建立，位于甘井子区周水子广场 1 号，主要生产铁道用铁道叉、道板、信号灯、压路机、低压锅炉、船用吹风机、制钢用运材车等。日本投降后，苏联红军接管，并将大连铁工所和安治川组铁工厂合并，更名为"大连汽锅（制罐）工厂"。1947 年 7 月 1 日，我国政府接收大连汽锅工厂，并更改厂名为"大连制罐工厂"，后更名为"大连橡胶塑料机械厂"。在解放战争时期，工厂为支援解放战争做出重要贡献。现有遗存为：热处理车间、设备大修车间、电控柜车间、卫生所、大连铁工所样子房旧址、大连铁工所工人宿舍旧址、安治川铁工厂生产工场旧址、设备零件库、安环处、安治川铁工厂钻床和大炉厂房旧址、工厂技术图书馆等，这些遗存中大部分是20世纪30年代遗留的厂房，有的仍在使用。

内外棉株式会社金州工场（金州纺织厂）始建于1921年，位于金州区五一路354号。1926年更名为"内外棉株式会社金州支店"。建厂时，厂内纺织机器均为英国制造。后来经过不断扩建，内外棉株式会社金州支店内已设有三个工厂，第一厂建于1923年，第二厂建于1927年，第三厂建于1935年，厂内机器设备除少数为普通织布机外，其余全部为自动高速的机器。至1939年，工厂建筑面积已达4.9万平方米，产品不仅向东北销售，还出口日本、朝鲜和印度。1945年日本投降后，工厂由苏军接管。1947年更名为"金州纺织厂"，被称为中国北方纺织工业的发祥地。遗存有原金纺正门（建于1923年），原一纺、一织厂房（建于1923年，现用作仓库），原二纺、二织厂房（建于1927年），原三纺、三织厂房（建于1935年），纺织厂办公楼（原为内外棉株式会社金州支店事务所办公楼），原修机车间（建于20世纪30年代，"文革"时期有所改动），变电所（建于20世纪20年代），原成品仓库（建于20世纪20年代，还在使用），原料仓库（建于1923年），原卸货场地（建于1923年），锅炉房、水塔（建于20世纪20年代），托儿所（建于20世纪50年代）。

除以上介绍的工业遗产之外，大连第一发电厂生产厂房，大连纺织厂原纺织厂变电所等，大连盛道玻璃制品厂的厂房仓库、部分机器设备，大连水泥厂的办公楼、水泥磨、石灰石矿等，都是极具保存价值的工业遗产，在大连的工业发展史上占有重要的地位。

【注释】

[1] 大连百科全书编纂委员会,中国大百科全书出版社编辑部:《大连百科全书》,北京,中国大百科全书出版社,1999。

[2] 大连市文化广播影视局(新闻出版和版权局,文物局):《大连文物要览》,大连,大连出版社,2009。

[3] 参见田志军、杲树主编的《文物史话》《中山史话》《金州史话》《西岗史话》,2010 年由大连出版社出版。

[4] 大连市社科联(院)历史文化丛书编委会:《城建史话》,大连,东北财经大学出版社,2011。

[5] 刘连岗等:《百年大连港图史》,大连,大连出版社,1999。

[6] 孙激扬:《港口史话》,大连,大连海事大学出版社,2006。

[7] 大连市文物考古研究所:《大连考古文集(第一集)》,北京,科学出版社,2011。

第十章

中西杂处 类型相异

——文化组织机构与文化设施

从明、清两代开始，大连地区的经济、文化进入了全面发展并渐趋成熟的时期。清朝初年，清政府采取了一系列鼓励经济、文化发展的政策，为文化艺术的发展创造了条件。乾隆年间，金州天后宫、复州娘娘宫和永丰寺等地的戏楼建成，使戏曲活动有了固定的演出场所，一些城镇乃至农村也出现了露天舞台。清同治十三年（1874年），清政府将旅顺口辟为北洋水师基地，聘请德、英籍教官任教，将西方近代教育作为军事训练的辅助手段，西方体育由此传入大连。光绪六年（1880年），清政府为加强北洋防务，开始用"西法"修建旅顺、大连湾海防工程，洋务运动波及大连。中国政府根据洋务运动、加强海防的需要，开始陆续兴办新式军事学校。1890年，清政府在旅顺兴办了鱼雷驾驶学堂、旅顺管轮学堂、旅顺水雷营附设水雷学堂。随着军港的兴起以及旅顺军事学堂等新式学校的创建，西方的现代文化在大连进入活跃时期。

1894年后，大连进入殖民统治时期，沙俄、日本帝国主义为把大连变成其扩大对华侵略的基地，在进行政治统治和经济掠夺的同时，在文化上推行殖民文化，扼制中华民族文化的发展，摧残进步文化和革命文化。

在民族文化与殖民文化输入相互较量、相互交融的过程中，大连地区逐渐形成了以民族文化为主体，开放兼容、多方融汇、多元并存的现代文化格局。

沙俄强租大连后，首先在大连湾和旅顺设置了大连湾警察署和旅顺警察署，对当地的文化设施及活动实行警察统治。日本帝国主义侵占大连后，也建立了一整套文化侵略机构和管制机关。他们一方面把文化置于严密的监视和军事管制之下，设立文化管制机构，限制大连人民的言论、出版自由，限制、扼杀和破坏民族文化；另一方面，大力推行殖民文化和奴化教育，广设文化侵略机构，建立了庞大的殖民文化统治体系。满铁调查部，就是日本实行殖民侵略的情报基地和参谋机关。1907年，满铁调查部资料室成立，而后改建为满铁图书馆，收藏了大批从我国各地搜集、掠夺的图书资料，形成了关于我国东北、蒙古、远东、东南亚等地域性、专题性的文献资料体系。这个图书馆被殖民者自称为"政治、经济的参谋本部"。1907年，满铁建立了地质调查所，广泛采集了东北地区的资源样品和矿藏资料，在此基础上建立了"满蒙物产参考馆"，又先后改称"满蒙资源馆""满洲资源馆"。1916年，日本殖民当局在旅顺建立了关东都督府满蒙物产馆，收藏了日本考古队在大连地区发掘的文物和大谷光瑞在中国窃取的部分珍贵文物，后改称"旅顺博物馆"。同时，日本侵略者还打着"开发满蒙文化""满日亲善"的幌子，在大连成立了为侵略政策服务的满蒙文化协会。

在兴办文化机构和组织的同时，日本殖民统治者还兴办文化娱乐设施作为输入殖民文化的阵地。比如，1906年电影传入大连后，日本人先后在大连地区经营的专业影院和兼营电影放映的影剧院就有13家。为适应日本的侵略需要，这些文化、娱乐设施建设水准较高，在当时的亚洲属一流。

日本殖民当局还把新闻、言论出版机构作为贯彻侵略"国策"的先锋。此时期，他们开办了中、日、英文报纸和期刊，建立了设备齐全、辐射范围很广的广播电台，以及由日本当局控制的出版机构、图书发行机构和电影发行机构。从1905年10月由辽东守备司令部批示开办的大连地区第一份日文报纸——《辽东新报》创办起，到1945年日本战败投降的

40 年间，日本殖民当局在大连地区共开办了 42 种报纸、253 种期刊，编辑出版了 6000 余种图书。这些出版物成为日本帝国主义为政治、军事、经济全面侵华大造舆论的工具。中国的一些爱国知识分子曾利用《泰东日报》等宣传过进步文化思想，但 1931 年九一八事变以后，这些报纸也完全成为实行殖民文化统治的工具。这些报刊、书籍不仅在大连发行，还在我国东北和关内、日本国内发行。20 世纪 20 年代初，日本的一些通讯社进入了关东州。这些通讯社在殖民当局的支持下，强迫其他报刊使用其新闻稿，命令某条新闻必须刊登，某条新闻要用什么标题、登在什么地方。1925 年 8 月，日本人建立的中国东北第一座广播电台——大连中央放送局开始播音。九一八事变和太平洋战争爆发后，日本殖民统治当局对大连实行了更加残酷的法西斯统治，禁止言论自由，设立专事取缔出版物的事务所，使一切文化活动均在军警当局严密的监视之下，多种报刊被禁。

在大连地区陷入殖民统治后，沙俄和日本殖民当局对本国人的教育均是以培养殖民侵略人才为宗旨，对中国人的教育则是以奴化为主，以培养能为殖民当局所用的人为宗旨。1899 年至 1902 年间，沙俄先后在貔子窝、金州、旅顺、大连建立了 4 所俄清学校。在侵占旅大后不久，沙俄为俄国军政等人员的子弟在总督府所在地旅顺设立了陆军部直属预备学校、拉里奥诺夫娅私立预备女校、旅顺市立两级普希金学校及大连小学校等初等学校，另有旅顺实业学校和培养通晓汉语的军政人员的夜校各 1 所。日本殖民当局在大连设立了高等教育学校，完善了教育体系，为日本移民接受高等教育提供了方便。

殖民统治时期，现代体育竞赛项目被引入大连，但大部分体育活动被殖民当局控制。日本占领大连后，大连的体育行政机构、社会团体、教学和科研单位，以及训练竞赛工作的职员全部由日本人担任，严禁中国人参加军事体育和日本民族传统体育运动，其他体育运动竞赛活动也限制或禁止中国人参加。20 世纪 30 年代初，殖民当局又提出不准中国人建立社会性的体育团体和组织社会性的体育活动，中国居民只能组织一些小型友谊比赛。有时，虽容许中国人和日本人一起参加一些竞赛活动，但其目的只是为了要中国人"能体会到做日本国民的滋味"，"显示出向日本体育方向发展的意识"[1]。

殖民统治和殖民文化输入并没有割断大连文化与中华民族文化的联系，大连人民的民族文化意识不但没有被泯灭，反而在五四新文化运动的影响下，在进步知识分子的努力下，在中国共产党的领导下，日益觉醒。在殖民文化组织机构日益完善的严峻形势中，中国人为继承和发展民族文化、宣传进步文化和革命文化，也建立了自己的文化机构和组织。这些机构和组织的文化活动与随着殖民文化输入而传来的西方文化碰撞、交融，促使大连地区文化转型，使大连这座新兴的现代城市形成了民族文化、进步文化、革命文化与西方文化相融合的现代文化格局。

1910年，中国话剧创始时期的代表性人物之一刘艺舟在大连创立了以话剧形式宣传进步思想的励群新剧社。1920年，时任《泰东日报》编辑长的傅立鱼联合各界进步人士在大连成立了第一个公开的爱国进步文化团体大连中华青年会。傅立鱼还创办了东北地区第一个传播新文化、新思想的进步刊物《新文化》，后改名为《青年翼》。《新文化》创刊之际，孙中山专门为发刊题词——"宣传文化"。1923年至1926年，共产党人李震瀛、秦茂轩、邓中夏先后来连指导工人运动，建立了中共党团组织。在共产党的领导下，大连工人阶级的爱国进步组织——大连中华工学会、大连中华印刷职工联合会、大连店员协会先后成立，并创办了革命刊物《工学会期刊》《店员之声》《曙光》。与此同时，大连人还组织了一些民间社团，嘤鸣社、大连中华宗风学社等都是当时较有影响的文学社团。1933年以后，大连地区陆续出现了几十个由中国人兴办的文学社团，其中，响涛社等的创作活动尤有影响。

在建立中国人自己的文化组织的同时，大连人还出资兴建了一批新型文化设施。1911年，复州图书馆建立，这是大连地区第一座中国人兴办的图书馆。随后，庄河县通俗图书馆、金州会简易图书馆相继建立。中国人还兴建了一些文化娱乐设施。20世纪初，大连出现了利庆茶园、庆升茶园、大观茶园等营业性剧场。天福茶园是大连地区戏曲演出的重要场所之一，至今，这个剧场仍在使用，即2010年改建后的宏济大舞台。此后，同乐舞台、福兴大戏院等相继建成。同时，中国人还建设了电影放映场馆。1907年，大观茶园开始放映电影，这是大连地区第一家对社会售票放映电影的中国茶园。

大连地区的爱国人士，在坚持民族文化的同时，还将体育作为增强民族意识的重要途径。当时的现代体育逐步由学校教育普及到社会和民间，形成了民族传统体育与现代体育并存发展的态势。1920 年成立的大连中华青年会就设立了体育部、武术部，自 1922 年至 1931 年连续举办了 10 届中华陆上运动大会、10 届中华水上运动大会，同时举办了多期正规武术训练班，开办了一些群众性的练武场，推广了 10 个部（类）、270 余种武术内外功法。在日益广泛开展的体育活动中，大连人的民族意识和体育素质逐渐提高，出现了以"中华奥运第一人"刘长春和游泳名将史兴鄂为代表的几十名高水平的运动人才。除田径、游泳等项目外，大连人对足球运动也非常重视，先后组建了中青、隆华、工华、商华等足球队，并以"中华足球队"的名义在与日本早稻田大学足球队等的赛事中取得胜利。

第一节　日本人开办的文化机构和组织

在日本占领大连的 40 年间，日本人开办了一大批文化机构和组织，主要分为具有官方、军方背景的机构，博物馆、图书馆机构和社会文化组织。

一、具有官方、军方背景的情报机构

日本帝国主义武力侵占大连后，立即成立专门机构，进行情报调查活动。1906 年南满洲铁道株式会社成立之初就设立了"调查部"，对我国东北地区的政治、经济、社会、历史、文化、风俗、民情等各个方面进行极为广泛的调查，为日本侵略者提供了大量的情报和资料。在进行综合性战略情报搜集的同时，殖民统治当局还以文化的名义组建了服务于殖民文化输入的机构和组织，建立了满蒙文化协会。除此之外，日本殖民当局于 1911 年 11 月成立了满洲考古学会，学会以"满洲"为中心，专门进行古迹遗址的勘探、调查、研究，搜集和掠夺文物，从史学、考古、民俗等方面为日本殖民侵略和殖民统治服务。1916 年 3 月成立了满洲法制经济研究会，研究法律、政治、经济等学科的理论和应用，发行《法

满铁调查部

律经济研究》杂志，并时常举办讨论会和讲演会。1926 年 10 月成立的满蒙研究会，是一个为日本侵略政策服务的政治团体。

1907 年，南满洲铁道株式会社总社由东京迁至大连后，在首任总裁后藤新平的主持下，满铁调查部在大连满铁本社成立。它与总务部、运输部、矿业部和地方部并列作为满铁的重要部门之一。

满铁实行的"满洲经营"，最初面临的棘手问题是铁路附属地的土地纠纷问题。因此，最初调查部的任务分为有关土地的旧惯调查和其他一般法制调查，以应付土地所有者与满铁的纠纷，后来还编辑出版了《满洲旧惯调查报告》。1908 年 12 月，调查部缩编为调查课，川村铆次郎为课长。调查课的中心业务是开展以中国的中央及地方政权的动态为主的情报调查活动。十月革命后，中国民众的动向被纳入调查视野，调查课加强了情报活动和情报综合分析。1918 年 1 月，石川铁雄任调查课长。在此期间，调查课的主要成果是《满蒙全书》，主要内容是向中外介绍"满蒙的自然的及文化的全貌"，目的在于广泛唤起日本国民对有关满蒙问题的关注，为侵华制造舆论。1923 年，佐田弘治郎任调查课长，在课内新设了交通系和情报系。1927 年，调查课内共设置法制、产业、商事、贸易统计、交通、苏联、统计、资料、庶务 9 个系，调查范围不断扩大，涉及社会调查、情报搜集、资源调查、政策研究、历史地理以及政治、经济、文化和军事各方面的情报。到 1931 年九一八事变前后，调查课已经是一个拥有 2000 多个知识分子骨干的庞大调查机构。据不完全统计，调查部（课）从成立到 1932 年 12 月，出版《满铁调查资料》162 种、调查报告书 26 种、小册子 75 种，还有各种统计和翻译资料。1919 年开始，还在大连调查课本部发行《调查时报》。该杂志曾先后更名为《调查汇报》（1926 年）、《满蒙事情》（1930 年）、《满铁调查月报》（1931 年）。此外，调查课的一些外地机关也创办了与调查活动有关的刊物。

满铁调查课一直同关东军保持共同提携合作的关系。1932 年 1 月，满铁应关东军的要求，撤销调查课，成立经济调查会，实现了满铁与关东军在调查与情报方面的全面合作。在此期间，经济调查会完成的调查资料达 1882 件，编辑出版了《满洲经济年报》《满洲经济统计》《满洲经济统计图表》《满洲劳动事情总览》《苏维埃联邦年鉴》《满铁调查月报》《劳务时报》《苏联重要记事速报》等报刊。[2]

1939 年初，在关东军和日本政府的支持下，时任满铁总裁松冈洋右将调查部扩大为日本最大的"国策调查机关"，赋予其综合管理满铁各地区、各部门的各种调查机构的权力。由此，满铁的中央调查机关进入"大调查部时期"。它不仅是当时日本最大的调查机关，也是世界上屈指可数的调查机关之一。大调查部成立后，进行了许多重大的政治、经济和时局的调查研究，为日本帝国主义确定侵略政策提供了依据。这个时期是满铁调查机构最活跃的时期。一批富有调查经验和较高理论水平的日本左翼知识分子进入满铁后，使调查部的调查从为日本搜集情报提高到在现有资料基础上进行综合分析和研究的高度。1942 年，"满铁调查部事件"的发生标志着"大调查部时期"结束。

据统计，满铁调查部在近 40 年里提供的调查报告多达 6200 份，为研究而积累起来的资料，包括书籍、杂志、报纸（外国报纸的剪报）共有 50 多万件。[3]

1920 年 7 月 1 日，满蒙文化协会成立，总部设在大连，旅顺、奉天（今沈阳）、哈尔滨、东京、大阪、下关等地设有分部，以宣传"中日亲善、共荣共存"为宗旨，以"开发满蒙文化"为"使命"，实则从事搜集情报、歪曲扼杀中国民族文化、传输殖民思想的勾当，是日本殖民当局设立的为侵略政策服务的文化机构。协会的编辑部、调查部是当时官方指定的编辑、出版单位。满蒙文化协会的宣言、规约、简章清楚地表明，它从事的工作是对"满蒙及其接壤地区的政治、经济、资源、历史、地理以

《满蒙之文化》，后更名《满蒙》

及宗教、文化、风俗、民情等多方面的实际调查和对策研究，并承担资料的搜集与舆论的宣传工作"；主要任务是为日本帝国主义当局对"满蒙的'投资'计划和实施政治、经济的决策，提供历史的借鉴和现实的依据"；活动领域是以我国当时的东北三省和蒙古、热河、察哈尔、绥远为主，同时涉及苏联的东部地区和整个朝鲜。

1926 年 9 月 13 日，满蒙文化协会更名为"中日文化协会"。1932 年 4 月，改称"满洲文化协会"。总裁总理协会的一切，通常由满铁总裁或关东厅长官担任。协会除设有总会、评议员会、役员会、理事监事会外，下设调查部、编辑部、介绍部、计理部、庶务部 5 个执行会务的部门。经费主要来自关东厅和满铁。协会办有会刊 3 种，每月发行，包括日文会刊《满蒙之文化》、中文会刊《东北文化月报》、英文会刊《满洲之光》。协会还编辑出版《满蒙年鉴》，并对调查、搜集到的资料随时编排出版。至 1943 年 10 月，出版的各种图书、资料达千种以上。协会还成立了满洲事情研究会、中国戏剧研究会、关东州史谈会、中国社会现象研究会等团体。曾举办过满蒙实况活动摄影、满蒙文化资料展览会、文化讲演会等大型活动。1945 年日本投降后，满蒙文化协会解体。其旧址位于大连市中山区世纪街与鲁迅路的 T 形路口附近。[4]

二、博物馆、图书馆机构

1900 年，沙俄殖民当局在旅顺建立了专供俄国人使用的普希金图书馆。日本侵占大连后，又先后建立了图书馆、资源馆、博物馆等机构。

1907 年成立的满铁调查部资料室，是满铁的图书、情报基地，既是储存文献资料的中心，也是统管南满铁路沿线 24 所图书馆的中心图书馆。从 1907 年到 1937 年 3 月末止，藏书总量已达 270024 册。直到 1945 年大连解放，藏书总数已近 40 万册。

之后，满铁在大连东公园町（今中山区世纪街）建设新馆。1918年 1 月，定名"南满洲铁道株式会社图书馆"，由满铁会社直接领导。1922 年 6 月，又改称"南满洲铁道株式会社大连图书馆"。1945 年 8 月，大连解放，满铁大连图书馆由中长铁路公司大连铁路分局接管，后改建为大连图书馆。

满铁大连图书馆经常举办一些地区性的学术会、业务会、学习会等社会活动和一些综合性、专题性大型书刊资料展览会。从 1924 年到

满铁大连图书馆

满洲资源馆

1937年间，仅书刊展览就有16次。1931年至1932年，满铁大连图书馆联合"全满"24个图书馆，编纂了《全满二十四图书馆共通满洲关系和汉书件名目录》正编、续编两巨册，提供了大量的满蒙参考资料。1933年至1935年，田口稔以"满蒙文献研究"为专题，结合大连馆藏，连续编写出版了《法国对满洲的研究》《明治初中叶的满洲文献》《了解满洲的必读物》三本小册子，从历史上阐述、介绍了满蒙研究情况，揭示、提供了对侵略者"很有用项"的一部分文献资料。1940年7月，图书馆又以满铁资料室所收资料和满铁大连图书馆所藏，参照《特殊文献目录》编辑了《佛领（即法国占领下的）印度支那文献目录》，收录了古今中外资料922种，是研究东南亚地区的地理环境、政治经济、交通运输、民族宗教、文化历史等的重要资料。[5]

1907年成立的满蒙物产参考馆，隶属于满铁。馆内展示了中国东北的各种资源，是日本当局进行"大陆开发史的缩图"，为日本帝国主义的经济侵略服务，提供经济情报并创造条件满足其扩大侵略战争的物质需要。馆舍位于大连日本桥（今胜利桥）北，主楼曾作为沙俄时期的达里尼市政厅、满铁地质调查所的办公楼。1926年10月满蒙物产参考馆改称"满蒙资源馆"，1930年12月更名为"满洲资源馆"。大连解放后，于1948年5月改为"东北资源馆"。1959年9月，定名为"大连自然博物馆"。[6]

1915年成立的满蒙物产陈列所，主要收集和科学保管历史文物及其他文物资料，利用馆藏文物举办各种陈列展览、流动展览，进行"专业研究和人才培养"。其建筑既有近代欧式风格，又有东方艺术装饰特色，现位于大连市旅顺口区列宁街。1916年11月，日本殖民当局于松树町开

旅顺博物馆

辟新馆址，将物产陈列所内文物迁入，改为"关东都督府满蒙物产馆"。1917 年 4 月，关东都督府满蒙物产馆对外开放。1918 年 4 月，改称"关东都督府博物馆"。同年 11 月，馆址迁至在原沙俄拟建的将校军官会馆所基础上建成的博物馆主馆大楼。1919 年 4 月，因都督府改制，又改称为"关东厅博物馆"。1934 年 12 月，改名"旅顺博物馆"。1945 年 10 月，由苏联红军接管，改名为"旅顺东方文化博物馆"。1951 年 2 月，苏军将博物馆馆舍连同馆藏 20637 件文物、7700 册图书移交给中国政府。1952 年 12 月，改称"旅顺历史文化博物馆"。1954 年，定名为"旅顺博物馆"。1927 年至 1931 年，博物馆与东亚考古学会、满铁会社、满蒙文化协会等团体，联合"调查"了关东州内原始时代的遗址，收集了许多历史文物，充实了馆藏，并把一部分文物运往日本。[6]

三、社会文化组织

在日本帝国主义殖民统治大连的 40 年里，大量的日本军人、政客、商人、知识分子及其家属等涌进大连。长居大连的日本人最多时达 20 余万。此时期，日本人在大连的文化艺术组织不断出现，特别是 20 世纪 20 年代初到 30 年代中期，这种现象更为突出。日本人组织的文艺团体包括文学、戏剧、音乐、舞蹈、书法、美术以及摄影等门类。这些社团不仅由日本人主办，其成员也基本是在大连生活的日本人。

1. 文学社团

洋槐社于 1909 年成立，同年 11 月创刊《洋槐》。编辑人横山光盛，发行人服部适所。成员有柳江、野梅、古泉、翠堂、十步老、助骨、石平坊、茅村、孤山、歌方、又玄、子芳等。1922 年，与 1920 年创办的黑砖社合并。

大连川柳会于 1910 年成立，主要发起人为矶贝意想郎、村冈西嫁、小林茗八等。发行了《涟》（后改称《幼稚园》《红柳》）、柳志《娘娘庙》、月刊《白头豕》等刊物。1925 年 8 月，举行了"东亚川柳大会"，与会者近 70 人，包括日本国内柳坛人物和大连、旅顺、鞍山、本溪、天津、青岛等地的柳人。1926 年，出版了包括中国、朝鲜、日本等柳人的一大句集《川柳大学》。1927 年，又举办了"满洲川柳大会"，会上对《新兴川柳的意义》《教科书和川柳》《川柳的文学价值》《川柳的变迁》等议题进行了研讨和辩论。1927 年，川柳界出现了"川柳革新运动"，由于新旧思想的冲突，致使《白头豕》停刊，大连川柳会解体。

浩然吟社于 1912 年成立。每月发行载有汉诗、短歌、俳句的杂志，高阪、景显、田冈准海等负责汉诗编辑，甲斐水棹负责短歌。1924 年 8 月，与嘤鸣社联合创刊《辽东诗坛》，主编田冈准海，发表了许多旧文人的古体诗词，与新诗抗衡。1932 年停刊。

满洲诗社于 1912 年成立，以《满洲日日新闻》记者渡边三角洲为中心，联系同人园田爱绿、高木毒草、清岛苏水、角田笹舟、甲斐水棹等人组成。发行了机关报纸《雾》。该社不强调传统色彩，团结各派作者，适时召开短歌会，以普及短歌。但仅一年时间，诗社解体，刊物停办。

大连川柳社于 1930 年成立，同人有藤原可居、横田和泉、长谷川百穴等。出版月刊《青泥》，石原青龙刀为编辑，汤本白庵任会计，中治若蛙担任辅佐。会员多是青年。

满洲短歌会于 1928 年成立，西田猪之辅主办。同人有内山义雄、境野一韧、三井鹤吉、铃木千叶等，发行月刊《合萌》。翌年会员达到 500

名。1939 年，停止活动。

满洲艺术协会于 1929 年成立，由满铁职员八木治大夫、上村哲弥、城所英一等发起。会员百名，发行月刊《满洲短歌》，提倡"满洲乡土艺术"。1940 年停刊。

大连俳句会于 1929 年成立，同人有寺内默子、和田鸟峰、加藤快一等。1929 年 9 月，出刊《大连通信俳句》。1930 年 5 月，刊行了《满洲昭和俳句集》。后情不详。

平原社于 1929 年成立，成员有江川三昧、久米幸丛、冈村幽静、高桥苏城、三木朱城等。1929 年 3 月，出版月刊《平原》，1938 年停刊。

满洲文话会于 1937 年成立，是以东北地区日本作家为中心的文学团体，初由大连的井上麟二、桥本八五郎等 12 人发起，150 人入会。随后又成立了新京支部、奉天支部、哈尔滨支部。本部设在大连。1939 年 8 月，迁至"新京"（今长春）。到 1940 年，会员约达 400 人。其宗旨为："谋关心文化文艺的会员互相联络亲睦，目的在助成推进满洲文化活动。"本部除刊发每月一期的《满洲文话会通讯》外，还编纂每年刊行一次的《满洲艺文年鉴》。1941 年 8 月 12 日，在满洲艺文联盟成立时宣布解散。

除上述诗社外，还有由吴陵、西孟利主办的晓诗社，由横泽宏、志树虹路等青年诗人组成的旷野诗人社和赤阳社，还有关东州诗人会与以志村、横泽、诸谷等为主体的满洲诗人会，以及黑砖社、句帐舍、霞吟社、春柳吟社等。

2. 音乐舞蹈团体

大连音乐研究所于 1924 年成立，关东厅民政署长田中任所长，园山民平任业务负责人。分为四部：初级部，设钢琴、风琴、唱歌 3 个科目，指导从幼儿园到小学二、三年级程度的儿童；中级部，设钢琴、小提琴、风琴、唱歌 4 个科目，指导具有初级部结业程度的学员或小提琴初学者；高级部，科目同中级部，指导具有中级部结业水平的学员；应考部，对报考东京音乐学校或报考小学音乐老师者进行指导。

大连音乐学校于 1925 年成立，校址在大连幡磨町（现中山区解放街

10 号）。由村田悫磨、园山民平倡办，园山民平任校长。设有本科、研究科、师范科，学制 2 年。本科分乐器与声乐两部。研究部招收本科已结业并要求继续深造、研究者。师范科以培养小学音乐教员为主。

大连高等音乐学院于 1926 年成立，由村冈乐童及其夫人主持并任教。1929 年，增设了舞蹈科，聘请当时闻名于日本的舞蹈家栉木龟太郎任教。据《大连市》一书载，有学生 53 名，学习期限为 4 年。其特点是标榜个人教授负责制，采用德国夏尔德·赖斯拉博士的“音乐要素九条综合法”教学，使学生在美学及心理学两方面都得到启发。每年招收钢琴科学员 30 名，声学科学员若干名。

大连舞蹈研究所于 1930 年成立，主办人为栉木龟次郎。研究内容除舞蹈外，还包括童谣、民谣等。此外，在童谣歌舞方面还有青鸟儿童会、若草儿童会、长呗（歌）樱会、长呗（歌）美风会等组织，以及传授演奏尺八（类似箫的一种日本乐器）的未彰会、一心会、秀友会、晓风会等团体。

3. 关东州艺文联盟

1941 年，关东州艺文联盟成立，受关东州兴亚奉公联盟文化部领导，是关东州内文化团体的统一组织。主要机构有文艺、美术、音乐、演剧、综合 5 个部。

文艺部包括关东州作家协会、关东州歌人协会、关东州诗话会、关东州俳句协会、关东州川柳协会。美术部包括关东州绘画协会、关东州写真（摄影）协会、关东州产业美术协会。音乐部包括关东州音乐协会、关东州邦乐舞踊协会。演剧部包括大连艺术座、大连艺文座、大连放送话剧团、大连协和剧团、大连光明剧团、辽东剧团、大连洋乐舞踊研究所。综合部包括关东州文话（写作技巧）会。

1942 年 10 月，关东州兴亚奉公联盟改组，原文化部并入实践部，文化团体又由实践部统一领导管理。[7]

第二节　中国人兴办的文化组织和机构

在殖民统治的特殊历史时期，中国人也开始以新的文化组织机构形式建立坚持民族意识、宣传民族文化的阵地。其中，包括进步文化人士兴办的社会文化社团、共产党领导的社会文化组织和民间文化组织。同时，中国人也开始兴建公共文化设施。

一、大连中华青年会

大连中华青年会，是由进步文化人士组织兴办的社会文化社团，于1920年7月1日正式成立。在五四运动的影响下，《泰东日报》的编辑长傅立鱼倡议创办大连中华青年会，简称"青年会"。它是由中国人创办的第一个公开的爱国进步文化教育团体。它的成立标志着大连地区具有民主思想的知识分子和爱国人士的新觉醒，首开中国人在殖民统治下的大连进行结社、集会、办教育、出刊物的先例，在大连人民救亡图存、反帝爱国的斗争中，谱写了可贵的一页。

受愚民政策和奴化教育的影响，当时大连部分青年对祖国观念非常模糊，文化程度很低。日本殖民当局设立的普通学堂及公学堂等于中国的初小和高小，教学内容不过是普通日语、简单汉字、算术和常识等。为此，1918年爱国知识分子傅立鱼在《泰东日报》上揭露"租界内中国人教育都是日本官宪为之管理经营，中国人无自力设立之学堂，子弟多半荒废"，倡议"设夜校及半日学堂"，使大连的中国人特别是青年人能"于工作时间之外入学听讲，以发达其智力"[8]。五四运动后，在新文化、新思想的浪潮冲击下，他宣传新文化、新思想，教育青年服务社会，创办了青年会，进行民族文化和革命思想教育。该会以传播新文化、新思想为己任，以爱国教育为中心内容，开办昼夜学校、识字班，举办星期讲坛，组织各种纪念日集会、游行、水陆运动大会等。青年会设立讲演部、学校部、体育部、武术部、交际部、出版部、救济部、童子部8个业务部门，尤其对讲演部、学校部、出版部和体育部的业务活动非常重视。星期讲坛的讲演，内容生动广泛，既讲人类社会的历史、现状与未来，也讲人的行为、道德修养与人生的意义和价值；既讲生理卫生、身心健康，又讲游记见闻、时事评论。1924年初至1926年上半年，中共中央、旅大地下党团组织先后派李震瀛、秦茂轩、傅景阳、杨志云等利用青年会的星期讲坛做讲演。中共党团组织利用青年会这个公开的阵地，向大连的中国人宣传了革命的理论，有力地推动了大连的新文化活动和工人运动的开展。讲演活动打开了大连当时的沉闷局面，传播了新文化、新思想，开阔了人们的视野，激发了民族精神。

青年会成立不久，即开始筹备会刊及发行工作。几经波折，傅立鱼于1923年获准创办《新文化》中文月刊。1924年，《新文化》改名为《青年翼》。1925年，《青年翼》正式成为大连中华青年会会刊。《新文化》是五四运动后在东北三省最先出版的传播新文化、新思想的进步刊物，它的出版是傅立鱼在日本殖民统治下的大连为中国人第一次争得出版权的成果。《新文化》出版后，刊登了不少介绍十月革命、传播马克思主义的文章，还刊发了很多宣传新思想、开展新文化活动和有关青年修养的文章。同时，在其"兼收并蓄"的宗旨下，也发了一些宣扬改良主义和无政府主义思想的文章。

青年会成立后，即"以承办教育为唯一宗旨"开展活动，学校部设昼、夜两个学部。19岁以下没有职业的青少年进昼学部，凡不能进昼学部的在职青年，如工人、店员、勤杂人员等，可进夜学部。对不识字的劳动人民和市民，还开办了识字班，免费教文化。1923年元旦，为激发民族意识，培养爱国观念，青年会还兴办了图书馆。初办时一次购买最新出版书籍达800多部，订阅报刊近40种。1923年春，又增办了儿童图书馆，购买了许多儿童读物，以供学生课外浏览，增加知识，开阔视野。图书馆不仅为青年会会员及学生提供读物，也向社会上提供精神食粮。通过这些进步书刊，大连的中国人，特别是青年，开始接触到社会主义学说和思想，民族意识得到升华。

1927年，殖民统治者加紧了对共产党和革命群众的搜捕和镇压，大连中华青年会的活动日趋艰难，傅立鱼也受到严密的盯梢和监视。1928年7月，日本殖民当局以"扰乱东三省为目的，组织政治秘密结社，策划种种阴谋"的罪名，逮捕会长傅立鱼，将其驱逐出大连。1932年8月，青年会的会名被强行删去"中华"二字，改为"大连青年会"。1934年，大连中华青年会解体。

大连中华青年会的会馆最初设在浪速町一町目（今天津街东端），而后增置隐岐町妇孺救济会址为会馆本部和启华小学校舍。

二、大连中华工学会

在共产党领导下的社会文化组织有大连中华工学会、大连中华印刷职工联合会、大连店员协会等。

大连中华工学会是东北地区最早的公开的工会组织。1923 年 12 月 2 日，由满铁沙河口工场工人傅景阳等发起成立，会址在沙河口黄金町 107 号（今黄河路 658 号），初命名为"沙河口工场华人工学会"，1924 年末更名为"大连中华工学会"，简称"工学会"。它的建立及组织的活动促进了大连地区革命运动的发展和反帝爱国统一战线的形成，为大连市乃至东北地区的革命工作做出了重要贡献。

日本取代沙俄侵占大连以后，大连及满铁附属地工人在 1916 年罢工 3 次，1917 年罢工 7 次，1918 年罢工 22 次。由于当时的罢工是自发的、零散的和仅限于经济方面的斗争，多以失败而告终。其中影响较大、最终获得胜利的是 1918 年 1 月 20 日发生的川崎造船所大连船渠工场（今大连造船厂）中日工人的联合罢工。傅景阳、于景龙、王立功、唐宏经等 30 多名青年工人，鉴于过去的斗争都是因为没有组织而失败的教训，经过酝酿发起组织了大连工人阶级的第一个团体——大连中华工学会。大会选举傅景阳为会长，于景龙为副会长，聘请大连中华青年会会长、《泰东日报》编辑长傅立鱼为顾问。工学会设秘书部、经济

大连中华工学会

部、教育宣传部、组织部、救济部、体育部、娱乐部、交际部8个业务部门，以执行工学会的主张、会则和开展各项活动。

大连中华工学会的主要领导人先后有傅景阳、唐宏经等。该会接受中国共产党领导，并加入了全国铁路总工会和全国总工会，初有会员300余人，1925年增至3000余人，1926年8月为4000余人，遍布全市各大工厂。1925年2月，学会先后派傅景阳等出席全国劳动大会和"铁总"代表大会，傅景阳被选为"铁总"第二、三届执行委员。1926年4月，工学会领导福纺大罢工取得了胜利。

工学会一经成立，便以组织工人学文化、学技术的名义创办工人夜校，设初级班和高级班。两个班虽未明设政治课，但秘密地以文化课为掩护，随时向工人宣讲时事、工人运动和革命道理。夜校自成立起就把对工人进行政治思想教育、提高工人觉悟当成首要任务。夜校设有图书室，书架上摆的是当地公开出版的图书报刊，柜子里藏的却是中国共产党和中华全国总工会出版的报刊和书籍。工学会的讲演部为宣传新文化新思想，经常举办讲演会。傅立鱼、杨志云、李仲刚、李荫泉等都先后在工学会讲演过。

工学会成立后，大连的工人阶级与日本资本家的斗争此起彼伏，日本殖民当局不断派暗探监视它的活动，调查研究它的性质。1927年7月，中共大连地下党组织第一次被破坏，工学会被查明是接受中国共产党领导的工会组织，随后被命令封闭。

三、以响涛社为代表的新式文学社团

1919年五四运动以后，随着新文学运动的发展，大连开始有文学团体涌现。大连中华青年会成立后，设有出版部，编辑出版了《新文化》，团结了一批文学人士，对培养和扶持大连地区的文学新人发挥了重要作用。在共产党人的直接领导下，大连中华工学会、大连中华印刷职工联合会相继成立。这些革命组织也团结了大批爱好文学的有志青年，他们以文学为武器，同日本殖民当局进行了斗争。其间，民间文学社团相继成立。1921年5月成立的嘤鸣社，编写出版了《嘤鸣社诗钞》。1926年

5月成立的大连中华宗风学社，出版了月刊《宗风》。1933年初，被称为辽沈地区"四大社"的四个文学社团中的白光社开始以《泰东日报》为园地进行活动。随后的两三年内，组织文学社团在大连逐渐成为一种流行的风气。自1933年至1936年，《泰东日报》上出现的文学团体近60家，其中包括清水社、新潮社、望洋社、曙光社、群美社、野狗社、白光社、落潮社、月波社、孤零社、响涛社、浮沫社、曦虹社、一六社、始创社、凄风社、晨曦社、凋叶社、晨风社、野萍社、黑光社、逸萍社、野风社、新流社、朝阳冷社、东丁文艺社、丽虹社、春水社、佛尔斯文学研究会、白丁会、圈圈文艺社、湖光社、HH社、CF社、LY社、旭光社、文彬社、新心社、晨声社、同凌社、FF社、雅生社、东群社、同音社、文光社、月天社、怀德少年文研社、WK文研社、静波文研社、佟佳文研社、OP文研社、MK文研社、沈水文研社、野焰社等。这些文学社团，政治观点不一样，性质也各有不同。有的社团深受新文化运动影响，活动较多，像曦虹社、白光社、野狗社等，其中，影响最大、活动时间较长的当属响涛社。

　　响涛社成立于1934年，由大连本土孕育的一批文学上卓有成就的作家和文学青年组成，是大连地区最早的作家群。响涛社最初的成员有野狗社的秦啸、吠影，落潮社的波影、克曼、太原生、迷梦，月波社的镜海，孤雾社的鸢霓，以及岛魂、野藜、夷夫、渡沙、木风等。秦啸（即文泉），原名王世浚，又名石军，是大连地区成名较早的作家之一。响涛社以《泰东日报》为阵地，先后主编了《响涛》《开拓》两个文艺副刊，发表了大量作品。在这些作品中，多数都是为社会、为人生而奋斗的篇章，大多数作家在当时那个黑暗的社会里为"发现一种新的人生"而苦苦追寻。从岛魂的散文《一篇旧话》和小说《渔夫梦》中，我们能感受到作者对现实的不满。岛魂是响涛社的发起者之一，他从1932年开始在大连发表作品，产生了广泛的影响。野藜的小说《奔流》，借着男女恋爱被拆散的悲剧喊出了"不自由，毋宁死"。这个发自内心的呐喊，震撼了生活在日本殖民统治下的大连人民。响涛社的小说家为了自由而呐喊，主要围绕着两种题材做文章。一是反封建、反礼教，对浸透着封建礼教或者金钱物欲的恋爱、婚姻进行抨击，对叛逆者进行讴歌，如警霓的《最后的胜利》《孙二嫂》、秦啸的《离异》、野藜的《白鸽》。二是把题材集中在现实人民生活的苦难上，如石军的《穷病》、镜海的《心碎的死了》、曲舒的《罪恶》、秦唔的《灾祸》。响涛社的散文和诗歌也都表现了强烈的爱国主义思想和对光明、对理想的炽热追求，表达着大连人民反帝、反封建的呐喊。散文如波影的《破庙》；诗歌如太原生的《春之夜》《祈望着曙光飞翔》、迷梦的《赤色》、飞波的《泪》《中秋月夜》、吠影的《迈上山坡》。

四、公共图书馆

清末民初，大连地区开始建设中国人自己的图书馆，如复州图书馆、庄河县通俗图书馆、瓦房店图书馆。1931年，这些图书馆被伪满政府封闭。在日本殖民统治期间，中国人为了保存文化典籍、宣传民族文化，也建立过自己的图书馆，如金州会简易图书馆和大连中华青年会图书馆。

复州图书馆成立于1911年4月，是大连地区中国人创办的最早的公共图书馆，位于今复州城内东街。1930年，改称"县立通俗图书馆"，有馆舍13间，藏书3022册，每日接待读者30余人次。大连解放后，该馆由复县人民政府接管。

庄河县通俗图书馆成立于1912年3月，位于庄河城下街南门里劝学所前屋。1930年，改称"县立通俗图书馆"。1934年3月，迁至上街南首一所小学分校东前屋。馆舍3间，藏书室1间，阅览室2间。馆内设馆长、馆员、馆役各1人，藏书1923种3708册，订有《万有文库》，在孤山、青堆子两镇各设有巡行文库。大连解放后，由庄河县人民政府接管。

金州会简易图书馆成立于1916年，是曹德麟、王永江、曹世科等人创办的私立图书馆，位于金州城财神庙内。藏有商务印书馆出版的《辞海》和一些线装书。1932年，迁到刘心田纪念馆内，更名为"金州南金书院图书馆"。当时，经过募捐购进一些新书，又有罗振玉等人捐献的部分书刊。馆内共藏有《四部备要》和各种文艺小说、报刊3万余册，主要为中小学教员服务。大连解放后，将藏书全部移交旅大市图书馆。

大连中华青年会简易图书馆成立于1924年10月，由中华青年会创办，位于原大连常陆町（今中山区常青街）中华青年会平民夜校分校楼下。馆内藏书大部分由傅立鱼捐赠，部分由社会人士捐赠，中国人可免费阅览书报。1928 年以后只限于青年会内部使用。1931 年后，随中华青年会一起被关闭。

第三节　现代新闻媒体

由于城市文化生活需求的逐渐丰富，作为社会政治、经济、文化信息传播的主要渠道，新闻媒体在大连迅速发展起来。殖民统治当局和在大连的外国人兴办报纸、出版期刊和建立无线电广播，中国人也利用报刊等现代媒介传递民族文化的声音。

一、报纸发行

据不完全统计，自 1905 年至 1945 年，大连地区共发行报纸 60 余种。其中，有俄文报纸、英文报纸，大多是日文报纸，只有《泰东日报》《满洲报》《关东报》是中文报纸，但大多由日本人把持。

1. 外文报纸

《远东报》创办于 1899 年，是大连地区唯一的一份俄文报纸。1899 年，沙俄太平洋舰队检查长、陆军中校阿尔泰米耶夫在旅顺开办了《远东报》，它开启了大连地区报纸发行的历史，这不仅是大连地区的第一份报纸，也是东北地区办得最早的报纸，被称为"东北第一报"。该报以简报形式出版，翌年改为以普通报纸形式出版，每周发行 3 期。报道的主要内容是大连及邻近的远东各地的一些时事消息和统治当局认为必须让人们知道的一些事情等。1904 年，日俄战争爆发后停刊。

日文报纸有《辽东新报》和《满洲日日新闻》。《辽东新报》由日本人末永纯一郎于 1905 年开办，这是大连地区最早的一份日文报纸。《辽东新报》刊载关东都督府的各种公报，积极宣传日本帝国主义的侵略政策，是当时日本帝国主义在大连的统治机关——关东都督府公开认可的机关报。《满洲日日新闻》于 1907 年 11 月创办。《满洲日日新闻》与《辽东新报》曾被称为当时东北最有影响的日文报纸。1927 年 11 月，《满洲日日新闻》收买合并了《辽东新报》，改称《满洲日报》。当时，《满

大连满洲日日新闻社

洲日报》与开办于1920年5月的《大连新闻》成为东北地区两大日文报纸。1935年9月,《大连新闻》被《满洲日报》收买合并,恢复了《满洲日日新闻》的名称。至此,《满洲日日新闻》成为大连唯一一家大型日文日报。30年代后期,《满洲日日新闻》脱离满铁独立,总部迁往奉天。1938年,与《奉天日日新闻》合并,接着又合并了《奉天新闻》,开始在大连、奉天两地同时发行。1940年,在大连发行的报纸改名为《大连日日新闻》。1945年8月,日本投降,《大连日日新闻》自行消亡。除了这几种主要的日文大报,日本殖民当局还创办了《大连经济日报》《满洲时报》《大连时报》《极东周刊》《关东厅厅报》《大连民政署署报》等日文报纸。

《满洲每日新闻》开办于1912年8月,是大连唯一的一家英文报纸。该报原为日本报纸《满洲日日新闻》的英文专栏,由滨村善吉编辑。1910年1月,改为小型四版附刊。1912年8月,《满洲每日新闻》独立发行,社长仍为滨村善吉。其主办者称,《满洲每日新闻》的办报宗旨是"搜集满洲的历史的、风俗的、经济的诸方面资料,宣传说明满洲的动向,使全世界对满洲的认识、关心向深化发展,把'满洲国'推向全世界"。30年代后期,该报从大连迁往"新京"。1941年,太平洋战争爆发后,该报停刊。

2. 中文报纸

1908年10月,由大连华商公议会发起,由中国商人集资开办了《泰东日报》,是日本殖民统治时期大连地区最早发行的中文报纸。首任社长为刘肇亿,尔后的社长先后为金子平吉、阿部真言、风见章、高柳保太郎、宫胁襄二、井口陆精、佐藤至城等,均为日本人,仅"编辑长"

一职由中国人挂名，以造成中国人自己在办报的假象。《泰东日报》主要刊登国内外新闻、市场行情、金融动态等，为华商开展业务提供参考。主要版面有政治版、经济版、社会版（有关大连市社会新闻报道）、地方版（东北三省各县市分社发来的社会新闻及专题报道）、副刊版（刊载小说、散文、诗歌，转载名人文艺著作）、少年儿童版（发表童话故事、中小学生来稿、儿童文学及名人故事）。1937 年之前，每天出 8 个版，其中广告占 3 个版，发行量 3 万份左右。1938年之后，增至每天 10 个版，发

《泰东日报》

行量 12 万份。发行面从东北三省的各市县延展到华北的北平、天津、唐山，山东的济南、青岛、烟台等地，各地均设有分社。工作人员最多时有 100人左右，有中国人也有日本人，各主要部门的负责人都是日本人。1913年至 1928 年 7 月傅立鱼任编辑长期间，该报发表过一些对中国人民有利的进步文章和新闻报道，为民众鸣不平，声援兴办教育，报道大连人民的爱国活动等。一些中共地下党员和进步爱国的知识分子曾以编辑、记者的身份作掩护，利用《泰东日报》这块舆论阵地，刊登介绍十月革命的消息和颂扬十月革命的文章。该报对兴办大连教育事业、声援五卅惨案、福纺大罢工、组织"双十节"爱国游行示威、举办海上运动大会、纪念孙中山先生逝世周年等活动，不仅及时报道，有的还发表了社论和纪念性文章，对社会产生很大影响。1931 年九一八事变后，日本统治当局加强了对报纸的控制，报纸完全成为日本宣传"大东亚共荣圈""日满亲善"的工具，成为日本军国主义进行文化侵略、奴化教育的阵地。1941 年太平洋战争期间，该报宣扬"大东亚战争必胜""英美必败"。1945 年 10

月，《泰东日报》被苏军勒令停刊。

《关东报》开办于 1920 年 9 月，社长为前日本海军政务次官永田善三郎。1931 年，大连商会会长刘先鸿和刘召卿等人筹资改组了关东报社，邀请日本人市川年房任社长。此时，报纸虽由中国人出资，但在日本殖民当局的统治下，仍为日本帝国主义的侵略和掠夺政策服务。《关东报》开始为日报六版，后增为十二版，发行于大连及东北、华北。1937 年七七事变后，日本殖民当局为统一管制言论，指令在一个大城市只留一家报纸，《关东报》被勒令停刊。

《满洲报》原为《满洲日日新闻》的中文版，于 1922 年 7 月独立发行。曾主办《满洲日日新闻》中文版的副社长西片朝三，任《满洲报》的社长。1935 年春，《满洲报》收买了奉天的《民声晚报》（中文），发行四版晚报。1937 年后，《满洲报》与《关东报》同时被勒令停刊。

二、期刊出版

日本殖民统治大连的 40 年中，日本人在大连创办的期刊按其内容可分为政治、经济、军事、宗教、科学、教育、体育、语言、文字、文学、艺术、历史、地理、工业、技术、农业、林业、交通、运输、医药、卫生、天文、地质等二十几个类别。其中，最多的是政治、经济、工业、农业、调查、统计类，包括周刊、半月刊、月刊、双月刊、季刊、年刊。1908 年，大连地区有期刊 10 种，到 1930 年增至 256 种，后期又增加到 320 种。这些期刊，基本上是日文期刊，中文期刊仅有 10 种，中国人自己办的期刊只有 1 种。

1. 外文期刊

《满蒙》开办于 1920 年 9 月 1 日，日文月刊，由满蒙文化协会编辑出版，初名《满蒙之文化》。1923 年 4 月第 33 号（期）开始，改名《满蒙》。日本人平林芳胜、中沟新一、武田丰市、早川正雄等先后做过主编人。该刊主要从"满洲"的政治经济、历史地理、矿藏资源、社会习俗、文化艺术、文物古迹等各个方面进行"调查研究"，为日本帝国主义者的侵略提供"向远进出"的历史借鉴和决策依据服务，共发行了 24 卷 281 期。

1943 年 10 月停刊。

《大陆》开办于 1913 年 5 月，日文月刊。创刊人是金子雪斋和石本鑽太郎，主编为武内止戈。1925 年 12 月，森宣次郎任社长，岩松政次郎为主编。《大陆》主要刊载政治、文学及其他时事等内容，是当时"满洲"言论界非常活跃的杂志。1935 年停刊。

《新天地》开办于 1921 年 1 月，日文月刊。它的创办是以满洲新绿会（1913 年以后由东京帝大毕业生组织）、各大学、专门学校、满铁社员养成所同窗会等为后援，并取得了满铁理事大藏公望、小日山直登的支持。《新天地》历时较长，1945 年 1 月停刊。

《协和》开办于 1916 年 1 月，日文半月刊。原为月刊，满铁读书会发行，名为《读书会杂志》。1927 年 4 月转由满铁社员会管理，改刊名为《协和》，作为满铁社员会的机关报，并由月刊改为周刊。1929 年 5 月，又改为半月刊，期号另起，至 1941 年共发 302 期，停刊。

《满洲之光》为英文月刊，是满蒙文化协会的机关刊物。

2. 中文期刊

在数量不下 320 种的期刊中，中文期刊只有 10 种，中国人自己办的只有 1 种。在这 10 种中文期刊中，声誉较高的是《新文化》，即后来的《青年翼》。

《新文化》开办于 1923 年 2 月，中文月刊，由《泰东日报》编辑长、大连中华青年会会长傅立鱼创办，是殖民统治时期大连唯一的一份由中国人自己创办的刊物。1924 年 4 月，该刊更名为《青年翼》。1925 年 1 月，该刊成为大连中华青年会的会刊。刊物设有时事评论、哲学、经济学、史学、文学、游记、青年修养等栏目，经常刊登共产党人和进步人士的有关论述，有明显的反帝反封建和宣传新思想、新文化的倾向。1928 年 8 月，被日本殖民当局查封停刊。

《大同文化》《东北文化月报》《东北文化》均为满蒙文化协会的机关刊物。《大同文化》，1920 年 9 月于奉天开办，月刊。该刊物创刊时为半月刊，1935 年 4 月迁到"新京"出版，改为月刊。1936 年 3 月，又迁到大连出版，当年即停刊，共发行 265 期。《东北文化月报》，

1922 年开办，月刊，1928 年停刊。《东北文化》，1922 年开办，原为周刊，1930 年 5 月改为半月刊，1932 年停刊。

三、大连中央放送局——东北第一座广播电台

1925 年 7 月，关东递信局于大连市西郊西山屯的大连无线电信局沙河口受信所设立了发射装置，在市内大山通（今胜利桥）的中央电话局内设立播声室。同年 8 月 9 日，正式开始播音。该局使用的发射频率是 465 千赫，发射功率为 500 瓦特，周率为 645 千周，呼号为"JQAK"，呼出名称为"大连中央放送局"，分别以"第一放送""第二放送""短波海外放送"，用日语、华语、朝鲜语、俄语、英语、蒙语 6 种语言广播。播出的节目有新闻、音乐、讲演、气象、行情、文艺等。每天早、午、晚 3 次播音，累计时间 6 小时左右。播音内容主要是反映日本的军事政治情况，传播侵略者的意识观念和政策。1933 年 9 月，满洲电信电话株式会社（简称"电电会社"）在大连成立，统一接管了全东北境内的放送局。1936 年，大连中央放送局在圣德公园东北隅（今中山公园东北角）建立，设有发射机房、播音室、录音室及播控室，发射频率为 760 千赫，波长为 395 米。1937 年，大连中央放送局建成了两套中波广播设施，"第一放送"与"第二放送"共用一个机房，两套设备分别运行。1937 年 11 月 1 日，"第二放送"正式播音。1945 年 12 月，大连市人民政府接管大连中央放送局并筹建大连人民广播电台，位于今沙河口区民权街 162 号。

大连中央放送局

第四节 演出、放映场所

随着城市的兴起，市民阶层不断扩大，用于公众娱乐的文艺场所逐渐增多，其中以戏剧演出类和电影放映类为主。

一、新式剧院出现之前的传统演出场所

在进入近现代历史之前，大连地区已经出现了一些传统演出场所。据史料记载，大连地区最早的演出场所是清代乾隆年间的金州天后宫戏台和复县娘娘宫戏楼以及建于清嘉庆年间的复州城永丰寺戏楼。金州天后宫戏台位于金州城内南街，由山东船户集资修建于清乾隆五年（1740年），每年都有梆子、京剧等班社在庙会期间来此演出。复县娘娘宫戏楼位于今瓦房店市三台乡西海岸娘娘宫山门前的西南隅，由一些船主、客商和当地的僧侣化缘募资建成。戏楼建成后，山东、沈阳、营口等地的戏曲班社经常来此演出，戏曲活动十分频繁，直至 1958 年拆毁。复州城永丰寺戏楼距复州城永丰寺火神庙百米左右，建于清嘉庆年间。相传

金州天后宫戏台

该戏楼前的场地面积看着不是很大，但是容纳万人不见拥挤，历代传以为奇。戏楼每年多在农闲、庙会时有演出，一直持续到1946年戏楼被拆毁。大连县镇地区的戏剧演出场所还有群仙茶园、新舞台、保安茶园、本安茶园、复县茶社、三友茶社、永乐茶园、金州城隍庙戏台、正乐茶园、振兴茶园、天齐庙戏台、同德戏院、庄河曹家戏园、小寺庙戏楼、霓裳园、兴乐茶园、水师营同乐大舞台、昭和园、水师营蟠龙山戏台、营城子天后宫庙会戏台、兴乐茶园、兴盛舞台、立山大舞台、城子疃戏院、皮口戏院等。

20世纪30年代，西岗露天市场和寺儿沟一带是中国贫民集居之地。在这里，估衣店铺、吃食摊点、鼓书馆、茶园、戏院等比比皆是，热闹非常，是下层劳动者参加文化活动和南来北往的艺人说评书、唱大鼓、演杂技、耍魔术、说相声的主要场所。西岗露天市场有"关外小天桥"之称。

二、新式戏剧演出场所的出现

19世纪末，大连市区初具规模，城市人口与日俱增，过去一向活动在村镇野台和庙会的戏剧班社、流动艺人随之进入城市，大连市内开始兴建起一批新的茶园、戏院，现代剧场形式开始出现，主要有露西亚剧场、宏济大舞台、同乐茶园、福兴大戏院、庆生茶园、西岗俳优宿舍、聚魁茶园、小车大院戏台、松竹茶园、宝丰茶园、西岗野戏台、中华青年会馆、世界馆、新华茶园、永乐茶园、三星茶园、文明书馆、三仙茶园、上海大戏院、岐山小舞台、中央公园纳凉园、中央大戏院、明星戏院、升平茶园、春明大舞台、大连大舞台、文明大舞台、三庆舞台、新明舞台、共和舞台、天光大戏院、友乐大戏院、兴亚大舞台、解放剧场、关东俱乐部等。市内还有许多由日本人修建和经营的演出场所，如满铁俱乐部（铁路文化宫前身）、大连剧场（大连造船厂俱乐部前身）、大连电气游园、帝国馆、常盘座、日本基督教青年会馆、沙河口歌舞伎座、浪速馆，以及位于现中山区的歌舞伎座等。

露西亚剧场是大连市内第一个现代剧场，由清代商人纪凤台于1902年投资兴建。这是一座供沙俄军官娱乐的场所，演出过杂技、音乐等节目。日本殖民统治时期，经过修整，曾作为大连公会堂，为集会的场所，尔后此地又设立日本关东州厅的土木课办事机构。1945年后，曾先后改名为"公安俱乐部""旅大文化宫""群众剧场"。

宏济大舞台位于今中山区民生街59号，初名为"天福茶园"，又称"天福大戏院"。该茶园的修建水准不亚于当时日本人在市内修建的歌舞伎座。清宣统三年（1911年），赵宝庆、李小庭、小月楼、徐德宝、李小宝等外来班社的艺人曾在此演出《黄鹤楼》《三江口》《芦花荡》等剧。此后几年，茶园的演出活动十分频繁。1911年8月，改名为"保善茶园"，尔后又改称"永善茶园"。1934年1月改建后称"宏济大舞台"。

改建后的剧院楼上设花楼、花厢、包厢、散座，楼下设花厅、官厅、正厅和散座。1949年后，大连市政府接管了宏济大舞台，后改名"公安俱乐部"。尔后几经改建，先后更名为"旅大评剧院""人民剧场"。2010年再次进行改建，恢复使用"宏济大舞台"名称。

露西亚剧场

同乐茶园建于民国初年，位于今西岗区新开路土杂公司车库处，又称"同乐舞台"。同乐茶园舞台前方为池座，池座前设有方桌、方凳，楼上设有包厢，每厢可坐6人。1918年4月，天津的坤角张桂

永善茶园

林、曾来宝在此演出。名伶李万春等都曾在此献艺，茶园的演出活动一直比较频繁。1945 年后，同乐茶园改名为"光华大戏院"，1947 年因安全设施不良停止营业。

福兴大戏院建于 1937 年，位于西岗区永丰街，由崔福庭修建，当初有媲美宏济大舞台之意。戏院于 1938 年正式开业，杨小楼的外孙刘宗扬演出了《长坂坡》等剧。1946 年 5 月，大连市政府接收了福兴大戏院，改由中华青年会管理，并改名"大众剧场"。

常盘座建于 1925 年，是日本人兴建的剧场，位于今中山区友谊街 11号。该剧场以放映电影为主，也曾于 1933 年 1 月演出过日本歌舞。1946年开始，剧场先后改名为"友好电影院""文工剧场"。1956 年 9 月，改名为"艺术剧场"。几经修缮后，剧场面积为 1022 平方米，舞台台口高 9 米、宽 12.8 米、深 12.8 米，舞台空间高 12.5 米，有化妆室 5 间，观众座席 927 个。当时的艺术剧场是大连市文化局所属专业剧场之一，是大连话剧团主要的演出基地。如今的艺术剧场已挪作他用。

满铁俱乐部建于 1923 年，由南满洲铁道株式会社兴建，当时命名为"南满洲铁道株式会社厚生协和会馆"，位于今中山区安阳街 2 号。俱乐部总面积为 6072 平方米，钢筋水泥结构，内设剧场、训练场、活动室3 个活动中心，是日本上层人士娱乐和集会的场所。1926 年 7 月，满蒙文化协会在此举办观剧会，邀请黄润卿演出《鸿鸾禧》《武家坡》等剧。1935 年 10 月，满洲日日新闻社在此举办演出会，李少春演出《长坂坡》，小达子演出《落马湖》，童伶李幼春演出《二进宫》。1948 年，俱乐部改称"火车头俱乐部"。1953 年，改称"铁路文化宫"。

大连剧场建于 1909 年，由日本人建造，位于今中山区昆明街 147 号。剧场建成之初为木质结构，名为"惠美须座"，1917 年改称"日の丸座"。1922 年，剧场由横井谦介按东京帝国剧场样式设计，柴崎工务所柴崎时藏重新修建。重建后的剧场是钢筋混凝土结构的楼房式建筑，总面积为3985 平方米。观众厅铺设榻榻米作为座席，舞台为镜框式，并有转台装置。此外，还有化妆室、休息室、茶室等设施。大连解放前，大连剧场专演日本戏剧。日本歌舞伎名伶千叶万乐、守田堪弥、村田久嘉子、东日出子等都曾在此演出过。直到 1946 年，剧场改称"中和戏院"，才开始演出中国戏曲。京剧演员赵鹏声、闻占萍、石鸿林、辛华甫、张二庄、刘桂琴等，评剧演员筱燕燕、王砚芳、赵锡武等，都曾到此演出。1947年，剧场改称"火轮船俱乐部"。1953年，又改称"大连造船厂俱乐部"。[9]

　　三、电影业的传入

　　作为近代文化形态的电影艺术于20世纪初开始传入大连。1906年2月，日本冈山孤儿院募金团携带影片，在大连东京座举办"慈善事业音乐电影会"，进行募集资金活动，放映一些短纪录影片，这是关于大连电影放映的最早记载，使大连成为中国较早传入电影的城市之一。1909年，满铁所属电气游园内的电气馆开始放映电影，这是大连的第一家日本电影院。1920年，西岗世界馆对外放映，成为大连第一家中国影院。至1945年前，大连市内的电影院共有15座，中国影院及兼营电影放映的戏院有公议电影院、世界电影院、天光大戏院、宏济大舞台、大明电影院5座。日本影院有日活馆、帝国馆、常盘座、文映馆、大连剧场、宝馆、中央馆、太阳馆、松竹馆、朝日馆10座。

　　在日本殖民当局的控制下，大连地区由中国人统管的电影业艰难地发展着。从1907年开始，一些戏院开始兼营电影放映。1907年10月5日，大观茶园新租到美国影片放映，这是大连第一家对社会售票放映电影的中国茶园。1915年12月，西岗新和茶园以数百元租来会仙茶园从欧洲购来的影片《欧洲大战》放映。随后的几年间，松竹茶园、同乐茶园、会仙茶园、永善茶园、三星茶园、明星大戏院等先后开始兼营电影放映。1928年，永善茶园更名为"永善电影院"，1938年改称"宏济电影院"。1932年、1935

大连街头的露天电影

世界馆

年，三星茶园曾先后更名为"大连电影院""北平电影院""天光电影院"。明星大戏院也于1939年、1943年更名为"友乐电影院""公议电影院"。松竹茶园又称"松竹馆"，1945年前后改称"中西电影院"，位于今沙河口区五四广场，现称"红星电影院"。

　　随着电影的推广，逐步出现了一些专业电影院。1920年，日本人内村德太郎在西岗日新街出资兴建了世界馆，这是第一座专以中国观众为对象的影院。世界馆先后更名为"新明电影院""世界大戏院""华北大戏院""新世界有声电影院""世界电影院"。1944年2月，位于刘家屯的大明电影院开业，这是第二座以中国观众为对象的电影院。

　　除大连市内的电影院，其他地区也相继开始电影放映。1907年6月15日，旅顺的同庆茶园租到美国电影放映。自此开始到1919年间，旅顺的八岛座剧院、大正馆、旅顺茶园、旅顺大舞台、昭和园以及千岁俱乐部先后兼营电影。至1945年前夕，旅顺有3家日本人经营的电影院，即昭和园、映画馆、兴亚电影院。金州地区的电影院有金州爱友影院、金州映画馆（简称"金映馆"）、金纺俱乐部等。金纺俱乐部建于1926年，前身是"金州内外棉株式会社礼堂"，是金州地区最早的俱乐部，专为日本人服务，经常放映电影，于1949年改称"金纺俱乐部"。1938年，位于普兰店久寿街的国泰电影院开始营业，一直经营到1945年。1943年，瓦房店的满映馆开始放映电影，为满洲映画协会的直营馆，以中国观众为对象，经营至1945年。

　　日本人在大连也开设了一些影院。1909年，南满洲铁道株式会社直属电气游园，为经营电影业，把园内的陈列馆整修为电气馆，开始放映电影。这是大连第一家日本专业电影院。该影院常放欧美影片，营业情况较好。直到 1924 年，因建筑简陋、设备陈旧而停映。同时，有一些小剧场开始兼营电影放映。1911 年 10 月 1 日，演艺馆因经营日本戏剧演出不太景气而兼营电影。1913 年 2 月，浪速馆也因演出日本戏剧不景气而兼营电影。1914 年，歌舞伎座也兼营电影放映。这三家兼营电影放映时断时续，以票房收入多少为转移。

当时的南满洲铁道株式会社厚生协和会馆，即后来的满铁俱乐部，除拥有世界上最优秀的发声设备——温斯坦发声机之外，馆内的防音设备也十分完善。所有名噪一时的优秀影片来连时，都毫无例外地要在该会馆首次上映，否则就会被认为失掉了它应有的价值。

1929 年，日活馆、常盘座两座新影院建成，安装了有声电影放映机，开始放映有声电影。同年，协和会馆也安装了有声电影设备。从此，大连电影院开始了有声电影时代。

1931 年以后，又建成了中央馆、映乐馆（后改称"太阳馆"）、帝国馆、文映馆，加上大连剧场（兼营电影）和厚生协和会馆，以及日活馆和常盘座，这 8 家都是一流建筑，不仅装饰豪华，而且声光俱佳，形成了大连市区电影业的娱乐群体。映乐馆位于今中山区友好广场，是今友好电影院的前身。

第五节　近现代学校教育的出现

1875 年之前，大连地区的教育普遍采用私塾、书院等传统教育方式。光绪元年（1875 年）后，清政府在大连地区开始兴办新式学堂。殖民统治时期，大连逐渐形成了以现代学校为主的中小学教育体系，并建立了高等教育学校。

一、新式教育出现之前的传统教育形式

光绪元年以前，大连的传统教育形式主要是书院和私塾。大连地区建有两处书院，一是南金书院，二是横山书院，学习内容皆为儒家典籍和八股时文，以应对高一级的考试。书院主要控制在官府手中，并且以考课为主，与州府县学同样，是科举的预备学校。在儒学、书院之外，

城乡基础教育的学校形式是社学、义学和私塾。私塾在城乡相当普遍，是少年儿童接受基础教育的主要场所。据光绪三十二年（1906年）、三十四年（1908年）的统计，复州、庄河厅私塾皆不下200处。[1]

南金书院开办于乾隆三十八年（1773年），由宁海县第九任知县雅尔善倡导，并发动当地乡绅名士出资助学，官民合力在金州城内孔子庙两院的学宫内创办。同治八年（1869年），金州厅海防同知谈广庆等人联合地方商贾、达官显贵和名人士绅募集捐款重建。南金书院规模较小，不专设山长，由金州厅学兼理书院的工作。南金书院设"童生常课"和"文生月课"两种。前者供还没有获得生员资格的文童常年在书院攻读四书五经和八股文等，以应童生试。后者供已入儒学的生员定期到书院听取经学、史学、治术，学习对偶、声律，送批所作文章、诗词，应岁、科考试以获取参加乡试的资格。书院的考试以八股文为主，间或考论、策、表、判等。生员的成绩分为超等、特等、一等3个等级，而文童的成绩则分为上取、中取、次取3个等级。生员超等以上，文童中取以上，由书院发放"膏火费"（生活补贴）。根据官课的规定，还由官府发给同等数量的奖金，并在试卷的表皮上写上奖金的数额。每次考试，书院发给老师谢金4两。清代，南金书院（包括宁海县学、金州厅学）考中进士的有李绪昌等10名，考中文、武举人的有周元芳等44名，考中恩贡的有刘汉杰等16名，拔贡有戴圣聪等12名，副贡有于元江等2名，岁贡有罗士能等39名，优贡有林永怀等7名，附贡有光绶等24名。南金书院既是辽东半岛南端第一个传播传统文化的中心，也是金州历史上"官私两学"教育的一面旗帜。[1]

横山书院兴建于道光二十四年（1844年），校址在复州城里西街路北原顾尔马浑将军府旧址。书院有正厅5间，东西厢房各7间，门房5间。咸丰年间，经复州知事王廷桢重修和扩建，房屋有18间，延长了前院东西厢，并增设了后院，横山书院达到了最盛期。横山书院设山长、监院诸职，分别掌管教务。山长历来由学正、吏目担任，监院由学识、操守皆为上好者担任。书院经费除州、府拨给外，主要依靠地方士绅捐助和学田收入解决。书院注重应对科举的教育，与南金书院大同小异。光绪三十一年（1905年），"废科举，兴学堂"，复州知州曹祖培将横山书院改办为高等小学堂，结束了历经60年的书院历史。据统计，其间，书院学子中考中举人的有10人，考中进士的有2人，另有贡生55人，庠生120人。[1]

二、水师学堂——大连地区最早出现的近代学校

自光绪元年（1875年）起，清政府在筹办海防的过程中，开始创建了有别于传统教育模式的新式学校。但是，这一时期在"中学为体，西学为用"教育思想指导下建立的新式学堂，范围极小，注重实用对外，学制、课程尚无系统可言。光绪十六年（1890年），始建于光绪九年（1883年）的旅顺军港竣工。同年组建北洋水师，驻守旅顺、天津、威海等地。为了给海军培养人才，北洋水师在旅顺先后开办了3所水师学堂，这是大连地区最早出现的近代学校。

鱼雷驾驶学堂开办于1890年，又称"北洋旅顺口鱼雷学堂"，校址在旅顺口西港虾子沟。该学堂聘请德国人任教习，选招"各省良家子弟"和"各营中颖异少年"入学，学习鱼雷、水雷各种技艺，共有3届23名毕业生。1895年，随着北洋舰队的全军覆没，该学堂被遣散、停办。

旅顺管轮学堂开办于1890年，校址在旅顺口东港内。该学堂在教学训练上实施"诸艺习毕，则派登练船"，学习船艺和"周览山海形势、沙礁风涛，更番巡历，以练胆识"。1895年，与鱼雷驾驶学堂一同被遣散、停办。

旅顺水雷营附设水雷学堂开办于1890年，又称旅顺水雷炮兵学堂，校址在旅顺口港内老虎尾。该学堂聘任美国人满宣士为教习，选拔身家清白，身无残疾，耳聪目明，口齿清爽，文字清顺，年龄在14岁以上、17岁以下者入学。学制4年，课程设英文、算术、几何、代数、化学、

北洋海军鱼雷官长教习及学生

天文、地理、绘图、驾驶等 10 余种。学生除课堂学习外，还要到舰上实习操练。1900 年，该学堂被沙俄殖民当局制造借口强行关闭。[1]

三、旅顺工科大学——高等学府的出现

1907 年，满铁第一任总裁兼关东都督府最高顾问后藤新平在给伊藤博文的信中写道，日本经营旅顺，"是要把这个地方变成向清国普及文明的策源地"。根据他的"文治的军备论"，1909 年 5 月，关东都督府在旅顺创办了第一所与日本高等学校、大学预科具有同等学力的专门学校——旅顺工科学堂（旅顺工科大学前身）。这以后至 1940 年间，关东州先后成立了旅顺工科大学、南满洲工业专门学校、大连经济专门学校、旅顺医学校、旅顺高等学校 5 所高等教育学校。

旅顺工科大学

旅顺工科学堂成立于 1909 年 5 月，校址在旅顺市札幌町（今茂林街海军四〇六医院）。先由关东都督府民政长官白仁武兼任学长，1917 年由教授富田忠诠接任。该校设电气、土木、机械工学、采矿冶金等学科，学制四年。其毕业生认定为与日本国内高等学校、大学预科毕业生具有同等学力。1922 年 3 月，日本公布《旅顺工科大学官制》，旅顺工科学堂升格为旅顺工科大学，成为东北地区最早的工程技术类大学。学校设大学学部、大学预科和附属工学专门部，同时撤销旅顺工科学堂，设土木建筑、航空、造船、化工等学科。1922年至 1945 年，土岐嘉平、神谷丰太郎、井上禧之助、野田清一郎、安达桢等先后任大学长。

南满洲工业专门学校成立于 1922 年 2 月，是在原南满洲工业学校的基础上改建而成的，校址在大连市伏见町（今一二九街大连理工大学化工学院）。学校开设建筑工学科，下设建筑、土木、矿山、农业土木分科；机械工学科，下设电气、机械（铁路机械、矿山机械）分科。各学科修业年限均为 3 年，招收中等学校四年级结业生入学。1936 年修改学则，专业设建筑、土木、农业土木、矿山、电气、机械 6 个专业。毕业生具有升入日本帝国大学理学部、旅顺工科大学的资格。1934 年前，今井彦本、小山朝佐先后任校长。

大连高等商业学校成立于 1936 年 11 月，校长为松村行藏教授，校址在大连市早苗町、若叶町，与早苗高等小学校共用校舍（今五四路大连市教育学院）。1941 年 4 月，经关东局筹划，该校改为官办，5 月 5 日为创校日。1943 年，改称"大连经济专门学校"。该校设经济科与工业经济科，修业年限 3 年，另设修业年限一年的别科。该校还附设大连经济专门学校兴亚经济研究所，以"调查研究与兴亚经济有关联的事项为目的"。所内设总务部、研究部、资料部和编辑部，所长和研究人员均由校长及其他教职员担任。

旅顺医学校成立于 1939 年 7 月，官立，校址在旅顺市大岛町旅顺红十字会医院内（今旅顺口区白云街海军某部）。学校设本科，学制 3 年，另设专为中国学生进行补习教育的预备科，学制一年，于 1942 年撤销。学生免收学杂费、食宿费，毕业后必须服从分配，到指定地点尽义务 4 年，期满后始准自由开业。另附设护士、助产士班，结业年限为一年半。1943 年 4 月，该校改办为四年制的专门学校，改称"旅顺医学专门学校"，教育方针与大连经济专门学校基本相同。

旅顺高等学校成立于 1940 年 4 月，校址在旅顺市旭川町（今旅顺口区斯大林路海军某部营区）。该校只设修业 3 年的高等科，学生全部寄宿，课程分文、理科。川濑光顺、行元丰园先后任校长。1894 年，日本曾把高等中学校改称"高等学校"。高等学校列入高等教育之内，为升入大学做准备的为三年制，作为专门学校专门部的为四年制。1908 年，高等学校专门部独立，自成体系。修业年限为 7 年——高等科 3 年、寻常科 4 年，可单设高等科。高等科设文、理两科。1943 年，高等科修业年限改为 2 年。高等学校是升入日本帝国大学的必经之路，是日本中学生升学的主要进取目标。

除上述由关东局直辖的正规高等教育学校外，还有 4 所官立和私立的具有专门学校程度的学校，即大连音乐学校、双叶学院、大连水产讲习所、大连美术学校。[1]

第六节　现代体育运动形式的兴起

1874 年后，受清廷北洋水师训练的影响，体操、田径、球类、游泳、射击等竞技运动项目传入大连。1895 年后，竞技运动在中、小学中逐步发展，主要项目有田径、体操、足球、篮球、排球。日本殖民统治时期，这些运动在日本人中属于社会性的、有组织的活动，而在中国人中只限于在学校和少数职员中开展。当时日本殖民当局举办的一些运动活动，多数明文规定不准中国人参加。

由于现代竞技项目的传入和体育教育、体育运动的逐渐普及，大连地区开始出现了体育运动会的活动形式，其中包括由殖民当局举办的运动会和中国人举办的运动会。

一、享誉中华体坛的运动名宿

在 1920 年前，由于受日本殖民当局的限制，田径赛会只限于日本人参加，如旅顺战地马拉松赛跑、全东北学生运动会等，均明文规定不准中国人参赛。1922 年后，随着体育运动的发展，大连的田径项目受到了越来越多的关注，许多中国人热情参与，并涌现出短跑运动员刘长春、中长跑运动员于希渭、铁饼运动员郭洁、跳远运动员刘用栋、跳高运动员夏树福、短跑运动员任允浩、长跑运动员唐国仕等一批优秀的田径运动员。

刘长春，中国奥运第一人。1909 年，刘长春出生在大连，自幼受家庭影响，富有强烈的正义感，对日本侵略行径深恶痛绝。1923 年，14 岁的刘长春参加日本关东州厅举办的中、日小学生田径对抗赛。他以百米 11 秒 8、400 米 59 秒的成绩夺得了两项冠军，以压倒性的优势战胜了日本学生选手。这个成绩已超过当时中学生的运动水平，全场观众热烈鼓掌欢呼，使他吐出了多年来受日本人欺辱的怨愤之气。借体育运动压倒日本人的思想，从此在刘长春心里牢固地扎下了根。1927年，他参加中华青年会举办的第六届中华陆上运动大会，他的百米成绩已提高到11秒整，是大连地区最好的成绩。同年，他经人推荐进入东北大学体育系学习。1929年10月，张学良先生邀请法国、日本优秀运动员，举办了中、日、法田径对抗赛。在百米决赛中，刘长春跑出了10秒7的好成绩，仅以0.1秒之差落后于上届奥运会亚军、德国运动员彦鲁特拉比尔，但战胜了德国另一健将以及两名日本选手冈健次和

刘长春

今井。这是他毕生从事竞技运动达到的最高峰，不仅轰动了全国，也震惊了远东和世界田坛。由于刘长春家境贫寒，未经严格训练而取得如此优异的成绩，被田径界誉为短跑怪杰。1930年4月，刘长春代表辽宁省参加中华民国在杭州举办的第四届全运会，虽因训练中拉伤腿部肌肉，但他仍带伤比赛，连获男子100米、200米、400米三项冠军，并分别以10秒8、22秒8、54秒3的成绩创造了这三项运动的全国纪录。为纪念刘长春创立的优异成绩，杭州市将通往田径场的大马路定名为"长春路"，刘长春由此扬名全国。1931年，东北沦陷，刘长春逃离大连，其亲属受到了日本殖民统治当局的监视迫害，苦不堪言。伪满洲国政权建立后，在日本帝国主义的支持下，在未经刘长春本人同意的情况下，伪满洲国向国际奥运会申报刘长春为"满洲国"选手，并得到批准。刘长春出于爱国激情，于1932年5月初在《大公报》上郑重声明："我是中华民族

炎黄子孙，我是中国人，决不代表'满洲国'出席第十届奥林匹克运动会。"
1932年7月1日，在东北大学体育系毕业典礼上，张学良亲自宣布派刘
长春、于希渭为运动员，宋君复为教练员，代表中国出席第十届奥运会。
因受日本殖民当局的阻挠，最后只有刘长春一个人代表中国参赛。由此，
刘长春成为"中国奥运第一人"。后来，大连理工大学学生集资为刘长
春雕塑铜像，荣高棠为铜像题词"体育先锋"。

史兴隆、史兴鹗、史兴陆、史瑞声四兄妹在20世纪30年代驰名泳坛。
1923年，大连中华青年会举办首届大连水上运动会，揭开了近代大连地
区中国人举办游泳运动的序幕，并涌现出第一批大连游泳健将，其中最
出名的是史家老大史兴隆。他在1926年至1929年的大连水上运动会上
创下了100米、400米、1500米、5000米4项自由式游泳纪录。1926
年8月，满铁举办游泳大会，邀请中国人参赛。中华青年会派出的游泳
队几乎囊括了全部冠军，其中史兴隆一人独得4枚金牌，大长了中国人
的志气。1930年，史兴隆不甘心当亡国奴，他只身前往关内，代表辽宁
省参加民国在杭州召开的第四届全运会，在440码和1英里自由泳比赛
中夺得两项冠军，获得个人总分第一名，为辽宁游泳队夺得总分第一名
立下汗马功劳。同年，他代表中国参加在日本东京举办的第九届远东运
动会，获1500米自由泳第三名，与日本的高实胜南、菲律宾的长利利并
称为"水上三雄"。在史兴隆的影响下，二弟史兴鹗、三弟史兴陆、小
妹史瑞声也都爱好游泳，成为大连最优秀的游泳选手。1933年，民国第
五届全运会在南京召开，史家三兄妹几经周折，代表辽宁参加了游泳比赛。
二弟史兴鹗连获400米和1500米自由泳两项冠军，创两项全国游泳新纪
录。史兴陆获1500米自由泳第三名，小妹使瑞声获400米蛙泳第四名。
这次史家兄妹誉满泳坛，成绩辉煌，"北史（兴鹗）南杨（秀琼）"成
为全国游泳运动中的著名人物。运动会结束后，史家兄妹登报声明要做
横渡长江游泳表演，消息传出去轰动南京。10月24日渡江当天，不仅两
岸中国观众欢声雷动，停泊在长江上的美、英、德、日等外国军舰上的
官兵，也为史家兄弟的勇敢精神和高超技艺齐声欢呼。兄弟三人仅用22
分27秒即到达浦口江岸，停泊在长江北岸的中国海军宁海舰为之鸣礼炮
三响，以示祝贺。10月26日，南京大小报刊都以显著版面刊登了这个消

息，中央社还电告全世界。史家兄弟横渡长江，成为中国有史以来的创举。1935 年，日本殖民当局举办海上马拉松赛，从黑石礁下水到傅家庄登岸，全长 5500 米，这项活动当时在远东地区属首举。首次比赛中国人没有报名，参赛者都是日本人。1936 年到 1939 年间的比赛，史兴鹗连续 4 次夺得冠军。1945 年日本投降后，史兴鹗主动请缨，自愿协助人民政府开展游泳运动。

郭洁，字清溶，民国时期的铁饼冠军，西安体育学院教授，被国务院授予"有突出贡献专家"称号，被称为"百岁奥运老人"。1912 年 1 月 16 日，郭洁出生在大连，祖籍山东蓬莱。在那个动乱的年代，颠沛流离的生活造就了他一副结实的身板。1935 年，第六届全运会在上海举办，郭洁以 37.605 米的成绩打破了全国男子铁饼的记录。1936 年，他又在第十一届柏林奥运会之前举办的国内选手选拔赛铁饼比赛中掷出了 41.07 米的成绩，刷新了当时的全国纪录。郭洁幸运地成为代表中国参加第十一届柏林奥运会的 69 名运动员中的一员，与刘长春一起去参赛。奥运会结束后，郭洁赴日本留学，相继在日本青林大学、帝国大学学习。良好的学习环境拓展了他的视野，让他对体育有了更系统的学习和研究。他还利用懂外语的优势翻译了《田径运动力学》《田径力学分析》，并著有《田径运动教学与训练》等书，将外国先进的体育经验带到了中国。2008 年，他曾担任北京奥运会西安地区火炬传递手。2015 年 11 月 15 日，郭洁在西安病逝，享年 104 岁。他是全国解放前我国参加奥运会的选手中最后一位离世的老人。[1]

二、现代足球运动的兴起

大连的足球运动，始于 20 世纪初期。1905 年，大连港的外轮船员经常踢足球，部分中国青年受此影响开始踢球。1920 年后，爱好踢球的人逐渐增多，他们在现民主广场附近建了一个简易的足球场，大连的足球运动由此兴起。1921 年 3 月 10 日，在宋志仁、吕建生的倡议下，中华青年会组成了大连市最早的有组织的足球队——中华青年会足球队，简称

"中青队"，为大连足球运动的发展历史写下了第一页。翌年，旅顺高等公学堂等学校也相继建立了足球队，各种比赛应运而生。

中华青年会十分重视通过体育运动宣扬民族精神，与日本殖民当局抗衡。在开展田径、游泳运动的同时，中华青年会还组织开展了球类运动。1923年后，中青队开始迎战国内外足球劲旅，先后战胜了英国太古轮船足球队、日本基督教青年会足球队等实力较强的球队，而后又力挫美国达来公司足球队、日本第一中学足球队。

中青队的活动推动了大连地区足球运动的发展。1925年，正隆银行职员罗仙樵、郭义达、刘宜昌等组成隆华足球队，意在兴隆中华。1926年，在中华运动会"冯庸杯"足球赛中，隆华足球队战胜中青队，首夺"冯庸杯"，成为大连最强的足球队。1927年，满铁组建了一支完全由日本人组成的足球队，与中青队、隆华队共建足球联盟，约定每年进行两次联赛。到1936年，隆华队一直是联赛冠军。

与中青队、隆华队同时期出现的还有以中国工人为主的一支足球队——工华队。工华队加入足球联盟后，于1938年战胜隆华队夺取冠军。至1942年，工华队连续5次在足球联盟组织的足球联赛中夺冠，成为大

中华青年会足球队

连最强的足球队。

1932 年，由小学生组成的少年足球队华青队成立。华青队后来成为大连足球强队之一。1941 年至 1942 年，华青队在足球联盟组织的足球联赛中力克劲旅中青足球队、隆华足球队、工华足球队、满铁足球队，连夺两届冠军。

自 1927 年满铁组建足球联盟并举办足球联赛开始，满铁足球队从未夺冠。至 1945 年，大连地区中国人的足球队已发展到 40 多个。[1]

三、中国人兴办的运动大会

大连地区的体育运动会，最早是在日本殖民统治时期的学校中举行的。1906 年起，日本殖民当局定期在各级各类学校中举办运动赛会，而后逐渐由学校发展到社会。1922 年，中华青年会举办了首届中华陆上运动大会，这是大连最早的社会性运动会。1928 年，关东州厅举办了"庆祝大典运动会"，这是大连第一次全地区性的运动会。其后，日本殖民当局逐年举办运动会，而中华青年会举办的运动会于 1931 年被强制停办。

1922 年 5 月下旬，中华青年会在西公园满铁运动场（今火车头体育场）举办了首届中华陆上运动大会。有 7 个参赛单位 500 多名运动员参加了本次大会，4 万余观众观看了比赛，《泰东日报》称此次运动大会为"大连破天荒之盛举"。此后，中华陆上运动大会均于每年的 5 月下旬举办，并且规模逐渐扩大。1924 年，第三届运动大会的参赛单位达到 25 个，运动员增加到 1100 余人，其中工人约占 1/3。进德女校女学生的报名参赛，创大连

中华水上运动会

妇女参加运动竞赛的先例。中华陆上运动大会坚持举办到1931年，连续举办了10届。

1923年至1932年，每年的八九月份，中华青年会在举办中华陆上运动大会的同时，举办中华水上运动大会，连续举办了10届。首届水上运动大会开幕后，中华青年会的创办人傅立鱼亲自下水竞泳。1927年，第五届水上运动大会的参赛运动员达到500余人，盛况空前。比赛中，中国青年的游泳成绩全面超过了日本人游泳的最高纪录。此后，运动会的规模逐届扩大。1932年，由于受到日本殖民当局的阻拦，水上运动大会被迫停办。[1]

附：

表1　1945年前获全国运动赛会冠军的大连运动员

姓　名	赛会名称	参赛地点	项　目
刘长春	1930年民国第四届全运会	杭州	男子200米
刘长春	1930年民国第四届全运会	杭州	男子100米
刘长春	1930年民国第四届全运会	杭州	男子400米
史兴隆	1930年民国第四届全运会	杭州	男子440码自由泳
史兴隆	1930年民国第四届全运会	杭州	男子1英里自由泳
刘长春	1933年民国第五届全运会	南京	男子100米
刘长春	1933年民国第五届全运会	南京	男子200米
史兴鹭	1933年民国第五届全运会	南京	男子400米自由泳
史兴鹭	1933年民国第五届全运会	南京	男子1500米自由泳
刘长春	1935年民国第六届全运会	上海	男子100米
郭　洁	1935年民国第六届全运会	上海	男子铁饼

表2　1945 年前破全国纪录的大连运动员

姓　名	赛会名称	参赛地点	项　目	成　绩
刘长春	1930 年民国第四届全运会	杭州	男子 100 米	10 秒 8
刘长春	1930 年民国第四届全运会	杭州	男子 200 米	22 秒 8
刘长春	1930 年民国第四届全运会	杭州	男子 400 米	54 秒 3
刘长春	1933 年民国第五届全运会	南京	男子 100 米	10 秒 7
刘长春	1933 年民国第五届全运会	南京	男子 200 米	20 秒 2
史兴骅	1933 年民国第五届全运会	南京	男子 400 米自由泳	5 分 5 秒 9
史兴骅	1933 年民国第五届全运会	南京	男子 1500 米自由泳	23 分 27 秒 6
史兴骅	1933 年民国第十届华北运动会	青岛	男子 400 米自由泳	6 分 6 秒
史兴骅	1933 年民国第十届华北运动会	青岛	男子 1500 米自由泳	23 分 29 秒 3
郭　洁	1935 年民国第六届全运会	上海	男子铁饼	37.605 米

【注释】

[1] 大连市史志办公室：《大连市志·体育志》，大连，大连出版社，2000。

[2]《南满洲铁道株式会社第三次十年史》，2388—2394 页。

[3]《大连通史》编纂委员会：《大连通史（近代卷）》，485—490 页，北京，人民出版社，2010。

[4] 大连市史志办公室：《大连市志·文化志》，361—362 页，大连，大连出版社，2003。

[5] 李振远：《长夜·曙光：殖民统治时期大连的文化艺术》，265—273 页，大连，大连出版社，1999。

[6] 大连市史志办公室：《大连市志·文化志》，364—365 页，大连，大连出版社，2003。

[7] 大连市史志办公室:《大连市志·文化志》,365—368页,大连,大连出版社,2003。

[8] 李振远:《长夜·曙光:殖民统治时期大连的文化艺术》,28页,大连,大连出版社,1999。

[9] 政协大连市文史资料委员会:《大连文史资料(戏剧专辑)》,54—66页,大连,大连海运学院出版社。

第十一章

抒写社会　刻印风云

——文人、文学作品与历史文献

　　大连地区在漫长的古代历史发展过程中长期处于辽东边陲的地位，有记载的文学创作出现较晚，而且呈现出由少到多、由个别到普遍的发展趋势。大连地区文学作品的重要特点之一是与大连本地历史发展紧密联系，成为反映大连历史和文化发展史的重要参考。

　　在大连的文学成就中，诗、词、歌、赋是最初的形式。唐代以前，几乎没有关于大连地区诗词创作的记载。自唐代以后，近体诗开始出现，并成为此后诗歌创作的主要形式。明清之后，大连地区出现了诗歌创作的高峰和一大批优秀的诗人和诗作。温景葵的《金州观海》、李辅的《金州道中》、多隆阿的《复州十咏》、许文运的《饥人叹》等，都是有代表性的作品。除散见的诗作外，大连地区还有《慧珠阁诗钞》《浒东诗钞》《九梅村诗集》《铁龛诗存》等诗集传世。

　　描述大连的诗歌，最早并不是出现于大连文人之手。隋唐以前，关于大连的描写偶见于描写辽东的诗作中。据记载，与大连地区相关的诗作最早出自隋炀帝杨广之手。隋炀帝亲征辽东，在辽阳写下《纪辽东》："辽东海北翦长鲸，风云万里清。方当销锋散牛马，旋师宴镐京。前歌后舞振军威，饮至解戎衣。判不徒行万里去，空道五原归。秉旄杖节定辽东，俘馘变夷风。清歌凯捷九都水，归宴洛阳宫。策功行赏不淹留，全军藉智谋。讵似南宫复道上，先封雍齿侯。"[1]唐太宗李世民在收复辽东之后，在辽东城头慷慨写下《辽城望月》的诗作，这是诗风盛行的唐代少见的涉及辽东的作品："玄菟月初明，澄辉照辽碣。映云光暂隐，隔树花如缀。魄满桂枝圆，轮亏镜彩缺。临城却影散，带晕重围结。驻跸俯九都，停观妖氛灭。"[2]从隋唐时期的诗歌作品中，可以了解到大连是中原政权与东北地区交往的重要通道，也是中原王朝与东北少数民族政权之间争夺的主要区域。

以大连的风土人情、地理山川作为主要描写对象的诗文，最早出自《鸭江行部志》。金代王寂提点辽东路刑狱时所写的《鸭江行部志》收诗75首，收录了他在大连期间创作的十几首与大连相关的诗歌作品。在《鸭江行部志》中，王寂还记录了他在大连看到的曾任曷苏馆节度使的纥石烈明远所作的诗三首。可见在王寂之前，已经有文人关注大连，并作诗以表达情愫。

辽金元至甲午战争前，大连地区的诗歌创作从内容上可以划分为这样几个方面。一是田园山水诗。诗人将大连的自然地理风光、风土人情作为诗歌创作的主题，寄情于山海之间。这类创作中成就较高的有许文运和恒龄等。田园、山河、滨海渔村都是他们描写的对象，诗人借助这些身边的景物表达一种悠然自乐、安贫乐道、清新飘逸的田园情怀。二是记游诗。这类诗歌作品在此时期的大连诗歌创作中数量最多。记游诗主要是吟咏名胜古迹、怀古抒情，在描写大连的名胜古迹和风土人情的同时，更真实地记录了大连的人文历史。创作记游诗的典型代表有多隆阿、魏燮均等。多隆阿的《复州十咏》不仅写到了当年复州的地理风貌和世俗民情，还写到了复州的温泉、煤窑和貔子窝，是记游诗中成就较高的作品。三是怀古诗。怀古诗通过咏史怀古，托物言志，大多富有文采和历史气魄。魏燮均、乔有年、张振纲等都有这类的创作。四是伤时诗。大连地区出现了大批反映现实生活、揭露社会黑暗的诗歌作品。伤时诗的作者大多深入了解百姓生活的疾苦，痛恨现实的黑暗，承袭了"哀民生之多艰"的人生关注。魏燮均的《金州杂感》《流民行》等，许文运的《饥人叹》等都是有深刻现实意义的诗歌作品。[3]

甲午战争后，大连先后遭受了俄国和日本的殖民统治，人民深陷侵略战争和沦陷之苦。战争和苦难激起了大连人民的反抗怒火，反帝爱国主义文化成为这一时期大连地区文学发展的重要标志。黄遵宪在旅顺失守之后创作的《哀旅顺》、李葆恂创作的《闻旅顺炮台失守感赋》、芳郭钝叟创作的《闻金州陷》等作品，在惊叹国事衰微的同时声讨了帝国主义侵略行径："倭马无端饮裨海，佛狸行自毙坚城。"[4]金州厅海防同知王志修的《曲氏井题咏》、辽海著名文人张之汉的《阎生笔歌》等，描写了大连人民誓死不做亡国奴的壮烈气节。

大连是较早接受新文化思想、涌现新文学创作的地区之一。鸦片战争后，大连因地理位置上的重要性形成了其与众不同的文化发展环境。随着旅顺军港的建立，西方的新式教育方式、现代生产方式和现代文化生活方式逐渐进入大连。在多种文化思想、多种文化形式交融的过程中，新文学逐渐进入大连的文化视角。20世纪初，白话文、现代诗歌、现代小说等文学形式开始在大连流行。《新文化》（《青年翼》）、《泰东日报》等新文化报刊不仅大量发表大连本地作家的作品，还发表国内一些著名作家的作品。我国著名文学家和戏剧家李健吾的小说《红被》、叶绍钧的小说《春光不是她的了》，都首先在大连发表。

大连地区新文学创作在东北的率先发展以小说的成绩尤为突出。出现了汪楚翘、石军、田兵、野蓁、宗爱光、朱枕薪、李满红等一大批代表性作家。其中，石军是继萧红和萧军之后东北作家群的又一位代表性

《新文化》（《青年翼》）刊载的叶绍钧、李健吾、王统照、冰心、陈望道、焦菊隐等作家的文学作品

作家，代表性的作品主要有短篇小说《穷病》、长篇小说《沃土》，出版了小说集《边城集》《新部落》《麦收》。东北大学第一任校长王永江不仅是一位诗人，还是一位散文家，他的诗集《铁盦诗存》和散文集《岷源自述》（手稿）、《丁未笔记》（手稿）成为当时大连地区比较有代表性的作品。

大连地区的新文学创作主要具备以下特点：

1. 反帝爱国主义文学创作成为主流。日本殖民统治者在大连推行殖民文化和奴化教育，实行"人身征服即以战争征服与精神征服并重的方针"，遏制中国文化的传播和发展。众多爱国的文人和知识分子出于"失养于祖国，受虐于异类"的爱国情感，创作了大批反帝爱国主义文学作品。闻一多的《七子之歌》中的一篇就诉说了对旅顺、大连沦陷的伤痛："我们是旅顺，大连，孪生的兄弟。我们的命运应该如何地比拟？两个强邻将我来回地蹂躏，我们是暴徒脚下的两团烂泥。母亲，归期到了，快领我们回来。你不知道儿们如何的想念你！母亲！我们要回来，母亲！"[5]金州人王天阶的《九日登金州城楼》发出了唤醒民族情感的呼声。石军的小说《沃土》、野藜的小说《奔流》、李满红的诗歌《向敬爱的祖国》，都以深切的笔触揭露了殖民统治的黑暗，表达强烈的爱国主义精神。大连地区新文学发展过程中，反帝爱国文学成为主调。

2. 鸳鸯蝴蝶派的言情文学兴起。受鸳鸯蝴蝶派创作的影响，20世纪30年代大连文学创作中出现了鸳鸯蝴蝶派创作风格的作品。这类作品大多描述普通人的情感生活，带有鲜明的言情小说格调。赵恂九在1931年至1941年间，创作发表了二十几部小说，他既是个高产的作家，也是大连鸳鸯蝴蝶派小说的代表性人物。他的作品中主要描写男女情爱，多为凄婉悲惨的结局。鸳鸯蝴蝶派小说创作虽缺乏现实关注，缺乏激励爱国热情的力量，却在市民日常娱乐消费中有一定市场，成为大连新文学创作的一种潮流。

3. 现代诗歌创作在大连迅速崛起。在五四运动的影响下，现代诗歌创作在大连出现，并迅速活跃起来。《泰东日报》文艺副刊大量刊载了现代诗歌作品，其中包括大连本地诗人的创作，也包括国内知名诗人的创作。在大连的现代诗歌创作中，一个值得注意的现象是歌颂工人运动、反帝运动和爱国精神的创作占有相当重要的比重，热烈奔放，充满着对理想和未来的炽烈追求。在新诗创作的影响下，大连的格律诗创作也在内容和格调上发生了明显变化。在当时的很多进步文学社团中出现了大量反抗侵略、反映人民疾苦、唤醒民族精神的作品。

4. 外国人涉足汉文学创作。在殖民统治时期，大连文学发展过程中出现一个特殊的现象——一些外国人，甚至包括殖民统治当局的高层人物，使用汉语按照中国古典诗歌形式进行诗歌创作。其中最为多见的诗采用的是格律诗的形式，数量相当可观。

除文学创作外，还有一类真实记载大连城市历史的重要文献，是较早、较真实、较全面记录大连的文字资料。大连地区的历史文献大致分为4类。

第一类是散见于东北通志、官修史书和私人修著的其他类专著中的文献资料。如周代书《竹书纪年》、《辽史》、《新唐书》、《旧唐书》、《隋书》、《魏书》、明代王在晋的《三朝辽事实录》、何尔健的《按辽御珰疏稿》、茅瑞征的《东夷考略》、《奉天通志》、毕恭的《辽东志》、李辅的《全辽志》等，在记录当时朝代的政治、历史和文化的同时，都不同程度地记录了大连的地理、民族、风俗人情、文化和经济发展状况等。这类文献典籍中，大连或作为东部的夷人被描述，或作为辽东郡的一部分被记录。从这些典籍的零散记录中可见，大连一直处于东北甚至是全国的文化发展视线中，大连的历史文化发展从未与中华民族的文化发展分离。

第二类是来大连做官或游历的外地文人所著的文献典籍类著作。这一类的著作现今所知最早的是金代王寂在巡视辽东时写的《鸭江行部志》。这部以日记体裁撰写的志书是第一部撰写大连地区历史文化而又较为详尽的著作。这类的文献典籍常常以一个游历者的笔触描写大连的山川河流、风物人情，着重于记录见闻。

第三类是大连本地文人所著的历史文献类著作。明清时期，出现了大量大连本地人撰写的记载大连地区政治、经济、文化、风土人情的文献典籍。《辽海志略》《南金乡土志》《复州乡土志》《金州志纂修稿》《庄河县志》《复县志》等志书都相继修订完成。这些典籍以地方志为主，编撰者在借鉴和总结前人的历史著作的基础上，专注于对本地地方历史的研究，记录了大连地区不同历史时期的社会生活、生产情况和历史、文化、风土人情，同时收录了大连地区的文学作品，是研究大连历史乃至东北地方史的重要文献资料。这些文献典籍基本上都是民间自发组织编撰的，写作风格也不尽相同。

第四类是具有历史文献价值的遗物、文件。这类文献典籍代表之一就是碑刻。最具代表性的碑刻当属唐代的鸿胪井刻石，它记述了唐代中央政权与渤海国之间的从属关系，是研究唐代历史的重要文献之一。另一类是关于大连、旅顺等地的奏议、条约，其中《海运议》《奏阅军情形（光绪二十年四月）》《奏报黄海战事经过》等都主要上报了在大连地区发生或与大连密切相关的情况，客观上记录了当时大连的历史情况。甲午战争之后，清朝政府与日、俄等帝国主义国家签订了许多丧权辱国的条约，这些条约是记录当时历史的重要文献资料，其中《旅大租地条约》《马关条约》《续订旅大租地条约》《朴次茅斯条约》等多项条约涉及大连，成为大连近代历史发展史上最真实、最振聋发聩的记载。

第一节　诗风渐盛　文风兴起
——古代大连地区的诗作

大连地区古代时期的文学创作最为突出的成绩表现在诗歌方面，尤其进入清代以后，出现了一批具有学者背景的乡土诗人。他们用诗歌描写家乡的风光、生活，抒发人生感悟和社会评价，创作了大量思想深厚、情愫饱满、文辞优雅的诗章。主要的代表人物有多隆阿、许文运、徐赓臣、乔有年、恒龄、刘滋桂、徐树年、陈铨、张俸、张振纲、胡业顺、王天阶、林世兴、冷庆春、刘孔谓等等。

一、王寂与《鸭江行部志》

《鸭江行部志》是第一部描写大连地区历史文化而又写得最为详尽具体的著作，在大连文化史上具有很高的历史价值，艺术水准极高，为金代王寂所著。书稿于1408年编入《永乐大典》，清乾隆以后随着《永乐大典》的遗失而不复存在。海盐朱氏得有一本，大连解放后，由北京图书馆收藏。现流行的多为手抄本。

《鸭江行部志》记录了王寂于1191年从辽阳出发，经千山、析木城（今海城附近）、汤地县（今大石桥北）、熊岳，进入大连地区的曷苏馆，至永康（今复州）、顺化营（今普兰店附近）、新市（今金州地区），后转道岫岩（今辽宁鞍山岫岩）的所见所闻。它详细记载了辽南地区的地理沿革、民情风俗、名山大川、文物古迹、人物、诗词等，保存了许多重要的文史资料，是研究辽南和大连地方史的重要资料。《鸭江行部志》收录了王寂的10余首诗歌和他发现的多首诗歌。

作者王寂，河北玉田人，其幼年曾随任析木县令的父亲王础居住于辽南，后中进士，历任太原祁县令、通州刺史、中都副留守等职。金大定二十九年（1189年）被任命为提点辽东路刑狱。王寂曾于金明昌元年（1190年）和明昌二年（1191年）两次巡视辽东，并将其所见所闻写成《辽东行部志》和《鸭江行部志》两部著作。

二、多隆阿与《慧珠阁诗钞》

舒穆禄·多隆阿（1794年—1853年），是清代东北地区的著名学者，是大连地区比较有影响的诗人之一，《慧珠阁诗钞》是其比较有代表性的诗集。多隆阿的先祖舒穆禄·扬古利因随太祖征战有功，封超品公，卒后追封武勋王，世袭一等公。多隆阿19岁时被补为博士弟子员，清道光五年（1825年）举拔萃科第一名。32岁时，多隆阿在盛京萃升书院讲学，与南京藏书家符详芝结识，后在符详芝的推荐下到南京金山书院讲学。在盛京期间，多隆阿与辽阳学者张玉纶（字绣江）共事，亦师亦友，二人被誉为"辽东二士"。多隆阿挚友何维墀（字晓枫）任礼部侍郎后，多隆阿受邀赴京协助工作并教育其子。何维墀改任山西平阳知府后，再次邀请多隆阿执掌书院，任山长。任职一年中，书院座无虚席，经他审取考卷的前20名学生均在院试中被录取。咸丰三年（1853年），多隆阿与何维墀在山西平阳共抗捻军，城破，二人双双殉职。多隆阿例赠文林，追封世袭云骑尉，葬于庄河小孤山的卧鹿山下，好友张玉纶为其作《例封文林郎乙酉科拔贡生多公墓志铭》，赞誉他"岫岩之精，瀛那之灵，苞含符吐，毓此奇英。渊涵九德，沉潜六籍，人许麟龙，品推圭璧。"

多隆阿"胸横万卷"，"著作等身"，一生涉猎众多，同时还进行诗歌写作。在学术活动中，多隆阿对《易经》的研究尤为深入。他曾以10余年的时间考据追推《易经》之源，结合研究心得撰写了《易原》，五易其稿之后，才肯刊行。当时一些文人对他的评价是"理学名家，博极群书"，"旁通诸子百家之言"。当代学者认为多隆阿是"高山之俊鸟，大连第一诗人"[6]。

《慧珠阁诗钞》是多隆阿1820年到1848年所写诗的合集，共16卷，收录诗歌80余首，现仅存录入《辽海丛书》的一卷。卷首有王晖的序，又有张之纶的《例封文林郎乙酉科拔贡生多公墓志铭》，是考证多隆阿生平的珍贵资料。

在作品《慧珠阁诗钞》中，多隆阿表现出对家乡深深的眷恋。《游黑岛山寺二首》这样描写庄河秋天的景象："我爱秋容淡，闲寻野径斜，白云寒谷絮，红叶晚山花。浅水余残苇，清流走细沙。行行力微倦，暂歇野人家。"碧流河是庄河乃至大连地区的一条重要的河流，如今，碧流河水库已成为大连城市供水的重要水源地，大连地区重要的景观之一。多隆阿在当时对碧流河的秀美风光做出了生动的描述，他在《渡碧流河》中写道："扁舟泊岸暂停桡，稳渡轻车驷马骄。白浪叠生风蹙水，碧流忽溢海添潮。临河顿作澄清想，饮酒能将块垒浇。遥指沙鸥三五个，低飞斜掠杏帘飘。"即便身在异乡，多隆阿也总能找到表达思乡之情的契机。在《初至莱阳官舍呈荔浦明府》中，他这样将他乡与故乡联系起来："少陵客严武，太白主知章。莫讶与君好，真能容我狂。看花春命酒，听雨夜联床。琐屑劳相慰，何殊在故乡。"

多隆阿的诗作还细腻地描绘了世俗生活和风物人情。在《复州十咏》中，他写道："地志详查记未讹，一州形胜入包罗。山连北界花椒岛，水绕东陲毕里河。户尚淳良污俗少，人敦礼让古风多。年年倘有丰年庆，四野应听击壤歌。"诗中，他将复州景色与淳厚民风融在一起，勾画出一幅自然恬淡、简约诚挚的生活景象，不仅勾勒出乡野生活的纯净美好，也反映出他心目中的理想境界。多隆阿的一些诗作还直接描写当时底层生活的状况。在《再之金州次向阳堡作》中，他写道："居人施网罟，垂钓验浮沉。开矿不辞瘁，披沙著意寻。近海拾海月，近山搜山林。但得衣食足，已慰百年心。"虽然艰辛却怡然自得的平民生活景象是多隆阿宁静生活的写照，但这种宁静并没有停留在"独善"心态上，而是同时表现出"烽台颓欲尽，太平已至今"的"兼济"情怀。

多隆阿还有许多感怀诗，抒写自己对社会、对人生的感悟。在《拟古》中，他写道："世道幻于鬼，人情薄如纸。有人初娶妻，恩爱真无比。观伊燕昵私，若与同生死。岁月曾几何，波澜从中起。弃捐旧缟綦，眷恋新桃李。桃李非正颜，延誉不知耻。旧人如寇仇，新人足欢喜。结发糟糠妻，绝之已如此。"[7]夫妻亦如此，可见世道人情的冷漠和淡薄，诗中借夫妻之情表达了世态炎凉。有些诗作则直抒对现实的不满与抨击。在《人参》中，他写道："大丹多是误人物，小草居然济世才。可笑秦皇与汉武，偏将仙药访蓬莱。"

即景生情、感悟言志的风格，贯穿于多隆阿的创作之中。多隆阿表现出对恬静自然境界的向往，表现出诗人细腻、美好的情愫。但是，多隆阿并不简单地沉湎于山水田园的自我陶醉之中，对社会、对人生的沉重思考经常在他的诗作中流淌出来，使他的诗作具有了风骨。他的笔下流淌着他对社会现实的一种抵牾、对人生际遇的感慨和对理想境界的追求。例如"久居燕赵习悲歌，头负肩担两奈何"颇有豪放之风，而"世道幻于鬼，人情薄如纸"及"可笑秦皇与汉武，偏将仙药访蓬莱"这样的句子，又具有直抒胸臆的讽喻精神。[8]

三、许文运与《饥人叹》

许文运（生于清嘉庆、道光年间，卒年不详），字则修，号凤楼、愚泉，大连庄河人。许氏一门在咸丰至光绪年间曾出现过"许氏三观"：许壮观，字可亭，咸丰年间举人，官至内阁中书；许瀚观，字浩亭，光绪乙酉科拔贡；许大观，字辉堂，光绪年进士。另有嫡系许际阁、许高观、许恩光、许韬光、许秉忱等诗画名人，均名噪一时。许文运博学善诗，却一生隐居于乡间，在庄河县木耳山浒村教书为生，他的学生考中乡榜者不下20人。因其学识渊博，有"老书箱"之称，与多隆阿、李克昌并称"辽东三才子"。

许文运既是"老书箱"，又被称为"平民诗人"，著有《浒东诗钞》

12卷,今仅存手抄本半部。诗作多吟咏庄河的山河与田园风光,清新飘逸,有山野老叟之趣与安贫乐道、悠哉自乐的隐士情怀。弟子和子孙的诗作多受他的影响,诗作风格相近,在庄河东部形成了著名的"洋东诗派"。洋东诗派的作品多充满浓郁的乡土气息,对后世影响深远。

他在《九日与诸子登南山石台》一诗中写道:"老去登临志未灰,犹同儿辈一登台。路从红叶林中转,人向黄花岭上来。怕有风吹先压帽,知无酒送自携杯。鸟飞猿啸秋如许,愧乏吟诗子美才。"诗歌表现了他尽享天伦之乐、悠然自得的乡间生活:九月九日与儿子们带着美酒登高赏秋,对于眼前的美景还自嘲缺少杜甫的诗情,一个憨态可掬、悠闲飘逸、与儿子们饮酒作诗的老者形象跃然而出。

许文运一直生活在民间,深刻地体会到了百姓的疾苦,因此反映现实生活中百姓苦痛的现实题材成为他创作的一部分。许文运有意追随杜甫的现实主义诗歌的风格,甚至仿杜甫的诗句"安得广厦千万间,大庇天下寒士俱欢颜"句,写有"安得彼苍雨菽粟,普济千户与万屋"的诗句。善世济民之心使许文运成为大连地区现实主义诗歌创作的代表人物之一。《饥人叹》是这类诗歌的代表性作品。

《饥人叹》描述的是同治年间金、复州地区水灾给百姓带来的苦难。诗中写道:"金复连年田水潦,富家逃荒无老小。大车小车联络行,一望不见边关道。剩有贫者难远征,近附岫界来求生。携男抱女连袂乞,叫杀门前多不应。蹩躄老翁向余丐,自言行乞出无奈:'但得升斗可糊口,不傍大户惹犬怪。闻说天家赈不薄,半为官府和脧削。全将君家救命钱,还奉君王捐儿爵。忍欺官家忍欺民,却望富人济贫人。红粮不许出海口,几个为富能为仁?上人假公下济私,米价忽腾三倍资。有钱能赊狼戾粒,无田莫啜狗余糜。求官不得求富难,欲延残喘乞君前。'我闻翁言供一饱,却念调饥心愀然。安得彼苍雨菽粟,普济千户与万屋。老者常闻康衢歌,少者不见穷途哭。"诗歌描写的是富人拖家带口、大车小车地逃难,贫穷者也逃到临近的岫岩来避难,耄耋老者只有靠行乞来为生,而政府的救灾款却被官员用来"捐儿爵"的情景。此诗通过一位耄耋老者的诉说,描述了灾后普通百姓水火之中的生活,并从政府的救灾款被官员用来"捐儿爵"表现了清末吏制的腐败,这是大连诗歌史上一篇现实主义的力作。[9]

四、魏燮均与《金州杂感》

魏燮均（1812 年—1889 年），原名昌泰，字子亨，又字伯柔、公隐，号耕石老人，又号芷庭、老农，别号铁民、九梅居士，辽宁铁岭人。魏燮均咸丰年间贡生，田园诗人、书法家，因家贫，以教书为生，一生未仕。他乐于结交各类文友，组织诗社，以诗会友，遍访铁岭地区的文物古迹，修改县志，是当地的文化名人。著有《九梅村诗集》《香雪斋笔记》《梦梅轩杂著》《荒史纪闻》《采遗集》等诗集。

1851 年初春，魏燮均受人推荐，到金州幕府做书记小职。供职期间曾游历大连地区的名胜古迹，目睹了大连百姓的悲惨境遇，写下了《抵金州》《金州野望》《登金州城西楼晚眺》《暮秋再游胜水寺》《题石鼓寺（唐王殿）》《金州杂感》《荒年叹》《流民行》《赈灾行》等诗篇。其中最具代表性的当属《金州杂感》。

《金州杂感》这是一首长诗，全诗 12 首，千余字，将当时金州的地理风貌、人民生活疾苦描写得淋漓尽致，深刻剖析了自然灾害只是造成百姓无依无靠、生活痛苦的外因，而清政府繁重的徭役、官僚的贪污腐败才是真正的内因，而且当时的社会制度无法根治。

魏燮均在诗文的开头部分详细描写了当时金州的地理风貌："金州据一隅，大海环三面。境内多峰峦，平野无其半。山枯草木稀，地僻民风悍。垦田无膏腴，黄壤黑坟遍。滨海斥卤生，毗山石砾乱。土硗苗不肥，禾稼细如线。丰年尚欠收，而况遭荒贱。"通过这段描述，可以看到当时的金州是地广人稀，土地稀少且不肥沃，风调雨顺的年景都不能获得丰收，如果遇到了天灾更是苦不堪言。"农夫咽秕糠，作苦殊无力。妇女仅一餐，饥饿无人

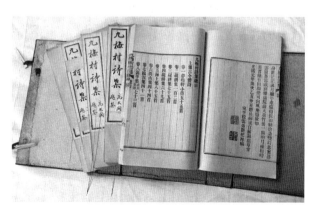

《九梅村诗集》

色。草子收为粮，树皮剥亦吃。村中有举炊，众馁争奔集。""贫家有小女，许字十岁夫。本期待笄嫁，聊办裙钗粗。而今难自存，休与饿死俱。含泪送婿家，龆龀事翁姑。或卖女为妾，或典儿为奴。生离骨肉恩，泪眼肝肠枯。嗟哉小儿女，胡为生穷闾。""故乡不可恋，逃往北荒陲。田园贱售主，家具担相随。耕牛不值钱，且卖作路赀。收拾就长道，携家从此辞。邻里走相送，亲戚别念悲。一去数千里，会面安可知。"[10]灾荒之年，百姓们没有粮食吃，没有柴烧，没有衣服穿，纷纷变卖家当，维持生计，或者卖儿卖女换来儿女的生存，实在不济便携家带口远走他乡。百姓们泪眼蒙眬，挥别骨肉、故乡的撕心裂肺的痛苦跃然眼前。

当时，耕种不能维持百姓的基本生活，于是，出海打鱼成为百姓赖以为生的一条出路："陆产不丰饶，兴得海滨利。家家造小舟，捕鱼日为事。……翁壮觅鱼鲜，妇稚拾蛤蛎。"魏燮均还在诗中直接描写了渔民的生活苦难："终年泛波涛，性命轻敝屣"，"秋深海水寒，沁骨如冰刺。勇泅觅金钱，全家饱疏食。岛屿穷民多，赖以谋生计。所收水国货，较陆倍三四。而苦赴大洋，又取鲨鱼翅"。这种对渔民生活的直接描写在同时代的诗作中实属罕见。然而，不论是种田还是打鱼，底层百姓终究摆脱不了艰苦的生活状态："农家恃种田，勤动缺温饱。网户恃业鱼，饥寒亦难保。"[10]

在自然灾害面前，百姓生活在水生火热中，官府却依然横征暴敛。"勘灾官下乡，民瘼目亲击。嗷嗷如哀鸿，遮道攀辕泣。恫病念民隐，恻然为太息。惟求大府恩，奏请抚恤给。""所以五社民，呼吁乞官怜。八口且难糊，安有输公钱？纷纷普报灾，还祈征赋蠲。"魏燮均身处封建社会的统治之中，能够看到百姓痛苦的根源所在，难能可贵。

吴桐云评价魏燮均道："杜陵谁嗣响，萧统自高楼。抗坠元音合，酸咸臭味投。"意在言明魏燮均有杜甫的遗韵。

五、徐赓臣与《鸦片词四十八首》

徐赓臣（1824年—1880年），字韵初，号东沙，晚号还俗僧、出山老樵，复县太平庄人（今普兰店大田镇太平庄村）。徐氏一门文化底蕴深厚，其堂叔徐大年官至直隶南宫县知县，著有《东崖诗钞》；堂叔徐有年为清六品修职郎；堂叔徐树年是大连地区著名诗人，著有《柯园诗钞》。徐赓臣幼年读私塾，天资聪颖，才思敏捷。在叔父们的教导下，4 岁能读《百家姓》，5 岁能诵《三字经》，6 岁能诵《名贤集》和《唐诗三百首》。道光二十九年（1849 年），徐赓臣考取拔贡，朝考第一，授工部京官。1853 年考中进士，钦点翰林院庶吉士，授朝议大夫。后历任直隶肥乡县知县、直隶州知州加知府衔，赏戴孔雀翎。同治八年（1869 年），辞官回原籍，在复州横山书院讲学，主持横山书院，执教五年，教出的学生陈登瀛、张家翰、李青云等都成为清末奉天文坛的知名人士。

徐赓臣的诗歌创作较有成就，曾集成《韵初遗稿》《斯宜堂诗稿》，手稿都已遗失。1998 年，其后人徐沙石搜集、整理并编辑出版了《斯宜堂诗钞》。

在徐赓臣的诗作中，反映封建王朝衰微和表现济世救俗情怀的作品占有重要地位。他在《舟过清关住三日索钱五篇》中这样写道："厘税如今岂等闲，新官令更重如山。关虽可讨船难讨，不放船行枉过关。""量罢高声说价忙，钱多早放亦无妨。那知正拥黄绸被，每日开船待夕阳。"[11]商船想过关，要看能不能支付得起"新官"的价码，只要"钱多"，必被放行。言语之间，官吏的腐败、国家的衰落可见一斑。

面对列强侵略、国势衰落，徐赓臣对高尚的灵魂和不屈的意志格外赞叹。他以名士烈女为主题写下了《牧斋》《遗山》《升庵》《青丘》《明妃》《红玉》等诗作。其中《遗山》中写道："天生拓跋出才华，两代金元只一家。偶尔论诗三十首，渔洋蓝本不能差。""遗山真隐"即元好问，元灭金后，元好问辞官不仕。又在《明妃》中写道："琵琶声里过边庭，巧宦从来笑汉庭。假使当时通一语，人间那有冢长青？"这首诗歌咏的是王昭君的品格，正因为昭君不肯"通一语"，才有了"冢长青"的历史佳话。借古喻今是徐赓臣在当时所处环境中不得已而为之，所以他在遗言中说："待太平盛世方可梓行其遗作。"[11]

徐赓臣的作品中最具代表性的是一系列劝民众戒烟，不受鸦片毒害的诗词。徐赓臣曾身染毒瘾，也目睹了鸦片对国人的毒害，此后他立志戒烟，并写成《鸦片词四十八首》《戒烟弹词四首》《劝诫吗啡词》等劝诫国人。这些作品中列举了士、农、工、商各色人等吸食鸦片的丑态：

"晴雨总相宜，卧连床，细细吹，琴棋书画都无味。冷暖不知，茶饭不思。埋头无点生人气。太痴迷，昏天黑地，离鬼也几稀。"[11]徐赓臣以鸦片的各种毒害为题作诗："劝世人，立志气，八宝罗汉。切莫受，弱国计，强国民安。俱皆受，英美国，牢笼一番。将金银，流外洋，国贫民寒。"

　　除了济世情怀的诗作外，徐赓臣还写了大量咏物抒怀的诗作。辞官之后曾游历中原的名山大川，用大气、雅致的创作表达了他对幽静田野生活的向往。

　　六、乔有年与《旅顺怀古》

　　乔有年（生于道光年间，卒年不详），字椿溪，号古农，大连市甘井子区营城子镇双台沟村人。咸丰八年（1858年）中举人，同治元年（1862年）中进士。官至京城工部主事。自幼聪慧，幼时一只眼睛曾受伤，留有疤痕，在参加进士考试时，乔有年曾说"一只眼睛半职官，半个月牙照满天"，博得了考官的敬佩。乔有年为官清廉、公正，办案清明，得罪了很多权贵，在1874年—1875年间，由工部主事降为知县，先后在山东蒙阴、章丘等县任职。任职期间，他受到百姓的爱戴，民间还根据他的事迹编写了吕剧《乔老爷上轿》。

　　乔有年擅长诗词，曾以旅顺作为背景写下《旅顺怀古》，怀念家乡，感慨时势。诗中写道："蠹立金山海气横，唐家曾此驻雄兵。铭功千载鸿胪井，酣战三军牧羝城。地接辽金留胜迹，波连齐鲁渡王京。而今日暮散风雨，犹似当年击柝声。"乔有年写这首诗的时候，帝国主义列强已经打开了清王朝的大门，虽还没有爆发甲午战争、日俄战争，但是他已经预感到一场大的民族危机即将到来。

第二节　不屈的民族文化　崛起的新文学
——近代大连地区的主要作品和作家

　　1840年鸦片战争之后，帝国主义列强的触角就伸向了大连地区。甲午战争后，大连开始陷入沙俄的殖民统治之中，沙俄带来的欧洲文化开始侵入大连。日俄战争后，日本从沙俄手中夺得大连的统治权，从此大连彻底陷入半殖民地的统治之中。日本在大连全面推行殖民文化，实行严格的舆论控制，但是民族文化仍顽强地生长，中华民族精神的渊源和中华文化的血脉始终将大连与整个中华民族形成了不可隔断的血肉联系。

反帝爱国作品的出现是大连近代文化的一个显著特点，也是中国近代史上一个光辉的亮点。命运多舛的大连人用壮烈的激情、慷慨的悲歌向世界述说着浩然正气。王志修的《曲氏井题咏》，张之汉的《阎生笔歌》是这类作品中的典型代表。这些诗作立意深刻，精炼含蓄，表现了诗人对当时社会政治的强烈不满，以及对侵略者的仇愤之情，洋溢着浓烈的爱国情感，宣示着进步的政治主张。

大连的反帝爱国文学是中国反帝爱国文化的重要组成部分，在中国文学史上应该占有一席之地。但是由于大连特殊的历史情况，很多优秀的爱国文学作品被尘封，被扼杀，至今大部分都鲜为人知。

甲午战争之后，由于沦陷区的特殊环境和大连水路交通枢纽的重要地位，很多文化名人来到了大连，并留下了文学作品。如1911年，梁启超来连写下了《舟抵大连望旅顺》一诗。他还写有《由大连夜乘汽车至奉天作》和《自奉天赴大连道中》两诗。康有为曾在应邀到大连讲学期间写下《游响水观题壁》一诗。历史学家金毓黻1927年来连期间写有《赴大连车中》《大连街头即景》《大连杂诗》等作品。何香凝、黄炎培、叶恭绰、吴宓、三多、徐宗浩等人也曾在大连留下诗作。一些文化名人久居大连，专门从事文化活动，创作了较有影响的文化作品，魏燮

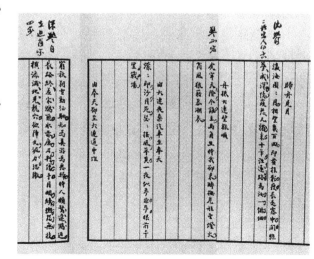

梁启超过大连诗稿（1911年）

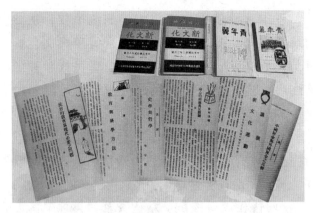

《新文化》（后更名《青年翼》）

均、傅立鱼、罗振玉等是较有影响的人物。

五四新文化运动之后，新文学逐渐兴起，白话小说、新体诗和散文等新的文学形式在大连蓬勃兴起。文学社团在大连如雨后春笋般涌现出来，最多的时候大连同时拥有 60 多个文学社团。新文学作者主要集中在各个文学社团里，其中响涛社是当时最具代表性的文学社团。石军、野藜、李满红、岛魂、飞波、宗爱光等都是其中比较有代表性的作家。《新文化》（《青年翼》）是 20 世纪 20 年代大连地区最重要的文学园地，办刊的宗旨为"宣传新文化"，所以发表的小说、诗歌和散文大都具有进步思想，开创了新的文风，从文学的角度开辟了救亡图存、反帝爱国的新篇章。

一、傅立鱼与大连的新文化运动

1918 年，北洋政府在巴黎和会上外交失败，被迫与日本签署了租借山东半岛和延长旅顺租借期的《二十一条》，激起了全国人民的义愤。1919 年 5 月初，全国 100 多个城市的学生罢课、工人罢工、商人罢市，掀起了前所未有的反帝爱国浪潮。《二十一条》的签订直接关联到大连的命运，日本殖民当局千方百计封锁消息，以防止大连人民的反抗斗争。在全国如火如荼的斗争中，他们营造了一个"风平浪静的关东州"，以为大连是个"无风地带"。其实，在辛亥革命之后，新文化的浪潮已经传入大连，五四运动之后，一场与五四斗争精神相结合的新文化运动在大连狂飙突起。辛亥革命后，同盟会会员刘艺舟就在大连组织了励群社，发出"吾国一日不强，吾舌一日不敝"的战斗檄文，以文化为武器激起了群众的爱国热情。

　　傅立鱼是大连新文化运动的重要代表性人物。

　　傅立鱼（1882 年—1945 年），字新德，号西河。安徽省英山县（现属湖北省）人。少年入学堂读书。1899 年，考取秀才，进入安徽法政大学堂就读，1900 年肄业。1904 年，官费进入日本明治大学分校就读，其间加入同盟会。1911 年武昌起义胜利后，任南京临时政府外交部参事。1912 年弃政到天津创办《新春秋报》，进行反袁活动，遭到通缉，1913 年逃往大连。他在大连期间曾任大连市役所议员、满铁嘱托、南满洲教育会编辑委员、满蒙文化协会会务委员、满洲社会事业研究会评议员、奉天教育研究会顾问等社会职务，并利用这些条件宣传新文化，直至 1928 年被日本殖民当局驱逐离开大连。

　　傅立鱼在大连引领的新文化运动内容广泛，主要包括以下方面：

　　创办刊物，宣传新文化、新思想和马克思主义，建立新文化传播的阵地。

　　1913 年 8 月，傅立鱼受聘于日本人金子雪斋主办的中文报纸《泰东日报》，任编辑长。《泰东日报》是大连本地商人集资创办的中文报纸，旨在"为华商开展业务，了解市场行情，传达中国信息"，是在日本严密舆论控制下仅存的中文报纸之一。傅立鱼加入的条件之一就是："泰报既系汉文报，读者是中国人，只能站在中国人立场说话。"傅立鱼为大连争得了"为中国人说话"的机会。他联络一大批爱国知识分子，以《泰东日报》为阵地发表了大量宣传三民主义、反对封建礼教、反对军阀割据、反对帝国主义侵略的文章，公开质问殖民当局"大连美丽的公园、辉煌之市街都是工人建造，本应受到尊敬，反而遭到排斥"，"汝等手造之街市反而不准汝等通行，汝等手植之花木，反而不准汝等游览"。[12] 傅立鱼利用《泰东日报》编发了介绍十月革命的相关文章，公开地宣传革命，揭露殖民当局"中日亲善"的假面，反对歧视华人的殖民政策，报道并声援五卅惨案福纺工人大罢工等爱国活动，反帝反封建的语调十分鲜明，在社会上引起了很大的震动。傅立鱼曾在《泰东日报》上发表《匈国劳农政府经过实况》《六个月间的李（列）宁》《劳农政府之态度与远东未来之风云》等文章介绍十月革命，称赞布尔什维克党以实行社会主义为职志，列宁造社会学之极诣，明人生幸福之策源。李大钊在《泰东日报》

上发表《战后之世界潮流》文章，宣传"这种社会革命的潮流，虽然发轫于德俄，蔓延于中欧，将来必至弥漫于世界。"[13]《泰东日报》还利用文艺副刊介绍进步作家，大连作者石军、田兵、大拙等和东北作家萧军、萧红、罗烽、山丁、李乔、小松、黄旭等都发表过文章。同时《泰东日报》还转载和介绍过鲁迅、郭沫若、茅盾、田汉、丁玲等人的作品和创作动态，连载过巴金的长篇小说《家》和《萌芽》。[14]

《泰东日报》是一份综合性的报纸，发行面从东北三省所属各市县到华北的北平、天津、唐山，山东的烟台、青岛、济南等地，各地均设有分社，发行面较广，影响也较大。

1923 年 2 月，傅立鱼创办了中文月刊《新文化》（后改名《青年翼》）出版发行。在《新文化》发刊词中傅立鱼说道："新文化何为而作乎？曰：为开发文化而作也，亦为改革文化而作也。夫文化之于人类，如血液之于人身，新陈代谢，循环不息，仍得保有其生命。"[15]孙中山先生"宣传文化"的题词给了《新文化》以方向。"发挥中国固有文化之精神，吸收西洋文化之精髓""开发文化""改革文化""谋东北三省文化之发展""不至为外来文化所风靡"成为《新文化》的办刊宗旨。一些共产党人和进步知识分子，经常利用它发表一些马克思主义的哲学、史学和政治经济学的论著，刊登介绍十月革命及其理论的文章，李大钊、瞿秋白、恽代英、萧楚女等共产党人的文章多次出现在《新文化》上。孙中山先生曾在《青年翼》上发表题为《大亚洲主义》的文章，呼吁"反叛霸道的文化"，提倡"一切民众和平解放的文化"。国内著名学者胡适、梁启超、马寅初和陶行知等都在《新文化》上发表文章。著名作家叶圣陶、王统照、郁达夫、李健吾等都在《新文化》上发表过作品，其中著名作家李健吾的《红被》首发在《新文化》上。《新文化》为大连的新文化运动提供了文学平台，一些大连籍的作家都是在此发表文章而登上文坛。《新文化》设有新闻、评论、哲学研究、文学等栏目，以鲜明的论点，活泼的笔调赢得了广大青年人的喜欢，给大连文坛带来了新的活力，成为大连新文化运动的重要阵地。《新文化》是五四运动后东北地区最早创办的宣传新思想新文化的进步刊物，是东北地区宣传新思想新文化的一面旗帜，主要在大连发行，还发行到北京、上海、青岛、武汉、广州等地，是国内新文化运动的主要阵地。

1922年春，傅立鱼与王健堂在浪速町开办大中印书馆（印刷兼书店），曾出版销售过《共产党宣言》《俄国共产党党纲》《第三国际议案及宣言》《马克思资本论入门》《资本论浅说》《共产主义ABC》《列宁传》等书籍，还出版过共产党的早期刊物《共产党》和《向导》。

创办中华青年会，在广大青年中普及新文化新思想和马克思主义，为新文化在大连的传播奠定了良好的群众基础。

1920年7月1日，傅立鱼创办大连中华青年会，为了改变当时大连"无公共修养之机关，使可畏、可敬、可爱之后生孤陋寡闻，玩忽时日"的状态。傅立鱼连任五届会长。中华青年会以设立学校、举办星期讲坛、建立图书馆等方式传播新文化、新思想，吸引了广大青年参加，许多人从中受到了爱国反帝的启蒙教育，投身工人运动，走上了革命道路。大连中华青年会是东北三省第一个群众性的爱国进步团体和教育机构。讲演活动是大连中华青年会宣传新文化的重要方式，据统计，从1921年1月至1926年6月，大连中华青年会共举行有文字记载的讲演201场，临时性讲演数十场。著名的学者、艺术家、国民党人士、中国共产党人等都进行过讲演。1923年，汪精卫做了《中国将来之希望》的讲演。1924年，中国共产党人李震瀛以《中国与世界》为题做了讲演。1924年，著名学者胡适做过《新文化运动》的讲演。1925年2月，艺术家欧阳予倩做了《中国戏剧改革之途径》的讲演。中国共产党人秦茂轩、傅景阳、杨志云等也在青年会星期讲坛做过讲演。这些讲演使大连的青年较早接触到了辛亥革命、五四新文化、三民主义、马列主义和共产党的主张，激发了大连民众的民族精神和爱国热情，为新思想、新文化的传播奠定了群众基础。

1924年12月，在中国共产党领导下的"沙河口华人工学会"改为"大连中华工学会"，傅立鱼应大连中华工学会会长傅景阳之请，担任顾问。傅景阳1925年加入中国共产党，是大连地区第一位共产党员。大连中华工学会是我国东北地区最早公开的工会组织，秘密建有党团组织，涌现出了傅景阳、唐宏经、王立功等一批优秀人物。1925年6月，傅立鱼与傅景阳一起组织"大连沪案后援会"支援五卅运动，带领群众反帝斗争。也正因此，殖民当局视其为"反日罪魁""赤化祸根""中日亲善之敌"，对其进行监视和防范，并于 1928 年 7 月以"扰乱东三省为目的，组织政治秘密结社，策划种种阴谋"的罪名，将其逮捕，关押 15 天之后，驱逐出大连。

傅立鱼以笔为武器，发表评论，宣传新思想新文化和马克思主义。

1919 年 10 月 6 日，他在《泰东日报》上刊发了题为《匈国劳农政府经过实况》的文章，第一次把俄国十月革命介绍到大连。同年 11 月 28 日，又刊登了《六个月间的李（列）宁》一文，再次介绍了俄国十月革命，赞扬了列宁的卓越功勋及其革命理论："我们中国的将来……不问是政治革命、社会革命，我们不可不先有李（列）宁的行事的精神、态度、意志、方法。"

除介绍十月革命外，傅立鱼还在《泰东日报》上发表支持大连人民的反帝反封建活动、抨击军阀政府的腐败、抵制日本的殖民统治的文章。1919 年 10 月 10 日，傅立鱼发表《庆乎吊乎》一文："纪念日为吾人反奴为主之日，亦即吾人拨云雾见青天之日，……虽然国之强弱，民之安否，诚不在共和之虚名，而在政治之实迹，方今时局纠纷，愈演愈剧，南北统一，遥遥无期，卖国者、窃国者、祸国者举国皆是，曾不见一真正爱国之人，甚至假爱国之名，行卖国、窃国、祸国之实，武人专横，政客龌龊，无非为一利字，……更自对外而言，媾和会议，面目不存，山东问题未决，西藏事件又起，新银团之组织，英、美、法之联合，咄咄逼人，步步皆谐以谋我，不知我国人等为俎上之肉乎，抑筹一对付之策乎？兵战既毕，商战开始，以我国工业之幼稚，商业之固陋，岂能与列强共相驰聘乎？……罢工风潮已遍于全世界，此时既不能拘守故步，又不可随波逐流，……不知我国政治家、学问家已有相当之研究乎？以中国具有几千年光辉文明历史之伟大民族，屡蹶屡起，卒能卓然自立于世，似不应终于式微；而以现时人心之堕落已至极点，则又似无药可救者。由前之说大可乐观，由后之说又未免悲观矣。欲哭不得欲笑不得，但愿来年国庆日不如今日之现象也。"傅立鱼发表了《为三十里堡三千农民向山县关东长官乞命》《论学生干预政治之是非》《论提倡国货》等文章，并撰文抨击南满铁路对中日乘客的不平等待遇，抨击日本殖民者在大连开办烟馆祸害民众的行为。

　　傅立鱼在大连的 15 年，是他一生中最为辉煌的时期。他是一位具有强烈爱国主义精神和民族意识的知识分子，是大连地区新文化运动的代表人物，为宣传新文化、新思想做出了突出贡献。[16]

　　二、《曲氏井题咏》《阎生笔歌》与大连的反帝爱国诗歌创作

　　殖民者的侵略行为激起了大连人民的反抗怒火，大连人民用各种形式表达着对殖民统治的痛恨。在文学创作中，反帝爱国的思想情绪成为此时期大连诗歌创作最重要的主题。其中《曲氏井题咏》和《阎生笔歌》是在这种民族危机的时刻留下来的著名作品。

　　1.《曲氏井题咏》

　　1894 年 11 月 6 日，日军攻陷金州城，奸淫烧杀，"遇有难民，不分男女老妇，枪击刀砍，直杀至西门外始至"[17]。金州城一户曲姓人家，男丁牺牲殆尽，剩下的妇女儿童为了不受敌人的凌辱，毅然投井自沉。她们是曲王氏、曲迟氏、孙曲氏、杨曲氏（已婚）和曲自当、曲如意、曲伢子（未婚）7 名妇女和 3 名怀抱中的幼儿。1896 年，刚刚履任的金州海防同知王志修闻之后，创作了《曲氏井题咏》，成为大连诗歌史上的名篇。

　　王志修（生卒年不详），山东诸城人，字竹吾，号小庐，清同治年间举人。曾任奉天凤凰厅州判，光绪十八年（1892 年）擢军粮同知。二十二年（1896 年）任金州厅海防同知。王志修到任第三天，有感于曲氏一门妇女的节烈事迹，写成《曲氏井题咏》一诗："曲氏井，清且深，波光湛湛寒潭心。一家十人死一井，千秋身殒名不沉。金州曲氏世耕读，家世雍雍闺范肃，堂上曾无姑恶声，入门娣姒皆贤淑。家园有井供饪烹，日日提汲泉源清，有时人影照井底，皎然古镜涵虚明。金州十月倭奴来，砲声历历鸣晴雷，守者登埤力督战，援兵不至城垣摧。非我族类心必异，入人闺闼无趋避，多少朱门易服逃，谁知仓猝遵名义。曲氏门内皆伯姬，守身赴井甘如饴，节妇殉名女殉母，伤心各抱怀中儿！我来金州理案牍，夜夜夜深闻鬼哭，晓起登城询土人，共指井边曲氏屋。抔土已葬荒井存，门闾未表哀贞魂，一时死义已足尊，争如节烈成一门。吁嗟乎！巾帼大义愧官府，欲荐寒泉应不吐。城南崔井唐题名，合于此井同千古！"[17]

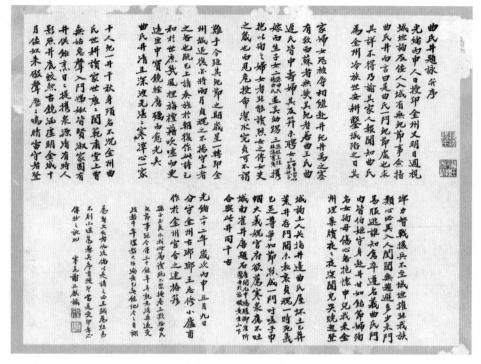

王志修《曲式井题咏》（1896 年）

　　这首诗中颂扬了大连人民反抗帝国主义侵略的精神，通过对曲氏妇女们视死如归悲壮行为的描述，及朝廷抵抗不力给百姓给国家造成的巨大灾难表达了诗人内心的愤懑与感慨。"巾帼大义愧官府"直接抒写了这场战争失败的原因。同时提示人们战争的失败并不能遏制爱国精神的传扬，这种精神必然成为中华民族生生不息的牢固根基。

　　2.《阎生笔歌》

　　《阎生笔歌》为张之汉所作，也是以甲午战争为背景。诗歌描写了日军攻破金州，随后攻破大连湾，紧接着向旅顺进攻，由于不熟悉路，在南关岭抓到了塾师阎世开，让他带路。阎世开是个秀才，不为日军的威逼利诱所动，誓死不做向导，并痛骂日本人"宁死不做狗奴"。日本人残忍地把他杀害，剖了心腹。

　　张之汉（1866 年—1931 年），字仙舫，辽宁沈阳人，清宣统元年优贡，曾任东三省监运使等职。据载，张之汉擅长作诗、书法、绘画，著有《石琴庐诗集》《石琴庐丛录》。这首诗作于光绪乙未（1895年）岁首，距阎世开就义仅数月。诗中写道："在秦张良椎，在汉苏武节。奋椎难击博浪沙，抗节直比胡天雪。非椎非节三寸毫，竟凭兔颖探虎穴。千军直扫风雨惊，披肝沥血凝成铁。饮刃宁惜将军头，振笔直代常山舌。头可断，舌可抉，刃可蹈，笔可折，凛凛生气终不灭。吁嗟阎生古义烈！阎生著籍辽海东，心系家国身蒿蓬。策卫喜读剑侠传，斩蛇恨无隆准公。海国无端腾战雾，天堑鸭江竞飞渡。席卷已下金州城，毡裘更觅阴平路。识途马老用阎生，冲冠义愤岂能平。直将易水悲歌气，激作渔阳挝鼓声。阎生发冲敌目笑，不解华言舌空掉。抽笔愤书忠义词，飞雪刀光进出鞘。刀边骂敌怒裂眦，掷笔甘就刀头死。心肝攫出泣鬼神，淋漓血染山凹紫。呜呼！皇朝圣武开神皋，鼓鼙将帅思贤劳。九连城头将星落，颓军断后谁盘稍？东南铜柱沉江涛，太阿倒柄凭人操。十万横磨岂不利，一割无用同铅刀。胡为乎！刀围大帐笋锋密，挺然独立阎生笔！"

这首诗歌颂阎世开的这支笔像刀一样，"抽笔愤书忠义词，飞雪刀光进出鞘"。将"阎生笔"与"苏武节""常山舌"相提并论，以强烈的爱国情怀，歌颂了阎生惊天地、泣鬼神的事迹，成为激励人们民族情感的武器，而阎世开的事迹也赖此诗流传至今。[18-19]

3. 李满红与《向敬爱的祖国》

李满红（1917年—1942年），原名陈庆福，曾用名陈墨痕。大连庄河人。1934年，李满红告别了正在病中的母亲，流亡关内，先后在北平知行补习学校和国立东北中山中学读书，其间积极参加"一二·九"学生抗日救亡运动，同时展露才华开始写诗，曾在《中学生》杂志以"墨痕"的笔名发表短诗。由于战乱，李满红先后流亡到南京、长沙、桂林、重庆等地。1939年在重庆北碚黄桷树东北青年升学补习班学习并继续从事诗歌创作，在那里他结识了端木蕻良、萧红、靳以等人，并成为挚友，他的诗歌创作也进入了一个活跃期。同年李满红考入西北联合大学外语系，开始以"李满红"为笔名发表诗歌。

在重庆期间，李满红在重庆《国民公报》副刊《文群》、桂林《诗创作》（王鲁彦编）、重庆《诗垦地》（邹荻帆、姚奔编）、香港《时代文学》（端木蕻良编）等刊物上发表了《飞蛾扑火》《海》《红灯》等作品。

到他逝世前的 3 年中，是他诗歌创作的最活跃期。1942 年 6 月 12 日，李满红病逝，时年仅 25 岁。李满红逝世后不久，生前发表过的作品剪报和部分遗作由好友诗人姚奔编成诗集《红灯》，并交由福建《现代文艺》主编靳以编入《现代文艺丛书》，于 1943 年出版发行。李满红的诗感情充沛，爱憎分明，风格明快豪放，有丰富的想象力。著名作家端木蕻良称："满红的感情充沛，但有跳跃似的感觉。假如给他以充足的时间，他会表现出与马雅可夫斯基近似的锋芒。"诗人姚奔说他"是个很有才华，创作前途未可限量的年轻诗人"。北京大学教授杨晦在西北联合大学为李满红举行的追悼大会上致悼词时，把他比作英国诗人雪莱。[20]

叙事长诗《向敬爱的祖国》是李满红的遗作，由北京大学杨晦教授珍藏 40 年，1982 年在辽宁省社会科学院的《满红四十年祭专辑》上发表。在《向敬爱的祖国》诗中，李满红将他目睹的全国范围内的战火的烽烟和全国人民的苦难写入其中，在血泪的控诉中，诗人倾注了儿子对于母亲的爱恋之情，以此来表达一个爱国青年面对祖国被侵略的命运的啼血呐喊，并坚信最终会迎来光明的信念。整首诗带有自传的性质，开篇描写了自己在家乡的海边度过的温暖、和平的生活，碧浪金沙，追着满沙滩的青蟹和海螺奔跑的孩童，满载鱼虾而归的白帆，一片祥和的景象跃然而出。然而，诗人笔锋一转，从温馨美丽的家乡生活转而描写九一八事变之后战火给民族带来的灾难。"但在那九月的黑夜，敬爱的祖国，就蒙受了耻辱！""海面上，从此浮着死尸，染着污血，海，被强盗踩蹋了……火烧过的村庄，一片烟迹和无限荒凉，艾蒿都生长到门槛旁……黄鼠狼子，咬着小鸡的翅膀，退入墙窟，狐狸满山跑，野狼把嘴巴插在地下，用爪子扶着鼻孔呜呜地长嗥，禽兽猖狂当道，而我们的同胞，饥饿，流离，路倒……祖国呀！你不可征服！"全诗 3000 余字，共分为 24 节。作者以一种诚挚而率真、坚定而激昂的情感，以江河一泻千里的气势诉说着诗人的追求和抗争，倾诉着诗人对祖国的深沉的爱和对践踏祖国胸膛的日本侵略者彻骨的恨，犹如一部中华民族 20 世纪 30 年代血泪斑斑的历史。这首长诗和他的诗集都是富有战斗性和生命力的，在抗战诗史上占有一定的位置。这种精神也表现在李满红的其他创作中，例如在《黄昏的来信》中，诗人写道："北方的草长了，敌人在那里牧马；那些枣骝色的大马呀，在吃着，刚发芽的庄稼！故乡的人，都逼得无法生活，男的被杀，女人跳河！老年人上庙叩头，求菩萨保佑；小伙子都套走了，拿着枪在山里和敌人苦斗。"在《听啊，中国在响》中，他写道："这声音，不是人类的怯懦的呻吟，悲哀的哭泣！更不是奴隶们绝望的呼号啊！这是，这是四万万头勇敢的狮子，在痛苦而愤怒地咆哮……"

李满红的诗语言质朴，意境清新，感情充沛，张扬着自由体诗的风格和意蕴，同时带有鼓舞民众抗争的精神力量。

三、王永江与《铁龛诗存》

日本占领大连后，除反帝爱国诗歌创作外，还有一些文人诗人采用中国古典诗歌的形式描述社会现实、咏物言志，是当时大连文化现象中表达民族文化精神传承的一种方式。在这类诗歌创作中，王永江是代表性人物。

王永江（1871年—1927年），字岷源，号

王永江的《铁龛诗草》（1925年）

铁龛，大连金州人。其祖先于乾隆年间逃荒至辽东定居，世代务农。王永江天资聪慧，熟读四书五经。"21岁，入泮。科试又取第一。"[21]直到31岁那年才考中岁贡。由于兄弟王永潮优贡朝考第一，被任为直隶保定府候补知县，王永江则在家侍奉双亲。其间，他苦心钻研医书，开设"采真堂"疫病院。1907年，王永江出任辽阳警务学堂教习，他培养出了东北地区第一批警察。此后，王永江曾任警务局局长、辽阳警务长，遂入仕。其后又升任知府，在省留用。袁世凯政府时期，王永江被任命为记名内政部部长，归省后，历任康平、牛庄、海城、奉天等地的捐税局长，

45 岁时升任奉天省税务局长兼官地清丈局长及屯垦局长。张作霖掌管东北之初，王永江以督军府高级顾问的身份出任奉天省警务处长兼奉天警察厅厅长。1917 年 5 月，出任奉天省财政厅厅长。1919 年，王永江被张作霖任命为奉天省代理省长。1922 年，被任命为奉天省省长，此间他创办了东北大学，并兼任第一任校长。1926 年，因与张作霖政见不和，王永江辞官回归故里。隐居故里的王永江，专心著书作诗。《铁龛诗存》（初名《铁龛诗草》）就是其晚年诗作的结集。

《铁龛诗存》1925 年出版，共 4 卷，收诗 531 首。

王永江的诗多是哀民生多艰、伤世伤民之作。该类作品叙述黎民疾苦，揭示社会矛盾，呼吁变革除弊。《杂感》诗写道："出郭东南四里强，脂膏为屋血涂墙。几千万户同声哭，一片悲风起白杨。"长诗《哀流民》对于战乱中百姓的流离失所和无家可归做了最真实的描述："流民自西来，相将向北去。北去问何适，亦言不知处。雪寒啮无毡，风劲衣少絮。饥疲卧道旁，涸鱼口呿呿。不恤嗟来食，指僵失箸行。行行一身空，有盗怒眦觑。讵知沟壑余，还有锋镝戮。相逢访邻里，乡音直鲁豫。谋生出榆关，关外土膏腴。转徙苟图活，半途色为沮。有人截卢龙，需索不容语。纵不名一钱，敝衣亦取与。辗转至辽东，聊得免凌遽。可怜数百年，生聚臻蕃庶。流亡室九空，雄藩尤践踏。不计道路殍，但恣鲜肥饫。"这类作品直接抒写了百姓的艰难生活，并对造成百姓流离失所的原因进行了揭露，表达了对百姓疾苦的同情，这样的情感出自曾为封建官吏的王永江之口，实为难能可贵。

还有的诗作托物言志，以诗言说自己的胸怀大志。王永江辞官归故里之后，一直心系时势，不时批阅东北大学送来的公文，接待各界人士，纵谈时政，对东三省的时局念念在心。直到死前数日，还在思考东三省何以风清水平，黎庶安居，以"未见东北大学毕业生为憾"。《铁龛诗存》虽然是他赋闲在家的作品集，也存有一部分托物言志的诗作。《塞上初秋书感四首》（其二）"飒飒轻寒响苇芦，满洲旧土半荒芜。乱山红叶自秋色，大漠黄沙空霸图。丛薄烟生闻犬吠，疏林日落有啼乌。牧儿不解兴亡恨，犹向西风抚缶呼。"《挽梁文忠鼎芬》中写道："种树空怀先帝德，盖棺谁谅老臣心。"他不仅一次在诗作中流露出"丈夫骞志腾四海，生不封侯非人豪"的壮志。

王永江的诗讲究严格的对仗和音律，是大连地区近代旧体诗创作的典范。但王永江又不完全仿照古人讲求古韵，以通俗易懂的语言来表达情感。他在《捉马车谣》中写道："春雨初晴春土苏，趣耕有鸟鸣山隅。家家膏秣事犁锄，昨日官军下虎符。大索车马运军储，百乘千乘如羊驱。"王永江的诗文情感真切，无论是对于军阀鏖战的痛心疾首，还是对缺衣少食百姓的同情之心，全是发自肺腑，毫无掩饰。"食糠不足食稻秧""私煮野菜当春粮"，这样的诗句只有感同身受才能写得出来。

除诗歌创作外，王永江还创作了很多散文，《岷源自述》和《丁未笔记》是大连地区为数不多的近代散文作品集。

四、现代小说创作

20 世纪 20 年代初，受五四新文化运动的影响，现代小说创作在大连地区迅速兴起，一批本土作家运用现代小说形式描写社会生活反映社会现实，表述社会思考和精神解放的追求，成为大连现代小说创作的源头。其代表性人物有石军、野藜、田兵、岛魂、警霓、曲舒、波影、渡沙、木风等。同时，还有作家受鸳鸯蝴蝶派的影响创作了为数众多的言情类小说，赵恂九是其中代表性人物。

1. 石军与《沃土》

石军（生卒年不详），原名王世浚，笔名文泉、秦喟、世浚、飞血、寒畯等。大连市普兰店人。在旅顺师范学校就读期间就在《泰东日报》上发表过诗文、小说和随笔。1932 年，石军毕业后，回到家乡任教，业余时间进行文学创作。他的创作范围广泛，涉及散文、诗歌、小说、戏剧、文学评论等领域。1937 年，石军离开大连，到黑龙江开始了新的创作。石军是大连地区最早成名的作家之一，也是 20 世纪三四十年代东北的著名作家。

石军早期创作的小说多描写男女爱情故事，以这种男女关系来体现他对封建社会的反感，带有明显的感伤情绪。这一时期的主要作品有《尖刀》《离异》《幻灭》《怒火》《冲突》等。

　　1934年，石军同大连的青年作家田兵（金纯斌）、岛魂、野藜（刘云清）、夷夫、渡沙、木风等组织了文学团体"响涛社"，这是近代大连地区最有影响的文学社团，是近代大连的第一个作家群，从这一时期开始，石军的小说创作出现了变化，平民的生活进入了他的视线，反映民生疾苦、揭露黑暗现实成为最重要的创作主题。这一时期他的主要创作有《穷病》《兄弟之间》《深秋之夜》《女人的悲哀》《倦旅》等。白暮易先生曾这样评价这一时期的石军："他的作品的特点是染有浓厚的农村作背景，专门借主人公的口里间接或直接道出溃破的农村破产，社会的现象。而尤其对于人性的描写和分析，更是他的特长，大家庭礼教下的青年通性，也教他毫不讳言地血淋淋地写出。"[22]《穷病》是石军在大连时期创作的一篇短篇小说，也是他此时期的代表性作品。发表时使用的署名是"世浚"。《穷病》中首先写到"我"突然听闻大哥病了的消息，顿时"心头乱跳"，发出了第一个疑问，想到"富家子弟患了病，便是天崩地碎、大加疗养，不是病院便是旅馆。我们呢？"随后他又自问自答地说道："购付草药的钱，都得摇尾乞怜，别的还说什么？"在这一问题过后，"我"又开始发问："哥哥的病倘若有关生死，家里的一切事务托给谁呢？"经过一串的思索，"我"的泪"伴着我的唏嘘冒出"，不由得感叹道："这个年头，穷人连活都活不起呀！"小说从日常生活入手，反映底层生活的苦难，进而透视百姓的悲惨命运。

　　1937年，石军前往黑龙江，并进入创作成熟期，主要作品有短篇小说集《暴风雨》和《丰收》，中篇小说《脱轨列车》，长篇小说《沃土》，诗集《夏夜的琴声》，剧本《理发店中》《生命线上》《嫁娶》《除夕》等上百部，出版了小说集《边城集》《新部落》《麦收》等。反抗性、鼓舞性成为石军创作成熟期的明显特点。其中长篇小说《沃土》的出版奠定了石军在东北文学史上的地位，被认为是东北沦陷时期的代表性作品之一。

　　《沃土》讲述了主人公晓岚家庭败落，不得已就职于县公署，因为看不惯县公署官吏们的愚劣和毒辣，被栽赃受到监禁。后接受富家小姐女友的资助进入工业大学求学，开始出入各种富人的活动场所，放荡地生活，结果身体遭受疾病的摧残，思想上也开始反省。终于，晓岚顿悟了，他与富家小姐分了手，穿上了百姓的衣服，赶着牛，一起向未开垦的土地出发，决心以他的手、他的心去耕作那肥沃的土地。石军在这篇小说的后记里写道："这篇小说，在我这种观念下，以我那时闷居的江山和自然社会为背景，描绘了人类生活相貌的一断面。我并无高迈的雄心，只是让读者知道他们在怎样执拗地谋求着自己的生存和繁荣，而和此边境的沃土苦斗着。"[22]他以一个青年的成长史告诉在日本殖民统治下的国人，尤其是青年人，不要沉浸在被日本人"涂抹上一层奇异脂粉"的世界里，日本人的殖民统治就如那野火和洪流一般，在这个大环境里每个人物的作用是渺小的，但是只要我们大家团结起来，用我们年轻的生命作为代价，总会战胜一切阻碍我们开垦沃土的力量，祖国的未来终究会光明起来。石军在很短的时间内就完成了这一长篇，可见他当时追求民族解放的心情是多么迫切。

除文学创作外，石军的文学评论也表现了他文学观的发展。在大连期间，石军在《满洲报》的星期副刊、《北国文艺》和《晓潮》等刊物上发表了一系列文学评论文章，提出文艺"不是无病呻吟"，不是为艺术而艺术，更不是迎合社会的低级的通俗的东西。石军此时期的创作和评论说明他的创作转型在大连期间已经完成。

2. 汪楚翘与《恶果》

汪楚翘（生卒年不详），安徽人。1915年毕业于安徽省立第一中学，后就学于北京军需学校。1923年左右来到大连，先在《泰东日报》任副刊编辑，后到傅立鱼创办的中文月刊《新文化》（《青年翼》）任主编，主持《青年翼》编辑事务，"以一人之力，独总《青年翼》编辑事务，兢兢业业，始终不懈，终使《青年翼》之内容逐渐改善，当时名人学士，无不交口称道，亦足多矣"[23]。除编辑工作外，汪楚翘还在大连中华青年会昼夜学部义务教授国文。

他经常在《新文化》上发表论文，以政论文章分析中国传统思想文化的利弊，宣传新文化，主张进行思想文化革命，主要文章有《文化运动之根本方法》《我给文化运动者一颗定心丸》《大连劳动界》《中国的林肯》等。同时还发表小说，呼唤青年人的觉醒，激励人们向丑恶的现实社会进行斗争。《忏悔》和《恶果》这两篇小说，是大连和辽宁地区最早出现的、有着鲜明的五四文学革命印记的现代小说作品。他虽然在大连客居时间较短，却以主编《青年翼》和所创作的作品，成为大连地区新文化活动的重要人物和大连现代小说创作的开拓者。主要作品有《妈妈》《忏悔》《秋节》等，另外还发表了独幕剧《到幸福之路》。据《青年翼》三卷十二号（1924 年 12 月）刊载的《送汪楚翘南归序》一文推断，他可能是在 1924 年的 11 月间离连南归。

中篇小说《恶果》是他在大连发表的有代表性的小说，也是大连地区现代文学发展史上第一部有影响的中篇小说，连载于 1923 年至 1924 年的《新文化》第 5、6、7 号上。小说的女主人公是师范学校毕业的韦撷英，她同黄彩恋爱两年多结婚。韦父怕女儿结婚后不适应农家生活，受公婆家人的欺辱，买了 80 亩地作为彩礼送给黄家。婚后不久，黄彩去北京求学。这时，韦父所担心的事情发生了，韦撷英在黄家越来越受气，只能给在黄彩的信中述说自己的委屈。黄彩向同学的表妹冯毓光写信求婚。冯回信拒绝："风闻你家已有一个可钦可敬的女士，做你终身的伴侣。而且你们两个在过去期间，本有一段很长久的恋爱史，我无论如何，决不敢无缘无故劫夺伊的爱人。以开罪于那可钦可敬的伊，以攀援与你并

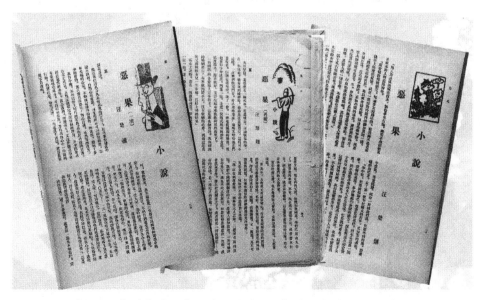

《新文化》连载的汪楚翘的小说《恶果》（1923 年—1924 年）

无深厚感情的我。先生每对我说：'男女恋爱，须有纯挚的爱情，高尚的品德。'先生此种举动未免不太纯挚不太高尚吧。岂因我们柔弱的女子，可以任意欺骗吗？"黄彩心中似有悔意，却又和风尘女子玉兰相好。一方面，黄彩在公开场合大讲妇女解放问题，一方面又对韦撷英的痛苦不闻不问。后来，家乡的张地主将佃农打死，求黄彩为其辩护。学法律的黄彩先是慷慨陈词，誓要为佃农打抱不平，但听说张地主会给予丰厚报酬后，态度突转，为张地主写了状子，打赢了这场官司。此时韦撷英家经营失败，家道败落。黄彩也觉得韦家无利可图。这时张地主的女儿欲打离婚官司，黄彩见她生得"窄窄的脸儿，细长的眉毛，漆黑的眼睛"，不禁心动。他想依靠张地主的财产和势力满足自己求学和将来在政治舞台上的活动需要。于是他和兄嫂联手污蔑韦撷英与他人有奸情，终于逼迫韦撷英服毒自尽。到此时，韦撷英临死前发出了绝望的呼声才明晓黄彩的真心："我自有知识以来，便以为人生所以有相当的兴趣，全赖情感作用。""以为我俩爱情如果始终不变，自有一种最高尚最真实的愉快……哪里知道你到今日也会变心呢。那么，我的唯一信条完全推翻了，我的乐趣，完全剥夺了。你虽不逼我死，我也要……"

小说情节曲折，笔调细腻，通过韦撷英的爱情悲剧和黄彩的唯利是图，反映了一些年轻人虽然表面上披上了新文化的外衣，骨子里仍旧受到封建思想观念的束缚和侵害。同时，也抒发了在那个制度中难以争得真正精神自由的慨叹。可以说，《恶果》是当时国内文学界"易卜生热"在大连文学中的一种反映，韦撷英所遇到的问题正是娜拉所遇到的问题，是世界妇女所要面对的共同问题。《恶果》的出现表明当时大连的新文学创作也对这一命题给予了深切的关注。

3. 野藜与《奔流》

野藜（1904年—1985年），原名刘云清，笔名镜海、炼丹、也丽。大连市金州杏树屯人。1921年考进旅顺师范学堂，1925年毕业后在金州大李家村普通学堂任教员，后任校长。1930年，他以"镜海"为笔名在《泰东日报》发表处女诗作《自己的歌》，开始创作生涯，后发表《旅途上拾得的三部曲》等诗作近百篇。他的诗歌具有"象征派"的特点。1934年，野藜开始在《泰东日报》《新满洲》《青年层》上发表小说。

其中短篇小说近 40 篇，《三人》《花冢》《一个闷葫芦》《晚景》《母爱》等较有影响。后选取 14 篇结集出版，书名为《花冢》。另有中篇小说《草莽》、长篇小说《绿洲》等。1935 年 1 月，野藜同石军等作家成立文学组织响涛社，在《泰东日报》文艺副刊出刊《响涛》周刊（25 期后改名《水笑》周刊）。1936 年后，野藜专攻散文创作，先后发表作品 50 余篇，大多刊发在《大同报》《满洲文艺》《文化月刊》上，后结成《黄花集》。

新中国建立后，于 20 世纪 40 年代，他曾在抗美援朝战争期间创作短剧，并先后在大连二中、大连农业学校、大连新华中学担任领导工作。

小说《奔流》是他在响涛社期间发表的比较有代表性的作品。《奔流》发出了"不自由，毋宁死"呐喊，带给大连文学界很大的冲击。《奔流》小说的主人公是凌汶和罗英两个女性，二人是师范学校的高才生，经常互相鼓励。她们怀抱"创造与破坏这个世界是急需要又不可分离的定律"的理想，"去追求将来整个人生的憧憬"。后来，罗英和一个叫青文的男同事恋爱了。凌汶觉得青文并不可靠，深恐罗英走入"一般庸俗女子的苦恼的常规"。她对罗英说："天赋以人的自由，这自由任何人是不可侵犯的，求异性这更是天赋的本能。不过，要我们找一个理想的人物吧。"慢慢地，凌汶发现恋爱中的罗英似乎成为"无舵的小舟"。不幸的事情终于发生了，那"懦弱而含有奸诈性"的青文要变卦了。学校当局对罗英和青文的爱情起了非议，在压力面前青文退缩了，并给罗英写信道："弱小难以支持的我们，终被摧凌凋落了……狰狞的魑魅在张牙舞爪地咆哮追来了，我生性胆怯、体弱，是无力和他们抗争的啊……"与青文的软弱形成鲜明的对比，罗英反而变得坚强起来："我是忘不了奋斗的。""你瞧吧，凌汶，不自由，毋宁死，我的生命力还在我全身极度地奔流着，我要利用我这一点子值得利用的生命力，去踢翻几千年虚伪的社会，打倒天下一切诡诈的男子……我愿拿这已往的错误，来纠正我这不可知的渺茫的前途……"

全篇小说表现了勇于追求自由的精神，这种精神不仅由婚姻自由而发出，更是暗喻着反抗殖民压迫的心底的呐喊。

4.赵恂九与鸳鸯蝴蝶派

赵恂九（1905 年—1968 年），原名赵忠忱，笔名大我、竹心、猪心。

金州三十里堡人。1929年毕业于旅顺二中，1930年—1944年在《泰东日报》工作，先后担任过编辑、整理部部长、文化部部长、编辑局社论委员、编辑长等职务。1946年，赵恂九任金县第二初级中学教育主任、校长等职。1947年被免职，随后去普兰店任国民党县长潘哲所办的师资训练班的教育长。后经沈阳去长春，由国民党吉林省省长梁华盛委任为《吉林日报》副刊编辑。1952年，被判处有期徒刑15年，1968年病故。

赵恂九是位多产作家，从1931年到1941年，在《泰东日报》文艺副刊上发表的中、长篇小说有《芳亭》《海滨》《水牛缘》《流动》《他的忏悔》《雪夜》《春梦》《荒郊泪》《声声慢》《故乡之春》《鸾飘凤泊》《梦断花城》《风雨夜》等23部。另有一部日文翻译小说《海战》。同时，还以大我、竹心、猪心等笔名发表过一些论文和一部《小说作法研究》专著。赵恂九的作品多以男女情爱为题材，较少关注社会现实，在市民中赢得了一定市场。他的小说《梦断花残》在《麒麟》1941年创刊号上首发，并连载。《梦断花残》以"才子佳人相恋——小人作乱——终成眷属"的模式创作而成，风趣的文字加上关东风情的渲染，吸引了很多的读者追读，在大连和整个东北都有读者群。《荒郊泪》发表于1939年，是赵恂九小说创作的代表性作品。与其他作品相类似，《荒郊泪》也是描写了一对男女的爱情悲剧，故事委曲宛转，情节跌宕起伏，风格哀婉酸苦，悲惨凄恻，充满难以排遣的凄切萦怀，受到一些青年读者的青睐。与响涛社不同，在大连，以赵恂九为代表的鸳鸯蝴蝶派小说成为新文学创作的另一种潮流。

从创作风格上看，赵恂九的作品与鸳鸯蝴蝶派在创作题材、精神内容、艺术风格上一脉相通。由于这一时期对东北文学的关注主要集中在反帝爱国题材的作品上面，通俗文学未引起文学界的关注，因此赵恂九等人的小说创作并未被真正列入鸳鸯蝴蝶派。当时东北沦陷区有一本以发表通俗小说为主的杂志《麒麟》，其中撰文评价赵恂九为"满洲唯一之大众小说家"。而在《中国沦陷区文学大系·通俗小说卷》的导言中这样说道："本卷共分两辑，第一辑为华中沦陷区作家的作品，第二辑为华北沦陷区作家的作品。鉴于东北沦陷区通俗小说数量少，而且质量不高，故未选入。"

五、罗振玉与历史文化研究

在日本殖民文化不断输入的同时，大连地区的历史文化研究也一直在持续。其中有两个原因，一是罗振玉等一些研究中国传统文化的学者来到大连，客观上对于重要历史文献进行了整理，产生了一些成果；另一个原因是日本殖民当局为了加强对华统治，派遣一些精通汉学的学者对中国各个方面进行研究，特别是文化研究，研究成果被作为对大连殖民统治的参考。其中大谷光瑞对中国历史文化的研究具有代表性。

罗振玉（1866年—1940年），字叔蕴、叔言，号雪堂、永丰乡人、贞松老人。浙江上虞人。罗振玉5岁入私塾，16岁中秀才。1896年，在上海创立"学农社"，并设农报馆，创办《农学报》。1898年，在上海创办"东文学社"，教授日文，梁启超和王国维都是东文学社的佼佼者。1900年，任湖北农务局总理兼农务学堂监督。1904年，在苏州创办江苏师范学堂，任监督。1906年调入北京，任清政府学部二等咨议官，1909年补参事官兼京师大学堂农科监督。辛亥革命后逃往日本。九一八事变后，追随溥仪出任伪满洲国参议府参议、伪满监察院院长、满日文化协会会长等职。1937年6月退职，专心整理所藏古文物史料。

罗振玉集考古学家、金石学家、敦煌学家、目录学家、农学家、校勘学家、收藏家、历史学家、教育家、古文字学家、书法家等于一身，在甲骨文研究上做出了杰出的贡献，被称为"甲骨四堂"之一。他一生著作达189种，校刊书籍642种。他曾为自己书写了一道挽联："毕生寝馈书丛，得观洹水遗文、西陲坠简、鸿都石刻、柱下秘藏，守缺抱残差不幸；半世沉沦桑海，溯自辛亥乘桴、乙丑扈跸、壬申于役、丁丑乞身，补天浴日竟何成。"[24] 足以概括他一生的主要成就。

1928年，罗振玉迁居旅顺，并修建了私人住宅和大云书库。他将天津的藏书移到了旅顺，内藏内阁大库档案、碑碣墓志、金石拓本、法帖、书画等30余万册。这些藏书是罗振玉自清末开始，历时40余载辛苦搜讨，花巨资购置积聚起来的，其中不乏珍贵的古代善本、孤本。此外，大云书库还收藏了大量的殷墟甲骨。其中清朝大库档案是重要的文献资料，包括敕谕、黄册、通本、殿试、朱卷会试、揭帖、外国表章、奏本、内阁杂档、满文残本等 23 项内容。罗振玉在旅顺生活了 12 年，晚年的许多著作都在这里完成。大云书库所藏资料目前藏于大连图书馆、旅顺博物馆等地。

罗振玉

罗振玉旅居旅顺期间，除了政治活动外，大部分的时间用于从事新著，补正旧著。先后编纂辑述的有《汉石经残字集录》1 卷、《辽居杂著》、《丁戊稿》1 卷、《辽居稿》1 卷、《辽居乙稿》1 卷、《集蓼编》、《贞松堂集右遗文补遗》3 卷（著录 300 余器）、《古器物识小录》1 卷、《辽海吟》1 卷、《辽居杂著乙编》、《殷虚书契续编》6 卷、整理影印《清太祖实录稿》3 种、《辽居杂著丙编》、《贞松堂吉金图》3 卷）（著录三代器百余品）、重写刊印《皇清奏议六十八卷》（起顺治年讫乾隆六十年）、《续编四卷》（起嘉庆元年讫十年）、《辽海续吟》、《贞松堂西陲秘籍丛残》3 集等。

1933 年—1936 年间，罗振玉主要在旅顺库籍整理处整理、出版其所藏清朝内阁大库史料及满文残本。大库是清代内阁收藏档案、书籍的处所，收藏珍贵的历史文献。清朝末年，时局动荡，很多大库档案散失在外。罗振玉曾为保存大库档案奔走游说，终于保住了大库档案不被销毁。辛亥革命后，大部分的档案被当作废纸卖给了造纸厂，罗振玉得知此事，急忙以高出原售价 3 倍的价格买回，保存起来，这些资料成为他藏书的一部分。罗振玉用 3 年时间编印了 21 册史料《大库史料目录》14 卷 6 册、《史料丛编》6 册、《史料丛编二集》6 册、《国朝史料零拾》2 卷 2 册、《明季史料零拾》1 册等。

退职后，他在旅顺继续整理刊行所藏古文物史料。编有《三代吉金文存》，著录传世的殷、周青铜器铭文拓片4835件。他先后辑撰的多部专书、论著都具有较高的学术价值，对研究考古学、金石学、文字学有着重要的参鉴稽考作用。

除罗振玉等中国学者在大连研究中国文化外，一些外国学者以不同的目的和角度研究中国文化。大谷光瑞是其中有代表性的学者。

大谷光瑞（1876年—1948年），日本京都府人。日本净土真宗本愿寺派第22代法主。"二战"期间任日本内阁参议、内阁顾问、大东亚建设审议会委员等职，曾在大连为日本的侵略势力效力。1945年，日本投降后，大谷光瑞滞留中国两年，1947年回国。大谷光瑞深谙汉学。20世纪初，大谷光瑞组建"中亚西亚探险队"，先后三次深入我国西北地区"探险"，盗取了大量珍贵文物、古籍，盗挖了吐鲁番的大量古墓、唐朝北庭都护府遗址和楼兰的米兰遗址壁画等重要遗址遗迹，并运回日本国内。他盗取的大量文物中最为珍贵的有木乃伊、彩绘泥俑、小陶俑、方砖彩墨书墓表、绢画、麻布画、壁画、汉文文书、非汉文文书、敦煌写经等。这批文物最初都存于日本神户市郊大谷光瑞的二乐庄。1915年，大谷光瑞将部分文物带到旅顺，藏于"关东都督府物产馆"，共有7531件，其余部分寄藏于日本京都恩赐博物馆和汉城朝鲜总督府博物馆。1929年，大谷光瑞把这些文物以37161日元的价格卖给了"关东厅博物馆"。随后，日本方面对这些文物进行了初步整理，并展出了有关文物。现今旅顺博物馆收藏的新疆出土文物，就是大谷光瑞当年"寄存"的这部分。除文物外，大谷光瑞还盗取了大量古籍，后将这批书转给满铁大连图书馆抵偿借款。

大连解放后，满铁大连图书馆被中国政府接管，这部分古籍作为馆藏的一部分，被命名为"大谷文库"，收藏汉籍5000余册、西文书约300册。其中包括经、史、子、集各部类的书籍，尤以明末清初小说、方志和子部佛教类藏书最为珍贵，有很多都是海内外的孤本、稀见本。

在盗取收藏文物和典籍的基础上大谷光瑞还对中国文化进行了研究，

刊印《大谷光瑞兴亚论丛》《大谷光瑞兴亚计划》，集有《大谷光瑞全集》《二乐庄丛书》等。

第三节　地方志略
——记录大连的历史与文化

金代以前有关大连地区人文历史的记载都散见于一些历史典籍中。据晋代出土的周代逸书《逸周书·王会篇》记载，居于辽东一带的夷人称为"青丘""周头"。《史记正义》引东汉人服虔的注解说："青丘国，在海东三百里。"古籍记载，自尧舜起，舜设九州，"越海分齐为营州"，直到夏、商两代，渤海东北的辽东地区一直为山东的青州、营州领地。因此，这些典籍所指的"青州"应是以山东为基准方位"在其北""海东三百里"，即辽东半岛南部。周代逸书《竹书纪年》及以后的《旧唐书》《新唐书》《后汉书》《魏书》《三国志》等，都有关于青州的记载。明清以后，毕恭的《辽东志》、李辅的《全辽志》、王在晋的《三朝辽事实录》、何尔健的《按辽御珰疏稿》、茅瑞征的《东夷考略》《奉天通志》，都在不同程度上记录了大连的地理、民族、风俗人情、文化和经济发展状况等内容。

较为完整和专门记述大连地区历史情况的多见于志略，其中最早的是金代王寂的《鸭江行部志》。《鸭江行部志》以日记体的游记形式从多种角度记述了大连的风土人情、地理风貌。明清之后，官方和民间纷纷编纂地方志。光绪年间的《复州乡土志》和《庄河乡土志》，分门别类记录了复州和庄河的历史、文化、政治和经济发展状况，是大连地区最早的地方志，是研究复州和庄河历史的重要资料。至 1945 年，大连地区编纂的地方志有《大连要览》《南金乡土志》《金州志纂修稿》《复州乡土志》《复县志略》《庄河乡土志》《庄河厅志》、民国《庄河县志》和伪满《庄河县志》，共 9 种，其中《金州志纂修稿》《庄河乡土志》《庄河厅志》三部志书当时没有刊印，存有手抄稿。这是研究大连历史的重要资料。

一、隋汝龄与《辽海志略》

《辽海志略》是私修的东北方志中的巨著，是研究辽宁历史和东北地区历史的重要地方志书之一。作者在记录东北历史文化的同时，比较全面地记载了大连的历史和文化，对研究大连的地方史具有重要的历史价值和学术价值。

《辽海志略》

《辽海志略》为清道光年间隋汝龄所著，成书于清咸丰二年（1852年）。全书共160卷，手抄本共64册，现存版本都残缺4册。全书分为24个门类，分别为天文志、地舆志、城池志、关隘志、宫殿坛庙志、山川志、古迹志、建制沿革志、风俗志、官秩志、封爵志、编年纪事志、帝纪志、割据志、属国外藩志、选举志、仕宦志、人物志、名宦志、流寓志、方外志、烈女志、考据、杂记、艺文志，卷一为舆图志，不计入其中。记述时间为上古至明朝，其编年以纲目为主目，无纪年。所记范围限于"古之元菟、乐浪、辽东、辽西四郡而旁及海滨诸国"，按今天的地理范围来看，当时的范围是北到沈阳，南到朝鲜北，西到锦州、承德一带，东到朝鲜西。

大连图书馆曾藏有同治稿本，后遗失。南开大学和辽宁图书馆皆藏有残本。现吉林省社科院藏有金毓黻藏书的手抄本。台北故宫博物院藏有完整本。

隋汝龄（生卒年不详），字九芗。大连金州人。道光年间拔贡，曾任江苏祝其、赣渝县知县，江宁府（今南京）督粮同知，为东北地区著名的历史学家。他在江南为官期间，稽古读书，潜心研究东北地区历史，历时20余年，写成《辽海志略》。他在《自序》中写道："古今世事之变迁，人才之淑慝，山川风俗之殊，起灭分并之迹，征文献而敬桑梓。"

当时江南文士吴棠、梁佐中在为该书作序时称:"辽左隋君九艻,读书明理,为今之循吏,学既博衍,识尤精卓","推阐前例,综览前朝,凡墨胎之旧绪,玄菟之启绩,辽金之掌故,胜国之兵事,拾沈集唾苕集而成",虽非官史,但"功实迈过土诵"。[25]

二、各县乡土志

乡土志又称风土志,是反映某一地域历史地理人文物产等概况的志书。乡土志多由当地文人士绅组织编撰,一方面为了记载资料,便于查阅;另一方面是为了启蒙教学,教育当地的孩童了解家乡。

1.《南金乡土志》

《南金乡土志》为清代乔德秀编撰,成书于宣统三年(1911年),曾多次刊印,其中民国二十年(1931年)的石印本流传最广。辽宁省图书馆、大连图书馆、辽宁师范大学图书馆等都有收藏。

《南金乡土志》记述了金县、大连和旅顺一带的概况。从古今史书和口传旧闻采集资料,按照志书的形式编修而成。《南金乡土志》全书不分卷,共分19志,包括形胜志、历史志、政治志、风俗志、文学志、武事志、孝义节烈合志、耆旧志、名宦志、城池志、职官志、祠祀志、户口志、田赋志、山河海岛志、古迹志、物产志、祥异志、乡土租借政治志。《南金乡土志》是一部乡土教材,是大连地区唯一一部以作为教材为编写初衷的志书。

乔德秀(1849年—1916年),字芝三,号希真子。大连金州西小磨子人。1866年,获金州童试榜首,光绪年间举贡生。1892年,曾在盛京讲学,被公认为辽东通儒。

俄日侵占大连后,乔德秀返回家乡。他认为"中国之所以任人宰割,皆失去教育之故也",遂于1910年创办金州私立公育两等小学校,自任校长,深受欢迎,人称"三先生"。《南金乡土志》就是此期间他为了教育学生热爱祖国、热爱家乡而编纂的教材,在自序中说道:"聊备公育学校随意科之教授法,用以补吾乡五千年之缺点,即以浚本校两等生之灵明,庶几知爱乡即知爱国乎!"遂"搜罗古今之书史,调查远迩之见闻,征其实,举其要"编著而成。[26]

此外，他还著有《东北要塞鉴古录》《营城子会土地沿革概略》《忍堂治家规则》《鸿指三生录》《女箴》《三芝启蒙》及诗文集若干卷。

2.《复县志略》

《复县志略》为程廷恒修，张素纂。1919 年开始编修，1920 年由奉天文和兴印书馆石印出版。现北京市图书馆、辽宁省图书馆、大连图书馆有藏。

全书序 3 篇，分别为奉天督军兼省长张作霖、省政务厅长魁陞、复县知事程廷恒所作。测绘地图 2 幅，分别为奉天省图、复县舆图。全书 5 册不分卷，设 46 目，包括建置略、舆图并原序、疆域表、经纬方里表、山水略、滨海地形略、道路略、官制略、名宦略、政绩表、盐务机关表、地方法厅设置表、司法表、兵事略、警察沿革表、警察区队分驻表、警察官书长警表、保卫团沿革略、自治表、自治区域表、选举略、学务表、农商会表、医学会表、教养工厂表、邮务表、电话表、户口表、居留日侨表、田赋表、常关表、税捐分局表、地方收捐处表、财政岁入岁出表、物产表、柞蚕略附图、矿产表、五湖咀矿产沿革略、南海岸盐务源流略、礼俗略、宗教表、古迹略、祠庙表、人物略、列女略、艺文略等。远溯周秦，近涉民初，较为详细地记述了复县（今瓦房店市）地区的历史沿革和人口、政治、经济、文化发展情况，收录了许多珍贵的史料，是了解本地区历史的珍贵资料。这是复州第一部县志。

程廷恒（1878 年—？），字守初，江苏昆山人。光绪末年至民国初年历任抚顺、宽甸、安东、复县等地知事，颇重视地方志的纂修。任职期间修纂完成了《抚顺县志略》《宽甸县志略》等 5 种志书，《安东县志略》因离任而没有修著完成。

3.《庄河县志》

《庄河县志》为王佐才修。1934 年由庄河永源书局铅印。北京市图书馆、辽宁省图书馆、大连图书馆有藏。

《庄河县志》"修经两度，时阅五稔"。1921 年，廖彭、李绍阳、宋抡元等人编撰完成 1 函 2 册，12 卷。1930 年，时任庄河县县长的王子长就组织李其实、王贯三、寇迺荣等续修县志。后因九一八事变的爆发而中途搁置。最后由王佐才主持，聘请杨维嶓等人修著完成。

全书 1 函 4 册，有序 12 篇，测绘地图 1 幅，为庄河县全境地图，示意图4幅，为庄河县城街市图、大孤山镇街市图、青堆子街市图、庄河县学区图。卷首有总志，卷末有余志。正文分为地理志、建置志、职官志、政治志、财政志、教育志、交通志、实业志、物产志、礼俗志、言语志、选举志、宗教志、慈善志、兵事志、人物志、艺文志、团体志18卷。这一版的《庄河县志》是对1921年《庄河县志》的续修，增设了"言语""慈善""团体"等卷，这是其前志书中没有过的部分。该志书文字简雅，门类清晰，体例完善。但是这毕竟是伪满县政府主修的，在修纂的过程中有日本参事官的监督，因而在内容上有极大的局限性，在一些事件的处理上采取了适应日本殖民统治的处理方法。

王佐才（生卒年不详），字子新。辽宁法库县人。时任庄河县县长。杨维蟠（生卒年不详），字荆山，庄河县人。毕业于东北大学，时任庄河县县立中学教员，又任伪庄河县教育局局长兼内务局局长，后因从事抗日活动，被日寇杀害。

第四节　历史文献
——真实记述大连的历史

在中国近代史中大连因与甲午战争、日俄战争有着紧密的关系，而占有特殊地位。在中国近代史中，在帝国主义坚船利炮的压迫下签订的丧权辱国的不平等条约有许多与大连有着直接的联系。其间，涉及大连的条约、照会、专条、议定书、协定等有《马关条约》《中俄密约》《旅大租地条约》《中俄勘分旅大租界专条》《朴次茅斯条约》等20余个，这些条约不仅记录了中国近代史上的重要事件，同时也记录了大连的近代史。除这些条约外，在大连地区任职或处理朝廷事务的官员给朝廷的奏议，客观上对大连的历史文化也起到了文献式的记录作用。

一、《马关条约》——旅顺、大连陷入日本的殖民统治

1895年4月17日，清朝政府和日本政府于日本马关签署条约，原名《马关新约》，日本称为《下关条约》或《日清讲和条约》。《马关条约》

《马关条约》签订场景

的签署标志着甲午战争的结束。该条约是继《北京条约》以来侵略者强加给中国最刻毒的不平等条约，日本从中得到了巨大的利益。

条约共 11 款，并附有"另约"3 款和"议订专条"3 款。其中第二款第一条规定："该线抵营口之辽河后，即顺流至海口止，彼此以河中心为分界。辽东湾东岸及黄海北岸，在奉天省所属诸岛屿，亦一并在所让境内。"根据这一条款的规定，旅顺将永久归日本所占有。

《马关条约》的签订直接损害了其他帝国主义列强的侵略权益。俄、德、法三国向日本提出照会，以武力相威胁，逼迫日本放弃辽东半岛。俄国早在第二次鸦片战争以后，就已经对远东地区保有领土需求，先后占领外东北、库页岛，修建远东铁路，目的就是在朝鲜或"满洲"获得一个不冻港。日本要求割让辽东半岛的行为已经妨碍到了俄国多年来的计划，所以俄国不惜动用武力也要阻止日本割占辽东半岛。德国和法国为了在东亚获得更大的侵略利益，也出面支持俄国的干涉活动。三国联合发布了对日本政府的通知："今日本国割占辽东，既有危害中国之首都（北京）之虞，也让朝鲜国之独立有名无实，有碍维持远东之和平，故今劝谕贵国确认放弃占领辽东半岛。"并且准备出动军舰干预此事。日本迫于三国政府的压力，同意将辽东半岛归还中国，但要中国出资 3000 万两白银，赎回旅顺。实际上中国只是表面收回主权，却将旅顺真正置于俄国的势力之下。《马关条约》签订后，旅顺沦为日本的殖民地，也是大连进入殖民统治历史的开始。

二、《关于设置大连海关及汽船航行内水的协定》——大连海关殖民化的开始

日本不甘于失去旅顺，经过多年的准备，1904年日俄战争爆发，日本人以武力从俄国人手中夺回了对旅顺和大连地区的控制权，并以大连为战略要地，不断推进向中国东北地区的进一步侵略。日本殖民主义者占领大连之后，为扩大侵略范围和利益，又陆续签订了一些不平等条约，其中多有涉及大连之处，可悲的是，这些条约中有一些竟然不是与清朝政府签订的，比如《关于设置大连海关及汽船航行内水的协定》就是由英日双方签订的。

《关于设置大连海关及汽船航行内水的协定》于1907年5月30日签署于北京。又称《大连海关试办章程总纲》。由英国总税务司赫德与日本公使林权助签订。该协定的实施使大连海关关务、关政、关制具有极强的殖民地性质，是中国海关制度殖民化的开始。总纲下设两个协定，一是《关于设置大连海关的协定》，一是《关于汽船航行内水的协定》。前者计18条协定正文，规定了大连海关基本制度；后者计7条2款协定正文，涉及了大连海关某些具体业务。

关于大连海关的问题商定，在全程没有清政府参与的情况下，商定了大连海关现行试办章程总纲。同时，还签订了《大连设关征税办法》及其副件。详细规定了大连海关的关税征收办法及相关事宜。条约规定大连海关的税务司由日本人担任，各项工作人员也均由日本人担任，如果职位出现空缺，可调派别国之人暂行委用。征税办法的制定完全是在没有清政府参与的情况下进行的，大连的海关已经完全由日本控制，大连的货物运往中国各地还需要向日本海关缴税。大连港已经变成了"日本的港口"，大连的海关主权已经丧失。

海关问题是清政府的主权问题，却由英国人出面与日本政府签订协议，清政府是否在大连港设关，关税如何征收，也由日本政府决定，可见当时清政府的主权已经被严重侵犯，帝国主义侵略者在清政府的土地上已经猖狂到了极致。[27]

三、《旅大租地条约》—— 旅顺、大连陷入沙俄的殖民统治

1898 年 3 月 27 日，清朝与沙皇俄国在北京签订了有关租借旅顺、大连的不平等条约《旅大租地条约》又称《中俄会订条约》或《中俄条约》，共九款。由清朝总理各国事务大臣李鸿章和尚书衔户部左侍郎张荫桓与俄国驻华代办巴布罗福签订。从此开始了沙俄租借旅大的历史，大连陷入沙俄的殖民统治。5 月，中俄又在圣彼得堡签订了《续订旅大租地条约》，共 6 款，对《旅大租地条约》的内容加以补充和完善，进一步扩大了俄国在旅顺、大连的利益。

沙俄对中国东北地区蓄谋已久，"三国干涉还辽"之后，沙俄加速了对东北殖民入侵的进程。1896 年 6 月 3 日，沙俄借口"共同防御"日本，诱迫清政府派遣特使李鸿章与俄国外交大臣罗拔诺夫、财政大臣维特在莫斯科签订《御敌互相援助条约》，又称《防御同盟条约》，一般称为《中俄密约》。全约共 6 款，主要内容是：1. 日本如侵占俄国远东或中国以及朝鲜土地，中俄两国应以全部海、陆军互相援助。非两国共商，缔约国一方不得单独与敌方议和。开战时，中国所有口岸均准俄国兵船驶入；2. 中国允许华俄道胜银行修建一条由黑龙江、吉林至海参崴的铁路，无论战时或平时，俄国都可通过该路运送军队军需品；3. 此约自铁路合同批准日起，有效期 15 年。根据《中俄密约》，同年 9 月，与中方签订《中俄合办东省铁路公司合同》，并单方面制定了《东省铁路公司合同章程》，合同规定成立中国东省铁路公司，其章程照俄国铁路公司成规办理。至此，俄国获得了使西伯利亚大铁路穿过中国领土直达海参崴的特权。

《旅大租地条约》的主要内容有：1. 俄国获得了旅顺、大连及其附近水面的"无偿"租借权，为期 25 年。租地以北划出一段"隙地"（几乎包括了整个辽东半岛），未经俄方许可，中国军队不得进入；2. 俄国取得使用旅顺港的权利，同时还获得驻军的权利，可以在"租地"建造"水陆各军所需处所，建筑炮台，安置防兵"；3. 同意俄国由中东铁路修建到达旅顺、大连的支线，"此支路经过地方，不将铁路利益给与别国人"。

《旅大租地条约》和《续约》的签订，使俄国强行租借了旅顺和大连，

在辽东半岛南端，建立了海军基地，并通过中东铁路与南满支线把这两个远离俄国本土的军港同俄国连接起来，使中国东北成为沙俄的势力范围，俄国在远东的战略地位大大加强。强租旅大的第二年，沙俄又擅自把旅大租借地改为"关东省"，实行军政合一的殖民统治。

第二年，中俄立即签订了《中俄勘分旅大租界专条》及《辽东半岛俄国租地分界专条附条》，详确勘定了俄国"租借"的范围。在勘定的过程中，俄国又趁机多"租借"了我国大片领土，甚至将山东登州附近海域的庙岛群岛划入租界。[28]

四、《朴次茅斯条约》——旅顺、大连彻底陷入日本的殖民统治

三国干涉还辽之后，日本丧失了对大连旅顺地区的统治权，心有不甘。1904 年 2 月 8 日，日本海军联合舰队袭击旅顺口的俄国舰队，在中国的土地上拉开了为期一年有余的战争，史称日俄战争。这场战争以俄国的失败而告终。1905 年 9 月 5 日，日本、俄国于新罕布什尔州朴次茅斯海军基地签订了停战协议，即《朴次茅斯条约》。

条约的开头这样写道：大日本天皇及全俄罗斯大皇帝，双方本着恢复和平之心愿，订立此和约。大日本天皇特授权外务省大臣小村寿太郎男爵阁下及日本驻美国大使高平小五郎阁下；全俄罗斯大皇帝特授权俄罗斯国务卿、大臣委员会主席谢·尤·维特阁下及俄罗斯驻美国大使罗曼·罗森男爵阁下，彼此检阅所奉权力，认明均属妥善无阙，会同议定以下条款。

协议的大部分内容涉及日本和俄国在中国东北的势力划分。条约签订方中没有清政府的参与，条约内容也未经清政府同意，直接将辽东半岛租借给日本，并由俄国政府向日本政府移交和转让旅顺港、大连及相关水域的租借权益，以及与此租借地相关和构成此租借行为的所有权利、特许权。同时，沙国向日本移交和转让租借地的公共建筑及设施。条约中明确提到这些举措都要"经过中国政府同意"，而实际上俄日两国完全将清政府排除在外，无视清政府对上述地区的主权。

五、《二十一条》——旅顺、大连的租借期延长为 99 年

第一次世界大战之后，日本利用各国列强无暇东顾的时机，向袁世凯政府提出秘密条款《二十一条》，又称《中日民四条约》。袁世凯政府迫于日本的压力派外交总长陆徵祥、次长曹汝霖等签署了条约。

条约第二号第一条规定：将旅顺、大连租借期限并南满洲及安奉两铁路的期限延长至 99 年。同时还规定南满铁路沿线的矿山开采权归日本所有，中国沿海港湾岛屿不得租借或割让给他国。[29]

《二十一条》的签订在国内激发了前所未有的爱国热情，知识分子、农民、商人等各行各业的中国民众都对日本及袁世凯政府的行为感到不满，在全国范围内掀起了反日活动，爆发了全国性的五四爱国运动。

六、奏议

战国时期，燕国始设辽东郡，使大连地区成为中央集权制下的州郡之一。此后，派任大连的官吏就常常以上疏的形式向君王、朝廷陈述地方的政治、经济、军事、文化和其他相关事宜。在汇报地方情况的同时，这些奏议较为客观地记录了当时大连地区的各种情况。特别是明清时期的奏议，海运开放、海防建设、北洋海军、甲午战争等方面的状况，在奏议中都有所记述。

1.《海运议》

《海运议》为明代边备金事刘九容奏议。奏议建议重开辽东海运。

奏议指出"海运之废，已非一年"，但民间私自从事海运的情况从未彻底禁止。奏议说明了重开辽东海运的理由。一是地理位置原因。"看得辽东三面阻夷如物坠囊中，出入无路。幸有旅顺口一带，似天造地设，阴为辽东之门户也。"二是历史发展原因。"自唐以来，久为经行之路，数十年闭而不开，何古今通塞不相侔欤？""如人一身，当使元气周流而无滞，兹者关隔于中，使两地邈越千里。若不相属，不图转运之利，反置诸无用之地矣。"三是人心所向。"又况军民人等偶闻欲开海运，不啻重见天日。远迩欢腾，不止金州一隅而已。"

　　明代大连与内地的交往有经山海关走辽西走廊的陆路和经渤海湾走山东半岛的海路。海路也被称为"登辽海道"。登辽海道在明初十分繁荣，明中期以后逐渐衰落，因嘉靖年间全国普遍实行海禁，登辽海道也从此关闭。虽然官方关闭了海运，但民间的海运仍在私下进行。海禁给登、辽两地的民众造成了很大的困扰，也导致登、辽两地战略防御体系的破坏。刘九容正是看到了辽东半岛与登州在军事和经济上互为补给的相互关系，才向朝廷提出了这份奏议。此后，1559年辽东遭遇大饥荒，辽东巡抚侯汝谅也要求重开登辽海运，而朝廷仅同意开通天津与辽东的海运，以救助灾荒。

　　到明代后期，登辽海运军事上的功能完全被取消，民间商贸的交通也被禁止，这条曾在明代开国时起到重要作用的海路，基本处于荒置状态。[30]

　　2.《补议经略东方未尽事宜以安边境疏》

　　《补议经略东方未尽事宜以安边境疏》为明代巡按御史李辅的奏议。奏议分析道："照得险山迄东一带，离辽阳镇城仅二百余里，逼近诸胡地方，山涧错互，贼易潜藏，树木交加，兵难哨望。"为了防御北方少数民族的骚扰，安定边疆，李辅认为原有的军事设施应得到改善和增置。

　　首先建议在重要关卡增加兵力，利用地理优势集中阻击敌人。"道路止有二处，一自十岔口逾山而入，则犯新安凤凰西南等堡，而险山其要也；一自短错江沿流而入，则犯九连城江沿台东南等堡，而康家哨其要也。"建议在这两处所涉及的关卡集中兵力，修建堡垒，增设一参将，"于江沿添设备御而以汤站、凤凰、镇东、镇夷等堡属之管理，则无事之时参将中制守备备御，张两掖以听命焉，隐然有虎豹在山之势，一遇有事，参将左援瑷阳，右援江沿，万一险山有警，而守备备御即翕然并至，又宛然有首尾相应之形矣。况又不必添设兵马，惟多增一官而已，委于事体，甚为便益"，形成互为援助之势，拒敌于关卡之外。

　　其次建议在辽东实行军屯制度，军士边训练边耕种，以解决军粮不充裕的问题。"今卒然添兵二千有余，各带帮丁人口，约而计之，不止一万余口。地有限而人渐多，生者寡而食者众"，而军粮又"皆于六七十里或百里之外"。因此，他建议在驻军附近寻找"地形平坦，土膏肥沃"之地，"乞要分军于彼屯种"，且"永不起科征税"。

再次建议增设卫所，加强对闲散移民的管理，增加劳动力。李辅在巡视辽东的时候发现辽东地方旷荡，山谷绵连，有很多"军徒重犯"逃躲此处。且当地多产银矿，百姓为此经常"劫夺成习"。而辽东地处边疆，"逼近朝鲜疆域，又为入贡必由之路"，目前"望见朝鲜爱州城，则人烟辏集，城郭森严。转顾内地，殊觉城堡寂寥，甚非所以大华夏之观而示外夷以威严也"。况凤凰城堡"山川环抱，土脉融和，人民繁庶，物产殷厚"，应该"将此改立卫治"，"凡附近屯堡居民，除盐铁、驿递、恩军外，其余逃差等人见在此地耕种，不论官舍军余及险山新募军士帮丁等人口，尽行收入此卫"，必将"民安盗息，地辟兵强，永保无虞矣"。

3.《马政奏》

《马政奏》为明代苑马寺卿冯时雍奏议。苑马寺卿为明永乐间设置的官员，从三品，掌所属各牧监、各苑之马政。冯时雍（生卒年不详）为嘉靖初年的辽东苑马寺卿，字子际，明弘治乙丑科进士，河北人。根据冯时雍马政改革的历史推算，这篇奏议大概写于1533年至1535年间，是为改善辽东马政而上的奏疏。

在冷兵器时代，马是最重要的战略物资。永乐四年（1406年）九月，明朝就在辽东设置苑马寺，作为官方养马的主要地点。这代表着辽东马政管理专门机构的出现，同时反映出当时辽东在军事上的重要地位。但是随着马政的实施，一些管理上的弊端也陆续出现，冯时雍的《马政奏》就是为了解决这些弊端而提出。

奏疏首先陈述了辽东马政存在的问题。一是管理不善。养马的军士和种马都没有准确的数量统计，造成了养马军的逃逸和种马的丢失，"恩军并种马因无额数，故绝逃亡者无清勾补伍之益，倒死种马者无补还原额之文，遂使殷实者反无追赔之虞，贫难者多负科驹之累。"二是用地被侵。马场的土地被军屯田地占用，为此马场与屯田军时有纠纷。

奏疏又提出了解决辽东马政问题的对策：清查辽东苑马寺两苑的牧地、种马和驹骒数量；收回被侵占的牧地，买补丢失的种马和驹骒，并按照这个数量保持下去，不得违背；采取军户领养马匹的政策，"欲查将两苑各户上中人等，每五人为伍，共攒一槽。领养骒马四匹，搭配儿马一匹。拨与余丁五名贴养，遇本槽种马倒死及亏欠驹子，十人均派赔补"；

清查逃逸的养马恩军，制定养马军户的奖惩办法和淘汰驽马、改良马种的具体办法；"驹骡必待四岁以上，方许俵给骑操，不得将种马一概俵去，夺种本以救目前"。

冯时雍的奏议在嘉靖十四年（1535年）得以推行。对于辽东的马政来说这是一次根本性的变革，将苑马寺的官马变成民养，由军士按照规则分别领养，实施措施具体，责任到人。完善的军户自养管理系统，带来了辽东马政的黄金时期。

4.《使朝鲜回奏》

《使朝鲜回奏》为明代翰林院修撰的龚用卿、户科给事中吴希孟的奏议。

龚用卿（1500年—1563年），字明治，号凤岗，怀安县人（今属于福建省福州市鼓楼区）。嘉靖五年（1526年）状元，授翰林院修撰。参与修撰《明伦大典》《大明会典》等，著有《使朝鲜录》《凤岗文集》《诗余》等。

嘉靖十五年（1536年），嘉靖皇帝的次子朱载壑出生，为此派遣龚用卿出使朝鲜颁诏。《明实录·嘉靖实录》曰：嘉靖十五年（1536年）十一月癸丑朔，丁巳（初五日）"以皇子生，遣翰林院修撰龚用卿、户科给事中吴希孟为正、副使，颁诏于朝鲜国，赐国王以文绮、彩缎"。《使朝鲜回奏》就是龚用卿出使朝鲜回来路经辽东，观辽东事而向朝廷上的奏章。

他考察了辽东边陲防务，认为朝廷对辽东边防的重要地位重视不够，忽略了辽东的边防建设，必然后患无穷。对辽东建设中存在的一些问题，在奏章里一一做了陈述，并对加强辽东边防提出了建议：增筑边城以备虏患，"达虏肆意南侵，深入腹心，诸墩台瞻顾不支，涣散不一，窃谓自广宁至开原旧路，宜因时修筑，以八百里之兵力，为三百里之守，则用力专以八百里之城垣"；复海运以求发展，"洪武、永乐年间，海运边储船只直抵开原"，虽然实行海禁，仍有"辽东金、复、盖、海四卫山氓，亦各有船往来登辽，贸易度活"，不如"就令撑驾官船，转运花布，给与脚价，编为号数，则彼无私通之罪，吾有公输之价，壮军气，实边储矣"；加强辽东军民的管理，实行行伍制度，将闲散的流民统一起来，"则军伍无缺，民无游食矣"；清理马政以备军需，"马死已买数年而银未得实领者有之，调操官军、更替回卫者有之"，可见"法久弊生"。

这些观点在李辅的《海运议》、冯时雍的《马政奏》等奏章中都有所体现，说明他们共同发现了明朝中期辽东地区存在的主要问题。

5.《筹议海防折》

《筹议海防折》是清代李鸿章的奏章，写于同治十三年十一月初二日（1874年12月10日）。

李鸿章认识到与列强签订的一系列不平等条约对清政府来说是后患无穷的："臣查各国条约已定，断难更改。江海各口，门户洞开，已为我与敌人公共之地。"而与洋人之间的交往皆"自有洋务以来，迭次办结之案，无非委屈将就"。而洋人多"论势不论理，彼以兵势相压，我第欲以笔舌胜之，此必不得之数也"。所以现今只能加强自我的防御，才能防患于未然，保证国家的安全。"外患之乘，变幻如此，而我犹欲以成法制之，譬如医者疗疾，不问何症，概投之以古方，诚未见其效也。"强调我们再不能拘泥于"成法"，不"牵于众议"，兴洋务，扩建海军，强大军事力量。"穷则变，变则通"，整顿海防，强大海军，除此之外"别无下手之方"。

李鸿章建议将清朝的军事布防中心向东南沿海倾斜。他认为清朝的军事防御一贯注重西北，而"东南海疆万余里，各国通商传教，来往自如，聚集京师及各省腹地，阳托和好之名，阴怀吞噬之计"，所以这次驻防要加大对东南沿海的防御，不必"处处宿以重兵"，只需按照战略地位的主次进行军事布防即可。"直隶、大沽、北塘、山海关一带，系京畿门户，是为最要；江苏吴淞至江阴一带，系长江门户，是为次要"。建议按照一定的标准配备北、东、南三大海军，建议北洋海军"宜分驻旅顺口一带"，东洋海军"宜分驻长江外口"，"南阳宜分驻厦门虎门"。这是清政府首次提出旅顺口为北洋海军的驻扎重地，足见旅顺口在军事上的重要战略地位。

李鸿章还建议用西式的方法训练海军，提升海军的装备。因为他认识到"彼之军械强于我，技艺精于我，即暂胜，必终败"。遂上书要求不要"拘执旧制以图省费"，沿海水师"一律改为洋枪炮"，"无事时专请操练，兼筑堡垒，有事时专备游击，不准分调"。同时建议筹建铁厂、铸造厂，以打造枪炮。

李鸿章在奏议里甚至详细地奏请了军费如何筹集的问题："已经出塞及尚未出塞各军，似须略加覆灭，可撤则撤，可停则停。其停撤之饷，即匀作海防之饷。"初步拟算，购船、练兵、简器三项，至少需要经费一千余万两。还建议"暂停内府不急之需"用于海防，"各海关四成洋税及部库历年提存四成"也调拨海防。逐项节省开支，只为能够打造一支强大的海军。

李鸿章认为，海军的强大与否在于人才，"洋人入中国已三十余年，驻京已十余年，以兵胁我，殆无虚岁，而求练达兵略、精通洋法者恒不数观，由于不学之过，下不学由于上不教也"。所以他建议发挥京师同文馆的作用，广教洋务。采用江苏选幼童出洋学习的政策，选派一些幼童出洋学习洋务兵事。建议各省分设洋学局，学习"皆有切于民生日用、军器制作之原"。

此篇奏议是李鸿章对清朝海军建设的一个宏大蓝图。依照此折，光绪特命李鸿章筹建北洋海军。李鸿章在旅顺口和威海卫筹建了规模宏大、设施完备、技术一流的北洋海军基地，组建了一支精通洋枪洋炮使用方法的强大海军，北洋海军的将领很多都是留过洋的，李鸿章的宏大蓝图得以初步实现。北洋海军在清朝海军中实力最强、规模最大，舰队实力当时是东亚第一。然而甲午一战，北洋海军全军覆没。

6.《奏阅军情形》

《奏阅军情形》为清代李鸿章于光绪二十年（1894 年）四月的奏议。李鸿章时任直隶总督兼北洋大臣。

1894 年，李鸿章率领北洋海军主力舰队巡视清朝沿海的军事布局，同时展示了北洋海军的实力。当时李鸿章带着北洋海军的主力舰队由天津大沽出发，场面壮观。"北洋海军提臣丁汝昌先期调集所部定远、镇远、济远、致远、靖远、经远、来远、超勇、扬威九舰，及记名总兵余雄飞所带广东之甲、乙、丙三舰，记名提督袁九皋、总兵徐传隆分带南洋之南琛、南瑞、镜清、寰泰、保民、开济六船，在大沽口会齐，随同放洋。"本奏章就是李鸿章向光绪皇帝做出的汇报，其中得意之情溢于言表。奏章全文 3000 余字，叙述了他视察北洋水师各个基地的基本情况，这个情况主要包括以下内容：一、各个军港战舰的分布情况；二、各港口军事布防情况；三、军事学堂的学习和训练情况；四、北洋水师的军备与英日等帝国主义国家军备的比较情况。

李鸿章用浓重的笔墨讲述了北洋海军在途中操练的情景。"行驶操演，船阵整齐。变化雁行、鱼贯，操纵自如。""阵法灵变纯熟，快利无前，各处洋操，实无其匹。"发射鱼雷"均能命中破的"，娴熟有准。可见北洋海军平时装备精良，训练有素，战斗力极强。此种操练受到了英、法、俄、日等国的称赞，"英、法、俄、日本各国均以兵船来观，称为节制精严"。

清政府为训练海军开办了多所军事学堂，其教学技术处于世界前列。其中大连地区就有旅顺口鱼雷驾驶学堂、旅顺管轮学堂、旅顺水雷营附设水雷学堂等，完成了北洋海军军士的培养和训练任务。李鸿章在奏章中详细叙述了各军事学堂的操练情形。"连日饬派记名海关道罗丰禄、潘志俊，存记道张士珩等分考旅顺口之鱼雷驾驶学堂，水雷营学堂，大连湾之水雷营，威海卫绥巩军之枪炮学堂，及南北岸水雷营学堂，刘公岛之水师学堂，山海关之武备公所及水雷营……校阅海军操阵、演雷、打靶及考验各学堂。"

从奏章中，可见清政府在各海口的炮台及驻军布防严密，英国水师提督福勒曼德尔看过大连湾各处炮台后"讶其工坚费省，谓非借兵力断不及此"。

李鸿章也意识到清政府海军与世界其他国家海军建设的差距。"西洋各国以舟师纵横海上，船式日异月新"，"规制均极精坚"，"日本蕞尔小邦，亦能节省经费，岁添巨舰"，而"中国自十四年北洋海军开办以后，迄今未添一船，仅能就现有大小二十余艘，勤加训练"。他建议添置船艇、慎固陆防、推广学堂。

《奏阅军情形》奏议是清末中国海军和海事布防的情况概览，从中能够全面了解光绪二十年北洋海军的基本情况。李鸿章还自称"储备各项战守器具，足敷操演之用"。

7.《奏报黄海战事经过》

《奏报黄海战事经过》为清代直隶总督兼北洋大臣李鸿章的奏章。黄海海战又称为中日甲午海战，历时5个多小时。黄海海战中，北洋海军师的定远舰、镇远舰、经远舰、致远舰作为主力，在毫无战斗准备的情况下英勇迎战。北洋水师"即令十船起碇迎剿"，"倭人以十二舰鱼贯猛扑"，战斗形势于北洋海军十分不利。在丁汝昌的指挥下各舰奋勇杀敌。在最后只剩定远舰和镇远舰的情况下，仍与敌人激战一个小时，迫使敌舰首先撤退。黄海海战致使北洋海军损失了致远、经远、超勇、扬威、广甲 5 艘军舰，死伤官兵 600 余人。黄海海战后，北洋海军退守威海卫，采取"避战保船"的策略，不再出海迎战，日本海军完全控制了黄海的制海权，也最终导致了北洋海军的全军覆没。《奏报黄海战事经过》就是李鸿章就海战情况向朝廷做的报告。

奏章重点描述了北洋海军誓死战斗，拼死抵抗的情形。"我军奋力迎击，血战逾三时之久，为地球各国海战向来罕有之事。各将士效死用命，愈战愈奋，始终不懈，实属勇敢可嘉。"其中提到"邓世昌首先冲阵，攻毁敌船，被溺后遇救出水，自以阖船俱没，义不独生，仍复奋掷自沉"。建议表彰各位将士，对战斗中牺牲的将领"从优议恤"。

作为北洋海军的主要筹建人物，李鸿章对于北洋海军的感情是深厚的。19 世纪 70 年代，李鸿章就提出了"海防论"，认为列强的威胁主要来自于海上，建立一支强大的海军是国防的主要力量。经过多方面的争取，李鸿章终于一手筹建了北洋海军，成军后的北洋水师，拥有舰艇 25 艘，官兵 4000 余人，是当时亚洲最强大的海上军事力量。然而一场海战，北洋水师一败涂地，对于李鸿章来说也是心痛至极，所以他的奏议中饱含着对北洋海军完败的痛惜之情。当然，李鸿章对黄海海战及其后"避战保船"策略的失误只字未提。

【注释】

[1] 马清福：《东北文学史》，112 页，沈阳，春风文艺出版社，1992。
[2] 马清福：《东北文学史》，117 页，沈阳，春风文艺出版社，1992。
[3] 李振远：《大连文化解读》，118 页，大连，大连出版社，2008。
[4] 吴青云：《大连历代诗选注》，171 页，大连，大连出版社，1992。
[5] 李振远：《大连文化解读》，148 页，大连，大连出版社，2008。

[6] 孙海鹏：《大连著述考略》，载《大连图书馆百年纪念学术论文集》，北京，国家图书馆出版社，2007。

[7] 吴青云：《大连历代诗选注》，43页，大连，大连出版社，1992。

[8] 参见《大连市志·文化志》和《大连市志·人物志》。

[9] 孙宝田：《旅大文献征存》，211页，大连，大连出版社，2008。

[10] 吴青云：《大连历代诗选注》，25—27页，大连，大连出版社，1992。

[11]《斯宜堂诗稿》，沈阳，春风文艺出版社，1998。

[12]《泰东日报》，1919年3月1日。

[13]《大连通史》编纂委员会：《大连通史（近代卷）》，799页，北京，人民出版社，2007。

[14] 李振远：《长夜·曙光：殖民统治时期大连的文化艺术》，60页，大连，大连出版社，1999。

[15] 李振远：《长夜·曙光：殖民统治时期大连的文化艺术》，62页，大连，大连出版社，1999。

[16]《傅立鱼与〈泰东日报〉》，载《长夜·曙光：殖民统治时期大连的文化艺术》，大连，大连出版社，1999。

[17] 孙宝田：《旅大文献征存》，218页，大连，大连出版社，2008。

[18] 孙宝田：《旅大文献征存》，219页，大连，大连出版社，2008。

[19] 吴青云：《大连历代诗选注》，129页，大连，大连出版社，1992。

[20] 姜弢：《李满红：一颗早陨的诗星》，载《庄河记忆》，2014（4）。

[21]《岷源自述》（王永江手稿），转引自汤兰升的《王永江及其〈铁龛诗存〉》。

[22] 刘晓丽：《满洲作家论集》，234—248页，哈尔滨，北方文艺出版社，2017。

[23] 李振远：《长夜·曙光：殖民统治时期大连的文化艺术》，66页，大连，大连出版社，1999。

[24] 引自罗福颐编的《贞松老人外集》。

[25] 参考孙宝田的《旅大文献征存》和李振远的《大连文化解读》。

[26] 大连市史志办公室：《大连市志·文化志》，273页，大连，大连出版社，2003。

[27] 王芸生：《六十年来中国与日本》，39页，北京，生活·读书·新知三联书店出版，2005。

[28] 孙宝田：《旅大文献征存》，104页，大连，大连出版社，2008。

[29] 王万涛：《勿忘国耻，振兴中华——近代涉连条约综述》，载《大连晚报》，1997年6月29日。

[30] 陈晓珊：《明代登辽海道的兴废与辽东边疆经略》，载《文史》，2010（1）。

第十二章

彰显特色　　接轨时尚

——传统艺术与现代艺术

　　大连地区的传统艺术较为丰富，主要有绘画、书法、雕刻、音乐、舞蹈、戏曲等形式。这些传统艺术形式以其浓郁的地域特色、丰厚的艺术内涵从一个侧面反映了大连社会生活发展的历史。晚清以后，大连地区走向近现代历史。1898 年和 1906 年，随着大连自由港两次对外开放，大连打开了与国际交往的通道，使大连成为东北第一大港和中外经济文化的交融地区，在文化上完成了由传统到现代的转型。电影、话剧、音乐、舞蹈、交响乐、西洋绘画、摄影等西方现代文化艺术都在这一时期传入了大连。

　　大连地区最早的书画艺术可追溯到两汉时期。在大连地区发现的大批汉墓中可以看出，当时大连地区与中原文化关系密切，中原地区的宗法礼仪观念、丧葬习俗、建筑艺术、书画雕刻等，在大连地区有着广泛的传播，并且达到了相当的水平。传统书法艺术最早见于两汉时期的"汉隶"，这些文字墨迹一般留在铜镜铭文、货币、印章、封泥及陶制器物上，其中最能体现大连地区汉代书法艺术价值的是印章、封泥和瓦当。书法与传统绘画的关系十分密切，大连地区绘画艺术在两汉时期，特别是东汉时期，取得了令人瞩目的成就。其代表就是营城子汉代砖室墓中的墓主室壁画。在这座用花纹砖建造的多室墓中，绘有多幅壁画，尤以墓主室北壁所绘的《升天图》最具艺术价值，反映了东汉时期大连地区的绘画艺术风格，艺术史专家认为是东北美术史上颇有价值的作品。雕刻艺术在这个时期的大连地区也较有成就，以铜器的雕刻和模制花纹砖最为突出。东汉时期盛行在铜器或石材上雕刻，如营城子汉墓第二地点墓葬中发现的青铜雕刻《仙人神兽瑞禽图》，以娴熟的单刀阴刻艺术技法雕刻而成，为国内罕见。此外，在大连地区还发现了40多种、上万块的花纹砖，呈现出一种以凸起平面的线条为表现形式的浅浮雕绘画，代表了汉代大连地区的雕刻艺术水平。

两汉以后，大连地区的书画艺术得到进一步的发展，特别是以书法为基础的碑刻最具特色，是极具研究价值的地方文献资源。旅顺黄金山下的唐代鸿胪井刻石，是东北三大著名碑刻之一。元代张成墓碑和明代的"重修魏霸山城清泉寺募缘记"碑、金州得胜庙碑、金州重修榆林观音阁胜水寺碑、金州先师庙碑等，证明元、明时期的大连地区书法有了明显进步。清代以后，出现了大量碑石、匾额、楹联等实物。金州天后宫前戏楼的"省观世迹"的匾额和楹联、瓦房店许屯镇的"张氏节孝牌坊铭文"刻石、庄河的"青口普化寺重修碑"、旅顺"万忠墓"碑刻，以及旅顺博物馆收藏的"显忠祠碑记""何公祠碑记"的拓片等，说明当时大连地区的书法艺术得到了进一步的普及和提高。[1]

辽金时期，金州北屏山天然石灰岩溶洞中的梦真窟石佛、普兰店和尚帽山的金代望海寺摩崖石刻造像等，反映了辽金时期大连地区的石窟摩崖造像的艺术水平。[2]清乾隆年间，金

花纹砖（东汉）

州建文庙，设学宫，后建的南金书院对大连的书画艺术活动发展起到了一定的推动作用。道光年间，清政府在金州设金州厅，金州成为辽南的政治、经济、文化中心，大连地区的书画风尚逐渐兴起，书画艺术从数量到质量都超过了以往历年。

清代初期，大连地区的书画者多为外来莅任官员，如道光年间宁海县知县袁家敖的大幅彩墨山水画横披。咸丰年间辽东地区著名文人魏燮均在金州任知府期间，留下画作《寒梅》和书法作品，现藏于旅顺博物馆。同治年间的金州海防同知杨桂年的画作《墨梅》现藏于金州博物馆。光绪年间金州海防同知王志修的画作《小泊庵》并附诗文题识等现藏于大连文物店。至晚清时期，本地书画家的作品逐渐增多。还有道光年间金州人隋汝龄书写的折扇、庄河人刘永康书写的《青口普化寺重修碑》、庄河人李垲的双泉寺碑书、复州人徐赓臣的碑碣和牌匾……复州人张振甲家族的书法作品对复州一带的书法艺术的普及和提高起到了重要作用，金州人王永江等人的作品也都具有较高的艺术性。[3]

清末由山东、河北和江南传入的民间传统艺术形式有民乐、皮影、秧歌、舞狮等。鼓乐在金州、复州和庄河地区逐渐普及。此外还有由东北地区传入的萨满艺术、单鼓、东北大鼓等。大连地区流行的民间舞蹈主要有秧歌、高跷、旱船、龙灯、舞狮、单鼓等，民间器乐有唢呐、锣鼓、笙、管、笛、箫、二胡、三弦等，民间曲艺有大鼓、评书、快板、莲花落、二人转等，民间手工艺有窗花、剪纸、纸扎、雕塑、皮影等。长海号子是大连地区独特的自然环境形成的一种富有海岛特色的劳动号子，是黄海北部长山群岛地区一种特殊的民间音乐形式。

每逢年节庙会，秧歌、高跷、舞狮子、龙灯、号子等各种民间演出活动十分活跃。金州天后宫、复州永丰寺和娘娘宫、庄河大孤山都有戏台。一些乡镇也开始有露天舞台，戏曲演出开始活跃，梆子腔、柳子腔、皮黄腔以及京剧、评剧在大连地区流行。[4] 大连地区的民间传统艺术形式丰富多样，外来的艺术形式与本地的风情相结合，衍生出大连豪放、泼辣、火爆的风格，显示了大连传统艺术的交融性和包容性。

晚清以后戏曲活动在大连比较活跃。20世纪初，旅顺、大连、金州就相继建成了多处戏曲演出的剧场和茶园，由于便利的交通，二三十年代大连已经成为东北地区最活跃的"戏码头"，成为南来北往的戏曲班社的必经之地。欧阳予倩、汪笑侬、言菊朋、韩世昌、金少山、周信芳、唐韵笙、白玉霜、袁世海、谭富英等许多著名艺术家都曾在大连演出过。京剧、评剧先后落户大连，成为大连人民喜爱的剧种。京剧在 1889 年传入大连，北京、天津、上海、河北、山东和东北等地的京剧班社纷纷涌入大连演出。20 世纪 20 年代在大连出现了本地的京剧班社。三四十年代，一些原来唱梆子腔的演员大多改唱京剧，京剧逐渐成为大连地区从业人员最多、观众最普遍、影响最大的剧种。此间，各种流派风格的表演聚集大连，受到了大连观众欢迎。宏济大舞台、福兴大戏院成为东北地区有名的京剧演出场所。1906 年，莲花落（评剧的前身）传入大连。1920 年秋，河北评剧艺人孙凤鸣带领凤鸣班的白玉霜、筱桂花等演员从天津来到大连，使落子在大连流行起来，为奉天落子的形成创造了基础。凤鸣班后期称为"岐山戏社"，是国内最早的评剧坤伶班社，培养了李金顺、筱麻红等一批知名女演员，创造发展了评剧女腔，用女旦取代男旦，打破了评剧没有女旦的历史。评剧女腔、女旦的出现是评剧艺术由初期的唐山落子发展到成熟的奉天落子的重要标志，是一次戏曲改革的重要标志，1933 年 7 至 8 月，白玉霜、筱桂花、王金香、筱麻红、花莲舫、芙蓉花、刘翠霞等国内的名伶齐聚大连，这次大会演、大交流对奉天落

《评戏新编》和《评戏指南》

子的提高、完善、发展有着重要的作用，在当时影响较大。1940年，大连影艺社还出版了《评戏指南》丛书。

优越的自然环境和地理位置，使大连成为世人瞩目的焦点。第二次鸦片战争后，旅顺成为北洋水师的重要基地，建军港、造船坞、办水师，揭开了大连走向近现代历史的序幕。由于不断增多的驻军及劳工、移民和商人的涌入，中原文化也源源传入，大连出现了人文兴旺、工业兴起、商旅兴盛的局面。然而，俄、日等帝国主义国家也早就觊觎大连。殖民统治时期，帝国主义列强在大连地区以强势侵入获得最大利益，并推行殖民文化和奴化教育，使大连成为国内受殖民文化影响最深重的城市之一。

随着大批俄国、日本移民先后迁入大连，外来文化也被带入大连地区。为了丰富在连外国人的文化生活，大连出现了戏剧、音乐、美术等文化艺术团体。20年代初到30年代中期，日本人先后成立了满洲剧人协会、支那剧研究会、剧人社和大连戏剧办事处等戏剧组织，日本国内的许多著名艺术团体和艺术家也经常到大连演出歌舞伎、狂言等。

这一时期，电影、话剧、音乐、舞蹈、交响乐、西洋绘画、摄影等西方现代文化艺术都传入了大连。1906年，作为西方现代科学技术产物的电影传入大连。1904年，美国摄影记者在旅顺战地拍摄了一部反映日俄战争战况的纪录片，这是在大连地区首次拍摄电影的记载。1907年，旅顺同庆茶园承租美国人的短纪录片售票放映，成为大连第一家对外售票放映电影的茶园，旅大也成为继北京、上海之后较早接受电影文化的地区。1909年，南满洲铁道株式会社将电气游园陈列馆改为电气馆，专门放映电影，这是大连第一家日本电影院。1920年，日本人出资兴建的世界馆是专门以中国观众为对象的日本专业电影院。不少日本演舞台剧的剧场由原来的兼营电影转为专业电影院，在金州、旅顺等地也出现了电影放映。至30年代，大连地区有15家电影院，其中由中国人开办的有5家，上映的大都是日本影片和欧美影片。日本、美国、苏联和其他欧美国家以及中国上海，开办的电影发行机构有18家，大连成为东北地区电影拷贝集散地和国际市场。[5]

1910年，留日归国的同盟会会员刘艺舟将话剧带入了大连，大连成为继上海、北京之后较早兴起话剧的地区之一，东北地区最早的话剧团体文明新剧社和东北地区第一个半职业化的话剧团体爱美剧社都在这里诞生。20世纪20年代，大连地区话剧活动开始普及，演出的剧目大多是春柳社早期的《新茶花》《不如归》等具有进步思想的作品。当话剧逐渐被愈来愈多民众接受之后，演出剧目也从小型独幕剧发展到大型多幕剧，话剧组织也由业余向职业发展。进入30年代，大连的一些学校、工厂组织了业余话剧团。至40年代，大连已有话剧团体10余个[6]。

为了进一步实现将大连"日本化"的目的，殖民当局除了兴建剧场外，还将日本国内的各种音乐舞蹈团体频繁引进大连巡回演出，不仅在大连成立了音乐舞蹈的文艺组织、艺术团体，还建立了艺术学校。居住在大连的日本人组办了各种文化组织。1915年，大连出现了第一个管弦乐队村冈管弦乐队，这是继上海招商局交响乐队之后，国内出现较早的管弦乐队之一。

至40年代初，大连先后出现了大连市音乐团、大连放送乐团、大连交响乐团、大连音乐学校、大连高等音乐学校、大连舞蹈研究所等音乐舞蹈团体、学校和组织。由于一批重建和新建的剧场落成，来自美国、欧洲、日本等地的著名音乐舞蹈团体、艺术家多次来连演出，上海、北京的一些著名歌舞团体也来连演出。其中，东京少女歌剧团曾先后于1924年、1925年、1927年三次来连演出了日本童话歌剧、喜歌剧、史歌剧、童谣、狂言、舞剧等。还有莫斯科跳舞团、苏联戏剧团、美国舞蹈明星隅田别联和世界著名琴界大师柯洛亚等，以及上海黎花少女歌舞团、明月音乐歌舞团、上海美丽歌舞团和北平的新中华女子歌舞团。

西方的油画、水粉画及宣传画、漫画、日本画等画种也先后传入。其中，油画传入大连较早。甲午战争期间，日本油画家黑田清辉随军在金州的关帝庙等处写生，俄国画家维列夏金也曾在旅顺口作过画。1915年日本人成立了大连最早的美术团体赤日会后，又相继组建了大连西洋画研究所、华蔓草洋画研究会、草人社、木贼会等油画组织。这些组织举办油画个人展、联展，以及混合其他画种的展览。一些大连人也开始学习油画。宣传画也是此时期传入大连的西方画种。大连的画家用宣传画的形式针对殖民统治，创作了很多寓意深刻、情感强烈的作品。1926年中华青年会会刊《青年翼》的封面画，是一幅手执红黄蓝白黑五色横条旗的童子军，骑马驰骋在长城脚下，显示出抵御外侵，捍卫国家的民族精神。1927年大连店员协会主办的《店员之声》第一期封面上，是一幅苍鹰口啄太阳的画面，寓意呼唤群众反对日本殖民奴役和压迫。1943年瓦房店国民高等学校创刊号《萤光特辑》，封面设计了一个萤火虫图案，象征人们黑暗中期待光明与希望。漫画对大连的影响也很大，20年代末我国漫画家叶浅予的《王先生》、袁宜厂的《胖太太》、朋弟的《阿摩林》等连续漫画集，以及丰子恺、鲁少巨等人的单幅漫画作品也传入大连。30年代后期大连的《商工月刊》趣味版开始发表署名作品，1942年的《秋菊》号曾刊载了《读漫画》，介绍漫画的定义、概念、类别及效能，是大连地区较早介绍漫画知识的短文。

甲午战争时期，殖民统治者进入大连，摄影也随之传入。当时，沙俄、日本和美国记者曾经在大连、旅顺、金州等地活动。大连的各语种报纸上出现了新闻摄影和商业广告摄影。随着城市规模的扩大，大连的摄影活动和照相业迅速发展。1910年，日本人相继成立了大连写友会、辽东写光会等摄影团体，经常举办摄影研讨会、展览会和摄影比赛等活动。在1928年举办的一次摄影展中，展出作品128幅，有大连人的作品40幅。此时，在大连地区还出现了营业性的人像摄影商家，至40年代初，日本人和中国人开设的照相馆近百家。在摄影艺术和技术方面，大连地区的照相馆在国内居领先地位。

在帝国主义殖民统治下的大连，20世纪20年代就兴起了以宣传新思想新文化、宣传马克思主义为旗帜的，以反帝反封建为主要特征的新文化运动，对大连近现代文化的影响极其深远，犹如平地春雷，在号称"无风地带"的关东州掀起了如火如荼、声势浩大的文化风暴。民族文化不仅有了新发展，积淀不断丰厚，而且由于接受了马克思主义和国内外先进文化的影响，发生由旧到新、由传统到现代的重要转变，大连也因此成为继北京、上海之后国内新文化运动最活跃的重要阵地和特殊战场。

第一节 传统艺术形式

大连地区的传统艺术主要有传统书画艺术和传统民间艺术两种形式。大连的传统书画艺术包括书法、绘画、雕刻、石刻、碑刻等，这些传统艺术形式一般都出土于墓葬、遗迹遗址。大连的传统民间艺术包括民间音乐舞蹈和民间说唱艺术等，其中民间舞蹈主要有秧歌、高跷、龙舞、单鼓等，民间音乐主要有劳动号子、鼓乐、秧歌音乐、皮影音乐等，民间乐器主要有唢呐、锣鼓、笙、管、笛、箫、二胡，民间说唱艺术包括鼓书、评书、辽南二人转等。

一、传统书画、雕塑和碑刻

据考古资料表明，最晚在两汉时期，大连地区就开始普遍使用由篆书简化演变而成的隶书（汉隶）。这些文字，除铜镜铭文、货币面文以及印章、封泥文字外，还有一部分是在以陶制器物为载体的各类随葬器物上的文字。由于陶器上的文字是用笔墨直接书写而成，对研究大连地区汉代书法艺术有一定参考价值，带有篆书的汉代印章和封泥在我国书法和篆刻史上占有重要的地位。模刻在瓦当上的文字也是小篆，一般都是富贵吉祥的词，反映出两汉时期瓦当文字书体的统一风格和特点。在多座汉墓中发现的壁画有着很高的绘画艺术水平，如形象生动的《门卒图》《宴饮图》《车骑图》《庖厨图》《舞乐百戏图》等。这些绘画的构图、技法和画中表现的内容、人物、服饰、生活习惯等，与中原文化一脉相承。营城子东汉壁画墓主室中的壁画最具代表性。这座多室墓葬有多幅壁画，其中以主室北面的壁画《升天图》最为著名。画中上部手持羽扇的方士在引导一位头戴长冠、身着长袍、佩带宝剑的墓主人步入天国，墓主人身后有随从的童子和苍龙；下部为凡世，厅堂里设案，案上有酒樽、勺及耳杯之类酒器食具，绘有三个以一伏、一跪、一立不同姿势向空中叩拜上苍保佑主人升天的凡人。画面将天、地、人间融为一气，表现出墓主灵魂升天的景象，祈求墓主死后的福泽。整幅图以黑色单线勾勒为主，辅以朱红、赭石等色彩，身体比例与姿态适当，人物关系一目了然。特别是构图布局饱满，人物服饰褶皱线条自如流畅、画法细腻，表现出绘画者的功力，是研究中国传统国画技法的宝贵资料。[7]

《升天图》

东汉时期，在石材和各类铜器上雕刻书画之风十分盛行。汉代的墓地主要用砖瓦、石材建造墓室，这些砖瓦上面刻有装饰性的菱形纹、方格纹、叶脉纹等几何图形和鱼、蟹、仙人等图案，如金州董家沟出土的汉代鸟纹砖、旅顺刁家村出土的汉代刻字砖等。两汉时期的雕刻艺术，以铜器的雕刻和模制花纹砖最为突出，如三涧堡出土的日光镜、营城子汉墓出土的长生富贵镜和四乳规矩镜、牧城驿出土的四乳禽兽镜和六乳禽兽镜等。营城子汉墓中发现的青铜雕刻《仙人神兽瑞禽图》，将诸多仙人和神兽以娴熟的单刀阴刻的技法雕刻成画，画面充满着神奇色彩，是国内罕见的铜刻作品。

大连地区的摩崖石刻和碑刻文物资源丰富，这些刻在石头和碑上的文字、图案，承载了一个地区政治、经济、文化、风土人情等社会生活各方面的记录。大连地区的石刻和碑刻不仅数量多，而且种类和内容丰富。根据内容和使用范围分类，石刻包括刻石、刻经、造像、石阙、摩崖、石柱等，碑刻包括碑文、墓志、碣、塔铭、题名、享祠纪事、题字等。

大连地区最有影响、弥足珍贵的石刻是旅顺黄金山下的鸿胪井刻石。唐开元元年（713年），唐代的敕持节宣劳靺鞨使、鸿胪卿崔忻受唐王派遣，从长安至登州（山东蓬莱）渡海，自都里镇（旅顺口）登陆北上，经鸭绿江，到达震国都城，代表朝廷册封渤海国大祚荣为"左骁卫员外大将军、渤海郡王，仍以其所领为忽汗州，加授忽汉州都督"（《旧唐书·渤海靺鞨传》）。第二年，崔忻完成使命按原路返回，途经都里镇，在黄金山麓凿井两口，并刻石题记。刻石题有"敕持节宣劳靺鞨使鸿胪

旅顺鸿胪井刻石拓片（唐代）

卿崔忻井两口永为纪验 开元二年五月十八日"。后来人们称此井为"鸿胪井"。明嘉靖、万历年间和清乾隆、道光、光绪年间，过往官员为纪念此井，又在石上刻有多处题记。甲午战争后，刻石被日本人盗往日本，现存在日本皇宫建安府。作为唐王朝与渤海地方政权在政治、经济、文化方面交流的重要见证，鸿胪井刻石成为研究少数民族关系史、民族史、交通史等颇有价值的史证。另外，明嘉靖年间金州龙王庙附近的最大榜书"钓鲸台"刻石和响水观住持张永祥所书的"瑶琴洞"刻石都非常有价值。大连地区由于岩石疏松，摩崖刻石凤毛麟角，目前只有金州西海龙王庙西北老龙头的"海阔天空"摩崖刻石，落款"道光九年"，属于题识镌刻类。

辽金时代，大连地区有代表性、较为珍贵的石窟摩崖造像主要有梦真窟石佛和望海寺摩崖造像等，反映了这一时期石窟摩崖造像的艺术水平。梦真窟（又名"千佛洞""佛爷洞""古佛洞"）在金州北屏山一处天然石灰岩溶洞中，纵深16.8米、最宽处10米（宽窄不等）、高6米，窟内有3室，面积20平方米。据资料记载，在1961年洞内有石佛17尊，其中不少石像是在洞内原有的钟乳石柱基础上雕成的，所刻的地藏王像和菩萨头像均为唐代造像。还有一尊刻在岩石上的石像端坐于仰莲须弥座上，圆脸袒胸，两耳垂肩，双目合闭，右手举起，左手放在膝盖上，似作施无畏之印。目前仅存有一尊，且手臂已断残。洞门外石崖上刻有"梦真窟"三字。辽、金、元、明、清时期，梦真窟香火极盛，清光绪十二年（1887年）铭军驻军北屏山，该地遭到破坏，1924年民间集资重修此窟，奉天代省长、金州人王永江撰写《佛爷洞碑铭》，立碑刻石。普兰店和尚帽山南坡的望海寺摩崖造像，所处地势高耸开阔，山峰陡峻，南临黄海，因摩崖造像之下有一寺庙望海寺而得名。石崖高5米，长7.26米，占地面积约70平方米。这组造像原有18尊，其中一尊龛内立像被砸碎，现存17尊龛内浮雕的造像大小不一，最高70厘米，最小残高18厘米。除一尊头部被破坏、一尊头上有饰物外，其余15尊均为罗汉造像，姿态各异，生动逼真。这组造像面部圆润丰满，高鼻大耳，衣纹采用阴阳浅刻手法，线条粗犷，风格古朴。造像中间有一块崖壁上阴刻着"大定三年七月造六尊僧义选匠人李善记"。由此可知，这六尊造像是在大定三年（1163年）所刻，其余是在其前后雕刻而成。在一尊造像右上方阴刻着"天上"二字。这组有题刻纪年的造像是东北地区非常少见的金代石刻。此外，摩崖石刻要属金州北门外永庆寺佛顶尊胜陀罗尼真言石经幢最为珍贵。石经幢是古代宗教石刻的一种，一般由幢顶、幢身、幢座三部分组成，多块石刻堆建一起，有六棱形或八棱形，主体是幢身，刻有佛教密宗的咒文或经文、佛像等。金州北门外永庆寺的石经幢为六棱形，碑文为梵文。梵文形似鸟虫文，刻有梵文的石经幢很少见，它是研究古代印度语言文字和佛经十分重要的资料。

　　大连地区发现最多、最普遍的是碑。碑刻要比石刻造像出现得晚，现存的古碑只有少量的属于元明时期，绝大多数为清代，还有民国初年的。主要有德政碑、墓碑、宫观碑、神道碑、贞节碑、诗文碑、记事碑、纪念碑、祠堂碑、寺庙碑等。立于元至正八年（1348年）的金州北门外岱宗寺出土的《张成墓碑铭》，是元代至元年间元军抗倭斗争及屯守东北的重要文物资料。《李廷荣墓志》《王永江墓志铭》《王永江神道碑》《金州孙镜堂墓表》《署理金州副都统阎福升神道碑》《王福清墓碑》《王天阶墓碑》《董秋农烈士墓碑》《马成魁墓碑》等墓碑，有的记述了墓主人见证的重大事件，有的是对墓主人为官一任、造福一方的歌功颂德，对研究地方史有一定的参考研究价值。还有反映地方教育发展情况的墓碑，如《金复州儒学碑》（元至正十年，1350年）、《辽东金州先师庙碑》（明万历三十五年，1607年）、《金州卫建修庙学碑记》（清乾隆十八年，

1753年）、《宁海县之学记》（清乾隆十八年，1753年）、《重修宁海县学宫记》（清嘉庆二十年，1815年）、《南金书院记》（清光绪十二年，1886年）、《重修金州圣庙记》（民国十八年，1929年）等，记载了元、明、清时期金州儒学教育的发展与兴盛历史。还有一些碑刻是记述寺庙建设的庙碑。金州曾是辽南地区政治、经济、军事、文化的中心，也是宗教中心，寺庙众多。寺庙碑的存量占总数的1/3以上，主要有《得胜庙记》（明正德元年，1506年）、《榆林胜水寺重修记》（明嘉靖六年，1527年）、《重修观音阁碑记》（清康熙四十九年，1710年）、《观音阁重修碑记》（清康熙五十七年，1718年）、《金州城东大赫山重修观音阁碑序》（清雍正三年，1725年）、《明秀寺》（清乾隆五十九年，1794年）、《重修龙王庙记》（清道光二十年，1840年）、《重修朝阳寺碑记》（清道光二十九年，1849年）、《观音阁重立捐施碑记》（清咸丰二年，1852年）、《黄仕林功德碑》（清光绪十三年，1887年）、《重修胜水寺记》（民国九年，1920年）、《重修梦真窟碑》（民国十五年，1926年）、《重修永清寺钟楼碑记》（民国二十二年，1933年）等。旅顺等地区的寺庙碑也很有影响，如旅顺天后宫、三涧堡长春庵、龙王塘横山寺、营城子永兴寺等的碑记。有记事碑记述了地方历史发展过程中的一些重大事件，如《挂符桥重修碑记》（清乾隆三十一年，1766年）、《旅顺龙眼泉碑》（清光绪十四年，1881年）等。大连地区有比较多的贞节碑（坊）、节孝碑、贞烈碑、节烈碑等，但多已毁坏，现存的主要有金州地区的《达尔当阿之妻夏氏节孝碑》（清道光六年，1826年）、《关德禄元配刘氏贞节碑》（清道光十六年，1836年）、《李公郭氏贞节碑》（清道光十九年，1839年）、《左翰章之妻朱太君贞节碑》（民国年间）、《王太君贞节碑》（伪康德年间）等。此外，还有记录了金州、旅顺地区中日甲午战争、日俄战争相关信息的日文碑和俄文碑，是大连地区较为独特的一种类型碑，如金州地区的《清国军人战亡碑》（1895年）、《镇魂碑》（1905年）、《昭忠碑》（1905年）、《乃木胜典君战死之所碑》（1911年）、《南山战迹碑》（1916年）等。旅顺地区的日文碑如《旅顺表忠塔记》（1909年）、《旅顺港口闭塞队纪念碑》（1916年）、《旅顺二〇三高地纪念碑》（1916年）、《旅顺"水师营会见所"石柱铭文》（1918年）、《剑山碑》（1926年）等。大连市内大部分是日本侵略者的铜像碑，如《后藤新平铜像铭文》（1930年）、《小村寿太郎铜像碑》（1938年）、《大岛义昌铜像碑》等，这些碑在日本投降后大都被销毁。俄文碑较少，基本上是日俄战争集体墓地碑。[8]

二、民间音乐舞蹈

大连地区的民间音乐舞蹈有着悠久的历史和深厚的基础。早在新石器晚期就出现了简单的乐器，如旅顺口区郭家村出土的鸟形陶笛和普兰店貔子窝出土的陶铃。金代时期的乐器也有发现，如复州城谭家屯出土的窖藏金代铜锣、铜钹。明朝时期，由于开放海禁，大连地区逐渐成为南北贸易的重要口岸。随着移民的大量涌入，中原的音乐、舞蹈越来越多地传入。至清末民初，大连地区的民间音乐舞蹈形式已十分丰富。

大连地区的民间音乐按表现形式，大致分为民歌、鼓乐、秧歌音乐和皮影音乐等种类。其中，民歌在大连地区有着深厚的群众基础，在百姓中较为流行的有劳动号子、民歌小调、古曲等。由于三面环海的地理位置，大连人民在长期的渔业生产中，产生了丰富的号子音乐，如撑篷号子、拉船小调、拉纤小调、捞鱼号子、推船号子、装卸号子和盐工号子等。这些号子音乐节奏鲜明，音调高亢，情绪奔放，在生产劳动中起到了协调动作和振奋精神的作用。民歌小调在大连地区也比较丰富，流行在民间的有千余首，有反映劳动人民苦难生活的《打鱼人十二月》，有反映婚姻爱情生活的《鸳鸯扣》《小寡妇观灯》等，有反映民间生活的《对花》《小逛庙》《观花灯》等，有反映神话、民间传说的《绣八仙》《梁山伯五更》和《喇叭娃子》等。在传统民歌中，还有一类是反映古代生活和历史故事的古曲，如《马鞍山》《昭君出塞》等，这些古曲大多具有雅乐与本地民谣相结合的特点。

大连地区的鼓乐是民间年节、祭祀及婚丧等活动中的民俗音乐。自清代以来，在庄河、复州、金州各地城乡有了专门从事商业性的鼓乐班、鼓乐房。20世纪二三十年代，大连地区乐工艺人名流辈出，还出现了不少鼓乐世家，技艺世代相传。大连地区的鼓乐受外来鼓乐的影响，曲牌有些与冀东鼓乐和山东鼓乐相似，既有山东东路的《泰山景》《诸城调子》和黄县的《白虎跃子》，也有冀东的《小放驴》《江儿水》《脱布衫》和《小磨坊》等。使用的乐器有大小喇叭、笙、管、笛、卡碗、海锥、鼓、锣、钹、镲等30余种。大连鼓乐按其演奏风格分庄河鼓乐、瓦房店鼓乐和金州鼓乐，三大流派各具特色。庄河鼓乐由冀、鲁等地的移民带入大连，鼓乐曲牌、演奏技巧具有深沉、雄厚、粗犷、豪放的辽东风格特点，双管吹奏、大喇叭吹奏、吹咔奏深受群众的喜爱。复州鼓乐受辽阳、海城、盖县鼓乐风格影响，清初已有鼓乐坊，俗称"喇叭匠"，清中期已形成独具特色的音乐个性，以细腻、委婉、缠绵、抒情见长，乐器以唢呐为主，还有锣鼓等组成吹打合奏。金州鼓乐主要受山东东路鼓乐影响，传入大连已有200多年历史，流行于普兰店、金州、甘井子、大连等地，鼓乐风格介于庄河鼓乐和复州鼓乐之间，由喇叭（大中小）、笙、管、笛、箫、牛角等吹奏乐器和堂鼓、皮鼓、大小锣、钹、镲等打击乐器结合，组成吹打合奏。尽管三派鼓乐风格不同，但鼓乐曲牌、演奏形式大致相同。流传于大连地区的鼓乐曲子，主要有汉吹曲、大牌子曲、小牌子曲、水曲、杂曲5大类，300多支。有唢呐曲、笙管曲、吹咔曲之分，已经整理出的管子曲有69首，唢呐曲有140首，比较有影响的有双管曲《江河水》等。大连地区鼓乐演出形式分为"坐棚"和"走吹"两种，凡逢年过节、婚丧嫁娶、迎神赛会、拜祖祭祀均需鼓乐伴奏，汉族、满族人家普遍采用，相沿成习，已成为民间礼仪活动一种生动的形式。[9]由鼓乐演变成的新音乐形式"吹咔乐"被列为大连首批非物质文化遗产项目。

大连地区秧歌音乐属于曲牌音乐类，包括辽阳、盖县、海城等地传入的高跷音乐和复州唢呐艺人引进的冀东秧歌音乐。常见的曲牌有《五匹马》《句句双》《柳青娘》《大姑娘美》等。金州以南的秧歌多用《画扇面》《绣花灯》等民间小曲。

大连地区的皮影音乐也很有特点。一般在盛夏入伏前后，为敬神、许愿，按乡里民俗在山坡、场院演唱皮影戏。"头台戏，末台影"，最后一场影戏是最叫座的。皮影音乐受大连地区生活习俗、语言以及民间音乐的影响，逐渐形成独特的风格，与唐山、乐亭一带的影调音乐在旋法和板式上有很大差别。就其声腔流派而言，以瓦房店、复州城为界，分为南、北两支。大连地区皮影音乐伴奏乐器主要有大四弦、溜子四弦、扬琴、板胡和唢呐等，有时也用京胡。

大连地区的民间舞蹈主要分为秧歌、拟兽、击节、歌舞、车船五大类。秧歌、高跷是大连地区比较流行的秧歌类舞蹈，具有浓郁的地域色彩和乡土气息，主要形式有跑地会、老母会、复州跷、地秧歌、辽南高跷等。拟兽类是一种

瓦房店高跷

表演者头戴面具、服饰，操纵鸟兽模型，模拟表现动物生活习性或嬉戏场面的一种舞蹈，如金州龙舞、四大海、五蝠捧寿、牛头马面等。击节类是表演者用鞭、鼓、棍棒等器物互相拍击、唱事叙情的一种舞蹈，主要有花鼓舞、单鼓舞、霸王鞭等。歌舞类是载歌载舞的舞蹈形式，如《跳灯官》《捕蝴蝶》等。车船类舞蹈，是模拟乘车、驾船的舞蹈形式，如《跑旱船》《小车会》《龙凤船》等。龙舞是很受人们尊崇的一种舞蹈，汉代已有，历史悠久。大连地区的龙舞在清光绪年间随清军驻防金州城传入，后来民间每逢春节、元宵、灯会、庙会都要举行表演。龙舞在大连地区的金州、复县、庄河等地都有活动，尤以金州为最。金州龙舞能表演摆尾、越脊、打滚、翻身、盘龙、破浪、串柱、二龙戏珠等十几种造型，形式多样，技艺精湛，享誉东三省。花鼓源于安徽，后传入山东等地，1941 年由山东日照著名花鼓艺人许延莱传入大连。[10] 大连地区的花鼓以说唱为主，20 世纪 50 年代，大连的花鼓舞在国内外演出，享有一定声誉。

大连地区的说唱艺术源远流长。自清咸丰年间大鼓书最先传入大连以后，东北大鼓和二人转、河北的评书、天津的曲艺和相声、山东的柳琴等曲艺形式陆续传入大连。南来北往的说唱班社和艺人经常来连流动演出，以露天撂地为主，由农村逐渐发展到市内，观众大多为劳苦大众和一般市民。流行于大连的民间说唱艺术主要有东北大鼓、西

金州荷花龙舞

河大鼓、平谷调大鼓、相声、评书、二人转和山东琴书、河南坠子等。

大鼓书是最受百姓欢迎的曲种之一。清咸丰年间，每逢盛夏"挂锄"或农闲，复州城一带农村就集资邀请"说书先生"说唱大鼓。说书艺人大多从河北、山东和沈阳等地来连。20世纪初，南来北往的戏曲班社和曲艺艺人每年都要到大连流动演出，市内的一些茶楼、酒肆经常从北京、天津、烟台等地邀请说唱艺人演唱梆子、皮黄、时调、大鼓和改良唱词等，以招徕顾客。1918年，西岗文明书馆开业，曲艺活动有了固定场所。在此曾迎来了有"关东叫天"之称的奉天大鼓艺人梁福吉演出，《泰东日报》载文称"该翁年虽已逾半百，而嗓音洪亮，节拍清晰，说大鼓书者东三省共推为第一，因而座客拥挤，每晚卖款至五六十元"。1921年，擅长时调、大鼓和文明新词的贾鹤樵由天津来连演唱，并向大连的艺人传授技艺。1922年6月，奉天大鼓女艺人吕俊声、吕荣声、吕雅声应邀来连演出，在观众中产生了很大的影响。《关东日报》发表署名评论文章称："奉天三吕，渔阳三通，千声唱彩，其博人欢迎之能力，当不让于戏剧也……"1928年，著名奉天鼓书艺人刘宝全在赴沪演出途径大连期间做了精彩的演出。此外，还有东北的马全香、王筱红以及青岛的张素卿、张凤仙等外地流动艺人在大连频繁演出，对大连曲艺艺术产生了一定的影响。农村的鼓书艺人活动也较为活跃，主要有集会和庙会说书、说喜书、说许愿书和说乐书等形式，尤以复县、庄河为盛。[11]

20世纪20年代初，素有"关外小天桥"之称、与沈阳北市场齐名的西岗露天市场已有说书场5家。艺人们演唱的曲种主要有西河大鼓、东北大鼓、平谷调大鼓、相声、评词、茂腔和莲花落等。西河大鼓、相声和评书等曲种是先后于20世纪二三十年代传入并流行于大连地区的说唱艺术。其中西河大鼓曲调通俗动听，说唱性较强，演出时多是唱中带说，有说有唱，更适合表演故事性较强的长篇书目。相声在20年代后期由京津传入大连，到了30年代初，成为最受群众喜爱的曲艺品种之一。此间，来自各地的相声艺人有重寿峰、于春明、朱相臣、张庆森、马三立、汤民一、连春仲、刘伯奎、于月兰、顾海全等，他们经常以"相声大会"的形式在露天市场进行相声大串演。演出段子主要有《大上寿》《六口人》《拴娃娃》《菜单子》《洪羊洞》等，单口相声《君臣斗》《连升三级》《解学士》《珍珠翡翠白玉汤》等。评书艺术有时与相声和其他曲种同台表演，有时进入书场演出长篇。主要演出的评书书目有《三侠剑》《施公案》《七侠五义》等。河北人何少庭口齿伶俐，动作利落，对书中人物刻画逼真传神，惟妙惟肖，是群众喜爱的评书艺人之一。[12]

三、代表性民间艺术

1. 长海号子

长海号子是黄海北部长山群岛地区一种富有海岛特色的劳动号子。在生产劳作中，船（渔）民需要用号子统一劳动节奏，提高劳动效率，由此产生了这种特殊的民间音乐形式。它主要靠船（渔）民之间口传心授流传下来，内容丰富，调式各异。长海号子分为两类。一是船民号子，主要是运输船上用的号子，内容比较复杂，包括蹚挽子号子、拉纤号子、撑大篷号子、拔锚号子、勒锚号子、抽滩号子、捞水号子、拔筐号子、出舱号子、摇橹号子等。二是渔民号子，主要是渔民捕鱼用的号子，最初由于渔船比较小，号子内容比较单一，后来随着渔船增多、船体加大，号子内容也随之增多，包括打锚号子、撑篷号子、摇橹号子、推船号子、拉船号子、起网号子、捞鱼号子、拔鱼包号子等。因劳动情景不同，号子音乐特点也不尽相同。一般号子的曲调铿锵粗犷、高亢有力、音节简短，唱词通俗简短，多为两三个字。与其他号子一样，长海号子的旋律素材多为重复和变化重复，节奏一般比较简单。唱词以即兴编创为主，也有因习惯而形成的固定唱法，一般为没有任何实际内容的"呼呵嗨哟"等劳动呼号式，也有部分唱词加入通俗简单、与劳动场景紧密结合的词语。号子的演唱形式一般是一人起头众人和，听起来很有气势，也有少量的齐唱和独唱。

2005 年长海号子被列入为辽宁省级非物质文化遗产名录，2011 年又被列入国家级第三批非物质文化遗产保护名录。

2.高跷秧歌

高跷秧歌在清乾隆初年随移民传入复州长兴岛，距今已有 280 年历史。20 世纪初，大连地区高跷秧歌的出场人物与表演套路与东北其他地区大致相同，有绑高跷腿子扭演的"高跷秧歌"和不绑高跷腿子在平地扭演的"地秧歌"两种形式。当时，复州跷、辽南高跷最为有名。复州跷以复州城为活动中心，又称"南派跷"，据说是河北移民在冀东秧歌基础上发展起来的。有人用"摇摆晃一闪动，一步一屈似松挺。动似风，立像钟，飘飘悠悠如行船"概括其风格特点。辽南高跷源于辽宁海城，以庄河北部和瓦房店北部与盖县毗邻的李官、许屯一带为活动中心，又叫"北派跷"。表演时且行且舞，在行进中穿插队形变换，热烈火爆而又风趣。1936 年 4 月，由大连观光协会组织的满洲高跷会曾把大连的高跷秧歌带到日本的福冈、大阪、东京等地巡回表演。

3.金州龙舞

金州龙舞属于拟兽类舞蹈。这类舞蹈大多由表演者头戴面具，身着服饰，操纵鸟兽模型，用模拟手段表现动物生活习性或嬉戏场面。大连地区的金州、瓦房店、庄河等地在春节、元宵灯会、庙会等都有龙舞表演。

　　光绪七年（1881年），清毅军驻防金州时，每逢元宵节军营内就有龙灯舞表演。清光绪十一年（1885年）淮军的"铭字军"接防金州时，允许百姓进军营与官兵们一起观龙灯表演，共同欢庆。当时金州西门村外扎棚匠、纸匠陈德员、李田英偷艺仿制了一条龙灯，从此龙灯舞就在金州安家，又经纸花艺人仿制彩绘"龙形"，道具日趋完善，迄今已相传九代。开始，龙头、龙身的硬节及龙尾均用彩纸糊裱，龙身回旋软节部位则用绷布，在硬节上点蜡烛，以"跑龙"为主，舞法单调。后来，以布代替纸，表演上不仅能"跑龙"，且能舞龙。

　　民间把龙当作吉祥的化身，它能除恶辟邪、降妖伏魔，能兴风化雨，令五谷丰登，因而，人们把祈求风调雨顺、四季平安的愿望寄托在龙的身上。每逢喜庆之日，民间舞龙渐渐成为一种习俗，一般从正月初九开始，一直要到二月初二"龙抬头"。金州龙舞主要有舞龙、耍龙两种形式。"舞龙"指在正式场合下，按照规定的套路或形式进行表演。"耍龙"则是在非正式场合下，由演员即兴发挥，并用于民间的一种表演方式。一支龙舞队一般由两条龙和一个龙珠组成，有19人，其中1人舞龙珠，每条龙由一人舞龙头，七人舞龙身，一人舞龙尾。经过百余年的发展、传承、推陈出新，金州龙舞的舞姿变化多样，有盘龙、行龙、卧龙、龙出海、龙打滚、大波浪、龙抬头、龙摆尾、越龙脊、翻身、串柱、转柱、盘柱、围柱、串串、龙咬尾、翻江倒海、二龙戏珠、波浪、龙串柱、中串、盘龙门、钻裆甩尾、旋风转、二龙吐须、二龙旋风转、呼风唤雨、蛟龙出海、龙绞水（左）、龙绞水（右）、二龙外大波浪、二龙内大波浪、金龙戏珠、金龙盘玉柱、双钻裆、地滚浪等近40种花样。

　　金州龙舞的伴奏音乐主要选用东北秧歌的曲牌，对乐器、演奏的曲牌没有很严格的要求，乐队人数可多可少，乐器主要有大鼓、堂鼓、锣、镲、铙钹、唢呐、笙、竹笛等。演奏乐曲主要选用一些比较欢快的秧歌曲牌，如《龙摆尾》《备马令》《八条龙》《单鸟》《对碰》《抢早》《句句双》《鸾凤和鸣》《百鸟朝凤》《五匹马》《大得胜》，其中经常演奏的曲牌是《备马令》。

　　金州龙舞曾入选《中国民族民间舞集成·辽宁卷》。由金州人李本生发明的长度可变的龙在比利时获布鲁塞尔第44届国际发明博览会金奖。

2008年，金州龙舞入选为国家级非物质文化遗产项目。

4. 双管乐及《江河水》

管子是一种民族管乐器，分单管和双管两种。双管原是道教和佛教音乐活动中的主要伴奏乐器，后来发展成为民间婚丧嫁娶和各种喜庆活动中的重要伴奏乐器。

清朝乾隆年间，双管乐由山东传到复州，至今约有200年的历史，曾形成秦家、李家、于家和刁家4家比较著名的管乐班。复州双管乐刚柔并济，音色既粗犷、豪放、高亢，又深沉、委婉、细腻、柔美，淋漓尽致地表达出喜怒哀乐的情感，在吸收了西洋管乐的一些演奏方法后，其独特的音色和表现力是其他乐器所不具备的。

双管独奏曲《江河水》（原名《江儿水》），是根据"辽南鼓乐"同名笙管曲牌整理加工改编而成的。乐曲从最低音区起奏，旋律连续四次四度上扬，悲愤之情迸发，随后旋律即层层下落并引出主题。主题为起承转合四句。第一乐句旋律色彩暗淡，管子近似人声哭泣的情调，音乐凄凉悲切。第二乐句旋律突发性地十度上起，并两次向上冲击，表现出无比悲愤的情绪。第三乐句节奏顿挫，断后即连，似悲痛欲绝，泣不成声。最后是第一乐句的变化重复，尾部变宫为角加以强调，为中段从已羽调式转入同主音徵调式做了准备。在经过中段的"对仗"式的结构句法、平稳进行的旋律、音乐深沉之后，紧接着双管和乐队强力全奏，犹如压在心头的怒火爆发。这个动力性再现段落，以与前段不同的速度、力度和奏法，表现出的情绪更为激越。《江河水》是一首令人心碎，也让人心醉的乐曲。它曾在大型舞蹈史诗《东方红》的第一幕第一场《苦难的岁月》中作为主奏乐曲。2008年，复州双管乐入选国家级非物质文化遗产项目。

5. 东北大鼓

东北大鼓是流行于中国东北的曲艺形式，曾盛行于沈阳（奉天），故有"奉天大鼓"之称，以沈阳为中心，包括中、西、南、东、北五大流派。

清咸丰年间，清军八旗和蒙军一旗来复州驻军屯田，东北大鼓随之传入复州、金州一带，当地每当逢年过节或举办婚丧嫁娶时都要请大鼓艺人来家说书。流行在大连地区的东北大鼓是"南城调"，以营口为中心，包括周边的盖州、岫岩、宽甸、庄河及凤城等市县。它的唱腔高亢雄壮，善于演唱《战长沙》《单刀会》《打登州》等金戈铁马段子。代表艺人主要有梁福吉、葛荣三、徐香九等，女演员有吕雅声、国桂荣、徐正侠等，弦师有关永安等。其中，有着"关东叫天"之称的奉天大鼓艺人梁福吉，《泰东日报》称其为"东三省第一人"。流传于大连的奉天大鼓一般分为子弟书段、三国段和草段（通俗唱词）三类，也有少数为说书艺人自编的书目。

由于东北大鼓曲调委婉动听，表现力较强，受到了群众的喜爱。复州最早学唱东北大鼓的艺人关永安表演的《莲花灯》章回书，在复州境内很有声誉，先后教了赵文义、马希圣、李德奎、王恩祥、何文礼5个徒弟。其中赵文义的说唱水平最高，字正腔圆，运用包袱幽默有趣，刻画人物有声有色，还能把京剧、梆子、二人转和民歌等曲调融入大鼓唱腔中，因擅长表演《武松打虎》被称为"活武松"。

6.辽南二人转

辽南二人转又称"蹦蹦戏""地蹦子""蹦跶蹦"等，是流行于辽宁及东北地区的民间说唱艺术。由于清后期和民国初年出现"闯关东"大潮，大批山东、河北人进入东北，"秧歌打底，莲花落镶边"的二人转演唱形式随之被带至关外，至今有300年的历史。

二人转有东、南、西、北4个流派，"南靠浪，北靠唱，西讲板头，东耍棒"，各有特点。流传于大连一带的二人转是"南派"，又称辽南二人转。"浪"即指"舞"，"舞"是辽南二人转突出的特色。辽南二人转特别注重以戏曲基本功打底，并吸收民间舞蹈的元素，歌舞并重，形成了唱中夹舞、以舞传情的表演风格。在清道光年间，二人转传入大连复州一带，清同治年间出现了演唱水平较高且"上、下装"都演得很出色的艺人高日常，他的表演深受群众的欢迎。1911年，晚年的高日常收原唱东北大鼓的赵文义为徒，教其学唱二人转。赵文义扮演"上装"（又称"包头"，就是旦角）嗓音洪亮，唱腔优美，闻名复州境内。还有一位演"上装"的艺人王元贵（艺名"大杆子花"），以嗓音清脆、吐字清楚、字正腔圆、动作优美、忠于剧本、注重刻画人物，以及演唱中不乱抓口的演出风格，在当时行内显得格外突出。王元贵和姜巴拉头（演"下装"）是一副架，王元贵的演出受到群众的欢迎，与姜的配合是分不开的。之后，还相继出现了毛连太、姜治帮、姜振和、乔元珍、刘德玉、王连喜、李廷新等较有影响的二人转艺人，经常演出的节目主要有《蓝桥会》《燕青卖线》《武松打虎》《武松杀嫂》《鞭打芦花》《井台认母》《王小打鸟》《双锁山》《韩湘子出家》《冯奎卖妻》《宋洪武放牛》《狄仁杰赶考》《王二姐思夫》《回杯记》等。

第二节　传统戏剧形式

20世纪初，随着大连城市规模的扩大，劳动力需求也随之增大，来自山东、河北及国内各地的移民大量涌入，形成了大连历史上最大规模的移民高潮。这些移民既有广大劳苦大众，也有知识分子、科技人员、商人和因各种原因来连避难的高层人士。他们作为民族文化的载体和接受者，将各地的文化大量带入大连，使大连地区的民族文化积淀不断加厚。五方杂处的居民在文化艺术上少有保守的偏见和排他性，使大连地区的文化呈现多元性、杂交性的特点。内地的梆子、昆曲、京剧等传统戏剧形式纷纷来连演出，京剧、评剧、皮影戏等戏剧演出活动在大连尤为活跃。

一、京剧、评剧、皮影戏演出活动

清光绪十三年（1887年），河北宝坻永胜和梆子班来到旅顺水师营清毅军，演出河北梆子兼演皮黄剧目，这是大连地区最早的京剧演出。1906年后，随着旅顺、大连、金州相继建成了多处剧场和茶园，有了固定的演出场所，戏曲活动中心也逐渐从县镇转入市区。北京、天津、上海、河北、山东和东北的河北梆子、京剧班社和外埠演员越来越多地涌入大连演出。[13]20世纪20年代后，河北梆子演员多改演京剧，京剧逐渐成为大连地区从业人员最多、观众最普遍、影响最大的剧种。

京派京剧从1840年形成到20世纪20年代以前，东北观众极少能见到京派大角，京剧名角的足迹从未到过山海关外（除1924年张作霖寿辰，召梅兰芳、余叔岩等唱戏庆寿外）。30 年代中后期，京角挑梁的戏班开始陆续出关，东北的观众才见识到各种风格、各种流派的京派京剧。

由于长年战乱，路上不宁，而海上相对安全，增加了海派京剧在东北的辐射力。自 1917 年开始，海派京剧抢先占领了东北这一广大的市场，以汪笑侬、盖叫天、欧阳予倩、周信芳、王芸芳等名角挑梁的海派戏班纷纷在大连抢滩登陆，然后沿铁路北上，向东北腹地拓展，把海派京剧传进沈阳、长春、哈尔滨、吉林、佳木斯、丹东、营口等大中城市。

1925 年，海派京剧表演艺术家欧阳予倩受永善茶园之邀，来连演出京剧《人面桃花》《卧薪尝胆》等剧目。一个多月的演出，场场叫座，深受大连观众欢迎。其间，应中华青年会之邀，欧阳予倩还做了《中国戏剧改革之途径》的著名讲演，主张"编剧取材应别具慧心，应时代之需求，为贫民而创作"。同年，海派京剧的代表人物，集演员、编剧、导演于一身的戏曲家周信芳（麒麟童）来连演出了代表作《萧何月下追韩信》。1928 年，昆曲名家韩世昌应日本政府邀请，由北京赴日，途经大连，在大连演出了代表作《思凡》《刺虎》《琴挑》《闹学》。在大连市内，这是首次演出昆曲。还有不少海派演员落户大连，像上海的"四大名旦"之一王芸芳和后来为大连京剧培养了众多学生、做出了卓越贡献的京剧表演艺术家曹艺斌、蓉丽娟，都是先后在这一时期从上海来到大连的。

关东派代表人物唐韵笙艺兼京、海两派。20 世纪 30 年代后，逐步自成一派——唐派，时称"南麒北马关外唐"。《陈十策》《绝龙岭》《未央宫》等戏的出现，代表着唐派艺术的形成。唐派是关东大地上唯一的京剧流派，受到东北京剧界的推崇，产生了很大影响。唐派剧目和唐派表演艺术被唐韵笙和他的传人、追随者很快推广到东北全境，唐派和受唐派影响的众多演员的表演风格又被称作"关东派"。

大连成为海派、京派、关东派的交汇地，同时兼收并蓄了各京剧流派的特点，形成了大连地区京剧表演的艺术风格，既有京派的严谨，又有海派的新颖、灵活，更有关东派的一专多能。演出剧目多是海派的连台本戏《狸猫换太子》《封神榜》《七侠五义》等，着重武戏《三盗九龙杯》《罗思玉》《铁公鸡》。名角的"招牌戏"大多是传统老戏，如《萧何月下追韩信》《徐策跑城》等。

这一时期，大连地区也出现了由戏曲爱好者自办或与商户联办的戏曲班社，边培养学员，边公开演出。早期的戏曲班社有业主班社和邀角班社两种。大连地区的京剧班社主要有同乐班、崔家班、孙家班、宏济大舞台戏班、福兴大戏院戏班、吴家班、兴亚大舞台戏班等。其中，宏济大舞台戏班和福兴大戏院戏班是戏班与演出场所合一的京剧班社，规模较大，也较有影响。1926年开始，大连的京剧爱好者还陆续组织票社，学习、研究京剧艺术，演戏自娱。由于票界多系工商界人士，其经济状况较优裕，唱"义务戏"成为票友界经常的艺术活动，先后成立了振雅社、连东俱乐部、阳春社、连华社、公余国剧研究社、连友社、黎明国剧研究社、新民国剧研究社和启华社等。[14]

1906年，折出莲花落传入大连。1917年，庄河县商绅邀请唐山赵春山班社演出评剧，兼演河北梆子。1920年前后，大连、旅顺、金州、瓦房店、普兰店等地先后出现了"落子"演出活动。[15]1920年以后，孙凤鸣在大连为"落子"表演的发展做出了具有重要意义的探索创新，对评剧艺术的成熟产生了奠基作用。

明万历年间，陕西来东北戍边的士兵将皮影戏带入大连，又使之从军营慢慢流传到民间。清嘉庆年间，北京附近的"白莲教"盛行，因有皮影艺人参加该教会活动，皮影戏被禁演，于是河北滦州皮影艺人被迫大量流入东北。此时，山东登州皮影也跨海来到辽南地区演出，皮影戏就此开始活跃起来。流传于大连地区的皮影分南北两派。一是以河北滦州皮影戏为代表的北派，主要活动在复州城北部地区，如赵屯、许屯、万家岭、永宁一带，一直到盖县、大石桥、海城等地，演出剧目有影卷（剧本），称为"翻书影"或"卷影"。二是以山东登州皮影戏为代表的南派，主要活动在复州城南部地区，如普兰店、三十里堡、金州等地，演出的剧目没有剧本，称为"南口影"或"流口影"。由于受当时地区的政治影响，在大连地区，南北派皮影与本地的民风民俗、方言音乐结合，逐渐形成了独具特色的辽南风格后称为辽南皮影戏。

辽南皮影戏在演出形式、演唱方式、伴奏乐器、词格、唱腔、曲牌等方面，形成了一套比较完备的模式。演出形式比较简单：在高台上支起一块长 7 尺左右、宽 3 尺左右的白布作为影窗，皮影艺人们在影窗后演唱的同时，操纵影人在影窗上活动。一台皮影戏需要六七人便可演出，演出时演员分前后两排坐在影窗后，前排左侧第一人是"拿影"人（导演），中间是"贴影"人（耍影），右为司鼓（锣、钹、鼓全打），后排是乐队，拉主弦的居中间，其他乐手分列两侧。演出中，除四胡演奏者之外，其余人员都要分担角色参与演唱。旧时，辽南皮影

辽南皮影

戏班中没有女演员，男唱女腔"掐嗓子"唱。影人都是侧身。影人由头（称"头楂"）和身子两部分组成，小影人高约 8 寸、大影人为 12 寸，伴奏以大四弦为主弦，外加扬琴、坠琴、笙、管、牛角、葫芦头、笛子、二胡、唢呐等乐器。辽南皮影戏演出的剧目大多是神话及历史故事，比如《杨家将》《大隋唐》《封神榜》等，现遗存的手抄"影卷"有 200 多部。

1932 年，辽南皮影戏曾一度被迫停止演出。大连解放后，辽南地区的皮影演出非常活跃，最兴盛时有皮影戏班 43 个，在群众中影响较大的皮影艺人有 20 多位。后来，在辽南皮影戏基础上发展起来新剧种——辽南影调戏，后改称"辽剧"。

二、欧阳予倩与《中国戏剧改革之途径》

欧阳予倩（1889 年—1962 年），湖南省浏阳县人，著名戏剧、戏曲、电影艺术家，中国现代话剧创始人之一。1907 年在日本留学期间，

欧阳予倩在大连演讲的《中国戏剧改革之途径》（1925 年）

参加春柳社的《黑奴吁天录》等剧演出。1911 年回国后，又与陆镜若先后组织新剧同志会、春柳剧场，演出宣传革命、反对封建的新剧。春柳剧场解散后，他投身京剧事业，编、导、演了大量剧目，如《鸳鸯剑》《馒头庵》《潘金莲》《哀鸿泪》等，有"北梅南欧"之誉。1925 年元旦，欧阳予倩应朋友的邀请来到大连，在永善茶园（现宏济大舞台）演出。第一场戏是饰演他改编的《人面桃花》中的杜宜春，纯熟精妙的表演，把杜宜春思念崔护之情表现得处处入微，时而临池孤影，时而折花做戏，表情真挚深沉，身段优美动人，唱腔感人肺腑，演出赢得了观众的热烈掌声。在连台本彩头戏《济公活佛》的演出中，他舞绸带、唱联弹的表演，受到大连观众欢迎。《泰东日报》《满洲报》等报纸不仅报道欧阳予倩来连演出信息，还简要介绍了欧阳予倩的身世、生平，对他的表演艺术、戏剧改良成就加以评论。演出期间，他应中华青年会之邀，做了《中国戏剧改革之途径》的讲演。被戏剧界人士赞誉为"予倩之言，足知其为艺术界之觉悟者"。

欧阳予倩是继汪笑侬之后又一个对大连京剧改革产生重要影响的人，展示了精湛的表演才能。当时大连的各大报纸开设《欧阳予倩旅连日志》专栏，详细记录他的活动。

三、韩世昌与昆曲艺术的传入

韩世昌（1897 年—1976 年），著名昆曲表演艺术家，原籍为河北省高阳县人，幼年从艺，后在北京组建荣庆社，曾师从曲学家吴梅先生及昆曲名家赵子敬，除工正旦外兼精贴旦、刺杀旦。韩世昌技艺精湛，独创一派，成为当时昆曲表演艺术最高水平的代表，被誉为昆曲一代宗师。1928年，日本为纪念昭和天皇加冕而举办京都大博览会，韩世昌受邀东渡，为大博览会之中国昆曲观赏会而献艺。韩世昌赴日演出途经大连，应满铁情报课及中日文化协会的邀请，在大连演出《思凡》《刺虎》《琴挑》《闹学》四折昆曲剧目。在大连乃至东北，这是首次演出昆曲。

当时，大连地区的戏曲演出活动虽然很频繁，但在韩世昌来大连之前，却不曾有昆曲演出。一位观众在《观众的兴趣》中说："韩世昌来连，迄今在大连相传无数次。梅兰芳要来，尚小云也要来演出，可

韩世昌在大连演出《闹学》，饰春香（1928年）

至今一个都没能实现。这次说韩世昌来大连演出一事，对大连的观众（大部分的华人）来说是难以想象的。"

中日文化协会还组织人员编写、刊印昆曲和韩世昌的介绍和相关的说明材料，石田贞藏编写了一本小册子《昆曲与韩世昌》，介绍了昆曲的历史、组织、价值，同时还介绍了韩世昌的昆曲表演艺术特点。日本专门研究中国古典戏曲的学者岩彻生发表了题为《关于昆曲》的文章，对昆曲的源流演变以及程式规律等均予以介绍。

纵观韩世昌在大连的昆曲演出，大连观众对韩世昌的表演艺术给予了高度称赞，"剧本、场子、音乐、身段种种，皆经过若干年之试验、修改，若干名伶之艺术经验，若干机会之切磋粉绘，其价值非率尔所可指摘。演员表情规矩如此，说话清劲，歌喉圆转，亦复无疵可举，其嗓音功夫老到，甚有余裕，腰肢眼角活转有神，盖此中天材也。"[16]

四、岐山戏社与评剧女旦、女腔崛起

　　1920 年秋，唐山落子艺人孙凤鸣由天津来到大连，把《指花为媒》《秦雪梅吊孝》《马寡妇开店》等剧目第一次介绍给大连观众。1922 年，他在大连成立了岐山戏社（原名"凤鸣班"，亦称"南孙家班"），是国内最早培养评剧坤伶的班社。

　　岐山戏社首创招收女徒，以女旦代替男旦；在声腔和表演方面也有重大发展，唱腔和念白由冀东语音改为东北语音，更容易被东北观众接受。戏社演出的第一部女旦戏是《五女哭坟》，培养出了李金顺、筱麻红等一批知名评剧演员，打破了评剧没有女旦的历史，并完成了评剧女腔的创造，成为当时国内有名的评剧班社。岐山戏社对女旦的培养和对评剧艺术的革新、发展做出了重要贡献，奠定了"奉天落子"形成的基础。当时，主要演员有孙凤鸣、孙凤刚、筱麻红、筱丽华、小筱麻红等，在大连还流传着"筱麻红唱得好，王金香浪得好"的赞语。评剧女旦、女腔的出现是评剧艺术由初期的唐山落子发展为成熟的奉天落子的重要标志。

第三节　现代艺术形式的崛起

　　现代城市的兴起、自由港的开通使国内外移民大量涌入大连，他们不仅带来了现代的科学技术，而且将西方的现代文化艺术形式如电影、戏剧、音乐、舞蹈、交响乐、西洋绘画、摄影等带入大连。

一、电影艺术进入大连

　　1906 年，电影传入大连，成为大连文化的重要组成部分。

　　1906 年 2 月，日本冈山孤儿院"募金团"携带影片，在东京座举办慈善事业音乐电影会，进行募集资金活动，并放映了一些短纪录影片。同年 9 月 28 日，京座上映了《西洋妇女跳舞》《日本相扑力士凯旋》《西方某君主乘车出游》等短片，这是大连地区，乃至东北地区最早的电影放映。1907 年 6 月 15 日，旅顺的同庆茶园租美国人的短纪录片售票放映，

成为大连第一家对社会售票放映电影的中国茶园。10 月 5 日，大连大观茶园放映美国电影，成为大连第一家面向社会的电影放映场所。[17]

随着大连成为国际性电影市场和电影拷贝集散地，大连电影放映日趋频繁。据《满洲年鉴》记载，1937 年初，日本和欧美制片厂在大连设有办事处、代理店等发行机构18 家，美国、日本、德国、意大利、英国、法国等国家的影片在大连竞争激烈。1934年是大连地区上映美国影片较多的一年，全年上映的 157 部中外影片中，有好莱坞派拉蒙、米高梅等 8 家公司的影片 81 部。卓别林喜剧影片也进入了大连的电影市场。此时，大连的电影发行范围已向东北各大城市延伸。

日本殖民者对大连电影业的管制和利用一刻也未放松过。1922 年，南满洲铁道株式会社就建立了电影放映队，进行侵略宣传。他们在大连的铁路沿线各站设放映点，每年巡回放映 4 至 6 次，每次巡回放映 20

1935 年，电影《大路歌》放映广告

天左右，1933 年后每次巡回 65 天左右。"株式会社满洲映画协会大连出张所"也成立了放映队，在学校、公共场所、居民集中的城镇设置放映点。[18]1934 年，伪满民政部实行电影统制法令：关东州及其日本满洲附属地之内上映的影片，由关东厅总务局保安科审查，经审查后，发给"许可证"方可上映。按照统制法令，符合日本国策、国情的影片允许上映，违反日本国策、国情的影片禁止或删减后上映。

尽管日本殖民当局管制严厉，但大连的中国影院仍上映了许多反映新文化运动成果的国产影片，如《上海全景》《西湖风景》《欧美胜景》等风光片，《天女散花》（梅兰芳主演）、《春香闹学》（梅兰芳主演）、《白蛇传》（胡蝶主演）等古装片。1928 年是大连上映国产影片最多的一年，据不完全统计，上映故事片 103 部，其中国产影片 96 部。国产影片中不乏思想进步的作品。1934 年 6 月上映《渔光曲》，《泰东日报》以《一阕〈渔光曲〉了唱出了一幅流离惨变的生活》为题发表了影评。1935 年上映了《桃李劫》《春蚕》和《大路歌》，《泰东日报》称《大路》"声势浩大风云为之变色，气冲牛斗天地为之动摇"，是"劳苦群众的进行曲"。之后还上映过《新女性》《盐潮》《到西北去》《十字街头》《马路天使》《三个摩登女性》《女性的呐喊》等。

二、话剧活动的蓬勃兴起

自刘艺舟于 1910 年将话剧形式带入大连后，大连的话剧活动逐渐兴起，成为大连地区新文化运动的重要组成部分。

1916 年，陈非我等一些热心新剧者在大连发起组织了文明新剧社，是东北地区最早的话剧团体之一。陈非我特邀上海戏剧艺术家汪优游来连排演新剧《湘江泪》《猛回头》，使大连话剧又吸收了上海文化的营养。文明新剧社自成立以来，多次演出义务戏，受到各界的赞许，演出的剧目大都贴近现实生活，通俗易懂，舞台上又有如同生活中的各种景物，令一向观赏传统戏曲的大连观众耳目一新。

大连的新剧活动由此形成燎原之势，在城市、乡村、学校、工厂广泛传播开来。在 1916 年至 1926 年 10 年间，大连的话剧活动经历了由传入到逐渐发展的阶段。这一时期演出的新剧剧本大多是春柳社早期演出的剧目，以揭露社会时弊和反对封建礼教、宣扬家庭伦理道德等为内容，在艺术上也有可取之处。

当时，在大连舞台上还有一些学校和工厂的业余演出。新式学堂的学生受新文化思潮的影响较深，对以对白和动作表情达意的文明新戏极为推崇。1925 年，学生们利用

刘艺舟

假期，先后演出了时事新剧《乐天足》，该剧在当时对于提倡天足、废除缠足的旧习陋俗颇有影响。进入 30 年代，学校的话剧活动更加活跃，先后演出了话剧《龙女》《计中计》《顽皮的家人》《复活的玫瑰》《终身大事》等剧目。1927 年，大连地区的第一个地方工会组织——大连中华工学会，组织满铁沙河口工场技工养成所的学生，到工厂演出自编话剧《王忠漂泊记》。此后，一些工厂也纷纷组织了业余话剧团，话剧演出活动十分活跃。20 世纪 40 年代，大连地区涌现出以演话剧为主的剧团有 10 余个。除隶属关东州艺文联盟的协和剧团、光明放送剧团和辽东剧团，还有直接由日本人操纵的金州兴亚奉公联盟青年队演艺部，更多的是由一些爱好文艺的青年自筹资金组织的半职业性的民间剧团，如大明剧团、秋月同窗会演剧组、山下汽船剧团、火车头剧团等。此外，在偏远的庄河地区也有话剧演出活动。40 年代初，一批中外进步书刊，如鲁迅的杂文集，曹禺、陈白尘及托尔斯泰、高尔基、莎士比亚等人的作品在各"国高"中传开。庄河一些学校爱好戏剧的学生也开始编演话剧，如庄河女子"国高"演出《和睦家庭》、大孤山女子"国高"演出根据巴金同名小说改编的《家》、庄河"国高"根据电影《林则徐》改编的话剧《南京条约》等。至 1945 年，大连地区有各种班社及专业、业余剧团近 40 个，戏剧演出场所（包括戏楼、茶园、戏院）50 余个，使大连成为国内具有雄厚基础的话剧阵地。

三、西方音乐舞蹈的传入

大量的西方古典主义、浪漫主义的交响乐、歌剧、艺术歌曲、舞剧等音乐舞蹈文化的涌入，给以传统民族民间音乐舞蹈为主的大连地区带来了巨大冲击，形成了中西音乐舞蹈并存的状态。

此时，日本人先后成立了一些音乐舞蹈学校。如 1925 年创办的大连音乐学校，有小提琴、钢琴、风琴、口琴和音乐理论等课程。据《大连市》（1930 年版）一书记载，该校是"关东厅长官许可的唯一私立音乐学校"。1926 年，大连高等音乐学院成立，每年招收钢琴科学员 30 人、声学科若干人。

这一时期还有小学生少女组织的一些歌剧组织出现。成立于1919年的大连少女歌剧是大连第一个歌剧组织。1923年，童谣和歌剧协会成立，主张"儿童艺术的培养"，组织了15名小学少女进行募捐义演慰问演出。该协会担负着对公共机关或满铁沿线进行慰问演出的任务，两年后迁到了日本京都。这一时期，还相继成立了一些与音乐舞蹈相关的机构。如1929年村冈乐童创办的大连戏剧办事处，主要是承办音乐、舞蹈等各种演艺节目的编排、演出场所的联系，以及说明书和戏报的设计印制、乐器和服饰的选购等工作，并联络国内外艺术家和爱好者的演出活动和有关音乐会的咨询等。

进入20世纪40年代，大连地区相继成立了一些交响乐团。1941年成立的大连交响乐团，是大连第一个交响乐团。该团由木村辽次组建，有48名成员，常任指挥木村辽次，指挥高津敏。1943年，大连放送局管弦乐团成立，由指挥山下久（中国名字朱东明）集中了大连一些舞厅乐队的演奏员80人组成，作曲川上义彦，乐队首席西田，副首席松下。该乐团主要任务是录音广播，也进行一些公演和对日本部队的慰问演出。

四、西洋画、东洋画的传入

甲午战争期间，日本油画家黑田清辉曾随军来到金州城内关帝庙写生。日俄战争期间，沙俄画家维列夏金来到旅顺口，在乘战舰出海返航中触雷身亡。

1915年成立了中国东北最早的美术团体——赤日会。此后，在大连出现的西洋画团体主要有1916年创办的大连西洋画研究所（1926年改称草人社洋画研究所）、1924年创办的华蔓草洋画研究会、1929年创办的木贼会等。这些西洋画团体通过联展与个人展展示作品，或混合其他画种展出。1931年秋，大连西洋画研究所曾在第一次举办的满洲美术展览会上展出作品172件。1929年5月，满洲美术家协会成立，会长、副会长由关东厅长官和满铁总裁担任。该协会打着"提倡美术家相互间的亲睦和拥护""提倡满洲乡土艺术"的旗号进行殖民文化宣传。第一次举办展览会，展出西洋画240件，日本画25件。第二年再次举办展览会，展出西洋画、东洋画及雕刻102件。这些相继成立的美术团体和组织，后来多为满铁控制。在太平洋战争期间，殖民当局以强化战时体制为由，成立了关东州艺文联盟，下设关东州美术协会、关东州产业美术协会等团体。

这一时期的大连，也曾有为数不多的中国人的油画展。其中，以刘荣枫油画展比较早。他自留日回连后举办了3次展览，1923年，在大连商业会议所展出作品80余件；1924年，在大连三越吴服店，展出油画60余件；1929年，在大连基督教青年会馆展出《夕日を受けたる城内》《夏の山》《城の外》等作品。沈阳鲁美教授刘荣夫早年曾在满铁俱乐部举办油画、水粉画展，其中《朝》《姊弟二人像》《箱根风景》《越后汤泽温泉》《大连桃园台》《星海浦浴场》《星海浦住宅》《大连西公园》《裸妇》《静物》等作品，色彩鲜明，形象概括，富有装饰性。哈尔滨西画庄的张懋清也曾在大连商会展出油画，题材有风景、民俗等，展出同时也拍卖。

当时出现在大连的日本画，或曰东洋画，作者大多来自日本本土，先后有代谷耕樵、高木古泉、伊藤顺、藤山菱雨等在此举办展览。1940年，日本美术联盟来连举办关东、关西名家日本画展览，集中展示了有代表性的画家作品。

这一时期大连地区的书法艺术较为普及，本地比较有影响的书法家有刘心田、刘洪龄、王永江、李义田、徐骏声、曲作寅、孙宝田等。本地的书画作者在20世纪20年代成立了大连中华宗风社、大连公余艺术研究会等组织，并在其中设有书画部或美术科。30年代，金州成立了益友社，目的在于以书画会友。外地来连的善耆、罗振玉、康有为、宝熙、黄炎培等，曾在连书写字幅，或参加展览。1925年9月，康有为应大连华商公议会会长李子明之邀来大连演讲及举办康有为书法展览，展出其得意书法联幅百余件。

一些日本人也非常热心书法艺术。1911年创立了柳蛙会，在1912年多次举办了书法展览。殖民当局还在关东州艺文联盟中下设了关东州书道协会。由于商埠的开发，工商业渐次兴盛，内外文化交流日益频繁，为绘画作品的创作与流通创造了条件。这一时期，画作的交流也由过去的或赠送，或出售，发展到举办展览。

大连地区最早出现摄影活动是在甲午战争期间。日俄战争后，在大连的各种文版的报纸上出现了新闻摄影和商业广告摄影。民间摄影活动和照相业在大连迅速发展起来。1910年以后，大连出现了由日本人组成的摄影团体——大连写友社、辽东写光会。其中，1921年以满铁社员为中心组成的辽东写光会活动较为活跃，举办展览会、讲演会和实验会，发行会报，主办满洲摄影美术展览会等。当时，日本人还成立了一些写真（摄影）组织，策划举办展览活动。如1926年4月，将原来分散的业余写真（摄影）会，组成了满洲写真研究会。1928年春，成立了全中国写真联盟会，在大连三越吴服店举办摄影展览会。1929年，以大连为主，由满铁沿线各地摄影团体联盟组成的满洲摄影联盟成立。

营业性的人像摄影照相馆在大连、旅顺、金州都已出现，既有中国人开设，也有日本人经营的。至40年代初，大连地区照相馆已有近百家。在华人开设的照相馆中，以"华春"规模最大，设备也较为领先，除在西岗有本店外，在金州还有分店，店员达百人以上。在拍摄艺术和技艺上，大连地区的照相馆具有较高水平，艺术摄影、人像摄影一直处于东北地区领先地位。

第四节 现代艺术团体

一、刘艺舟与"新剧"艺术发展

刘艺舟（1875年—1936年），湖北鄂城人，同盟会会员、新剧艺术家，将新剧引进大连的第一人。在日本留学期间就与春柳社有来往，回国后在天津组织剧团，宣传革命思想，后被当局通缉。1910年，他秘密来到大连，也将当时被称作"新剧""文明新戏"的话剧传入了大连，使大连成为继上海、北京之后兴起话剧最早的地区之一。在连期间，他组织了励群社，并亲拟《励群社小启》，从事戏剧活动，编写新戏，演出了新剧《哀江南》《大陆春秋》等。

1911年辛亥革命爆发，他率剧团及同盟会会员连承基、徐镜心等，由大连乘船攻打登州、黄县，并取得成功。当时的南京临时政府委任其担任山东军政府登黄临时大都督，后改任登黄司令。袁世凯篡夺大总统职位后，刘艺舟离任南下投奔孙中山。1921年，他应大连中华青年会邀请再次来连，演出了《安南亡国恨》《郑成功驱荷兰进驻台湾》等剧目，矛头直指日本殖民统治。在一次赈灾义演上，他演出了《波兰亡国惨》，宣传爱国精神，日本殖民当局以"影响大连治安"为名，令刘艺舟限期离境。

作为一名革命党人，刘艺舟多次来大连从事革命活动，同时组织戏剧团体，编演新戏，内容大多是反映现实、直面人生的，也有借古讽今、臧否时政的，在戏剧改革和以戏剧教化民众、宣传革命方面做出了贡献。梅兰芳评价道："刘艺舟的表演，着重在表达人物情感，不大拘守舞台的成规。""他热爱革命、热爱艺术的精神，锋利的口才，旺盛的斗志，都是令我难忘的。"（梅兰芳《戏剧界参加辛亥革命的几件事》）。

二、爱美剧运动

五四以后，一些具有进步思想的戏剧工作者，在上海、北京发起了爱美剧运动，提倡非职业性的小型话剧，主张严格遵守剧本和排演制度，改变新剧商业化和庸俗化的倾向，提高戏剧的艺术质量和教育作用。1926年2月，受上海、北京等地爱美剧运动影响，由马殿元、王权祥、吕馥棠等发起成立了大连爱美剧社。该社组织机构较为健全，这是东北地区第一个较正规的半职业性的话剧团体，并改变了文明戏商业化、庸俗化的倾向，使大连的话剧艺术走向正轨，曾演出过《千秋遗恨》《一三二八》等剧目。

三、满铁音乐会

1922年，南满洲铁道株式会社兴办的满铁音乐会成立。原日本陆军户山学校军乐队副队长、伪满全国吹奏乐指导高津敏担任会长。该音乐团体设合唱部、管弦乐部、曼多林部、钢琴科等，以及练习的排练部、演奏部和研究部，曾借用大连西广场幼儿园的房舍作为学员的训练场地，每年春、秋举办两次演奏会。1929年，日本曼多林演奏家伊藤十五郎来到满铁音乐会就职，不仅扩充了原来的曼多林演奏团，而且排练演出了一批意大利作曲家的作品，还邀请一些世界著名音乐家到东北演出，如小提琴家海菲兹、蒂博、艾尔曼，钢琴家科尔特，男低音歌唱家夏里亚宾等。

四、大连地区第一支管弦乐队

1915 年，继上海招商局交响乐队之后，大连地区出现了第一支管弦乐队村冈管弦乐队，又名"大和管弦乐团"。在关东厅民政长官、满铁川上理事的策划斡旋下，乐队指挥村冈乐童从东京招聘了一批水平较高的演奏员。1919 年，该乐队归属于满铁的大连大和旅馆。1929 年，大和旅馆脱离了满铁，村冈退职。

当时由日本人出资组建的音乐团体还有 1919 年 6 月成立的大连市音乐团、1926 年成立的快乐歌舞团（又称"快乐艺妓歌舞团"），公演过的剧目有新歌剧《向日葵》等。进入 40 年代，大连地区陆续出现了交响乐团。1941 年成立的大连交响乐团，是大连第一个交响乐团。1939 年受大连放送局（广播电台）的委托，木村辽次组建的以录音播放为主的圣个丘乐团曾与系山真家领导的大连艺术座演出了歌剧《阿莱城的姑娘》。1943 年，大连放送局管弦乐团成立，主要演奏人员来自舞厅乐队进行录音广播和公演活动。

【注释】

[1] 崔世浩：《辽南碑刻》，1—2 页，大连，大连出版社，2007。

[2]《大连通史》编纂委员会：《大连通史（古代卷）》，333 页，北京，人民出版社，2007。

[3] 李振远：《大连文化解读》，132—133 页，大连，大连出版社，2008。

[4] 大连市史志办公室：《大连市志·文化志》，4 页，大连，大连出版社，2003。

[5] 李振远：《大连文化解读》，174 页，大连，大连出版社，2008。

[6] 大连市史志办公室：《大连市志·文化志》，9—10 页，大连，大连出版社，2003。

[7]《大连通史》编纂委员会：《大连通史（古代卷）》，213页，北京，人民出版社，2007。

[8] 崔世浩：《辽南碑刻》，1—6页，大连，大连出版社，2007。

[9] 李振远：《长夜·曙光：殖民统治时期大连的文化艺术》，179—182页，大连，大连出版社，1999。

[10] 大连市艺术研究室：《大连文化艺术史料（第三辑）》，32—35页，1987。

[11] 李振远：《长夜·曙光：殖民统治时期大连的文化艺术》，169—171页，大连，大连出版社，1999。

[12] 李振远：《长夜·曙光：殖民统治时期大连的文化艺术》，171—173页，大连，大连出版社，1999。

[13] 大连市史志办公室：《大连市志·文化志》，48—49页，大连，大连出版社，2003。

[14] 李振远：《长夜·曙光：殖民统治时期大连的文化艺术》，121—134页，大连，大连出版社，1999。

[15] 大连市史志办公室：《大连市志·文化志》，61页，大连，大连出版社，2003。

[16] 大连市戏曲志编纂委员会：《大连市戏曲志》，513页，大连，大连出版社，1991。

[17] 大连市史志办公室：《大连市志·文化志》，231页，大连，大连出版社，2003。

[18] 大连市史志办公室：《大连市志·文化志》，233页，大连，大连出版社，2003。

第十三章

乡土情愫　地域风范

——海洋特色民俗文化

　　大连历史上一直是沟通中原与东北腹地的桥梁，形成了五方杂处的局面。清初和清末时期，来自北方的黑龙江、吉林、内蒙古东部及南方的山东、河北、江浙等地的大批移民涌入大连地区，形成了独特的居民群体。大连地区的居民以山东半岛的汉族移民为主，又有大批满族居民及蒙古族居民、锡伯族居民、回族居民等少数民族居民的迁入，因而大连城乡居民至今既保留着山东居民的风俗和习惯，又融合了其他民族独具特色的风尚，形成了千姿百态的社会民俗大观。近代以来，大连先后遭受沙俄和日本帝国主义的殖民统治，域外文化对当地风俗也产生了一定的影响，在生活、礼仪、方言等方面均有明显的表现。

　　大连地区三面临海的地理位置，使这里的民风民俗具有明显的地域性，孕育了独特的海洋文化。其民俗风情与海洋文化有着紧密的联系。

　　大连伴海而生，大海给予大连人民无尽的财富和营养。特别是在生产力低下的时期，人们主要靠出海捕鱼为生，在与大海相依存的生产生活过程中，产生出敬畏和崇拜的心理。人们祈求逢凶化吉、遇难成祥，于是便派生出一系列与大海有关的习俗、宗教禁忌和故事传说，并代代相传。例如渔民出海前的出海祭祀、给渔船贴喜联、祭祀海神等；在海上作业时的海上救助、鸣锣惊鱼、渔眼瞭望等；对大海祈愿时的放海灯、洒酒祭海等；船靠岸后的渔工分红等；还有渔家禁忌的"头不顶桑，脚不踩槐""女人不能上船头""七男一女不能共乘一船出海""船上不能吹口哨""船上不能夯拉腿""舵手凳上忌坐两人""上船不得打海鸟""行船不得带长虫"等事项。这些渔俗从侧面反映了渔民从大海中获取鱼虾维持生计的生存状态，是海洋民俗文化的突出表现和重要组成部分，具有浓郁的地域特色。[1]

　　海洋生活习俗、民间文化艺术以及富于神奇与浪漫色彩的海洋风物传说、故事、歌谣，成为大连地区社会演进的轨迹和缩影。大连城乡在饮食、服饰、居住等方面有着独特的风俗习惯，属于粮、菜、果、渔区，食物比较杂，饮食品种丰富。大连地区的主食以饼子、地瓜、米饭、馒头、饺子、面条、包子为主；蔬菜以大白菜、大萝卜为主，有窖藏储存和腌渍储存两种方式。大连传统的调味品是大酱，有"无酱不食"之说。在烹饪技法上，大连菜属于鲁菜和辽菜的结合，以蒸、煮、炒、炖为主，饮食有辛、酸、咸、苦、甘五味。然而，靠海吃海的大连人在饮食方面因当地物产的特殊性和习俗的因袭，崇尚原汁原味、亲近自然的饮食观，食物喜咸鱼饼子、紫菜牡蛎疙瘩汤、海麻线包子、焖杂拌鱼等，别有风味。

　　由于五方杂处，各民族汇聚，外来文化的影响较大，大连人的服饰亦体现出独有的生活习俗、审美情趣、色彩爱好以及文化心态、宗教观念。大连地区的传统服饰按年代、民族、性别、年龄、季节、地位、职业等有所不同。一般普通人多穿青蓝色织布缝制的短衣长裤，出门套以长袍。男、女上衣为右搭襟、布扣，男子的小褂为对襟。富裕人家男子穿长袍马褂或坎肩，女子穿绸缎或呢绒旗袍。俄、日统治时期，穷人夏天光背赤脚，冬天披棉袄、麻袋。乡绅、知识分子、商人穿长袍或西服、大氅、风衣。伪满职员穿"协和服"（草绿色小翻领、单排扣、兜和后背带褶），冬穿皮袄夏穿纱。太太小姐穿旗袍，有钱家的妇女穿短上衣、半长裙，旗袍款式也由肥大、衣领稍高、衣长至脚背改为矮领、卡腰、下摆略收、衣长仅至腿肚，并有长短之分。学生按学校要求统一着装，穿洋服（中小学生为草绿色四兜制服，大学生为黑色三兜立领制服）。1898 年一

1905 年期间，俄国人的服饰习惯对大连城市居民有很深的影响，女子穿的"布拉吉"（连衣裙）等都是俄语的音译。日本统治时期，知识分子开始留分头、平头，戴礼帽、草帽、围巾。[2]

大连城乡居民在居住方面也形成了一系列习俗。大连地区的住房有瓦房、海青房、草房三种类型，多数居民居住在用盐碱土压顶的平房里。民房一般为三间或五间，居中开门者称为"明间"，又称"堂屋"，两侧为配间。汉族居民以东为贵，东屋给长辈住，西屋由晚辈居住。满族居民以西、北为尊，在西山墙上供奉祖宗牌位，院中设有影壁。富户建四合院，一般由正房、两侧厢房、门房构筑成一个四面有房、中间为院的布局。无论是四合院，还是平房、砖瓦房，都有后窗，一是用于采光，二是用于春、夏季通风。建房注重住房朝向，一般多取南北朝向，但忌正南、正北向，根据环境和地形取略偏东或偏西的小角度。[3] 旧时建房奠基被称为动土，奠基仪式要选吉日。上梁是建房非常重要的环节，在新房开基后砌筑至窗台的位置时进行。房子建成后，房主要择日乔迁，召集亲朋友邻"温锅"。

民间艺术风俗是一个地区的历史文化在演进过程中逐渐积淀形成且流传下来的。大连地区的剪纸艺术源于齐鲁文化，主要由"闯关东"的山东人带入，同时杂糅了汉族、满族及其他民族的风格，并与东北文化相融合，世代相传，形成具有独特风格的民间艺术风俗。大连地区的剪纸艺术多是单色剪纸，以阳刻为主，兼以阴刻。在平视构图、平面造型、镂空效果和连接关系等基本形态上，保持了传统剪纸的特点。其剪纸构图单纯，造型极为简练和夸张，题材与百姓生活息息相关，涵盖了当地乡土民情的方方面面，如海神崇拜、祈福祛灾等。其中，庄河剪纸最具特点，它讲究繁简处理和黑白关系构成及剪刻技巧上的刀味剪趣等，流传的剪纸类型有窗花、棚花、团花、墙花（角花、炕围边花等）、喜花及单纯的剪纸画等。这些剪纸通过象征等手法，构成寓意性强的艺术画面，给人美好的联想。

除了民间剪纸外，面塑、手工布艺等也较有代表性，在大连城乡地区成为满足广大群众文化生活需求的主要形式。

捏面人又称"面塑"，是一种制作简单但艺术性很高的传统民间艺术。它用面粉（一般用豆面）、糯米粉为主要原料，加上不同色彩、石蜡、蜂蜜等，经过防裂防霉的处理，制作成柔软的各色面团。捏面艺人根据所需随手取材，在手中捏、搓、揉、掀，用小竹刀灵巧地点、切、刻、划，塑成身、手、头、面，披上发饰和衣裳，于是婀娜多姿的美女、天真烂漫的儿童以及各种神话故事和戏剧中的历史人物等便脱手而成。过去有在正月十五元宵节点燃属相灯的习俗，表达了人们祈求新的一年五谷丰登、六畜兴旺的美好愿望。属相灯就是面塑灯，庄河地区的属相灯俗称"徐儿"，明末清初时由山东传入，是人们在长期的生活和节令活动中创造出的一种独具地方特色的民俗文化。

传统的手工布艺技艺属于民间女红，普兰店韩家手工布艺饰品技艺和王家布老虎技艺最为有名。韩家传统手工布艺饰品技艺是一门集剪纸、造型、手工缝制为一体的传统民间艺术，可追溯至清同治年间。韩家传统手工布艺饰品讲究纯手工制作，针脚细密、匀称、整齐。它运用比喻、谐音等表现手法，表现祈福纳祥、歌颂和谐生活等主题，如在粽子上搭配葫芦饰品，葫芦与"福禄"谐音，粽子与"挣"谐音，寓意多财多禄。王家布老虎技艺在清朝光绪年间由李王氏从山东省传至普兰店地区。王家人凭借着先天的悟性和对祖传技艺的热爱，将布老虎技艺传承至今。布老虎属于民间布制玩具的一种，有祈盼孩子茁壮成长、祈求平安吉祥之意，富有浓厚的乡土气息。其作品以布老虎为主，如夫妻虎、母子虎、四件套娃娃虎，还包括狮子、小狗、龙、大象、长颈鹿、放牛娃、油老鼠等其他动物，多用作儿童玩具和儿童枕头。

在大连绵延的海岸上，几乎每一段都有民间传说，从老虎滩上的猛虎到旅顺口的狮子，再到金石滩的仙人，还有大连名称的由来、棒棰岛传说、黑石礁传说等。这些民间传说是沿海人民智慧的结晶，有一定的文学艺术价值和历史研究价值。身处大海岸边的人民有着无限的创造力，他们大胆地表现生活的内容，解释自然的现象，使民间传说这一特殊艺术存在、体现于整个海洋文化之中，并为其注入更多、更新的元素。

第一节　渔业生产习俗

大连地区传统的渔业生产习俗，主要表现在出海习俗、海神信仰、渔家禁忌等方面。

渔猎生活是渔民繁衍生息的依托。大连由于海水质优，海洋资源丰富，既盛产刺参、鲍鱼、紫海胆、黄花鱼、牙鲆、带鱼、河豚等海珍品，也盛产鲌鲅鱼、鲅鱼、黑鱼、老板鱼、鳝鱼、大棒鱼、贝类（虾夷扇贝、紫石房蛤、紫贻贝、赤贝、牡蛎、蚬子等）、藻类（龙须菜、海芥菜、紫菜、鹿角菜等），有着"天然鱼仓"的美称。大连地区的海洋捕捞有沿岸捕捞和近海捕捞两种形式。沿岸捕捞在6000年前就出现了，当时用骨钩垂钓，后来发展为网捕。近海捕捞也是古代以海为生的先民们沿袭下来的渔猎方式，"人摇橹，风鼓帆"一直延续到近现代。渔船是渔业生产的主要工具，渔船主要有大舢板和小舢板两种。小舢板一般朝出夜归，在岛屿附近作业；大舢板则摇橹扬帆，从事近海捕捞作业，使用得比较多的是平头木帆船。在捕鱼过程中，渔民根据渔场及鱼类的变化，总是不断地创新渔具，渔业的生产方式也在不断地变革。传统的渔具一般将一个锥形网筒置于鱼虾密集的海区或洄游通道，依靠水流冲击，迫使捕捞对象进网。大连地区贝丘遗址中发现的骨质鱼钩说明，原始居民已经用钓钩捕鱼以维持生活，钓具主要有竿钓具和手钓具两种。

一、出海习俗

出海习俗是渔民在出海作业前的举行的庄重仪式，包括出海祭祀、在渔船上贴对联等。出海祭祀是渔民每次装网出海时都要举行的祭祀仪式，主要有挂旗、杀猪、焚香纸三项内容。出海之前，渔民还有贴渔船对联的习俗，以祈求平安。每逢过年、过节或休渔期结束后首次出海，渔民总是要把船装饰一新，在船头上画一轮圆月，在两侧和船尾两个燕翅以及船尾两侧对称的小柱子上涂红油漆作为装饰，并书写对联。一般船头两侧左写"船头无浪行千里"，右写"舵后生风送万程"，横批"海不扬波"；船尾的两个燕翅左写"九曲三弯由舵转"，右写"五湖四海任舟行"，横批"顺风相送"；船中间大桅杆写"大将军八面威风"，船头二桅杆书"二将军开路先锋"，船尾三桅杆贴书"三将军顺风相送"。小型船也要在相应位置书贴对联，如"江河湖海清波浪，逍遥通达远近游"

等，以祈求吉祥。[4]

　　出海仪式包括洒酒祭海、鸣锣惊鱼、渔眼瞭望等。海中有许多奇异的海兽，有的比渔船还要庞大，如大鲸鱼、大海龟、大蚍蛸等。为避免受到伤害，渔船出海作业时船老大一般要亲自站在船头，向大海中的这些大鱼、巨兽洒

祭海

三碗米酒，以祈求平安。过去渔民船小网陋，有时会遭遇鲸鱼群的袭扰（又称"龙兵过"），就采取敲击铜锣的办法驱走鲸鱼。近代鲸群已不多见，渔民鸣锣是为了捕鱼时将鱼群惊得晕头转向，然后撒网捕鱼，可以获得好网头。原来的渔船上没有探鱼设备，为了多打鱼，一些较大的渔船就在桅杆上吊个木桶。当渔船进入渔场后，眼神好、有经验的渔工（又称"渔眼"）攀悬梯登上桅杆，站在木桶里四处眺望，发现跳跃的鱼群，就用小彩旗指挥船老大转舵，驶向鱼群处撒网。具有丰富的航海和捕鱼经验的"渔眼"，其本事的高低决定渔船的丰歉，待遇与船老大相当。渔眼瞭望是渔民们祈求渔业丰收的习俗，而渔工分红也有一定的沿袭。除父子兄弟船外，合伙船的收益一般按份分红，船把头得两份，船老大得一份半，渔工得一份。

　　二、海神信仰

　　海神信仰是大连地区沿海居民普遍的精神寄托。每逢农历初一、十五，渔民要烧香焚纸进行祭祀，祭祀时渔船上要挂海神娘娘旗。自元代以来，妈祖信仰就是大连地区普及度较高的民间信仰之一。据资料记载，大连地区早期的妈祖庙多数是由福建海商修建的，修庙所用材料极为讲究，不少神像是从福建运来的檀香木雕成。最兴盛时期，大连沿海地区

獐子岛海神娘娘像

大大小小的妈祖庙有数十座之多。除此之外，渔民的船上也都供奉着妈祖神像。

妈祖庙、天后宫、天妃庙是沿海居民祭拜海神的重要场所。修建于清乾隆八年（1743年）的庄河市青堆天后宫，是现存中国最北的、保存最完整的清代妈祖庙。此外，在长海县广鹿岛上也有一座得以保存与重修的天后宫，由明代抵抗后金的名将毛文龙所修建。大连历史上还有其他较为著名的妈祖庙，如旅顺的天妃庙是东北地区最早有文字记载的妈祖庙，金州的天后宫曾经是东北沿海地区最大的海神庙，复州的娘娘宫始建于明代，当时被誉为东北地区修建最精美的一座妈祖庙。随着岁月的流逝，大多数妈祖庙已经消失，只有青堆天后宫还依然被完好地保留了下来。

放海灯是祭祀海神娘娘的重要仪式。历朝历代，妈祖拥有很多封号，比如天妃、天后等，还有很多别名，如林氏女、神女、默娘、娘妈、婆祖等。在大连地区，多称之为"海神娘娘"。相传正月十三是海神娘娘的生日，海岛及沿海渔家都会举行隆重的祭祀活动，海上的渔船桅杆上彩旗飘飘，舵楼上必须贴上对联。从凌晨开始，家家户户都会拿着鞭炮、贡品来到海神娘娘庙进行祭拜、许愿，给海神娘娘塑像磕头、上香、烧纸，然后放烟花爆竹，吃饺子，祈求海神娘娘指引明灯，保佑出海渔人平安归来。而祭拜之后，大连周边部分地区渔民还会进行放海灯的民间祭祀活动。庄河王家岛、普兰店平岛村、庄河石城岛、长海县大长山岛、旅顺龙王塘村，是放海灯活动比较有代表性的地区。人们从正月初十就开始张罗制作海灯（最开始的海灯形状是三角形的，后来基本都是船形），大部分都是手工自制，形状各异，形态逼真。到正月十三晚上，大家就会在船上放供品，有的放写着自己心愿的小纸条，然后点上海灯，亲自放走带着自己美好祝愿的海灯。放海灯活动是海岛和沿海地区渔民生活中隆重的习俗，也是他们崇拜、信仰海神的一种体现。至今，旅顺龙王塘村仍保留着比较完整的放海灯仪式程序。

挂旗是将旗挂在桅杆顶上，称作"门旗"，旗上写有"天后圣母，顺风相送"的字样。而祭祀所用的猪要选无杂色的纯黑猪，宰后用开水烫煮去毛，扒开内膛取出水油蒙在猪头部，用色染红，然后敲锣打鼓把猪抬到龙王庙供奉。之后再抬到船上供祭，供完吃肉。这一习俗意在祈求出海平安、丰收。

其实，不同时代，放海灯习俗在祭祀仪式、海灯形状、扎制材料、制作工艺上都有所不同。较原始的海灯比较简单，是三角形，所用材料有玉米秆、高粱秆、竹签、棉线、灯油、彩纸、糨糊等。现在的海灯

放海灯

制作工艺则相对复杂，类似客船形状，上面还雕有窗户，制作前大致算出船体各部分比例，并画出图纸，然后才开始制作。现在的海灯多采用三合板、铁钉、油漆、灯笼、灯泡、电池、泡沫等材料，用锯子、钳子、白胶等工具制作。船型完成后，刷上油漆，糊上彩纸，再加上彩旗等配饰，非常精致、漂亮。

三、"头不顶桑，脚不踩槐"与渔家禁忌

渔民在出海前，船上一般都忌讳说不吉利的话。渔民造船时有"头不顶桑，脚不踩槐"之说。过去渔船主要是木船，在修造船时船头不能

用桑木，脚下不能用槐板，因"桑"与"丧"、"槐"与"坏"同音，不吉利。

船上忌讳随便说话，尤忌"翻、沉、破、住、离、散、例、火"等。如烙饼和吃鱼时不能说"翻过来"，只能说"划过来"；把船上的"帆"叫作"篷"，因"帆"与"翻"同音，是忌讳；吃完饭不准扣碗或把筷子横放在腕上，因忌讳扣船和搁浅；船上的绳子不能结死扣，因"死"字不吉利。

渔民忌讳在船上吹口哨，以防招来台风和鲸鱼的袭击；外人脚不干净，忌讳踏上船头；上船不得打海鸟，因为海鸟救过迷航的人；忌讳在船上奤拉腿，因奤拉腿象征船要下沉；行船不得带长虫（蛇），据说长虫过海能成龙，成了龙就会残害生灵；忌讳七男一女共乘一船出海，意为"八仙过海"，恐惹恼龙王而造成翻船。

第二节　独具"海味"特色的饮食文化

大连饮食与地理环境的关系极为紧密，体现出海洋文化的独特魅力。

一、靠海吃海

大连地区海岛居民的饮食及沿海地区居民的饮食，因物产特殊和习俗因袭的关系形成了一定的特色。就自然环境而言，大连由于东濒黄海、西临渤海，与众多沿海城市一样，饮食文化离不开海鲜，且因水质偏冷，水产品生长周期长，营养丰富，味道令人称绝。此外，大连居民的籍贯构成很具特点，以山东人（中原文化范围）为主。因此，大连的饮食文化有很多与山东相近，喜面食。同时，大连还有大量来自东北其他地区、河北等地的移民，这使得居民的饮食习惯和饮食文化又受到其他地缘文化的影响。

得天独厚的自然资源优势、风情浓郁的地方特色，使大连在吃的方面形成新鲜、天然、丰富的特点。温带大陆性季风气候和海洋气候并存，四周复杂多样的环境，使大连菜具有独特性，尤以皱纹盘鲍、牡蛎、刺参、紫海胆、海虾、带鱼等为最。其中的紫海胆又称"海胆""刺锅子"，大连的产量占全国产量的95%以上。大连还是中国刺参的主要产地，刺参还被列为八珍之一，又因其药性温补，可与人参媲美，故名"海参"。大连的鲍鱼资源量占全国的70%以上，大连的皱纹盘鲍又称"四孔鲍""鲍鱼"，是鲍科中的优质品种，有"海味之冠"之名。大连更是牡蛎的主产区之一，所产牡蛎味美肉细，营养价值很高。

大连的饮食观念崇尚亲近自然、原汁原味，素有"没有海鲜不成席"之说，顿顿有海鲜、餐餐有海鲜已经成为百姓的一种饮食习惯。大连人对海味讲究鲜活，讲究天然、营养。在烹调海产品方面，大连人的方法多种多样：最简单的方法是将新鲜的海产品洗净放进锅里清煮，稍复杂的方法是将海产品与青椒、葱、生姜等放在一起炒制，还可以将海鲜或烤或涮。

沿海渔民一般靠海吃海，经常以咸鱼饼子兼作主食、副食。咸鱼多为咸鲅鱼、咸偏口鱼，有干蒸、油炸等做法。饼子一般为玉米面饼子，是渔民出海常带的食物。焖杂拌鱼、海麻线包子、紫菜牡蛎疙瘩汤是海岛渔民的家常饭，味道非常鲜美。鱼豆腐、拌海蜇、拌牡蛎、龙须冻等也是渔家的常见美食。鱼虾酱是沿海居民习惯的调味品，将鱼洗净磨细加盐、蠓虾洗净后，放在缸里发酵月余就可食用，味美可口。

二、声名远播的乡土菜

新鲜丰富的海产品为大连饮食文化特色的形成奠定了基础。在此基础上，大连逐渐形成了声名远播的海洋名菜、名吃，如红焖对虾、红烧海参、海鲜焖子、咸鱼饼子等。

红焖对虾是大连名菜。主料是不除皮、只除肠的全对虾。主料处理好后加姜、葱、油煸炒，再加酒、白糖、精盐，用慢火焖，将汤收净。出锅后的大虾头尾连在一起呈花瓣形，盛在大圆盘中后，犹如一朵朵盛开着的牡丹花，火红明亮，色泽喜人。红焖对虾虾肉肥美，鲜嫩香甜，醇而不腻。

红烧海参也是大连名菜。做法是：将水发海参从中切成两半，用开

海鲜焖子

水烫透，控水；用油锅把葱段煸炒成淡黄色，用酒烹一下，加一勺清汤，下海参、花椒水、味精、酱油、白糖、姜末，慢炖一会儿；快出锅时勾芡、滴香油即可。红烧海参滋味鲜美，营养丰富，为大连海鲜中的佳品。

在大连的各种小吃中，海鲜焖子享有盛誉。海鲜焖子的主料由地瓜粉熬制而成。把熬制成的大块的凉粉放在平底铁锅里，放少量油，用铲子将其压成小碎块，用小火慢煎。待外表煎焦后出锅，淋上炒好的虾段、海螺片等海鲜，再加入蒜泥、芝麻酱、酱油、醋等调料。

在渔家风味饮食中，最具特色的是咸鱼饼子。咸鱼饼子是渔民去船上进行捕捞作业时携带的主要食品，后来成为渔民的家常饭。咸鱼多为咸鲅鱼、咸鳝鱼，有干蒸、油炸等做法。饼子一般为发面饼子、油炸饼子，切成条状。此菜主食和副食都有，别有一番风味。

渔民生活中还有许多具有海洋饮食文化特征的日常美食，如鱼卤面。鱼一般为大棒鱼，面是手擀面，其做法是将苞米面掺少量白面和面团，

咸鱼饼子

再擀成面条，放沸水中煮熟后捞出；再将棒鱼放进滚烫的水中，待鱼肉离骨时提起鱼尾抖一抖，蒜瓣状的鱼肉便落入汤中；加上适量盐、味精和葱花、香菜，舀一勺汤浇在过水的面上，吃起来口感筋道、味道鲜美。此外，还有将黄鱼、黑鱼、鲇鱼、辫子鱼等用大酱一起焖

的杂拌鱼，各种鲜味交织在一起，不仅好看，也十分可口。鱼豆腐则是用老板鱼或鲇鱼与豆腐一起炖，炖好后鱼肉嫩、豆腐鲜，是海岛上的一道特色菜肴。紫菜牡蛎疙瘩汤也是一道渔民的家常菜，面疙瘩在锅里煮至七八成熟时，将海菜、海蛎子、紫菜先后放到锅里同煮，味道极为鲜美。海麻线包子是渔民用春季的嫩海麻线作馅包制而成的包子。其做法是先将嫩海麻线洗净剁碎，配以肥肉丁、海蛎子，用粗面包成，蒸熟后口味香鲜细嫩。靠海吃海，使渔民们创造出了很多极具特色的风味美食。

第三节　风物传说和民间故事

依山傍海的自然环境和凌波踏浪的渔猎生活使大连地区涌现出丰富的风物传说、民间故事、歌谣、长诗等口头文学。

一、风物传说

神秘莫测的大海产生了许多美妙神奇的风物传说。关于海神传说中，以龙王的传说最多，如《旅顺龙王塘的传说》《金州龙王庙》等。其次是海精灵的传说。海精灵指的是成了"气候"的鱼、鳖、虾、蟹，又称"四大海"。海神娘娘是渔民的保护神，大连沿海地区有关海神娘娘的传说也很多，如《海神娘娘的传说》《庙岛遇仙脱凡尘》等。风物传说中有大量作品是运用奇妙的幻想、超自然的形象、神奇变化的手法而创作的，地方性十分明显，很多传说为大连地区所特有，如棒棰岛、黑石礁、老铁山、仙人洞等的传说。

1.棒棰岛的传说

棒棰岛三面环山，一面濒海，是一个以山、海、岛、滩为主要景观的风景胜地。传说玉皇大帝的后花园里有一株金棒棰花，餐道风，饮仙露，5000年开花，5000年结果，又5000年成熟。不料一阵清风把金棒棰花的果实吹落人间，化身为一位美丽的姑娘，人称"棒棰仙子"。玉皇大帝得知后，硬是把棒棰仙子追回了天庭。棒棰仙子怀着对人间美好的回忆，

棒棰岛

把心爱的头针投向人间，头针落入大海变成一座小岛。人们在离岸 500 米远的海面上看到一小岛突兀而立，远远望去，极像妇人捶衣服用的棒槌，"棒棰岛"由此得名。

2. 黑石礁的传说

黑石礁也是大连的一处著名风景胜地。相传这里原为白石礁，海水像水晶一样透明，石礁白得像冰山一样闪光。南面是一片蓝蓝的大海，北面是弯弯曲曲的山冈。乌鱼将领"长腿乌"带着乌鱼群住在这里。离白礁石很远的大南海是鲨鱼的老家，有一条大鲨鱼叫"刺鲨"。一年春天，刺鲨在白石礁一带偷偷地游逛，他想，这地方好美，占了它搬过来！这天早晨，长腿乌正站在礁石上瞭望，只见口子外雾气腾腾，料定有情况，急忙命令大小子孙严加防守。一会儿，海面上起了大浪，一起一伏的比山还高，原来是鲨鱼打过来了。长腿乌带领大小乌鱼迎上前去，两家摆起阵势交起手来。双方大战了几个回合，鲨鱼越战越猛，长腿乌见势不妙，就命令大小乌鱼使劲喝海水。一会儿，海水少了，再一会儿，海水快要干了。刺鲨忙率领大小喽啰逃往南海。

几天以后，刺鲨又偷袭过来，乌鱼们死伤惨重。情急之下，长腿乌下令大小乌鱼赶紧放墨。顿时，海水昏暗起来，变成了黑色。霎时间，上不见青天，下不见海底。鲨鱼们成了睁眼瞎，乱了阵营，东碰西撞，

死伤无数。乌鱼们取得
了胜利。不久，潮退了，
礁石露出来了，鲨鱼们
都被搁浅在沙滩上渐渐
干死了，刺鲨也活活被
晒死了。云消雾散后，
海水依旧是蓝蓝的，乌
鱼们仍然在这里生息，
只是白石礁已经变成黑
石礁了。

黑石礁

3. 老鳖湾的传说

老鳖湾是大连市区的水湾。相传，老鳖湾旁边住着一个女孩名叫云凤，后娘要把她嫁给又老又丑的村里恶霸朱老歪，云凤一时想不开就跳进老鳖湾自尽。可云凤醒来发现自己在一座宫殿里，床前守候的人竟然就是平日里一直暗中帮助她的大武哥。大武哥说，他是大湾中修炼了800多年的鳖精，愿意为她脱胎做凡人，永远和她在一起。当天，这对有情人就拜了天地。后娘和朱老歪知道了此事，要挖鳖精的眼睛送给皇上，换得一官半职，于是就让人拉了81车生石灰倒进了老鳖湾。不一会儿，水面上浮出一个老鳖。可后娘和朱老歪刚碰到老鳖，老鳖就中风不能动了。云凤抱住老鳖号啕大哭，泪中带血。这时，平地卷起了一阵狂风，云凤和老鳖都不见了。后来听说云凤的血救活了老鳖，这对有情人都被北海龙王收去做了臣民，在龙宫过上了好日子。

二、民间故事

民间故事是口头叙事文学，由与历史事件、历史人物及地方风物有关的故事组成，范围比较广，故事形式也比较多样，通常以一定的事实为基础加工创造而成。

人物传说《喜禅的故事》就是以庄河大营镇兴隆寺中的和尚喜禅为

原型创作的故事。《白富顺的故事》是农民故事家白清桂搜集整理的有关父亲白富顺的故事集。白富顺长年在田间地头搜集民间"瞎话"，并将它们变成有声有色的民间故事，因此成为庄河远近闻名的"故事篓子"。《白富顺的故事》主要讲述的是他与土豪恶霸、日本鬼子做斗争的故事，如"暗布对联阵""借古讽今""智斗牌长（即甲长）"等。另外白清桂是满族人，还收集了相当一部分的满族故事。

　　旅顺口的故事是大连民间故事中较重要的部分。旅顺口原名"狮子口"。原来这一带没有高山，几百里平原紧连着海。海边不远处有个渔村，村里住着一个年轻人渔哥，靠打鱼生活。一天，渔哥出海回来，把鱼虾用篓子装好，准备到镇子上去卖。刚走不远，篓子里掉出一只小海蚌，渔哥捡起来放好，急忙继续赶路。走了一会儿，小海蚌又钻了出来，在地上直蹿。渔哥觉得奇怪，捡在手中翻来覆去地看着。只见这只蚌张了张嘴好像要说什么。渔哥叹了口气说："唉！也罢，小小虫子都不愿死，何况这么个海物，干脆放了它吧。"说完，渔哥捧着海蚌来到海边，小心翼翼地把它放进海中。

　　转眼，中秋节快到了。这天，渔哥打鱼时被大浪掀翻到海底。不知过了多久，渔哥醒过来了。他发现自己躺在家中炕上，一个很俊的姑娘正用羹匙喂他米汤。姑娘说："俺叫海女，看你漂在海上，就把你拽上了岸。天不早了，我得回家了，明天再来看你吧。"说完就走了。第二天一早，海女又来了。她给渔哥做饭，自己却不肯吃一口。渔哥

旅顺口

心里想："我要是有这么个媳妇多好啊！"一天傍晚，海哥就把心里话说了出来，海女听完冲渔哥笑着点了点头，从此两人就成了夫妻。不知不觉一年过去了，一天，渔哥因海面狂风大作不能捕鱼而返回家中，刚一进门，看见妻子在伤心流泪。海女哽咽着说，她原是天宫王母娘娘的一个使女，有一次侍宴不慎打碎了一个玉环，惹怒了王母，王母就将她化为海蚌，交给龙王打入冷宫。一天，她偷偷跑出冷宫，想到外边看看风景，不小心被渔网捕住，拉到了岸上。"可是你心肠好，把我放回海中。回到海中，我躲在一个小岛上，想找机会见你一面。正巧你遇风翻船，我便把你托起送上岸来。如今，龙王得知我与凡人成亲，于是派虾兵蟹将来抓人。"

渔哥听到这里紧紧抓着妻子的手，发誓一定拼命保护海女。海女说："只有取来镇海宝物镇住龙王，你我才能团圆。"说罢，她从头上取下一颗珍珠交给渔哥说："你如能取来镇海宝物，只要把珠子投到海里，我就能回来。"她的话音刚落，一个沉雷击来，把渔哥震昏过去。渔哥苏醒过来，海女已经不见了，屋里一片泥泞。他从地上爬起来，草草收拾了一下行装，出了家门，终于找到一位老道人，得到一块玉石、一个铁虎、一尊金狮。渔哥急忙来到海边，掏出珠子放进水里。

海女真的回到了渔哥身边，只是后面紧跟着一群追兵。于是，海女将玉石放在海边，玉石瞬间变成一座高山，这就是后来的白玉山。她又把铁虎向海上抛去，只见铁虎挺起尾巴，向追兵横扫过去，使追兵死伤大半。后来，虎尾也变成一座高山，就是现在的老虎尾山。决战之际，海女又放出了金狮。只听金狮吼叫一声，伸展开巨大的身躯，张开血盆大口，稳稳落在海上，与铁虎首尾相接筑成一道屏障，吓得追兵们不敢前进一步。后来金狮也变成一座大山，就是现在的黄金山。

渔哥和海女终于过上了安稳的日子。以后，当地人管这个港口叫"狮子口"。到了明朝，明军从山东蓬莱上船，在无风无浪的海上航行了三天三夜，顺利到达狮子口。因为旅途顺利，他们就把狮子口改名叫"旅顺口"。

【注释】

[1] 孙激扬：《民俗史话》，46页，大连，大连海事大学出版社，2006。
[2] 大连市史志办公室：《大连市志·民俗志》，41页，北京，方志出版社，2004。
[3] 孙激扬：《民俗史话》，77—78页，大连，大连海事大学出版社，2006。
[4] 大连市史志办公室：《大连市志·民俗志》，12页，北京，方志出版社，2004。

附录一

大连市非物质文化遗产名录一览表（2017 年）

1. 国家级大连市非物质文化遗产名录一览表

序号	项目名称	批次	文件依据	批复时间
1	复州皮影戏（入选联合国名录）	第一批	国发〔2006〕18 号	2006 年 5 月 20 日
2	复州双管乐	第二批	国发〔2008〕19 号	2008 年 6 月 14 日
3	金州龙舞	第二批	国发〔2008〕19 号	2008 年 6 月 14 日
4	复州东北大鼓	第二批	国发〔2008〕19 号	2008 年 6 月 14 日
5	庄河剪纸（入选联合国名录）	第二批	国发〔2008〕19 号	2008 年 6 月 14 日
6	长海号子	第三批	国发〔2011〕14 号	2011 年 6 月 10 日
7	核雕（大连核雕）	第四批	国发〔2014〕59 号	2014 年 7 月 16 日

2. 省级大连市非物质文化遗产名录一览表

序号	项目名称	批次	文件依据	批复时间
1	庄河民间故事	第二批	辽政发〔2007〕24 号	2007 年 6 月 10 日
2	大连吹咔乐	第二批	辽政发〔2007〕24 号	2007 年 6 月 10 日
3	金州古琴音乐	第二批	辽政发〔2007〕24 号	2007 年 6 月 10 日

续表

序号	项目名称	批次	文件依据	批复时间
4	复州鼓乐	第二批	辽政发〔2007〕24号	2007年6月10日
5	大连新金民歌	第二批	辽政发〔2007〕24号	2007年6月10日
6	普兰店鼓乐	第二批	辽政发〔2007〕24号	2007年6月10日
7	庄河双管乐	第二批	辽政发〔2007〕24号	2007年6月10日
8	庄河东北大鼓	第二批	辽政发〔2007〕24号	2007年6月10日
9	金州梅花螳螂拳(六合棍)	第二批	辽政发〔2007〕24号	2007年6月10日
10	瓦房店东岗剪纸	第二批	辽政发〔2007〕24号	2007年6月10日
11	普兰店传统手工布艺技艺	第二批	辽政发〔2007〕24号	2007年6月10日
12	辽南古诗词吟咏	第三批	辽政发〔2009〕15号	2009年4月26日
13	金州单鼓音乐	第三批	辽政发〔2009〕15号	2009年4月26日
14	复州高跷秧歌	第三批	辽政发〔2009〕15号	2009年4月26日
15	庄河皮影戏	第三批	辽政发〔2009〕15号	2009年4月26日
16	马驷骥根艺	第三批	辽政发〔2009〕15号	2009年4月26日
17	普兰店田家黄酒酿造技艺	第三批	辽政发〔2009〕15号	2009年4月26日
18	德记号中医药文化	第三批	辽政发〔2009〕15号	2009年4月26日
19	旅顺放海灯	第三批	辽政发〔2009〕15号	2009年4月26日
20	金州狮舞	第四批	辽政发〔2011〕26号	2011年7月26日
21	大连老黄酒酿造技艺	第四批	辽政发〔2011〕26号	2011年7月26日
22	金州老菜传统烹饪技艺	第五批	辽政发〔2015〕22号	2015年7月22日
23	金州益昌凝糕点制作技艺	第五批	辽政发〔2015〕22号	2015年7月22日
24	放海灯习俗（庄河）	第五批	辽政发〔2015〕22号	2015年7月22日

3.市级非物质文化遗产名录一览表

序号	项目名称	批次	文件依据	批复时间
1	长海民间故事	第一批	大政发（ 2007 ）6 号	2007 年 1 月 9 日
2	董家沟街道太平鼓舞	第一批	大政发（ 2007 ）6 号	2007 年 1 月 9 日
3	辽南二人转	第一批	大政发（ 2007 ）6 号	2007 年 1 月 9 日
4	庄河面塑灯习俗	第一批	大政发（ 2007 ）6 号	2007 年 1 月 9 日
5	普兰店清泉寺庙会	第一批	大政发（ 2007 ）6 号	2007 年 1 月 9 日
6	海神娘娘传说	第二批	大政发（ 2008 ）30 号	2008 年 4 月 2 日
7	马桥子太平鼓舞	第二批	大政发（ 2008 ）30 号	2008 年 4 月 2 日
8	普兰店单鼓舞	第二批	大政发（ 2008 ）30 号	2008 年 4 月 2 日
9	金州皮影戏	第二批	大政发（ 2008 ）30 号	2008 年 4 月 2 日
10	大连木偶戏	第二批	大政发（ 2008 ）30 号	2008 年 4 月 2 日
11	金州长拳短打	第二批	大政发（ 2008 ）30 号	2008 年 4 月 2 日
12	金州武当太乙四形桩内功	第二批	大政发（ 2008 ）30 号	2008 年 4 月 2 日
13	大连五行通背拳	第二批	大政发（ 2008 ）30 号	2008 年 4 月 2 日
14	金州剪纸	第二批	大政发（ 2008 ）30 号	2008 年 4 月 2 日
15	普兰店秸秆（木棍）手工技艺	第二批	大政发（ 2008 ）30 号	2008 年 4 月 2 日
16	庄河谱绣	第二批	大政发（ 2008 ）30 号	2008 年 4 月 2 日
17	普兰店放海灯	第二批	大政发（ 2008 ）30 号	2008 年 4 月 2 日
18	大连春节习俗	第二批	大政发（ 2008 ）30 号	2008 年 4 月 2 日
19	大连海神娘娘祭典	第二批	大政发（ 2008 ）30 号	2008 年 4 月 2 日
20	庄河过端午	第二批	大政发（ 2008 ）30 号	2008 年 4 月 2 日
21	李明民间故事	第三批	大政发（ 2009 ）25 号	2009 年 3 月 4 日
22	金州鼓乐	第三批	大政发（ 2009 ）25 号	2009 年 3 月 4 日
23	旅顺鞭扇舞	第三批	大政发（ 2009 ）25 号	2009 年 3 月 4 日
24	旅顺花板舞	第三批	大政发（ 2009 ）25 号	2009 年 3 月 4 日
25	庄河单鼓舞	第三批	大政发（ 2009 ）25 号	2009 年 3 月 4 日

序号	项目名称	批次	文件依据	批复时间
26	庄河高跷	第三批	大政发（2009）25号	2009年3月4日
27	金州七星螳螂拳之手梢子	第三批	大政发（2009）25号	2009年3月4日
28	金州七星螳螂拳之牛郎棍	第三批	大政发（2009）25号	2009年3月4日
29	金州七星螳螂拳之八快手	第三批	大政发（2009）25号	2009年3月4日
30	金州七星螳螂拳之梅花路	第三批	大政发（2009）25号	2009年3月4日
31	金州七星螳螂拳之三十六式双手带	第三批	大政发（2009）25号	2009年3月4日
32	金州七星螳螂拳之白云追风剑	第三批	大政发（2009）25号	2009年3月4日
33	金州七星螳螂拳之赤手穿掌	第三批	大政发（2009）25号	2009年3月4日
34	普兰店玻璃画艺术	第三批	大政发（2009）25号	2009年3月4日
35	金州盆景艺术	第三批	大政发（2009）25号	2009年3月4日
36	张宝粟雕刻	第三批	大政发（2009）25号	2009年3月4日
37	传统木雕手工技艺	第三批	大政发（2009）25号	2009年3月4日
38	金州胡氏石雕	第三批	大政发（2009）25号	2009年3月4日
39	旅顺水师营大糖鼓火勺	第三批	大政发（2009）25号	2009年3月4日
40	普兰店面花捏制技艺	第三批	大政发（2009）25号	2009年3月4日
41	普兰店石磨技艺	第三批	大政发（2009）25号	2009年3月4日
42	大连制盐技艺	第三批	大政发（2009）25号	2009年3月4日
43	骨诊	第三批	大政发（2009）25号	2009年3月4日
44	普兰店龙凤日民俗	第三批	大政发（2009）25号	2009年3月4日
45	金州元宵节之"百花会"	第三批	大政发（2009）25号	2009年3月4日
46	长海放海灯民俗	第三批	大政发（2009）25号	2009年3月4日
47	太山庙会	第三批	大政发（2009）25号	2009年3月4日
48	宋淑珍讲故事	第四批	大政发（2011）5号	2011年1月13日
49	金州民歌	第四批	大政发（2011）5号	2011年1月13日

续表

序号	项目名称	批次	文件依据	批复时间
50	大连新金大鼓	第四批	大政发（2011）5 号	2011 年 1 月 13 日
51	王家武术之九节鞭	第四批	大政发（2011）5 号	2011 年 1 月 13 日
52	大黑山剪纸	第四批	大政发（2011）5 号	2011 年 1 月 13 日
53	剪纸艺术——熏样	第四批	大政发（2011）5 号	2011 年 1 月 13 日
54	金州石河东沟五坊手工榨油技艺	第四批	大政发（2011）5 号	2011 年 1 月 13 日
55	普兰店传统打铁手工技艺	第四批	大政发（2011）5 号	2011 年 1 月 13 日
56	普兰店安波卤水豆腐制作技艺	第四批	大政发（2011）5 号	2011 年 1 月 13 日
57	辽南整骨术	第四批	大政发（2011）5 号	2011 年 1 月 13 日
58	朝鲜族"伞寿宴"	第四批	大政发（2011）5 号	2011 年 1 月 13 日
59	旅顺渔人节	第四批	大政发（2011）5 号	2011 年 1 月 13 日
60	普兰店剪纸手工技艺	第五批	大政发（2014）3 号	2014 年 1 月 4 日
61	普兰店吕家白酒酿造技艺	第五批	大政发（2014）3 号	2014 年 1 月 4 日
62	朝鲜族七支剑	第五批	大政发（2014）3 号	2014 年 1 月 4 日
63	燕青拳	第五批	大政发（2014）3 号	2014 年 1 月 4 日
64	长兴岛棒子舞	第五批	大政发（2014）3 号	2014 年 1 月 4 日
65	中山区民间剪纸艺术	第五批	大政发（2014）3 号	2014 年 1 月 4 日
66	金州得春堂中医药文化	第五批	大政发（2014）3 号	2014 年 1 月 4 日
67	金州王志勤马具手工制作技艺	第五批	大政发（2014）3 号	2014 年 1 月 4 日
68	辽南刺绣	第五批	大政发（2014）3 号	2014 年 1 月 4 日
69	罗汉地功拳	第五批	大政发（2014）3 号	2014 年 1 月 4 日
70	大连长穗花鼓舞	第五批	大政发（2014）3 号	2014 年 1 月 4 日
71	普兰店根雕技艺	第六批	大政发（2015）49 号	2015 年 11 月 12 日
72	普兰店葫芦刻画手工技艺	第六批	大政发（2015）49 号	2015 年 11 月 12 日
73	庄河布老虎手工技艺	第六批	大政发（2015）49 号	2015 年 11 月 12 日

序号	项目名称	批次	文件依据	批复时间
74	金州民间画	第六批	大政发（2015）49号	2015年11月12日
75	金州鸟虫篆刻	第六批	大政发（2015）49号	2015年11月12日
76	大连传统插花艺术	第六批	大政发（2015）49号	2015年11月12日
77	大连剪纸绣	第六批	大政发（2015）49号	2015年11月12日
78	萨满扎染传统民族手工技艺	第六批	大政发（2015）49号	2015年11月12日
79	普兰店佛像及古建筑修缮技艺	第六批	大政发（2015）49号	2015年11月12日
80	金州陶瓷手工技艺	第六批	大政发（2015）49号	2015年11月12日
81	金州景泰蓝手工制作技艺	第六批	大政发（2015）49号	2015年11月12日
82	金州孔家黄酒酿造技艺	第六批	大政发（2015）49号	2015年11月12日
83	瓦房店瓦窝古建砖瓦窑技艺	第六批	大政发（2015）49号	2015年11月12日
84	复州粉坊技艺	第六批	大政发（2015）49号	2015年11月12日
85	复州东胜兴皮制马具技艺	第六批	大政发（2015）49号	2015年11月12日
86	瓦房店吴店铁匠炉技艺	第六批	大政发（2015）49号	2015年11月12日
87	中医跷蹊术"跷蹊十法"	第六批	大政发（2015）49号	2015年11月12日
88	明堂拳	第六批	大政发（2015）49号	2015年11月12日
89	凌水街道"四大海"秧歌	第六批	大政发（2015）49号	2015年11月12日
90	朝鲜族传统婚礼	第六批	大政发（2015）49号	2015年11月12日
91	复州秧歌小车会	第六批	大政发（2015）49号	2015年11月12日
92	张克思反写倒书书画表演技艺	第七批	大政发（2017）33号	2017年6月8日
93	吹糖人	第七批	大政发（2017）33号	2017年6月8日
94	大连山水盆景艺术	第七批	大政发（2017）33号	2017年6月8日
95	辽南网扣绣	第七批	大政发（2017）33号	2017年6月8日
96	徐迺仓雕刻技艺	第七批	大政发（2017）33号	2017年6月8日
97	漆雕葫芦	第七批	大政发（2017）33号	2017年6月8日

续表

序号	项目名称	批次	文件依据	批复时间
98	虎头鞋、帽传统手工技艺	第七批	大政发（2017）33 号	2017 年 6 月 8 日
99	传统手工麦秸画	第七批	大政发（2017）33 号	2017 年 6 月 8 日
100	民间传统面塑技艺	第七批	大政发（2017）33 号	2017 年 6 月 8 日
101	江公黄酒酿造技艺	第七批	大政发（2017）33 号	2017 年 6 月 8 日
102	金州驴肉包传统手工技艺	第七批	大政发（2017）33 号	2017 年 6 月 8 日
103	满族腌菜技艺	第七批	大政发（2017）33 号	2017 年 6 月 8 日
104	大连贝雕	第七批	大政发（2017）33 号	2017 年 6 月 8 日
105	长生岛贡参加工工艺	第七批	大政发（2017）33 号	2017 年 6 月 8 日
106	大连烧画艺术	第七批	大政发（2017）33 号	2017 年 6 月 8 日
107	金州指画	第七批	大政发（2017）33 号	2017 年 6 月 8 日
108	金州五谷画	第七批	大政发（2017）33 号	2017 年 6 月 8 日
109	庄河民间画	第七批	大政发（2017）33 号	2017 年 6 月 8 日
110	花园口民间剪纸	第七批	大政发（2017）33 号	2017 年 6 月 8 日
111	凌水街道"花篮蝴蝶"秧歌	第七批	大政发（2017）33 号	2017 年 6 月 8 日
112	单弦牌子曲	第七批	大政发（2017）33 号	2017 年 6 月 8 日
113	复州民间端午习俗	第七批	大政发（2017）33 号	2017 年 6 月 8 日
114	庄河二月二习俗	第七批	大政发（2017）33 号	2017 年 6 月 8 日
115	马祖庙会	第七批	大政发（2017）33 号	2017 年 6 月 8 日
116	海龙王寿诞节民俗	第七批	大政发（2017）33 号	2017 年 6 月 8 日
117	宫氏摸骨顺经	第七批	大政发（2017）33 号	2017 年 6 月 8 日
118	王氏接骨散	第七批	大政发（2017）33 号	2017 年 6 月 8 日
119	功力门武术	第七批	大政发（2017）33 号	2017 年 6 月 8 日
120	金州太极螳螂拳	第七批	大政发（2017）33 号	2017 年 6 月 8 日
121	普兰店满族骑射技艺	第七批	大政发（2017）33 号	2017 年 6 月 8 日
122	复州武术形意拳	第七批	大政发（2017）33 号	2017 年 6 月 8 日

附录二

大连市市级以上文物保护单位名录（2014年）

序号	名称	级别	年代	类别	地址	公布年份
1	中苏友谊纪念塔	国家级	1957年	近现代重要史迹及代表性建筑物	旅顺口区列宁街	1961年
2	旅顺监狱旧址	国家级	1898年—1945年	近现代重要史迹及代表性建筑物	旅顺口区元宝街	1988年
3	大连俄国建筑	国家级	1900年	近现代重要史迹及代表性建筑物	西岗区烟台街3号	1996年
4	大连民政署旧址	国家级	近代	近现代重要史迹及代表性建筑物	中山广场2号	2001年
5	大和旅馆旧址	国家级	近代	近现代重要史迹及代表性建筑物	中山广场4号	2001年
6	朝鲜银行大连支行旧址	国家级	近代	近现代重要史迹及代表性建筑物	中山广场1号	2001年
7	东清轮船会社旧址	国家级	近代	近现代重要史迹及代表性建筑物	西岗区胜利街35号	2001年
8	万忠墓	国家级	清末	近现代重要史迹及代表性建筑物	旅顺口区九三路	2006年
9	关东厅博物馆旧址	国家级	近代	近现代重要史迹及代表性建筑物	旅顺口区列宁街42号	2006年
10	东省铁路公司护路事务所旧址	国家级	1902年	近现代重要史迹及代表性建筑物	西岗区胜利街33号	2013年

续表

序号	名称	级别	年代	类别	地址	公布年份
11	大山寮旧址	国家级	20世纪初	近现代重要史迹及代表性建筑物	西岗区上海路78号	2013年
12	达鲁尼市政厅（即达里尼市政厅）长官官邸旧址	国家级	1900年	近现代重要史迹及代表性建筑物	西岗区团结街1号	2013年
13	岗上楼上墓地	国家级	西周至春秋	古墓葬	甘井子区营城子镇	2013年
14	双砣子遗址	国家级	新石器时代至商	古遗址	甘井子区营城子镇	2013年
15	四平山积石墓地	国家级	新石器时代	古墓葬	甘井子区营城子镇	2013年
16	营城子汉代壁画墓	国家级	汉代	古墓葬	甘井子区营城子镇	2013年
17	营城子第98号贝墓	国家级	汉代	古墓葬	甘井子区营城子镇	2013年
18	营城子第185号砖墓	国家级	汉代	古墓葬	甘井子区营城子镇	2013年
19	营城子第192号贝砖墓	国家级	汉代	古墓葬	甘井子区营城子镇	2013年
20	营城子第199号砖墓	国家级	汉代	古墓葬	甘井子区营城子镇	2013年
21	营城子第201号砖墓	国家级	汉代	古墓葬	甘井子区营城子镇	2013年
22	营城子第202号砖墓	国家级	汉代	古墓葬	甘井子区营城子镇	2013年
23	大黑山山城	国家级	魏晋至唐	古遗址	金州区大黑山	2013年
24	石硼沟石棚	国家级	夏、商	古墓葬	普兰店市安波镇俭汤代家村	2013年
25	魏霸山城（含清泉寺）	国家级	汉至唐	古建筑	普兰店市星台镇	2013年

序号	名称	级别	年代	类别	地址	公布年份
26	得利寺山城	国家级	魏晋至唐	古遗址	瓦房店市 得利寺镇龙潭山	2013 年
27	小珠山遗址	国家级	新石器时代	古遗址	长海县广鹿乡 吴家村	2013 年
28	南子弹库旧址	国家级	1884 年	近现代重要史迹及 代表性建筑物	旅顺口区 模珠礁西	2013 年
29	旅顺船坞旧址	国家级	1890 年	近现代重要史迹及 代表性建筑物	旅顺口区 四八一〇厂	2013 年
30	老铁山灯塔	国家级	清—现代	近现代重要史迹及 代表性建筑物	旅顺口区铁山南	2013 年
31	关东州总督府 旧址	国家级	1899 年	近现代重要史迹及 代表性建筑物	旅顺口区港湾街 45 号	2013 年
32	旅顺红十字医 院旧址	国家级	1900 年	近现代重要史迹及 代表性建筑物	旅顺口区黄河路 107 号	2013 年
33	关东州厅旧址	国家级	1906 年	近现代重要史迹及 代表性建筑物	旅顺口区友谊路 59 号	2013 年
34	侵华日军关东 军司令部旧址	国家级	1900 年	近现代重要史迹及 代表性建筑物	旅顺口区新华 大街 18 号	2013 年
35	旅顺火车站 旧址	国家级	近代	近现代重要史迹及 代表性建筑物	旅顺口区井岗街 8 号	2013 年
36	大连中华 工学会旧址	省级	现代	近现代重要史迹及 代表性建筑物	沙河口区黄河路 658 号	1963 年
37	郭家村遗址	省级	新石器时代	古遗址	旅顺口区铁山 郭家村	1979 年
38	张店汉城址	省级	汉代	古遗址	普兰店市铁西 办事处张店村	1979 年
39	城山山城	省级	唐代	古遗址	庄河市城山镇 沙河村万德屯西	1979 年
40	北吴屯遗址	省级	新石器时代	古遗址	庄河市黑岛镇 西阳官村北吴屯 东北	1985 年

续表

序号	名称	级别	年代	类别	地址	公布年份
41	小关屯石棚	省级	青铜时代	古墓葬	金州区向应镇大石棚村	1985 年
42	牧羊城城址	省级	汉代	古遗址	旅顺口区铁山镇	1988 年
43	旅顺苏军烈士陵园	省级	近代	近现代重要史迹及代表性建筑物	旅顺口区水师营镇	1988 年
44	东鸡冠山堡垒	省级	近代	近现代重要史迹及代表性建筑物	旅顺口区	1988 年
45	望台炮台	省级	近代	近现代重要史迹及代表性建筑物	旅顺口区	1988 年
46	二○三高地	省级	近代	近现代重要史迹及代表性建筑物	旅顺口区	1988 年
47	电岩炮台	省级	近代	近现代重要史迹及代表性建筑物	旅顺口区	1988 年
48	关向应同志故居	省级	现代	近现代重要史迹及代表性建筑物	金州区向应乡	1988 年
49	望海寺摩崖石刻造像	省级	金代	石窟寺及石刻	普兰店市双塔镇	1988 年
50	老铁山—将军山积石墓地	省级	新石器时代	古墓葬	旅顺口区铁山郭家村	1993 年
51	大嘴子遗址	省级	青铜时期	古遗址	甘井子区大连湾镇	1997 年
52	横山书院	省级	清代	古建筑	瓦房店市复州镇	1997 年
53	苏军胜利塔	省级	1955 年	近现代重要史迹及代表性建筑物	旅顺口区斯大林路	2003 年
54	永丰塔	省级	辽代	古建筑	瓦房店市复州镇永丰村	2003 年

序号	名称	级别	年代	类别	地址	公布年份
55	台子屯石棚	省级	青铜时代	古墓葬	瓦房店市松树镇台子屯村	2003 年
56	上马石贝丘遗址	省级	新石器	古遗址	长海县大长山岛镇三官庙村	2003 年
57	金州副都统衙署旧址	省级	明代	古建筑	金州区拥政街道民主街 255 号	2007 年
58	龙引泉遗址	省级	清代	古遗址	旅顺口区水师营小南村	2007 年
59	石河烽火台	省级	明代	古建筑	普湾新区石河满族镇石河村东台山上	2007 年
60	永安烽火台	省级	明代	古建筑	普兰店市皮口镇占子河新台村	2007 年
61	白店子石棚	省级	青铜时代	古墓葬	庄河市吴炉镇小房身北屯	2007 年
62	吴家村遗址	省级	新石器	古遗址	长海县广鹿乡吴家村	2007 年
63	鸦户嘴堡垒	省级	1899 年— 1904 年	近现代重要史迹及代表性建筑物	旅顺口区铁山街道	2013 年
64	南满洲铁道株式会社旧址	省级	1909 年	近现代重要史迹及代表性建筑	中山区鲁迅路 7 号、9 号	2014 年
65	大清银行大连支店旧址	省级	1909 年	近现代重要史迹及代表性建筑	中山区中山广场 7 号	2014 年
66	横滨正金银行大连支店旧址	省级	1909 年	近现代重要史迹及代表性建筑	中山区中山广场 9 号	2014 年
67	大连中国税关旧址	省级	1914 年	近现代重要史迹及代表性建筑	中山区人民路 86 号	2014 年
68	满铁大连图书馆旧址	省级	1914 年	近现代重要史迹及代表性建筑	中山区鲁迅路 20 号	2014 年
69	大连市埠头事务所旧址	省级	1916 年	近现代重要史迹及代表性建筑	中山区港湾街 1 号	2014 年

续表

序号	名称	级别	年代	类别	地址	公布年份
70	大连市役所旧址	省级	1920 年	近现代重要史迹及代表性建筑	中山区中山广场5 号	2014 年
71	大连交易所旧址	省级	1923 年	近现代重要史迹及代表性建筑	中山区港湾广场1 号	2014 年
72	关东都督府邮便电信局旧址	省级	1925 年	近现代重要史迹及代表性建筑	中山区中山广场10 号	2014 年
73	苏联领事馆旧址	省级	1925 年	近现代重要史迹及代表性建筑	中山区鲁迅路2 号	2014 年
74	满铁大连医院旧址	省级	1925 年	近现代重要史迹及代表性建筑	中山区解放街6 号	2014 年
75	基督教圣公会礼拜堂	省级	1928 年	近现代重要史迹及代表性建筑	中山区玉光街2 号	2014 年
76	大连中央邮便局旧址	省级	1929 年	近现代重要史迹及代表性建筑	中山区长江路134 号	2014 年
77	东洋拓殖株式会社大连支店旧址	省级	1936 年	近现代重要史迹及代表性建筑	中山区中山广场6 号	2014 年
78	关东州厅旧址	省级	1937 年	近现代重要史迹及代表性建筑	西岗区人民广场1 号	2014 年
79	圣德太子纪念堂旧址	省级	1905 年	近现代重要史迹及代表性建筑	沙河口区联合路62-3 号	2014 年
80	大连沙河口净水厂旧址	省级	1917 年	近现代重要史迹及代表性建筑	沙河口区兴工街道泉涌社区五一路 95 号	2014 年
81	营城子火车站旧址	省级	1898 年	近现代重要史迹及代表性建筑	甘井子区营城子街道营城子村	2014 年
82	文家屯遗址	省级	新石器时代	古遗址	甘井子区营城子街道西小磨子村	2014 年
83	牧城驿	省级	明代	古遗址	甘井子区营城子街道前牧城驿村	2014 年
84	旅顺市立普希金小学旧址	省级	1898 年	近现代重要史迹及代表性建筑	旅顺口区得胜街道长江路77 号	2014 年

序号	名称	级别	年代	类别	地址	公布年份
85	土地调查部旧址	省级	1934 年	近现代重要史迹及代表性建筑	旅顺口区光荣街道潮海街 1 号	2014 年
86	旅顺实业学校旧址	省级	1900 年	近现代重要史迹及代表性建筑	旅顺口区光荣街道新华大街23 号	2014 年
87	旅顺工科大学旧址	省级	1900 年	近现代重要史迹及代表性建筑	旅顺口区光荣街道茂林街 89 号	2014 年
88	旅顺中学校旧址	省级	1900 年	近现代重要史迹及代表性建筑	旅顺口区光荣街道斯大林路58 号	2014 年
89	旅顺师范学堂旧址	省级	1900 年	近现代重要史迹及代表性建筑	旅顺口区光荣街道列宁街24 号	2014 年
90	旅顺工科大学校长旧居	省级	1900 年	近现代重要史迹及代表性建筑	旅顺口区光荣街道五四街11 号	2014 年
91	旅顺康德女塾学校旧址	省级	1900 年	近现代重要史迹及代表性建筑	旅顺口区得胜街道长江路116 号	2014 年
92	俄军卫戍医院旧址	省级	1900 年	近现代重要史迹及代表性建筑	旅顺口区得胜街道九三路48 号	2014 年
93	日本关东军陆防副司令官邸旧址	省级	1900 年	近现代重要史迹及代表性建筑	旅顺口区得胜街道白玉街31 号	2014 年
94	尼克巴基赛旅馆旧址	省级	1901 年	近现代重要史迹及代表性建筑	旅顺口区光荣街道列宁街42 号	2014 年
95	俄清银行旅顺分行旧址	省级	1902 年	近现代重要史迹及代表性建筑	旅顺口区光荣街道万乐街33 号	2014 年
96	康特拉琴柯旧居	省级	1903 年	近现代重要史迹及代表性建筑	旅顺口区光荣街道宁波街47 号	2014 年
97	旅顺大和旅馆旧址	省级	1903 年	近现代重要史迹及代表性建筑	旅顺口区光荣街道文化街30 号	2014 年

续表

序号	名称	级别	年代	类别	地址	公布年份
98	关东高等法院旧址	省级	1906 年	近现代重要史迹及代表性建筑	旅顺口区市场街道黄河路北一巷 33 号	2014 年
99	肃亲王府旧址	省级	1912 年	近现代重要史迹及代表性建筑	旅顺口区光荣街道新华大街 9 号	2014 年
100	大谷光瑞旧居	省级	1915 年	近现代重要史迹及代表性建筑	旅顺口区光荣街道靠山街 87 号	2014 年
101	满蒙物产陈列馆考古部旧址	省级	1916 年	近现代重要史迹及代表性建筑	旅顺口区光荣街道列宁街 22 号	2014 年
102	旅顺高等公学校旧址	省级	1921 年	近现代重要史迹及代表性建筑	旅顺口区光荣街道斯大林路西段 2 号	2014 年
103	罗振玉旧居	省级	1931 年	近现代重要史迹及代表性建筑	旅顺口区光荣街道洞庭街一巷 12 号、16-1 号、16-2 号	2014 年
104	小黑石村积石墓群	省级	新石器时代至青铜时代	古墓葬	旅顺口区三涧堡街道小黑石村	2014 年
105	于家砣头墓地	省级	青铜时代	古墓葬	旅顺口区铁山街道牧羊城村	2014 年
106	元宝沟北山遗址	省级	青铜时代	古遗址	金州区拥政街道九里村	2014 年
107	唐屯塔	省级	辽、金	古建筑	普兰店市双塔镇唐屯村	2014 年
108	藤屯塔	省级	辽、金	古建筑	普兰店市墨盘乡藤屯村	2014 年
109	双房墓地	省级	青铜时代	古墓葬	普兰店市安波镇米屯村	2014 年
110	张氏节孝牌坊	省级	清代	古建筑	瓦房店市许屯镇老爷庙村	2014 年

续表

序号	名称	级别	年代	类别	地址	公布年份
111	复州知州衙署旧址	省级	清代	古建筑	瓦房店市复州城镇文庙社区	2014 年
112	复州城城址	省级	清代	古遗址	瓦房店市复州城镇老城区	2014 年
113	长隆德庄园	省级	清代	古建筑	庄河市蓉花山镇蓉花村	2014 年
114	西高丽城山遗址	省级	青铜时代	古遗址	庄河市吴炉镇光华村	2014 年
115	旅顺净水厂旧址	省级	1898 年	近现代重要史迹及代表性建筑物	旅顺口区光荣街道五一路42 号	2014 年
116	旅顺鱼雷修造厂旧址	省级	1887 年	近现代重要史迹及代表性建筑物	旅顺口区得胜街道	2014 年
117	烟台街俄式建筑群	省级	1900 年前后	近现代重要史迹及代表性建筑物	西岗区站北街道	2014 年
118	庄河城关近现代民居	省级	清至民国	近现代重要史迹及代表性建筑	庄河市城关街道	2014 年
119	城子坦近现代建筑群	省级	清至民国	近现代重要史迹及代表性建筑	普兰店市城子坦春满街道	2014 年
120	哈斯罕关址	市级	明代	古遗址	甘井子区大连湾土城村	1979 年
121	和尚岛炮台	市级	清代	古遗址	甘井子区大连湾和尚庙	1979 年
122	鸿胪井遗址	市级	唐代	古遗址	旅顺口区黄金山	1979 年
123	苏军烈士纪念塔	市级	1953 年	近现代重要史迹及代表性建筑物	旅顺口区水师营三里桥	1979 年
124	大荒地石棚	市级	青铜时代	古墓葬	庄河市塔岭镇东瓜川村荒地上屯	1979 年
125	朱家村城址及贝丘遗址	市级	新石器时代	古遗址	长海县广鹿乡塘洼村北庙屯	1979 年

续表

序号	名称	级别	年代	类别	地址	公布年份
126	菜园子土城址	市级	辽金	古遗址	庄河市城山镇菜园子屯	1985 年
127	仙人洞庙	市级	明清	古建筑	庄河市仙人洞保护区转湘湖村	1985 年
128	长春庵	市级	明末	古建筑	旅顺口区三涧堡街道土城子村	1985 年
129	白玉山塔	市级	近代	近现代重要史迹及代表性建筑物	旅顺口区白玉山	1985 年
130	露西亚町旧址	市级	近代	近现代重要史迹及代表性建筑物	大连市西岗区胜利桥北团结街	1985 年
131	响水寺	市级	清代	古建筑	金州新区大黑山西北麓	1985 年
132	观音阁	市级	明代	古建筑	金州区大黑山东腹	1985 年
133	金州天后宫前大殿	市级	清代	古建筑	金州区友谊街道城内小学	1985 年
134	阎福升故居	市级	清代	古建筑	金州新区拥政街道阎家弄	1985 年
135	梦真窟	市级	南北朝	石窟寺及石刻	金州新区大魏家镇前石村北屏山西坡	1985 年
136	挂符桥	市级	明代	古建筑	普湾新区三十里堡哈大公路旁	1985 年
137	黄家亮子土城址	市级	战国	古遗址	普兰店市杨树房镇战家村	1985 年
138	羊官堡石城	市级	明代	古遗址	瓦房店市仙浴湾镇羊官堡	1985 年
139	排石烽火台	市级	明代	古建筑	瓦房店市驼山乡排石村	1985 年
140	二十里堡烽火台	市级	明代	古遗址	保税区二十里堡镇二十里村北台山	1985 年

序号	名称	级别	年代	类别	地址	公布年份
141	石门子战场遗址	市级	近代	近现代重要史迹及代表性建筑物	保税区二十里堡镇钟家村台山	1985年
142	蛤皮地遗址	市级	新石器时代	古遗址	长兴岛临港工业区交流岛乡马路村	1985年
143	东本愿寺旧址	市级	近代	近现代重要史迹及代表性建筑物	中山区麒麟西巷1号	1993年
144	关东厅地方法院旧址	市级	近代	近现代重要史迹及代表性建筑物	西岗区人民广场2号	1993年
145	东太山积石墓	市级	青铜时代	古墓葬	金州新区大李家镇正明寺村东太山	1993年
146	王山头积石墓地	市级	青铜时代	古墓葬	金州新区大魏家镇后石村王山头	1993年
147	朝阳寺	市级	明代	古建筑	金州新区大黑山西麓	1993年
148	石鼓寺	市级	明代	古建筑	金州新区大黑山主峰西侧	1993年
149	王永江墓地	市级	近代	近现代重要史迹及代表性建筑物	金州新区中长街道东风村肖金山南麓	1993年
150	南山俄军墓地	市级	近代	近现代重要史迹及代表性建筑物	金州新区光明街道南山	1993年
151	韩云阶旧居	市级	近代	近现代重要史迹及代表性建筑物	金州新区站前街道友谊街48号	1993年
152	俄清学校旧址	市级	近代	近现代重要史迹及代表性建筑物	金州新区胜利路727号403部队院内	1993年
153	曲氏井	市级	近代	近现代重要史迹及代表性建筑物	金州新区拥政街道复兴街22号	1993年
154	龙王庙万人坑	市级	近代	近现代重要史迹及代表性建筑物	金州新区友谊街道兴民村周家沟	1993年

续表

序号	名称	级别	年代	类别	地址	公布年份
155	南山日俄战争遗址	市级	近代	近现代重要史迹及代表性建筑物	金州新区光明街道南山	1993 年
156	报恩寺	市级	明代	古建筑	普兰店市安波镇宫家村	1993 年
157	南山关帝庙	市级	明代	古建筑	普兰店市南山公园内	1993 年
158	连承基墓	市级	民国	近现代重要史迹及代表性建筑物	普兰店市四平镇四平村	1993 年
159	顾人宜墓	市级	民国	近现代重要史迹及代表性建筑物	普兰店市星台镇顾岭村	1993 年
160	陈屯城址	市级	汉代	古遗址	瓦房店市太阳乡王家店	1993 年
161	永宁监城址	市级	明代	古遗址	瓦房店市永宁镇城内	1993 年
162	东山文庙	市级	民国	古建筑	瓦房店市东山花园	1993 年
163	青堆子天后宫	市级	清代	古建筑	庄河市青堆镇南端	1993 年
164	永兴寺	市级	明清	古建筑	甘井子区营城子镇	2001 年
165	阎世开墓	市级	1894 年	近现代重要史迹及代表性建筑物	甘井子区乔山	2001 年
166	石磊墓	市级	近代	近现代重要史迹及代表性建筑物	甘井子区营城子镇	2001 年
167	庙山遗址	市级	青铜时代	古遗址	金州新区七顶山满族乡老虎村	2001 年
168	永清寺	市级	清代	古建筑	金州新区大李家镇城子村庙沟屯	2001 年

序号	名称	级别	年代	类别	地址	公布年份
169	土龙子积石墓	市级	青铜时代	古墓葬	金州新区七顶山满族乡老虎村	2001 年
170	三清观	市级	清代	古建筑	普兰店市城子坦镇沿海路	2001 年
171	小黑山山城	市级	金元	古遗址	普湾新区三十里堡镇小黑山麓	2001 年
172	复州清真寺	市级	清代	古建筑	瓦房店市复州城西街	2001 年
173	千佛洞	市级	辽金	石窟寺及石刻	庄河市三架山乡大河沿村	2001 年
174	北崴子遗址	市级	青铜时代	古遗址	长海县大长山岛镇哈仙村	2001 年
175	马祖庙	市级	清代	古建筑	长海县广鹿乡南泰村	2001 年
176	大连火车站	市级	1935 年	近现代重要史迹及代表性建筑物	中山区胜利广场北侧	2003 年
177	英国汇丰银行旧址	市级	1925 年	近现代重要史迹及代表性建筑物	中山区	2003 年
178	原宏济大舞台旧址	市级	1911 年	近现代重要史迹及代表性建筑物	中山区民生街	2003 年
179	日本三越洋行旧址	市级	1935 年	近现代重要史迹及代表性建筑物	中山区中山路108 号	2003 年
180	日陆军奉天特务机关大连派出所旧址	市级	1925 年	近现代重要史迹及代表性建筑物	中山区南山街10 号	2003 年
181	日人会馆旧址	市级	1920 年	近现代重要史迹及代表性建筑物	中山区	2003 年
182	徐海东居所	市级	1925 年	近现代重要史迹及代表性建筑物	西岗区文化街 75 号	2003 年

序号	名称	级别	年代	类别	地址	公布年份
183	安娜和刘长春居所	市级	1935 年	近现代重要史迹及代表性建筑物	西岗区高尔基路 193 号	2003 年
184	南满洲工业专门学校旧址	市级	1911 年	近现代重要史迹及代表性建筑物	西岗区中山路 158 号	2003 年
185	基督教北京街教堂	市级	1911 年	近现代重要史迹及代表性建筑物	西岗区北京街	2003 年
186	原旅大建国学院旧址	市级	1929 年	近现代重要史迹及代表性建筑物	西岗区五四路 82 号	2003 年
187	八七疗养院姊妹楼	市级	1930 年	近现代重要史迹及代表性建筑物	西岗区文化街 103 号	2003 年
188	原王季烈住宅	市级	1927 年	近现代重要史迹及代表性建筑物	西岗区白云街 9 号	2003 年
189	满铁中央实验所旧址	市级	1907 年	近现代重要史迹及代表性建筑物	西岗区中山路 457 号	2003 年
190	松山寺	市级	清代	古建筑	西岗区唐山街	2003 年
191	金碧东公馆旧址	市级	1933 年	近现代重要史迹及代表性建筑物	沙河口区黑石礁西村	2003 年
192	周文富旧居	市级	近代	近现代重要史迹及代表性建筑物	旅顺口区长春街 32 号	2003 年
193	周文贵旧居	市级	近代	近现代重要史迹及代表性建筑物	旅顺口区和顺街 45 号	2003 年
194	世界红十字会旅顺分会旧址	市级	1942 年	近现代重要史迹及代表性建筑物	旅顺口区博爱街 B39 号	2003 年
195	日陆军医院旧址	市级	近代	近现代重要史迹及代表性建筑物	金州新区友谊街道兴民街	2003 年
196	棒棰岛海防设施遗址	市级	明代	古遗址	中山区棒棰岛宾馆	2013 年

序号	名称	级别	年代	类别	地址	公布年份
197	满铁大调查部旧址	市级	1911 年	近现代重要史迹及代表性建筑物	中山区世纪街 41 号	2013 年
198	大连基督教会堂旧址	市级	1907 年	近现代重要史迹及代表性建筑物	中山区友好广场 8 号	2013 年
199	交通银行大连分行旧址	市级	1930 年	近现代重要史迹及代表性建筑物	中山区上海路 5 号	2013 年
200	关东厅警察部办公楼旧址	市级	1936 年	近现代重要史迹及代表性建筑物	西岗区人民广场 3 号	2013 年
201	日本桥旧址	市级	1907 年	近现代重要史迹及代表性建筑物	中山区上海路与西岗区团结路交会处	2013 年
202	满铁扇形机车库旧址	市级	20 世纪 20 年代前后	近现代重要史迹及代表性建筑物	西岗区海洋街 1 号	2013 年
203	大西山水库	市级	1934 年	近现代重要史迹及代表性建筑物	甘井子区红旗镇湾家村	2013 年
204	东关屯遗址	市级	青铜时代	古遗址	金州新区登沙河街道	2013 年
205	南海头遗址	市级	青铜时代	古遗址	金州新区杏树屯镇	2013 年
206	台山遗址	市级	青铜时代	古遗址	金州新区大魏家街道	2013 年
207	后营东山墓群	市级	青铜时代	古墓葬	金州新区七顶山乡	2013 年
208	马成魁墓地	市级	清光绪末	近现代重要史迹及代表性建筑物	金州新区杏树屯街道	2013 年
209	大城山城址	市级	战国到西汉	古遗址	普兰店市城子坦镇	2013 年
210	陈屯北山墓群	市级	青铜时代	古墓葬	普湾新区炮台镇	2013 年

续表

序号	名称	级别	年代	类别	地址	公布年份
211	西山墓地	市级	青铜时代	古墓葬	普兰店市安波镇	2013 年
212	杨营岗墓群	市级	西周至春秋	古墓葬	普兰店市乐甲乡	2013 年
213	洪岭岗墓群	市级	西周至春秋	古墓葬	普兰店市乐甲乡	2013 年
214	后元台烽火台遗址	市级	明代	古遗址	瓦房店市元台镇	2013 年
215	小岛屯墓群	市级	新石器时代	古墓葬	瓦房店市谢屯镇	2013 年
216	大房身石棚	市级	青铜时代	古墓葬	瓦房店市土城乡	2013 年
217	李官墓地	市级	东汉	古墓葬	瓦房店市李官乡	2013 年
218	洪屯墓群	市级	东汉	古墓葬	瓦房店市许屯镇	2013 年
219	林屯遗址	市级	新时期时代	古遗址	庄河市桂云花乡	2013 年
220	青龙山遗址	市级	青铜时代	古遗址	庄河市大营镇	2013 年
221	卧龙北山遗址	市级	青铜时代	古遗址	庄河市大营镇	2013 年
222	平山遗址	市级	青铜时代	古遗址	庄河市光明山镇	2013 年
223	粉房前石棚	市级	青铜时代	古墓葬	庄河市栗子房镇	2013 年
224	郝屯瓮棺墓地	市级	西汉晚期	古墓葬	庄河市大郑镇	2013 年

序号	名称	级别	年代	类别	地址	公布年份
225	史春英烈士陵园	市级	1956 年	近现代重要史迹及代表性建筑物	庄河市蓉花山镇	2013 年
226	蛎碴岗遗址	市级	新石器时代	古遗址	长海县广鹿乡	2013 年
227	南台山城址	市级	明代	古遗址	长海县广鹿乡	2013 年
228	张本政旧居及家庙旧址	市级	1921 年	近现代重要史迹及代表性建筑物	高新园区凌水路179 号	2013 年

后 记

历时 7 年，《辽宁地域文化通览·大连卷》终于付梓问世。

《辽宁地域文化通览·大连卷》是辽宁省政府根据国家重点文化工程《中国地域文化通览》的部署而统一安排的研究项目之一。大连市政府给予这项研究高度重视，成立了《辽宁地域文化通览·大连卷》组织工作委员会、编撰工作委员会，设立了编撰工作委员会办公室，并于 2009 年正式启动了编撰工作。

编撰工作分两个阶段进行。第一阶段是为《辽宁地域文化通览》提供大连部分的相关素材和资料，编写组搜集、整理、提供文字和图片资料百余万字。第二阶段是《辽宁地域文化通览·大连卷》的编撰、出版。编撰人员秉承科学、严谨、为历史负责的态度开展工作，进行了大量实地调查、资料搜集、文献阅读、研讨论证和艰巨的撰稿工作，形成 50 余万文字和大量图片资料，经 10 余次专家论证、6 次重大调整修改及主编和顾问 2 次审读和全面修订，最终定稿。

《辽宁地域文化通览·大连卷》由前言、附图、绪论、13 个篇章、附录、后记构成。编撰工作委员会办公室邀请和组织我市著名专家、中青年研究人员参与研究和撰写工作，主要撰写人员如下：

绪　　论：杨锦峰　　　　　　第 一 章：刘俊勇
第 二 章：刘俊勇　　　　　　第 三 章：李英姿
第 四 章：王万涛　　　　　　第 五 章：王万涛
第 六 章：王珍仁　　　　　　第 七 章：李振远

第 八 章：古雅静　王万涛　　　　　第 九 章：古雅静
第 十 章：刘晓丹　　　　　　　　　第十一章：邱　伟
第十二章：李　珠　　　　　　　　　第十三章：李　珠

　　《辽宁地域文化通览·大连卷》在编撰过程中得到了辽宁省政府有关领导以及辽宁省文史馆有关领导、专家和工作人员的精心指导。在此，谨表示诚挚的感谢。

　　编撰工作过程中，大连市文化广播影视局作为主要负责单位给予了有力组织领导，大连市财政局、大连市史志办、大连市档案局、辽宁师范大学给予了有力支持。在此，谨表示诚挚的感谢。

　　编撰工作还得到了相关单位和人士的关心和帮助。大连图书馆、大连现代博物馆、旅顺博物馆、旅顺日俄监狱旧址博物馆、大连市文物考古研究所等单位给予了积极帮助。在资料调查和图片遴选过程中，吉林省社会科学院、旅顺博物馆、旅顺日俄监狱旧址博物馆、大连市文物考古研究所、大连市群众艺术馆、瓦房店市文体局、普兰店市文体局、庄河市文体局、长海县文化馆等单位，李振远研究员、王万涛研究员、刘俊勇教授等，均给予了热情支持。此外，本书部分历史图片选取于公开出版的《大连文化遗产图录》《老大连》《大连印记》《大连图史》《大连市志·文化志》《大连市志·体育志》《大连通史（古代卷）》《大连市戏曲志》等。在书稿资料整理、编辑校对和图片采集过程中，得到了牛萌、刘成立、于百莉、李迺涛、李志广、王长丽、范译鹤、高瑜、关婷元等同志的大力协作。在此，谨表示诚挚的谢意。

　　在本书出版过程中，大连出版社给予了热情的帮助和支持。在此，谨表示衷心的感谢。

　　《辽宁地域文化通览·大连卷》的编撰涉及领域广，时间跨度大，内容浩繁，工作复杂，囿于资料掌握范围和编写水平所限，难免会有疏漏和不当之处，恳请读者不吝斧正。

编　者
2017 年 10 月 31 日